中国科学院规划教材·现代社会学与公共管理系列

社会保障学导论
（第二版）

主　编　张开云　李　倩

副主编　徐　强　陈　雷　潘光辉　江海霞

参　编　张兴杰　杨亚丽　彭浩然　周缘园

　　　　汪连新　余飞跃　孙守纪

科学出版社

北　京

内 容 简 介

本书共有十一章，前三章属于全书的总论部分，后八章是全书的分论部分。每章前面都有"本章摘要"，为学生构建一个本章知识的基本轮廓和架构，且每章均设置了"案例"、"延伸阅读"和"小资料"栏目，以增强读者主动阅读的兴趣。与同类教材相比，本教材篇幅适中，内容丰富，观点鲜明，现实性、可读性较强。

本教材既适合普通高校劳动与社会保障专业的师生使用，也适合普通高校其他专业的师生作为平台课教材使用；既可用做必修课教材，也可用做选修课教材。值得说明的是，本书亦可作为社会保障学科的导引、科普性读物，适合对社会保障感兴趣的普通读者阅读。

图书在版编目(CIP)数据

社会保障学导论/张开云，李倩主编. —2版. —北京：科学出版社，2015.6

中国科学院规划教材·现代社会学与公共管理系列
ISBN 978-7-03-044906-1

Ⅰ.①社… Ⅱ.①张…②李… Ⅲ.①社会保障 Ⅳ.①C913.7

中国版本图书馆 CIP 数据核字(2015)第 124924 号

责任编辑：王京苏 / 责任校对：吴美艳
责任印制：张 伟 / 封面设计：无极书装

科学出版社 出版
北京东黄城根北街 16 号
邮政编码：100717
http://www.sciencep.com
北京凌奇印刷有限责任公司 印刷
科学出版社发行 各地新华书店经销

*

2015 年 9 月第 二 版　开本：787×1092　1/16
2023 年 8 月第七次印刷　印张：17 1/4
字数：389 000

定价：48.00元
(如有印装质量问题，我社负责调换)

前言

历史地看,人类社会保障的"自发"实践远远早于社会保障制度的研究。我国劳动与社会保障知识理论的体系化和专业化发展既借鉴学习了发达国家的有益成果,又反映和体现了中国社会保障实践和探索中形成的本土经验。从某种意义而言,劳动与社会保障专业的设置表明劳动与社会保障制度知识体系和理论系统的独立和成熟。

随着经济社会发展,我国已经进入社会矛盾"高发期"和经济风险"社会化"阶段。现实表明,区域之间、城乡之间和不同社会群体之间的贫富差距较大,且有扩大之趋势。社会群体分层显化,社会弱势群体成为需要保障的优先人群。但是,"补缺型"的社会保障制度模式有一个假定前提,即政府有能力识别困难群体,并且,一般国民能自己应对社会风险。同时,纳税人认为政府用税收补贴困难群体公民是社会公平正义之举。但是,随着社会风险泛化,"普惠型"的社会保障制度模式成了所有国民的制度诉求。每个国民,无论贫困与否,都需要或应当得到社会保障制度的保护或惠及。按照这样的逻辑推理,我们认为,面对无处不在的、个人越来越不可抗的社会风险,选择社会保障制度是人心所向,它的互助共济、收入调节、道德倡导、良知激发等功能可以有效预防风险和消解风险,帮助国民构建稳定的安全预期。

社会保障事业进入繁荣发展期,公民对福利服务的需求也不断扩大,使社会对劳动和社会保障专业人才的需求不断增加和释放。然而,要培养国家、社会或市场需要的劳动与社会保障专业人才,必须配有高质量的专业教材,这也是编写本书的逻辑起点和归宿。郑功成老师认为:"一部优秀的教科书就像一个好的导师,会传授正确的知识并给人以启迪;而一本质量不好的教科书,不仅会影响学生的顺利学习,而且也会增加讲授者的困难甚至别扭。"

本书建构了较为完整的社会保障知识体系,强调知识性、学术性、实践性与启发性的系统化和一体化。主要邀请各大高校专门研究社会保障的教授、副教授、博士编写各章。每章有内容摘要,为读者勾勒出本章内容的重点框架。在阐述每章的知识内容后,提供有思考题和经典阅读与参考文献,并配有深度的延伸阅读、鲜活的案例和小资料,给读者通过理论联系现实的通道和启迪,增进读者对社会保障理论、政策和实践的了解与理解。

本书得到广东省以下省级教学质量工程项目资助，并是项目的成果之一：社会工作特色专业、社会工作综合改革试点专业、劳动与社会保障专业实践教学基地、劳动与社会保障专业差异化和实践型人才培养模式创新实验区。

本书共分为11章，与其他教材相比，篇章不多，但重点突出。全书由我拟定编写大纲并与张兴杰教授联手撰写第一、二章；周缘园博士、杨亚丽讲师撰写第三章；潘光辉博士、副教授和徐强博士撰写第四章；汪连新博士、副教授和周缘园博士撰写第五章；陈雷博士、副教授和江海霞博士撰写第六章；彭浩然博士、副教授撰写第七章；徐强博士撰写第八章；余飞跃博士、副教授和徐强博士撰写第九章；李倩讲师撰写第十章；孙守纪博士、副教授撰写第十一章。在各章编者完成初稿后，由我集中进行统稿、修订并定稿。

回想起当初打电话邀请上述各位参编本书时，他们的热忱答应和友好合作精神至今仍然萦绕在我心头。值本书再版之际，由衷感谢各位编者！

由于真理知识的无限性和编者知识的有限性，本书难免存在疏漏之处，恳切希望同行及读者提出批评意见，以期修订完善。

张开云于华南农业大学
2015年7月2日

目 录

第一章 导论 ··· 1
  第一节 社会保障的定义与内涵 ······································· 1
  第二节 社会保障体系 ··· 4
  第三节 社会保障基本功能 ··· 7
  第四节 社会保障典型模式 ·· 10
  经典阅读与参考文献 ··· 20

第二章 社会保障思想与理论 ·· 21
  第一节 社会保障思想源流 ·· 21
  第二节 社会保障基础理论 ·· 24
  经典阅读与参考文献 ··· 41

第三章 社会保障基金管理 ··· 42
  第一节 社会保障基金概述 ·· 42
  第二节 社会保障基金的筹集和支付管理 ························· 48
  第三节 社会保障基金的投资运营 ·································· 53
  经典阅读与参考文献 ··· 66

第四章 社会救助 ··· 67
  第一节 社会救助内涵 ·· 67
  第二节 社会救助对象与标准 ··· 69
  第一节 社会救助与反贫困 ·· 71
  第四节 社会救助体系 ·· 77
  第五节 最低生活保障制度 ·· 81
  第六节 专项救助制度 ·· 83
  第七节 灾害救助制度 ·· 85
  第八节 国外社会救助的制度经验 ·································· 88
  第九节 社会救助制度的不足与前瞻 ······························· 89
  经典阅读与参考文献 ··· 97

第五章 社会福利 ··· 98
  第一节 社会福利基本理论 ·· 98
  第二节 中国社会福利发展历程 ····································· 103
  第三节 中国社会福利制度内容 ····································· 108
  第四节 中国社会福利制度现状特征与改革前瞻 ··············· 114
  第五节 国外社会福利制度及评估 ·································· 116
  经典阅读与参考文献 ·· 126

第六章 社会养老保险 ············ 127
第一节 社会养老保险概念、内涵与特征 ············ 127
第二节 社会养老保险理论基础 ············ 131
第三节 社会养老保险基金的筹集、管理与给付 ············ 135
第四节 多层次的养老保险体系与内容 ············ 140
第五节 社会养老保险制度的国际经验 ············ 142
第六节 中国社会养老保险制度变迁与发展前瞻 ············ 150
经典阅读与参考文献 ············ 167

第七章 社会医疗保险 ············ 169
第一节 医疗保险背景概念认知 ············ 169
第二节 社会医疗保险的内涵与特征 ············ 171
第三节 社会医疗保险的运行机制 ············ 173
第四节 中国社会医疗保险制度体系的框架和基本政策 ············ 176
第五节 中国社会医疗保险制度改革的成就和主要问题 ············ 181
第六节 中国社会医疗保险改革发展前瞻 ············ 183
经典阅读与参考文献 ············ 191

第八章 工伤保险 ············ 192
第一节 工伤保险的概念、特征与功能 ············ 192
第二节 工伤保险的内容 ············ 195
第三节 工伤保险制度的国际比较 ············ 200
第四节 中国工伤保险的重大发展 ············ 204
经典阅读与参考文献 ············ 213

第九章 其他社会保险 ············ 214
第一节 失业保险 ············ 214
第二节 生育保险 ············ 219
经典阅读与参考文献 ············ 228

第十章 军人社会保障 ············ 229
第一节 军人社会保障概述 ············ 229
第二节 中国军人社会保障的发展历程 ············ 234
第三节 中国军人社会保障的现行政策 ············ 235
第四节 国外军人社会保障制度经验及启示 ············ 241
经典阅读与参考文献 ············ 248

第十一章 补充社会保障 ············ 249
第一节 补充社会保障理论 ············ 250
第二节 员工福利 ············ 252
第三节 企业年金和职业年金 ············ 256
第四节 慈善事业 ············ 261
第五节 家庭保障 ············ 263
经典阅读与参考文献 ············ 269

第一章

导　论

本章摘要

本章较为详细地梳理和分析了社会保障的定义和内涵，在此基础上，介绍了社会保障体系的基本内容和评估维度。接下来，剖析了社会保障的基本功能，主要有稳定功能、互助共济功能、促进功能和调节功能。最后，重点介绍了世界社会保障的四种典型模式，即国家福利型、投保资助型、强制储蓄积累型和国家保障型。

第一节　社会保障的定义与内涵

一、社会保障的定义

社会保障(social security)制度是什么时候开始出现的？这是个没有"正确"答案的问题。有学者认为，在遥远的原始社会，人类群居就体现了互助共济的社会保障方式。也有学者认为，自从有了国家，就有了社会保障。也有学者认为，英国伊丽莎白一世时期颁布的《济贫法》标志着现代社会保障的萌芽。现代社会保障制度的核心部分是社会保险制度，第一个建立社会保险制度的国家是德国——德国颁布了《疾病社会保险法》、《工伤事故保险法》和《老年和残障社会保险法》等，标志着世界上第一个最完整的保险体系的建立、社会保障制度的产生。1935年美国国会通过了综合性的《社会保障法》，"社会保障"一词由此产生，有学者认为这标志着现代社会保障制度的形成。如果问，什么是社会保障呢？这倒是一个有着太多"正确"答案的问题，学界和政界对社会保障的定义和理解可谓丰富多彩。由于各国之间的政治、经济、文化背景、历史路径、民族传统的巨大差异和发展的极不平衡，迄今未见有国际公认的、全球统一的社会保障定义。

1948年的联合国《人权宣言》曾将"社会保障"定义为：每个人为其家庭之健康与幸福，对于衣食住行及其必需社会服务设施应有适应生活水准的权利，而对于失业、疾病、残疾、寡居、老年等情况下以及个人不可抗力遭遇到的生活危机，无法为生，有权利获得保障。

美国作为最早使用"社会保障"一词的国家，其对社会保障的理解最早仅限于对老年、残疾及遗属的生活保障，后来扩展到各项社会保险及家庭津贴等。在美国社会保障总署编写的《全球社会保障》一书中，社会保障被界定为：系指根据政府法规而建立的项目，给个人谋生能力中断或丧失以保险，还为结婚、生育或死亡而需要某些特殊开支时提供保障。为抚养子女而发给的家属津贴也包括在这个定义之中[1]。

贝弗里奇（英国）将社会保障视为国家为主体的公共福利计划，认为社会保障是指公民在失业、疾病、伤害、老年退休、家长死亡后、工资中断时生活费用的保障，以及辅助其生育、婚丧时的意外或必要的费用。

国际劳工局对社会保障的界定是："社会保障即社会通过一系列的公共措施对其成员提供的保护，以防止他们由于疾病、妊娠、工伤、失业、残疾、老年及死亡而导致的收入中断或大大降低而遭受经济和社会困窘，对社会成员提供的医疗照顾以及对有儿童的家庭提供的补贴。"[2]

《中华人民共和国宪法》规定："中华人民共和国公民在年老、疾病或者丧失劳动能力的情况下，有从国家和社会获得物质帮助的权利。"一般来说，社会保障由社会保险、社会救济、社会福利、优抚安置、军人保障、补充保障等组成。其中，社会保险是社会保障的核心内容。我国许多学者根据自己的理解也给社会保障下了不同的定义。

王思斌认为，社会保障是因为社会成员不能参加正常的劳动，或因遭受意外而不能维持其基本生活时，由政府和社会依法对其提供的最低限度的经济上的帮助[3]。

郑秉文在《社会保障分析导论》中认为，"社会保障是与社会主义市场经济的体制基础相适应，国家和社会依法对社会成员基本生活予以保障的社会安全制度"[4]。

郑功成认为，"社会保障是国家依法强制建立的、具有经济福利性的国民生活保障和社会稳定系统；在中国，社会保障应该是各种社会保险、社会救助、社会福利、军人保障、医疗保健、福利服务以及各种政府或企业补助、社会互助保障等社会措施的总称"[5]。

杨燕绥认为，社会保障是国家抵御公民社会风险的制度体系，意在实现公民的安全[6]。

我们认为，社会保障是国家和社会通过国民收入分配与再分配方式，为保证每一个人的生活安全、维持基本生活并保证生活质量从而保证其生存权和发展权的，由国家主导的、社会甚至市场力量参与的、风险共担的社会互助行为与社会安全制度系统。从层次上划分，社会保障可以分为经济保障、物质或服务保障、精神或心理保障三个方面[7]。

---

[1] 美国社会保障总署：《全球社会保障—1995》，华夏出版社，1996年。
[2] 孟醒：《统筹城乡社会保障》，经济科学出版社，2005年，第6页。
[3] 王思斌：《社会工作概论》，高等教育出版社，2006年。
[4] 郑秉文、和春雷：《社会保障分析导论》，法律出版社，2001年，第3页。
[5] 郑功成：《社会保障学——理念、制度、实践与思辨》，商务印书馆，2000年，第11页。
[6] 杨燕绥：《社会保障》，清华大学出版社，2011年。
[7] 感兴趣的读者可进一步阅读郑功成：《社会保障概论》，复旦大学出版社，2007年，第5~6页。

二、社会保障的内涵

美国所说的"社会保障"（美式英语中的 social security）是指狭义的社会保障，通常仅仅指养老金；欧洲国家所说的"社会保障"（英式英语中的 social security）是指广义的社会保障，包括养老、医疗、失业甚至教育等；我国使用的"社会保障"一词，比较接近欧洲的用法，包括社会保险、社会福利、社会救助、慈善捐赠等补充保障、住房保障等。

崔凤认为，社会保障是国家和社会依法建立起来的、具有经济福利性的国民生活保障与社会稳定系统。她认为，在当前经济社会背景下，社会保障具有以下一些内涵：第一，社会保障是社会主义市场经济的必要组成部分；第二，社会保障是保障人权的有效手段；第三，社会保障是公平与效率的统一；第四，社会保障是权利与义务的统一；第五，社会保障是政府、企业（单位）、个人的利益统一体[①]。

杨燕绥和张曼用"三圈理论方法"揭示了社会保障的内涵，认为社会保障是国家、政党、政府和人民，关于政治选择、经济制度和社会发展达成共识的结合体。她们从社会保障政治说、社会保障经济说、社会保障社会说三个方面具体阐述了社会保障的内涵[②]。

我们认为，社会保障的本质是政治博弈、经济计量（财政计算）、公民权利和社会道德风尚多元因素综合作用形成的社会制度安排与制度选择。可以从学界关于社会保障的不同定义中，归纳出社会保障的内涵。

第一，社会保障的责任主体是政府（国家）、社会、企业与个人。其中，政府承担最低社会保障责任和社会保障的"兜底"责任，企业承担缴费和补充福利供给责任，个人承担缴费或志愿服务责任，社会承担慈善捐助等道德伦理责任。

第二，社会保障的受益者是遭遇各种风险和困难的社会成员。

第三，社会保障的支持条件是政治博弈（政治选择）形成的法律法规（以19世纪80年代德国制定实施的有关社会保险法令为起始标志。我国社会保障体系以1951年颁布的《中华人民共和国劳动保险条例》为法律基础，不断发展演变）。

第四，社会保障的基本方式是社会互助，包括国家的互助、社会组织的互助、家庭互助和民间的私人互助。

第五，社会保障的核心功能是收入再分配。政府通过税收，企业和个人通过缴费，个人也可通过储蓄等不同方式，形成社会保障基金，发放社会保障待遇。

第六，社会保障的基本目标是保障全体国民的生存安全和基本生活。

尽管由于政治制度、经济发展水平、社会背景、文化传统和意识形态等方面的差异，各国在建立社会保障体系的过程中有将受益人范围、受益标准扩大化（如英国、瑞典等福利国家）的现象。同时，随着福利国家的福利扩张，财政赤字高企，形成"福利

---

① 崔凤：《全面理解社会保障的内涵》，http://www.china001.com/show_hdr.php?xname=PPDDMV0&dname=F9OLB41&xpos=39，2008年7月15日。

② 感兴趣的读者可进一步阅读杨燕绥、张曼：《社会保障内涵再认识》，《社会保障研究》，2008年第1期，第6~9页。

收缩"趋向和现象。但是，总体判断，"社会保障"的含义本质没有变。

第二节 社会保障体系

一、概念与内容

一般而言，社会保障体系是指一个国家法定的社会保障制度涵盖的全部内容、范围和项目构成的整体。也有观点认为，社会保障体系是由国家通过立法对遭遇风险的社会成员给予物质帮助的各种互相关联的措施总和。郭士征认为，社会保障体系由社会救助、社会保险、社会福利、军人保障和补充保障五部分构成。也有学者认为，社会保障体系由基本保障、补充保障和托底保障三部分组成。还有学者认为，社会保障体系由社会保险、社会救济、社会福利和社会优抚与安置四部分组成。

我们认为，整个社会保障体系是由社会救助、社会保险、社会福利、军人保障和补充保障五部分构成。每个部分则由具体的资金体系和配套服务体系构成。其中资金体系包括资金筹集（基金征收等）、管理运营和发放等环节内容。服务体系则包括救助服务、养老服务、医疗服务和福利服务等不同服务内容。

(1) 社会救助。它是指国家和社会对贫困及各种灾害等原因造成的不幸者组成的社会脆弱群体无偿提供物质援助的一种社会保障制度。其有三个核心特征：一是制度与服务供给主体是国家或政府；二是救助资金主要是来自财政支持；三是社会救助是最低层次的保障。

(2) 社会保险。以社会劳动者为保障对象，在劳动者因年老、疾病、生育、失业、死亡等原因暂时或永久失去劳动能力或劳动机会，从而部分地或全部地失去正常工资收入时提供物质帮助，保障劳动者及其家属的生活。其核心特征是：一是强制性。强制性是指社会保险是通过立法强制实施的，社会保障的内容和实施都是通过法律进行的，凡属于法律规定范围内的成员都必须无条件地参加社会保险。二是权利和义务的对等性。这是指保险受益人的缴费义务在很大程度上决定了他能享受的待遇。三是互济性。社会保险实行"我为人人，人人为我"的互济原则，通过多方筹集基金后进行平衡调剂，将个别劳动者在特定情况下的损失和负担，在缴纳保险费的多数主体间进行分摊。四是预防性。现代社会中，每个社会成员都将面临或遭受年老、疾病、工伤、失业等社会风险，社会保险制度就是预防和化解这些社会风险的有效制度，预防社会成员因遭遇风险而收入中断或陷入贫困。

(3) 社会福利。它指国家和社会通过各种福利机构、公共企业向社会成员提供超值服务或福利津贴，使社会成员在基本生活水平得到保障的基础上，不断增加福利待遇的保障制度。特征提示：一是保障层次高。通过提供物质或服务来提高公民的生活质量。二是单向性。国家或社会向公民提供福利待遇，一般不需要公民履行相应义务或做出相应贡献为前提。三是标准的一致性。即福利待遇是在一定范围内按一定标准进行分配，不考虑受益人的贫富状况或贡献大小。四是福利待遇的内容广泛。五是福利提供的主体可以是政府、社会组织或市场力量，甚至公民个体，体现主体多元化。

(4)军人保障。军人保障是指国家和社会依照法律法规对军人及其家属的基本权益从经济、政治、社会等各方面予以保障,主要包括福利待遇、社会保险、优待抚恤、就业等。军人保障已成为影响军心士气和部队战斗力的重大问题,受到各国的普遍重视。其主要特征是:一是保障对象的特殊性。军人保障的对象是为社会做出特殊奉献、受尊敬且有光荣身份的群体,包括现役军人和武警官兵、革命伤残军人、复员退伍军人、军人家属。此外,因战伤亡的民兵、民工和参加军事训练的民兵及其他人员,亦可参照国家有关规定享受相应的保障待遇。二是保障水平较高。在同等条件下,军人保障的水平应在一般社会成员的保障水平之上,军人的生活应稍高于当时当地群众的平均生活。各个国家都重视对军人予以优厚的待遇,有些发达国家给予军人的保障待遇还是很高的。三是体制特殊。我国军人保障有相对独立的管理体制,实行的是国家、社会、群众相结合以及军队和地方分工负责的体制。具体来说,由民政部主管全国的军人优待、抚恤,军队干部离、退休养老工作,县以上地方各级政府的民政部门,主管本行政区的军人优待、抚恤,以及军队干部退休养老工作。但有少数军队离休干部的养老工作主要由军队政治部门主管,现役军人的有关福利待遇则由中央军委有关部门负责制定政策并组织实施。现行军人保障体制是一种自成体系的管理系统。四是效果好。社会保障作为社会发展的安全网和国民经济运行的调节器,在克服社会分配不公和缩小社会贫富差距方面具有重要作用。军人保障的作用不限于此,它对于提高军队战斗力、凝聚力、增强和平发展时期国民的国防意识等具有很强的激励作用。

(5)补充保障。补充保障是基本社会保障制度安排之外的,以非政府主导性、非强制性为特征的各种社会保障机制的统称。它与政府主导的基本社会保障制度一起,共同构成国民生活保障系统,主要包括员工福利、企业年金和慈善事业等。补充保障制度的主要特征体现在:第一,补充保障是现代社会保障体系的一个组成部分。基本社会保障是由政府(或官方机构)主导或承担组织实施任务,而补充保障则是由社会团体、雇主等举办,个人自愿参加,采取社会化运作和管理的保障项目。然而,补充保障的举办形式不同并不妨碍其发挥社会保障的作用。它们都是社会化的生活保障机制,均不同程度地体现了社会保障的特色并发挥着社会保障的客观功能。因此,各国社会保障体系通常亦将补充保障机制纳入并给其适当定位。第二,补充保障是相对于基本社会保障制度而言的,它是一个相对的概念。由于各国社会保障制度的建制理念、制度模式以及法定社会保障项目均有所不同,所以补充保障的内涵与外延不尽相同。例如,在我国是补充保障制度之一的企业年金制度,在法国却是强制性的基本保障制度之一。第三,补充保障具有非强制性特征。这并不意味着政府对补充保障听之任之,或者说补充保障排斥政府。在实践中,政府仍然负有疏导补充保障并给予相应支持的责任。第四,补充保障采取社会化的运行机制。从公共管理的角度讲,社会化强调社会要素间的整合,强调市场力量、"第三部门"对社会服务和公共事务的广泛参与。

二、体系评估

从历史角度看,社会保障体系发展是一个逐渐完善的过程。判断一个国家或地区的社会保障体系是否完善，可以从社会保障体系的完整性、协调性与层次性来进行评估[①]。

(一)完整性

从现代社会的需要出发，只有完整的社会保障体系，才能真正全面解决各种需要国家和社会运用社会保障手段来解决的现实社会问题。以老年人为例，当人均预期寿命不断延长，国家会成为老年型国家，社会会变成老年型社会，老年人口在总人口中的比重亦会持续上升。在人口老龄化阶段，如果没有相应的养老金制度安排，众多的老年人就完全可能因退出劳动岗位而丧失收入进而陷入贫困状态；如果缺乏相应的老年人福利等，即使老年人有养老金保障，也因缺乏社会化的生活照料服务而影响到生活质量，甚者会导致悲惨的生活结局；同时，随着子女数量的减少及"丁克家庭"的出现，人在进入老年后还尤其需要有相应的情感保障，这就要求社会保障制度必须充满着人性与人文关怀等。可见，对老年人而言，经济保障、服务保障与精神保障都是不能缺少的保障。在市场经济条件下，个人的生活风险更大，包括就业岗位的竞争等均可能造成收入剧减与生活困境，因此，市场经济更需要有较为完备的社会保障体系，即保障项目应当齐全化、保障内容应当完整化，若干个性质相近的社会保障项目构成一个完整的社会保障子系统，若干个社会保障子系统共同构成一个完整的社会保障体系。

(二)协调性

完备的社会保障体系，是以社会保障制度内容各子系统或项目协调发展为条件的。因此，社会保障体系建设的发展应当具有协调性。首先，社会保障各个子系统与各个项目之间的发展水平应相互协调，不能畸高畸低，造成社会保障对象之间的对立。其次，社会保障各个子系统与各个项目在分工负责的同时，应当具有功能上的互补性。例如，失业保险与社会救助分属于两个不同的子系统，其水平有高低之别，但都可以对失业者负责，两者的有机结合与协调发展将有助于为劳动者的失业风险提供全面保障；基本养老保险的保障水平应该适当，以便为企业补充养老保险（企业年金）和商业人寿保险的发展留有余地；养老保险可以解决老年人的基本收入来源，但仍需要老年福利服务等措施的配合才能解决社会成员的老年保障问题。最后，要避免遗漏，亦必须实行各社会保障项目与各子系统之间的协调发展。例如，城镇建立了医疗保险制度，广大农村地区还不具备建立医疗保险制度的条件，但如果没有相应的疾病医疗保险项目，则农村社会成员的疾病医疗问题将会成为导致贫困现象、加深城乡矛盾的严重社会问题，从而需要建立相应的疾病医疗保险制度。因此，社会保障项目之间、各子系统之间既是分工负责的，又是互相联系的，完整的社会保障体系应当保证整个体系能够在水平、功能等方面实现协调发展[②]。

(三)层次性

尽管社会保障追求的是社会公平，且社会保障的公平性往往在一元化的制度安排中

---

① 郑功成：《社会保障概论》，复旦大学出版社，2005年，第75～76页。
② 郑功成：《论中国特色的社会保障道路》，武汉大学出版社，1997年，第153～154页。

能够得到更加全面的体现，但完备的社会保障体系并不等于制度安排或项目设置的绝对统一，也不可能实现绝对统一。因为社会成员对社会保障的需求既有共性的一面，又有个性的一面，不同的社会阶层与社会成员的收入水平、生活状况以及对社会保障的要求亦不会一致。因此，完备的社会保障体系还应当体现出多层次性，以便满足对社会保障有不同需求的社会成员的需求。

在现代社会保障体系中，针对不同人群的需要，每个项目的目标定位及作用也各不相同。其中，社会保险保障的对象主要是社会成员中的劳动者，甚至在许多国家主要是工薪阶层的劳动者，这部分人及其家属在社会群体中占有很大比重，社会保险对他们来说是保障其基本生活水平的重要制度安排。然而，由于失业、疾病或天灾人祸等各种原因，这部分人仍有可能陷入困境，难以自救，从而还需要另一层次的保障制度。社会救助作为最低层次的社会保障措施，正是对从社会保险制度"漏出"的社会成员，如无收入、无生活来源、无家庭依靠并失去工作能力者，生活在国家的"贫困线"或最低生活标准以下的家庭或个人，以及遭受自然灾害和不幸事故者等，提供物质援助的又一层次制度安排。而社会福利作为社会保障体系的最高层次，则是为了增进福利、改善国民物质及其他生活条件的社会保障事业。

即使是解决老年人经济来源的养老保障制度，在许多国家也是由多层次的老年保障项目构成的，如政府负责的具有普遍福利性质的国民年金、社会保险型的基本养老保险、企业建立的企业年金，以及个人向人寿保险公司购买的人寿保险，在中国还有法定的家庭养老等，它们构成了一个多层次的老年保障体系。

第三节 社会保障基本功能

关于社会保障的基本功能或作用，学界观点多样。郭士征认为，社会保障具有三类功能，即政治性功能、经济性功能和社会性功能。政治性功能包括巩固政权、维护政治经济体制、促进国家和谐，如英国的《济贫法》和德国俾斯麦时期的社会保险立法有效促进了当时的政治稳定和社会和谐；经济性功能包括促进或拉动消费、平衡总需求和总供给关系、保障劳动力再生产、调节投融资(资本市场)和收入再分配；社会性功能包括稳定社会秩序、安定民众生活和倡导集体精神、互助精神、人道主义精神等。

也有观点认为，社会保障的根本原则或功用就是实现社会公平，社会保障是所有社会成员效用的最大化。著名经济学家 A. C. 庇古在《福利经济学》一书中指出："社会保障政策可以扩大一国的经济福利，因为穷人得到效用的增加要大于富人效用的损失，使社会总效用增加。"它通过设计一种制度，使人们不因没有特权而受到伤害，不因分工所形成的社会地位而变得卑贱。其作用有四：一是保障权利公平。公民享受教育、健康和最低生活保障的权利，统称为"福利权利"或"社会权利"。联合国《人权宣言》中有关"福利条款"对这一权利进行了明确规定，如第 22 条——"每个人，作为社会的一员，有权享受社会保障，并有权享受他的个人尊严和人格的自由发展所必需的经济、社会和文化方面各种权利的实现"。社会保障把保障每个人的生存权、发展权放在首位。二是保障机会公平。机会公平是指，任何社会成员只要符合法律规定的条件，都应被覆盖在社保障范围内，均等地获得社会保障的机会。三是维护规则公平。规则公平是指一视同仁，既不能对弱势群体歧视，又不能对特权阶层倾斜。通过社会保障机制，可重点保护社会的极端贫困人口（即在绝对生存需求线下的群体）。因为和高收入群体相比，低收入阶层和弱势群体，从风险管理获得的保护也是最不完善的。这就意味着，不实施社会保障，他们可能落入所谓"贫困陷阱"之中，形成恶性循环。四是调节分配公平。分配公平提高效率，分配不公损害效率。社会保障通过收入再分配的功能进行调节，可以在一定程度上减少差别，缓解社会矛盾，有利于社会稳定。

多数学者认为，社会保障具有四大具体的基本功能，即稳定功能、互助共济功能、促进功能和调节功能。

(1) 稳定功能。经济社会的发展需要稳定的社会环境，而只有生活有保障，人心才能稳定。西方社会福利制度的发展表明，社会福利制度或社会保障制度的产生是历史性的制度创新，也是有效的、可持续的社会稳定机制。社会保障的稳定功能主要是指通过保障公民的基本生存权利而维护社会稳定。

社会保障的稳定功能主要体现在通过预先防范或即时化解的方式保障公民的基本生活，形成健康的社会心理环境。例如，失业保险和社会救济制度就能有效帮助失业人员或贫困群体从生存困境中解脱出来，各种社会福利服务的提供也能有效化解社会成员因陷入困境而对社会产生的抗逆心理。国家建立社会保障体系，保障公民的基本生活，免除劳动者的后顾之忧，不仅是经济发展和社会稳定的需要，也是人权保障的重要内容。如今，社会保障已经成为国际公约和绝大多数国家法律明确规定的公民的一项基本权利。

(2) 互助共济功能。社会保障资金的筹集来源包括政府税收、各种缴费、慈善捐赠、投资收益、利息收入等多种渠道，又通过收入补贴、待遇核算和服务供给的方式"支付"给参保人、贫困的人或国民，这种收入再分配机制的本质是一种互助共济从而分散风险或共担责任的机制。例如，医疗保险就是利用大数规则，通过政府补贴和缴费等方式筹集资金，形成医疗保险基金，支付给有需要的参保人。但是，这种机制之所以能够可持续，就是因为参保群体中大多数人在同一时点或某一时期身体健康，不需要医保支付。这样，不需要医保支付的大多数人与需要医保支付的小部分人之间就形成一种互助共济关系。一定意义上说，养老保险其实就是在职劳动者与退休群体之间的互助共济。从传统社会到现代社会，家庭互助共济、邻里互助共济和社区互助共济是社会保障功能作用的主要表现方式和社会保障主体内容的重要补充，实质上体现出了互助共济以及在互助共济中的他助与自助。资金的互助、物的互助和服务的互助，表明社会保障制度不仅是一种社会稳定机制，而且是一种社会互助共济机制[①]。

(3) 促进功能。社会保障的促进功能体现在促进社会发展、提升国民道德等方面。

首先，社会保障的促进功能体现在能够促进社会发展。一是能够促进社会成员之间及其与整个社会的协调发展，使社会生活实现良性循环；二是能够促进遭受特殊事件的社会成员重新认识发展变化中的社会环境，适应社会生活的发展变化；三是能够促进社

---

① 郑功成：《社会保障概论》，复旦大学出版社，2007年，第15页。

会成员的物质与精神生活水平的改善，使其更加努力地为社会工作；四是能够促进政府有关社会政策的实施，如社会保障对象通常不分性别的做法就极大地促进了男女平等，教育福利有助于义务教育的普及，养老保险与家庭津贴等有利于生育政策的实施，等等。

其次，社会保障的促进功能还体现在能够促进社会文明的发展和提升国民的道德品味。一是社会保障为社会成员提供了安全保障，有助于消除其对不幸事件或特殊事件的恐惧感，增强自信心，树立起互助互济、自我负责、积极向上的新观念；二是社会保障具有道德导引作用，如慈善捐助现象越多，说明参与捐助的人也越多，得到帮助的人也会越多。参与捐助的人具有道德示范和善良导引作用，得到帮助的人不但得到实际帮助，而且受到道德感召，可能会积极参与和宣传善行，引导身边的人积极向善，担负社会责任。

(4) 调节功能。社会保障的调节功能表现在政治、经济等诸多领域。

首先，社会保障具有政治调节功能。一定意义上可以说，社会保障的本质是政治博弈，即各种利益集团相互较量的制度结果。社会保障议题时常成为各个党派或各个利益集团进行政治博弈的焦点。有报道表明，在美国总统大选拉开帷幕之前，美国各政党为拉拢选民，示好民众，奥巴马政府要求宗教组织及其附属机构给雇员提供包括避孕在内的医疗保险，遭到一向反对避孕的天主教等基督教保守主义者的反对，称这是政府强制宗教组织违背自己的信仰支持避孕，侵犯了宗教自由。奥巴马政府立即后退，改为要求医保公司必须在保险中加入避孕内容。在这一系列令人眼花缭乱的政党争论中，各游说团体纷纷登场，议会也举行了相关的听证会①。这说明，在美国，社会保障是党派斗争和政党政治、民主竞选中的重要议题，这正是社会保障具有不容忽略的巨大政治功能的体现。

其次，社会保障具有经济调节功能。一是社会保障通过营造稳定的社会环境促进着经济的发展。同时，通过资本市场，社会保障基金可以通过投资国家重点公共基础设施和重点项目调节不同产业发展。二是社会保障可以通过调节社会总需求，平抑经济波动。根据凯恩斯的理论，当国民经济下滑进入低谷期、失业率上升时，政府宏观经济政策取向应是扩大政府开支，通过发放失业救济金和救济福利，稳定和提升社会购买力，拉动有效需求，促进经济复苏；当国民经济高涨进入繁荣期、失业率下降时，失业救济等社会保障支出相应缩减，从而使即期的社会总需求不致过度膨胀。而且，政府可以通过调整社会保障费(税)率和待遇支付标准，主动调节社会总需求，减少经济波动。三是社会保障通过对劳动力再生产的保障与劳动力市场的维系，可以有效调节劳动力资源的配置，提高生产效率。社会保障确保劳动者在丧失经济收入或劳动能力的情况下，能维持自身及其家庭成员的基本生活，保证劳动力再生产进程不致受阻或中断。同时，国家还可以通过生育、抚育子女和教育津贴等形式对劳动力再生产给予资助，以提高劳动力资源的整体素质。四是社会保障调节着国民收入的分配与再分配。社会保障资金来源于

---

① 薛涌：《避孕党与伟哥党——美国总统选举外一章》，http://www.21ccom.net/articles/qqsw/qyyj/article_2012031955751.html，2012年3月19日。

国民收入的分配与再分配，并通过税收或征费或"转移性支付"给予保证，进而分配给受保障者或有需要者。正如国际劳工组织为一个发展中国家起草的一份报告中所指出的，"在现代社会保障的各项计划中，可以看到收入再分配的一些机制……它们按照一定的体制，提取一部分生产成果，为遭受职业损害的人们谋利益；由收入较高工人负担一部分费用，以保证低收入工人的最低年金收入；通过适当税收的办法，把社会开支分别用于鳏寡、伤残和其他可能发生的情况；它们呼吁产业部门在整个国家范围内发展基本保健服务，并且，在全国范围重建经济平衡以利于相对的最下层社会"。而在社会保障制度健全的国家，这种调节功能更加显著，它通过社会保障资金的征集与社会保障待遇的给付，在不同的受保障对象之间横向调节收入分配，同时还在代际实现纵向调节收入分配。

第四节 社会保障典型模式

一般认为，社会保障的典型模式有四种，即国家福利型、投保资助型、强制储蓄积累型和国家保障型[1]。

一、国家福利型社会保障模式[2]

国家福利型社会保障模式是国家担负公民福利的职责，是一种从摇篮到坟墓的高福利的社会保障制度，主要以英国、瑞典为典型代表，多见于北欧和西欧国家。这种制度模式具有以下特点。

(一)国家主导，责任清晰

(1)明确政府在社会保障制度中的主体作用。政府通过法律规范建立制度，并向个人、企业和社会提供必须遵循的行为准则。

(2)强调政府在社会保障财源上的主要责任。国家通过一般税收，承担许多社会保障项目的支出，即使对国民保险，也提供一定的财政补贴。

(3)实行政府对社会保障制度的直接管理。英国社会保障制度基本上由政府机构运作，如国民保险、国民卫生服务等社会保障项目，都由政府的相关机构实行直接管理。

(二)内容丰富，覆盖广泛

内容丰富是指保障内容包括了"从摇篮到坟墓"的各种生活需要。实际上，英国在第二次世界大战以前，就开始了社会保障的项目扩张工程。战争结束后，随着经济实力的增强，在原来的老年、疾病、生育、失业、工伤、残疾、遗属等社会保障项目基础上增加了许多内容，特别是强化了向家庭的渗透，一系列与家庭相关的保障内容纷纷出台，如家庭津贴、儿童津贴、住房福利等受到重视，从而使老年人、儿童和妇女等都从中获

---

[1] 对社会保障模式或体制研究感兴趣的读者可以进一步阅读埃斯平-安德森：《福利资本主义的三个世界》，苗正民、滕玉英译，商务印书馆，2010年。

[2] 参阅郭士征：《社会保障学》，上海财经大学出版社，2009年，第61~62页；张志怀：《英、美、新三国社会保障制度分析——兼谈中国社会保障模式的选择》，《全国商情(理论研究)》，2011年第7期，第18~19页。

益匪浅。

覆盖广泛是指把社会保障的范围扩展到全体公民和居民。我们知道，在贝弗里奇的核心原则中，首要一条就是强调社会保障的普遍性。所有公民，无论是否就业还是有否收入，都有权获得社会保障，享受应有的待遇。因此，英国实际上把公民权(目前更是把居民权)与社会保障权捆绑在一起，有公民权或有居住权的外国人都能享受规定的社会保障待遇，从而把绝大多数人纳入社会保障制度中来，达到"全覆盖"和全民福利的目标。

(三) 体系完整，制度统一

目前，英国、瑞典等国家的社会保障的内容已趋向体系化和系列化，项目之间注重协调，项目设置也更加完整。

制度统一是指全国实行统一的社会保障制度。《贝弗里奇报告》中始终强调制度统一的重要性。事实上，制度统一不仅是为了实现权利普遍享有，还是为了落实社会公平的目标。所谓"制度统一"，就是要统一社会保障制度中的收支和管理。缴费统一(如国民保险实行统一费率)、待遇统一(如基本养老金按定额发放)、管理统一(如社会保障项目均由政府有关机构统一管理)是制度统一的核心要求。由于制度统一，英国社会保障的资源利用效率较高，管理成本较低，某些项目如医疗服务的支出，比起美国、加拿大等国家要低得多。

英国、瑞典社会保障项目增加快，易上不易下，形成福利刚性。这种高福利也产生了负面的经济和社会问题：一是社会保障支出增长过快，财政不堪重负，国家往往举债来支付社会保障资金；二是高福利容易"养懒罚勤"，抑制就业增加，一些人觉得有工作最好，没有工作也无所谓；三是过于强调平均分配，反而使最需要帮助的人得不到充分救助。

二、投保资助型社会保障模式[①]

投保资助型社会保障模式以德国、美国为代表，具有以下特点。

(一) 多层次，低保障，以社会保险为主

在德国的社会保障制度中，社会保险占有绝对优势。根据欧盟《社会保障在欧洲》(1995年)的报告显示，在德国的社会保障支出中，仅养老保险、疾病保险、工伤保险和失业保险四个险种的保险金支出，就占到社会保障支出的80%以上。由于社会保险主要以有收入的劳动者为对象，因此，这种类型的社会保障制度非常强调劳动者的收入保障。

市场化的内在倾向导致美国社会保障项目呈现多层次、低保障的特点。美国社会保障项目种类很多，内容涉及生老病残、衣食住行、学习工作、职业工种等各个方面。以住房保障为例，其中包括公共住房、房租补贴、妇女婴儿和儿童住房补贴、消除贫民窟等种类。虽然美国社会保障的层次多，但却是低保障。它在保障水平上不如欧洲国家的福利型模式高，如退休保险、失业保险等，只相当于工资的50%。无论是社会援助计划，还是社会保障的给付都被控制在低水平上，这与美国控制政府规模的传统观念相符。

---

① 主要参阅郭士征：《社会保障学》，上海财经大学出版社，2009年，第62～63页。

(二)强制性特色

该模式的强制性特色是指以国家立法做后盾,在全社会强制性地推行。德国从一开始就为其社会保障制度的推行制定了一系列国家立法,如1883年的《疾病社会保险法》、1884年的《灾害保险法》、1889年的《老年和残疾社会保险法》等。其目的一是要规范行为,二是要强制实施,特别是后者,由于有了法律支持,社会保险的推行就有了根本保证。强制实施使所有劳动者被纳入社会保险网内成为现实,同时也有力保证了社会保险的资金来源。

(三)权利与义务相对应

权利与义务相对应是指社会保障的权利与义务之间有联系,但并不对等。由于以社会保险为主,因此,德国很注重社会间的统筹互济,重视国民收入的再分配。同时,社会保险的待遇又与投保者的缴费相联系,不缴费或缴费年限不足,是不能享受应有待遇的。另外,个人收入较多,从而导致缴费也较多,那么待遇标准也就相对较高,这在体现重视社会公平的同时,也考虑到了效率与贡献的因素。

(四)资金筹集方式多样化,渠道多元,费用共担

美国社会保障资金来源的主要渠道是由雇主与雇员共同负担的社会保险税,由雇主和雇员交付的税收约占社会保障总收入的87%。另外,联邦政府也起到提供经费的重要作用,但是在不同时期及不同项目上有所侧重。社区、社会福利组织及慈善捐助也是美国社会保障资金的筹措途径之一。德国社会保障的经费开支主要是由个人、企业和国家共同负担的。例如,从社会保障资金的分担比例来看(1992年),个人负担29.8%,企业负担40.1%,政府负担26.4%,其他来源占3.7%。费用由多方共担,较好地解决了资金的来源问题,充分调动了各方的积极性,即使对于强化费用意识和充分利用社会资源,也是具有积极意义的。

(五)社会保障管理中的自治特色

该模式下的"自治特色"是指在各类社会保障机构中,分别设置代表大会和董事会,自行负责、决定财政和人事安排。目前,德国除失业保险外,养老保险、疾病保险、工伤保险等均按照社会自治的原则实行自治管理。实践证明,这种管理方式有助于社会各方的协调,并较具有弹性,能对社会保险的各种需要和变化做出灵活反应。这种自治管理虽然独立于政府,但并不意味着国家处于局外人的地位,政府仍然能够通过相应政策法规进行有效的监管,以维护劳动者的权益,便于国家社会政策的贯彻执行。

三、强制储蓄积累型社会保障模式[①]

新加坡的中央公积金计划是一个缴费确定型的社会保障计划,这一计划是在1995年开始实施的,主要为在职职工退休后或不能工作时提供经济收入的稳定来源。这种由政府集中管理和运营基金的强制企业和个人参加储蓄的社会保障计划被称为新加坡模

[①] 参阅郭士征:《社会保障学》,上海财经大学出版社,2009年,第65页;张志怀:《英、美、新三国社会保障制度分析——兼谈中国社会保障模式的选择》,《全国商情(理论研究)》,2011年第7期,第18~19页。

式，即强制储蓄积累型社会保障模式。

这种模式在世界上不是很普遍，最具典型意义的是新加坡。

综观强制储蓄积累型社会保障模式(新加坡模式)，有以下几个典型特征。

(一)强制储蓄是核心，个人自助与家庭互助结合为辅助

强制储蓄是新加坡社会保障制度的核心内容，该制度模式始于1955年。由于新加坡的经济还不发达，国家还没有能力提供高水平的社会保障。另外，新加坡地处东南亚一带，传统的家庭保障和储蓄风气一直很浓。同时，西方高福利国家的负面效果开始显现，给新加坡以深刻启示。在这些背景因素的综合作用下，新加坡选择了通过强制储蓄形式进行社会保障资金积累的强制储蓄积累型社会保障模式。

目前，雇主缴费为工资总额的12%，雇员缴费为工资总额的20%，政府不缴费。政府职责是对中央公积金的运作提供法律和管理方面的框架。雇主、雇员的缴费进入雇员个人账户，雇员的个人账户在55岁以前有三个，即普通账户、保健账户和特别账户。普通账户的储蓄可用于住房、保险、政府批准的投资和教育支出等，普通账户上的存款约占中央公积金存款的75%。保健账户用来支付个人在指定医院的诊疗、孩子的分娩费用，此项账户上的存款约占中央公积金存款的15%。特别账户主要用于预防不测之需，此项账户上的存款约占中央公积金存款的10%。从2000年7月1日开始，新加坡政府规定，中央公积金成员在年龄达到55岁后必须在个人账户留足6万美元，其中至少要有2万美元现金，剩下的4万美元可以以不动产的形式存在，职员个人账户的中央公积金收入享受免税政策。

家庭互助包括个人账户中的家庭内部转移支付，以及其他类型的家庭内支援救助。新加坡自1984年起实施全民保健，医疗费的支付设立三道防线。一是公积金保健账户；二是用公积金购买的保险；三是在自付不足的情况下可由家庭成员资助，弘扬传统美德。例如，当加入者出现供款不足时，家人是可以帮助供款的；当养老户头供款不足而影响支付时，家庭其他成员可以通过转移支付予以补足。

(二)国家支持

新加坡模式的社会保障制度的特点之一就是强调"自存自用，自立自保"，国家责任少和小，国家仅在有限的范围内给予津贴，如低息贷款、伤残补助等。国家责任主要表现在：①立法保护。包括强制储蓄及其管理在内，始终得到法律的保护，如公积金的提取、使用、转让和继承等，都有国家法律保证。②税收优惠。在公积金中，个人缴纳部分实行税前缴纳，免除所得税；雇主缴纳部分也是税前列支，计入生产成本。③担保支付。公积金的最终支付均由国家担保，从而改善了支付风险。

(三)运作灵活

新加坡公积金制度的运作比较灵活，考虑的主要是便利加入者，并尽可能地使运作合法、合理、合情。例如，缴费虽然是强制的，但其缴纳比例及总公积金率是随实情不断调整的，特别是根据社会和经济的发展状况而有所增减。又如，个人账户中的一部分钱可由参加者自己决定投资方向和项目。

(四)基金积累导向,自我保障,互济性弱

该模式下财务制度是基金积累制,不是现收现付制。未来待遇取决于个人账户的积累,而不是社会保障计划承诺的既定待遇。该模式实行自我保障,没有社会统筹,参保人之间不存在收入再分配。因此,该模式的互济性差。

四、国家保障型社会保障模式

国家保障型社会保障模式主要是在马克思的"扣除学说"和列宁的"最好的工人保险是国家保险"的基础上创立的一种保障模式,与计划经济体制相协调、相配套。苏联和东欧前社会主义国家以及改革开放前的中国都曾实行过这种类型的社会保障制度。不过,目前仍在继续实行这种保障模式的国家已为数不多。国家保障型社会保障制度具有以下主要特点。

(1)以公有制为基础,个人无须缴费。原则上,所有社会成员都有权享受社会保障的福利待遇和社会服务。例如,在社会保险项目中,个人无须缴纳保险费,所有费用均由国家和企业承担。企业和国家财政本质上是"一本账"。

(2)以国家为中心,国家在社会保障制度中发挥着决定性作用。包括社会保障的立法、具体的实施条例和政策制定以及日常运作管理,均由代表国家意志的国家议会和政府有关机构,以及与政府有较好协调的工会组织处理、决定。

(3)以全民为对象,推行物质保障与精神保障相结合的保障路线。该模式下的保障对象是所有社会成员。在社会的平等和民主的前提下,不仅向社会成员提供物质保障,而且注意保障人的精神需求。

应该说,在一定时期和发展阶段,国家保障型社会保障模式有其独特的优势和作用。在许多国家,该模式曾经为巩固社会主义制度以及保障国民的主人翁地位和基本生活需要发挥过重要作用。但是,随着时间的推移和时代的变化,国家保障型社会保障模式的实施遇到越来越多难以克服的困难,模式本身的缺陷愈发显露,特别是原先实行严密计划经济体制的国家在向市场经济过渡时,这种类型变得难以满足社会和国民的需要,必须对此进行彻底改革。

各种社会保障模式的比较参见表 1-1。

表 1-1 各种社会保障模式的比较

类型	代表国家	政府支出	雇主支出	雇员支出	存在问题
国家福利型	英国、瑞典	非常大	很少或没有	很少或没有	高税收、高赤字、低经济增长
投保资助型	德国、美国	支付少,但税优、负责保底	缴费一半	缴费一半	保障水平差距大,资金短缺
强制储蓄积累型	新加坡、智利	不支出,负责管理	一半或一半以下缴费	一半或一半以下缴费	强迫性,基金的管理问题
国家保障型	前苏联	非常大	与国家财政实为"一本账"	基本没有	国家负担重,企业负担重

思考题

1. 什么是社会保障？你的定义是什么？它具有哪些内涵？
2. 什么是社会保障体系？包括哪些内容？如何评价社会保障体系？
3. 社会保障具有哪些基本功能？并请举例说明。
4. 世界上大致有哪些典型的社会保障制度模式？你认为哪一种较好？说说为什么。

 案例

广东中山美的公司漏缴数千员工社保调查

我国法律明确规定，用工企业必须给员工买社会保险。

1. "巨无霸"企业参保率三成多

在中山市东凤镇，隶属美的集团的广东美的环境电器制造有限公司（简称中山美的），是绝对的"巨无霸"企业。"这个企业很牛，给员工买社会保险的比例一直很低，多年来却相安无事。"一名举报职工说。据当地劳动部门提供的数据，中山美的员工参保率只有三成多，相比该镇很多中小企业，要差很多。比如说，与中山美的只隔一条马路的广东顶固、铁将军等企业，员工数量在千人以上，但员工参保率均为100%。

2. 员工从未听说单位办社会保险

《中华人民共和国社会保险法》（简称《社会保险法》）规定，用人单位应当自用工之日起30日内为其职工向社会保险经办机构申请办理社会保险登记。记者随机调查多名该企业普通员工，很多人表示没办社会保险，或不知道有办社会保险这回事。

中山市人力资源和社会保障局下属分局局长肖某说，根据2011年9月企业自己报上来的数据，中山美的用工人数大约有1万人，但员工在当地参保率较低，参保人数9月为3840人，10月为3815人，11月为3857人。2010年参保人数和2011年差不多，2009年更少，只有2000多人。

3. 美的公司回应称劳务派遣者比例大

美的日电中国营销总部公共关系部部长朱某解释说，中山美的有一些老员工是在佛山市顺德区总部买的社会保险，还有一部分员工属于劳务派遣，按规定由劳务派遣公司买社会保险，与美的无关。尽管记者一再要求他拿出资料进行澄清，但他还是拒绝透露属于这两种情况的员工数量。

知情人说，中山美的是新建厂，以新招员工为主，老员工和管理人员所占比例并不大。至于美的"劳务派遣人员比例大"的说法，当地劳动部门负责人表示，"对这个情况，不是很清楚"。

4. 劳动部门认为农民工心疼钱

当地劳动部门向记者解释说，中山美的员工参保率低，原因之一是农民工心疼钱，由于每个月要缴一两百元钱，他们不愿意参保。

记者调查发现，确实有部分企业员工对参加社保心存疑虑，但只要宣传工作到位，办理过程简便周到，这些员工多半还是愿意参保。位于中山美的对面的广东顶固集创家居股份有限公司，每年都要对新入职员工进行包括社保在内的专题培训，该公司人力资源中心总监夏某说，培训三个月后，这些新员工愿意参保的比例，通常可以增至95%。

5. 背后利益

当地一些业内人士说，偷漏员工社保背后，隐藏着一个巨大的利益链条：企业和地方是获利方，地方将普通工人的社会保险当做"优惠政策"送给纳税大户，而企业则因此每年"节省"巨额社会保险

支出。

记者算了一笔账：按法律规定，企业要为一名普通工人缴纳社会保险的项目，大致有养老保险、基本医疗保险（含生育保险）、失业保险和工伤保险4种，按照当地最低工资标准每月1100元计算，每月至少要缴纳160元；中山美的数千名员工社保被偷漏，意味着该企业逃避应缴纳员工社会保险费用，每年近千万元。

中山美的一些员工告诉记者，买社会保险本来是法律的硬性规定，但在美的，却成了企业"恩赐"给员工的福利，新招普工很少给买社会保险。举报员工们说："这些被'逃'掉的钱，本应是我们农民工的'救命钱'。"

东凤镇劳动部门有关负责人告诉记者，中山美的每年纳税过亿元，地方肯定有优惠政策，如参保人数，给它一个低于实际用工人数的核定数量，完成就行，算是给大企业的一种扶持。

6. 专家说法

对此，劳动法律问题专家、北京浩东律师事务所王建平律师认为，一个知名上市公司参保率如此低显然不正常。按有关法律规定，如果派遣工占据一个企业的半壁江山，很有可能存在违法用工的情况，因为派遣工只能在临时性、替代性或辅助性岗位工作。再有，如果这些劳务派遣工的参保权益受到损害，劳务派遣公司和用工单位应承担连带责任。

"社会保险是社会稳定的重要基础，一个知名上市公司，居然有这么多员工不办理社会保险，确实罕见。"中山大学法学院有关法律专家说。这暴露出长期以来，一些企业一味追求经济利益最大化，而承担社会责任的意识相对淡薄，一个有社会责任感和长远发展目标的企业，首先必须依法依规办事。就地方政府而言，不能把"默许企业不给员工买保"当做投资环境和发展"比较优势"，出卖劳工的利益来向资本献媚。

资料来源：http://www.sina.com.cn，2011年12月17日

延伸阅读

西方福利模式的改革趋势：日益背离普享原则

一、削减政府公共支出规模

人们普遍认为，货币主义的新自由主义政策（如通过提高利率来抵御通货膨胀）、通货紧缩及失业是推动赤字上升的主要因素。此外，随着20世纪80年代货币及资本跨国流动性的增强，各国为了防止资金流入利率较高的国家均倾向于采取加息措施，这加重了政府的债务成本。

在政府支出不断增多时，经济呈现低速增长，失业不断扩大，政府收入也开始下降。减税和各种支出的增加也使税收收入下降。这些是造成西方工业国家赤字攀升的主要原因。

如同早期新自由主义者建议的那样，抵御通货膨胀比其他目标更为重要，金融和资本的全球化似乎可以解决政府债务和赤字问题，而不是解决其他问题，如维持就业、促进经济增长与维护社会安全等。一定的赤字降低意味着国家通过高利率吸引私人资本购买国债，大规模的国债也就意味着高利率。这些因素不利于经济增长和刺激就业，因此企业界对缩减赤字持保留态度。

事实上减税是全球化政策的重要手段之一。降低赤字并不一定意味着减少公共（社会）支出。对企业界和新自由主义来说，不考虑经济和社会成本（失业、破产、生产率下降）地缩减赤字简直是一种妄想。新自由主义的长期目标是达到政府收支平衡和清算积累的政府负债，实现平衡预算、减少国家负债和减少税收这些长期目标的最重要手段是减少公共支出。

自20世纪70年代末以来，新自由主义的目标就没有改变过，而其新主张是金融管制的减少和资

本的流动，这使得新自由主义在一国范围内从一种政治意识形态转变为全球资本主义的经济政策需要。政府中的左翼和右翼在这一点上持不同的观点，前者对以上政策并不热心，并且对金融市场的负面作用颇有微词；而后者却强烈支持这一观点，对全球经济一体化和自由化大力追捧。不同的政治立场也就造成了不同的政策后果。

许多例子并未说明全球化是新自由主义的济世良方，它是20世纪90年代全球经济的"主观"和"客观"表现，它给一国政府带来了外部压力并使政府政策迫于民主政治压力而转向其他。

除了国际市场的限制，国际货币基金组织（International Monetary Fund，IMF）和经济合作与发展组织（Organization for Economic Co-operation and Development，OECD）等政府间国际组织也对政府决策有重大影响。如何应对债务和赤字问题就是这些组织向工业化国家所提供的专家意见之一。尽管它们对富足工业国家的影响通常是间接的，不像对前共产主义国家和第三世界国家那样具有制约意义，但也十分重要。除此之外，这些国际机构对政策的评估和建议为热衷于用新自由主义的方法来处理财政赤字和福利支出问题的国内机构提供了相当大的帮助。

就欧盟而言，马斯特里赫特条约包含了取得欧洲货币联盟成员资格必须遵守的严格的货币和财政标准。这些汇合标准要求财政赤字不得超过GDP的3%，国家的累积债务不得超过GDP的60%。能够注意到欧盟对社会保障的影响是双方面的，这已经足够了。一方面，欧盟已经制定了像福利宪章这样的措施，它以为成员国的工人提供最低社会保障为目标。另一方面，它的财政紧缩政策，如记录在马斯特里赫特条约中的那样，则是与社会保障这一目标背道而驰的，也就是说，是在缩减成员国的社会保障。此外，欧盟所签署的"津贴"标准意味着社会福利政策是一个国家性问题，而不是仅仅与社区相关。

二、紧缩财政政策

征税和财政支出的自由可能是国家建立独立的社会福利政策能力的核心。高福利国家，如比利时、荷兰、瑞典及丹麦都是以政府具有征税和财政支出的自治权为前提的，而该自由服从国家的利益和公民投票的结果。该自治权包含了与实体性福利国家紧密相关的累进税收原则。

新自由主义者为大幅度削减对高收人者的征税所提供的依据是它会在更大范围内刺激财富的创造并增强市场的力量。无论如何，新自由主义加强市场导向、减少政府干预的哲学大致表现为调降所得税率和缩减政府支出。

在美国和英国，自20世纪70年代后期以来对高收人者的税率急剧下降，这被阐述为年度税收下降的实质原因。其他盎格鲁-撒克逊国家追随美国和英国，尽管其变化的具体内容和涉及面有所不同。在欧洲大陆和日本，税率也被调降。20世纪80年代，资本和金融市场的不规范意味着资本有更大的灵活性，意味着在全球范围内产生了更多的投资机会，这为降低最高税率和减轻公司税收提供了进一步的推动力。

至此我们仍未看到所谓的"税收大战"，也就是国家之间降低税收以吸引投资资金的公开竞争，但毫无疑问，当企业考虑在一个国家开展业务或者进行投资时，低税率对于它们而言是主要的诱惑之一，政府不能忽视这一点。因此，全球化使税率降低，尤其是降低高收人税和公司税成为必然。在过去的二十多年中，大多数OECD国家降低了个人所得税的最高税率和公司税。

但就平均水平而言，OECD国家的年度税收总额占GDP的百分比并没有下降。因降低直接税收而造成的税收损失通过非直接税收得到了补偿，特别是通过消费税，如增值税、商品税或服务税，以及强迫征收的相对较高的社会保险税费。其中的一些，如较高的工薪税或者雇主的缴费，因不利于激励雇员而遭到非议。

在大多数国家，税收改革将负担转移给中低收入阶层，而对高收人者给予优待。从而社会支出的资金部分来源于借贷，于是导致了高额赤字，保持了总体税收水平而改革了累进税。尽管税收改革的大致方向在大多数国家看来完全一致，但以上倾向包括改革累进税，在盎格鲁-撒克逊国家再度明确起来。全球化的压力使新自由主义意识形态的上升趋势得到加强,从而倾向于否定累进税制的合法性,并极大地改变了支持减少直接税的意识形态环境。

否定累进税制的合法性以及递减累进税的发展产生了一系列影响。首先,这意味着税收和划拨的结合使之对下层收入再分配的影响减小。在大多数英语国家中收入不平等(既包括税前收入,又包括税后收入)急剧增长,与此同时递减累进税对上层的收入再分配做出了贡献。其次,赖克关于美国的论述是正确的,有更广泛的正确性,具体来说就是工薪阶层中大多数人"无法承受附加的相对较高的公共消费"。最后,在实际操作中,似乎有一种棘轮效应,一旦调降了直接税收,从政治角度而言很难再对它进行调升。

三、削减社会福利

压力迫使政府由减少赤字、负债及降低税收演化为减少福利支出。其结果削弱(即使算不上侵蚀)了凯恩斯福利国家建立的第二道防线,其中第二道防线以社会福利机构的改革形式反对贫困、社会排斥和依附。如果国家政府是新保守主义追随者,社会福利制度的衰退则更快。盎格鲁-撒克逊国家的变革最为剧烈。当然西欧和日本的发展趋向也大致趋同。对国际竞争的考虑,国际决策中盎格鲁-撒克逊新自由主义模式的主导地位,经济开放程度的提高以及资本的加速流动都产生了类似的压力,使改革成为一种必然。

社会福利制度遭侵蚀的表现之一是背离了凯恩斯福利国家的根本原则——普享性。在一些国家,普享性原则遭到破坏和侵蚀,而在另一些国家其比例有实质性的缩减。在作为福利国家的两个主要项目——收入保障和医疗保健中,对普享性原则的背离在前者中表现得更为明显。

由于社会福利国家可用资源的衰退,关于高收入阶层能够独善其身的看法变得更有吸引力。相反,在资源稀缺时,资源应被用来帮助贫困者,而不是毫无差别地耗费在所有公民身上,这一观点的正确性是显而易见的。全球化使新自由主义的意识形态成为一种价值和需要,从而有理由将收入保障体系由普享性实施转向选择性实施。

对普享性进行攻击的第一个恶果是对由普遍收入资助的收入保障体系的影响。这一体系在分配福利时,面向所有公民而不是将收入差别考虑在内。通过收入调查和家计调查,这种制度不再适用于高收入者。尽管一般情况下缴费型保险制度具有普享性,但仍然受到种种限制并遭到各种削减,如福利削减,权利受到更多的限制。

失业保险在许多国家,如美国、英国、加拿大遭遇大幅度削减。这与劳动力市场"弹性"的意识形态部分相关,"弹性"把失业救济看做"刚性"和"畸变"的原因,认为失业救济带来了求职和流动性的障碍,并阻碍了工资的降低。因此,降低(即使不是取消)身体健康的失业者的福利被看做私人部门创造工作岗位的必要条件。

社会救济或"福利"被认为出了类似的问题。随着长期失业的增多,依靠社会救济生活的人口不断增加。就身体健康却依赖社会福利生活的人群而言,或者更明确地说,就失业的单身母亲而言,又出现了我们所了解的工作障碍问题以及对社会福利的依赖。此外,社会救济费用呈上升趋势,针对以上发展趋势相应产生了降低社会福利水平和严格控制身体健康者享受社会福利权利的条件的压力。后者以从事某种形式的工作或者接受培训作为享受社会福利的条件。这就是"工作福利"的实质——社会救济的一种方式,形成于美国里根政府任期内。克林顿执政期间将其进一步发展和深化,对于身体健康者而言,社会福利通过某种形式的劳动实现并且会在一定时期后加以严格限制。尽管美国以"工作福利"的发源地而自豪,但该思想也已通过各种方式在其他国家被运用。保护失业者的收入保障制度的重新构建与"弹性"和前面章节概述的劳动力市场再度商品化有关。

在医疗保健领域,较难背离普享性原则和平等享受权利原则。无疑,这是因为它得到了绝大多数人的强烈支持,但不能认为它是不会被削减的。我们同样可以看到费用上涨、服务缩减、服务质量差和私有化问题。由于直接破坏医疗保健的普享性具有政治风险,政府部门则通过间接的手段来达到目的。例如,加拿大政府已经采取了一项被称为"秘密福利政策"的战略。在推广医疗的普享性原则和准入平等性原则的同时,联邦政府通过大幅度削减财政拨款来减少福利支出并平衡财政预算。从表面上看,这将拨款责任转给省级政府,但实质上意味着医疗服务水平的下降。

纵观20世纪70年代以来一些英语国家收入保障的发展趋向的实例。在英国,由普享性到选择性的趋向十分明显。在新西兰,20世纪80年代中期以来的这一段时期,目标人群更加明确以及对权利规定更加严格的倾向已初见端倪。右翼政府执政时期的社会福利开始萎缩,打着减少财政赤字和增加新西兰竞争的旗号,社会保障体系实质上遭到毁灭:普享性家庭福利被取消;基于收入或者家计调查的福利制度(如失业、疾病,以及寡居所享受的福利)在很大程度上被紧缩,而且福利保障的水准也被调低,对失业者享受的福利待遇的降幅高达30%;普遍发放养老金方面,高收入老年人还需缴纳25%的额外费用,并且2001年将退休年龄从60岁调至65岁。加拿大的改革趋向也基本一样,普遍的家庭津贴从1989年开始仰仗于退税,1993年开始又代之以收入调查后发放的家庭福利。1989年普遍发放的养老金也开始仰仗退税(如新西兰)。失业保险的发放范围和金额近年来不断遭到削减。这种削减以及失业期延长共同导致了接受救济的失业人口比例从1989年的87%下降到1997年的40%。联邦政府对医疗、高等教育和社会救济的拨款大幅度削减并把责任推卸给省级政府,严重破坏了普遍的医疗保健体系。有助于保持加拿大境内的最低国家救济线的加拿大联邦政府援助计划已被取消。

表面上看来,"竞争性紧缩"的压力在工业国家正在制度化。直接与劳动力再度商品化相关的收入保障制度作为由税收收入资助的普遍制度正在受到排斥,其中比较引人注目的是对失业保险及对身体健康者救济的排斥。而且因为与竞争力和其他全球化问题相关的各种法定政策的制定,社会福利支出间接受到了压力。这些包括减少赤字和债务,以及减税(工资税包含在内)。

新自由主义政府看上去的确是比中立态度或者左翼政府更加积极地推动这一进程。此外,盎格鲁-撒克逊国家在这条道路上走得更远。从资本流出具有高度社会保障体系的国家这一角度而言,几乎没有关于社会倾销的直接证据。无论如何,假定"投资者是友善的"这样的政策意味着社会保障政策可能会面临进一步向下的压力。总而言之,不管是按照计划实施还是随机产生,现在的情形都是:社会福利保障制度正在走向衰退。

资料来源:《国外社会科学》2008年第3期,译自 The Globalization and the Welfare States (R. Mishra, Edward Elgar, 1999)第3章,原章名为《福利国家收缩过程中的社会政策》。有删改。

小资料

(1)补缺型和制度型福利模式如表1所示。

表1 补缺型和制度型福利模式

维度	补缺型	制度型
社会福利支出/GDP	低	高
给付标准	不足	足够
法定服务范围	有限	广泛
主要项目类型	选择性	普遍性
筹资方式	收费	税收
私人组织的角色	大	小
国家干预程度	少	适量

注:Wilensky H L, Lebeaux C N. Industrial Society and Social Welfare. New York: The Free Press, 1965

(2)三个福利资本主义世界如表2所示。

表2　三个福利资本主义世界

项目	自由主义	保守社团主义	社会民主主义
基本结构	社会救助为主，社会保险为辅，鼓励私人保险	社会保险为主，社会救助为辅	提供包括社会保险和社会津贴在内的全民社会福利
主要福利提供者	市场	家庭、社团	国家
去商品化程度	最低	高	最高
阶层化程度	强化	维持现状	弱化
主要国家和地区	美国、澳大利亚	德国、法国	瑞典、丹麦

注：埃斯平-安德森：《福利资本主义的三个世界》，苗正民、滕玉英译，商务印书馆，2010年

经典阅读与参考文献

埃斯平-安德森 G. 2010. 福利资本主义的三个世界. 苗正民，滕玉英译. 北京：商务印书馆

格雷夫 B. 2006. 比较福利制度——变革时期的斯堪的纳维亚模式. 许耀桐，等译. 重庆：重庆出版社

郭士征. 2009. 社会保障学. 上海：上海财经大学出版社

考夫曼 F. 2004. 社会福利国家面临的挑战. 王学东译. 北京：商务印书馆

李秉勤，等. 2011. 欧美福利制度：挑战、改革与约束. 北京：中国社会出版社

刘燕生. 2001. 社会保障的起源、发展和道路选择. 北京：法律出版社

美国社会保障总署. 1989. 全球社会保障制度. 魏新武，李鸣善译. 北京：华夏出版社

米勒 J. 2012. 解析社会保障. 郑飞北，杨慧译. 上海：格致出版社，上海人民出版社

钱宁. 2007. 社会正义、公民权利和集体主义：论社会福利的政治与道德基础. 北京：中国社会科学出版社

孙炳耀. 2000. 当代英国瑞典社会保障制度. 北京：法律出版社

孙浩. 2008. 英国的政党政治与福利制度. 北京：商务印书馆

泰勒-顾柏 P. 2010. 新风险·新福利：欧洲福利国家的转变. 马继森译. 北京：中国劳动社会保障出版社

王卫平，黄鸿山，曾桂林. 2011. 中国慈善史纲. 北京：中国劳动社会保障出版社

谢圣远. 2007. 社会保障发展史. 北京：经济管理出版社

杨立雄. 2008. 利益、博弈与养老金改革：对养老金制度的政治社会学分析. 社会，(4)：148-172

杨燕绥，张曼. 2008. 社会保障内涵再认识. 社会保障研究，(1)：6-9

郑秉文. 2009. 中国社会保险：碎片化制度危害与碎片化冲动探源. 甘肃社会科学，(3)：50-58

郑秉文，和春雷. 2001. 社会保障分析导论. 北京：法律出版社

郑功成. 2000. 社会保障学——理念、制度、实践与思辨. 北京：商务印书馆

郑造桓. 2008. 公民权利与社会保障. 杭州：浙江大学出版社

周弘. 2006. 福利国家向何处去. 北京：社会科学文献出版社

周沛. 2007. 社会福利体系研究. 北京：中国劳动社会保障出版社

第二章

社会保障思想与理论

本章摘要

本章分为社会保障思想源流和基础理论两大部分。首先,本章介绍了中西方社会保障思想源流,人道主义、空想社会主义、天赋人权观、社会连带思想、宗教慈善思想、仓储后备论等对现代社会保障制度的形成、发展和演变具有重要影响。其次,本章梳理了社会保障基础理论,分为国家干预主义、经济自由主义和中间道路学派三大流派,重点介绍了德国新历史学派、福利经济学、凯恩斯主义等理论学说。

第一节 社会保障思想源流

一、西方社会保障思想源流

(一)人道主义

欧洲文艺复兴时期,新兴资产阶级提出了人道主义、民主、平等和人权等口号,为社会应对其成员的生存权利负有责任的观点提供了道德、文化基础。所谓人道,就是指爱护人的生命、关怀人的幸福、尊重人的人格和权利的道德。

人道主义这种首先由资产阶级思想家提出来的人类近现代思潮,就其总体而言,包括以下四个方面的含义:以人为中心,重视人的价值,弘扬人道思想;作为世界观和历史观的人道主义;作为政治学说和社会理想的人道主义;作为伦理原则和道德规范的人道主义。

当前,虽然现代社会保障制度早已上升到法律规范的层次,享受社会保障成了国民的一项基本权益,但人道主义仍然是建立社会保障制度的最根本的道德源泉或依据。

(二)空想社会主义

西方空想社会主义思想是现代社会保障制度最基本、最深刻的思想基础之一。空想社会主义思想源于古希腊哲学家柏拉图(Plato)的《理想国》。在这本名著中,柏拉图抨击了社会的不平等,强调平等、互助、公正的社会思想;反对私有制,主张财产公有、共享；提出消除贫富对立，建立一个人人享有自尊、秩序和谐、大众幸福，没有压迫和对立的理想社会。柏拉图的思想被后世许多思想家继承并发挥，最终形成了空想社会主义学说。

空想社会主义学说的发展大致经历了三个历史阶段。第一阶段是早期产生阶段，这一阶段的代表人物主要有英国的托马斯·莫尔（Thomas More）和意大利的托马斯·康帕内拉（Tommas Campanella）。莫尔于1516年发表了《关于最完美的国家制度及乌托邦新岛的既有益又有趣的金书》一书，简称《乌托邦》。该书与康帕内拉的《太阳城》都揭露和批判了不合理的制度，描绘了一个没有剥削、没有压迫、财产公有、分配平均的理想社会。第二阶段是发展阶段，这一时期的主要代表人物有摩莱里（Morelly）、马布利（G. B. Mably）等。摩莱里的《自然法典》被公认为标志着空想社会主义思潮开始形成理论体系。第三阶段是成熟阶段，主要是在19世纪。这一时期的主要代表人物包括法国的圣西门（Saint-Simon）、傅立叶（Charles Fourier）和英国的欧文（Robert Owen）。圣西门把他所理解的社会制度称为"实业制度"，把满足人民需要、促进无产者福利的提高、保证社会安宁作为社会制度的唯一的和固定的目标。傅立叶认为，资本主义的自由竞争必然被更加符合人的自然本性的和谐制度代替。欧文的理想社会是一个和资本主义相对立的，没有剥削、没有阶级、人人劳动、人人平等的福利社会。他主张通过改革试验来构造理想的社会模式。合作公社是改造资本主义社会的重要途径，也是未来新社会的基层组织。空想社会主义学说在其数百年的发展过程中，虽然始终没有摆脱虚幻空想的性质，但其学说涉及国民福利、公有制、公平原则、按需分配等思想，是现代社会保障制度的思想基础之一。

空想社会主义思想对社会保障理论发展的贡献，主要是它揭示了社会矛盾的根源在于社会的不平等，从而主张实现社会公平、促进社会成员协调发展。可以说，这些思想是现代社会保障思想最基本、最深刻的思想基础，是现代社会保障思想的正统渊源。同时，空想社会主义描绘的理想社会中的社会状态，在一定程度上可以被视为社会保障政策或福利政策能实现的社会目标状态或理想蓝图。

（三）天赋人权观

现代社会保障制度最有力的思想渊源，无疑是"天赋人权观"。"天赋人权"也称为自然权利，指的是人在自然状态下已经享有的权利。相对于用法律或习俗道德规定的权利，它不受任何意志或权利的干涉，是天然赋予的，不容侵犯的。"天赋人权观"的经典表述来源于美国总统林肯的著名演说——《葛底斯堡演说》。林肯在该演说中告诉世人："人是生而平等的，"或可直译为"人是被（上帝）平等地创造出来的"。

天赋人权观的核心是：凡是人，都具有天经地义的、无可辩驳的、不可剥夺的生存权。天赋人权观的内涵使人都拥有生存权成为一条社会公理，这一公理直接催生、缔造了现代社会保障制度。因为这一制度的首要功能，就是维护人人都应有的生存权这一天赋人权。

最早在宪法中明确规定生存权的是德国1919年的魏玛宪法。天赋人权思想是西方社会保障最重要的思想渊源之一。从某种意义上可以说，天赋人权观是现代社会保障制度最有力的思想渊源或权利基础。

(四)社会连带思想(社会共同责任思想)

社会连带思想,或者说社会共同责任思想,在社会保障思想中占有重要的地位。其基本内涵为:社会保障在自助的前提下,强调社会共同连带责任。用通俗语言表述,可以称之为"人人为我,我为人人"的思想。就其产生的根源来说,除了高尚的"利他"动机外,也有自己遭遇困难时希望他人给予帮助的"利己"动机。

社会连带思想源远流长,早在人类社会诞生时,互助共济思想就存在于血缘共同体中;以后又发展成为地域共同体或职域共同体成员的互助共济。最早将社会连带思想理论化的,是法国社会学家迪尔凯姆,其在社会团结和社会分工论中,系统阐述了人类间的互相依赖关系。受迪尔凯姆理论的影响,法国法学家狄骥创立了社会连带法学,认为法律建立在互相依赖的连带关系上,法律仅仅就禁止侵害或保障、发展社会连带关系做出规定。

社会保障是全社会的事业,国家作为这一制度的组织者,只有依靠社会全体成员的共同参与、互助共济,才能实现和达到目标。因此,社会连带思想成为社会保障立法中的重要理念和制度机制。根据这一理念,社会成员均应承担相应的社会保障责任,履行互助共济的社会保障义务。同时,在许多社会保障制度(尤其是社会保险制度)设计中,如筹资机制,也体现和贯彻此种理念。

(五)宗教慈善思想

人类的慈善之心,古亦有之,并源源不断地发展、充实,从而成为社会保障产生的最原始的思想基础。早期的基督教社团实行财产共有、人人共享的平均主义原则,主张穷人互助、爱人如己,反对富人欺压穷人,提倡施爱于人(包括物质的与精神的),人人平等、努力向善,认为互助、博爱即是善的最重要标准。以这些原则为基础,早期基督教社团开展了各种慈善活动。宗教社团的扶助,成为贫民赖以生存的社会性制度基础之一。

最初有组织地向社会贫民施舍衣物、食物的,正是出于慈善思想的宗教组织行为,而这种宗教慈善行为,逐渐演变成社会慈善事业,即使在现代社会,慈善事业也是社会保障制度体系中的有机组成部分。宗教慈善思想是现代慈善事业的主导思想,也是现代社会保障制度构建的道德基础。

二、中国社会保障思想源流

(一)大同社会论

儒家思想是我国古代占统治地位的意识形态,其倡导的大同思想是中国人民美好的精神追求,其中也包含了丰富的社会保障思想。孔子于2500年前就说过:"大道之行也,天下为公,选贤与能,讲信修睦。故人不独亲其亲,不独子其子;使老有所终,壮有所用,幼有所长,鳏寡孤独废疾者皆有所养。男有分,女有归。是故谋闭而不兴,盗窃乱贼而不作,故外户而不闭。是谓'大同'。"他为我们刻画了一个相当完整和清晰的理想社会的轮廓。

大同社会的核心内容既涉及社会制度,又包含了丰富的社会保障思想,这种思想较之柏拉图的《理想国》中的描述更为直接地体现了社会保障制度的基本原则及其对社会弱者的庇护精神。大同思想中丰富的社会保障内容恰好说明了人类一直将人人有保障的社会作为理想在苦苦追求着。从某种意义上看，大同社会论为当时社会制度宏观结构设计提供了方向和思路。

(二)社会互助论

社会互助论是中国儒家思想的又一组成部分。社会互助思想是中国传统社会思想的重要组成部分，而互助则是中国人民的传统美德之一，它是社会成员之间的互助共济，是有余力余财者帮助无劳动能力或贫困或者遭灾的社会成员避免生存危机的社会思想。

社会互助论提出了互助共济的保障机制，也是当前社会保障制度蕴涵的现实理念和重要的制度机制。

(三)仓储后备论

仓储后备论是一种主张建立谷物积蓄以备灾荒并济贫民的社会思想。根据仓储后备论，国家建立了各式各样的仓储，在丰年之时把百姓手中的余粮收集起来就地建立仓库储存，荒年再行开仓赈济，仓储后备的目的在于救灾，避免灾荒之年百姓无法生存而铤而走险，维护社会稳定。因此，仓储后备论是依靠国家力量来储粮备荒、保障社会成员基本生存权利的一种社会保障思想。

仓储后备论的贡献在于其事前预防的制度理念和政策思路对丰富完善社会保障思想具有重要价值。

(四)社会救济论

古代中国有关社会救济方面的思想很丰富，其中赈济说的影响最为深远。所谓赈济说，即是主张用实物(主要是粮食与衣服布帛等)和货币救济遭受灾害或生活极端困难无以生存的社会成员，以保障其最低限度的生活需要的一种保障思想。

第二节 社会保障基础理论[①]

社会保障基础理论对西方各国社会保障制度模式的选择与制度演变具有重要影响。纵观西方社会保障理论的发展历史，可谓源远流长，百家争鸣。西方社会保障基础理论一般分为三大流派，即国家干预主义、经济自由主义和中间道路学派。国家干预主义主要有德国新历史学派、福利经济学、凯恩斯主义等；经济自由主义包括古典自由主义和新自由主义；中间道路学派主要指第三条道路。三大理论流派主要是围绕着政府与市场、公平与效率、权力与责任之间孰重孰轻所展开的争论，其本质是西方国家对社会经济问题的回应与调整。

---

① 本书参考和沿用大多数教材中的一般化观点，认为西方社会保障基础理论一般分为三大流派，即国家干预主义、经济自由主义和中间道路学派。但是，在学界不同的学科视域下，社会保障的基础理论非常丰富。感兴趣的读者可阅读：郑秉文：《经济理论中的福利国家》，《中国社会科学》，2003年第1期，第41~63页；刘娟凤：《国家福利的基本理论》，《经济论坛》，2011年第3期，第10~16页；杨刚：《社会结构与社会变迁视角下的福利国家研究》，《中国社会科学报》，2010年9月16日，第013版。

一、国家干预主义

所谓国家干预主义,是指一种主张削弱私人经济活动的范围,由国家干预和参与社会经济活动,在一定程度上,承担多种生产、交换、分配、消费等经济职能的思想和政策。它主要强调自由市场机制的缺陷必须通过国家干预来弥补,表现在社会政策方面,国家必须负起"文明和福利"的职责,肯定政府在社会财富再分配中占有的重要地位。国家干预主义的社会保障理论主要有德国新历史学派、福利经济学、凯恩斯主义等。

(一)德国新历史学派

(1)背景与代表人物。德国新历史学派的产生有其深刻的思想渊源和历史背景。它是对抗经济自由主义思想的一种思想,19世纪40年代形成旧历史学派,发展到70年代演变为新历史学派(又叫德国改良主义、讲坛社会主义),同时也对抗马克思的社会主义。19世纪末,面对德国社会中存在的日益尖锐的劳资矛盾,一些学者提出了不改变资本主义生产关系的条件下,由政府通过立法,实行某些社会政策,提高工人的物质生活待遇,以缓和阶级矛盾,维护资本主义社会秩序。德国新历史学派就是由这样一批以鼓吹劳资合作、实行社会政策的经济社会学者组成的。新历史学派又被称为"讲坛社会主义",其代表人物有施穆勒、布伦坦诺等。

(2)理论观点。传统经济学认为,国家的职能就是维护社会秩序和国家安全,而不是干预经济。但新历史学派认为,国家除了维护社会秩序和国家安全外,还有一个文化和福利的目的。国家是集体经济的最高形式,在进步的文明社会中,国家的公共职能应不断扩大和增加,凡是个人努力所不能达到或不能顺利达到的目标,都应由国家实现。他们从改良社会主义观点出发,提出要增进社会福利,实行社会改革,并通过工会组织来调整劳资之间的矛盾,主张由国家来制定劳动保险法、孤寡救济法等。具体来说,德国新历史学派的核心观点有:一是伦理道德论。即从伦理道德出发,认为劳资冲突不是经济利益上的对立,而是感情、教养和思想上存在差距而引起的对立。因此,劳资问题是一个伦理道德问题,不需要通过社会革命来解决,而只要对工人进行教育,改变其心理和伦理道德的观点便可以解决。二是国家观。即主张国家至上,国家应直接干预经济生活,负起"文明和福利"的责任。三是法律至上观。强调国家通过立法,实行包括社会保险、孤寡救济、劳资合作、工厂监督在内的一系列社会措施,自上而下地实行经济和社会改革。

(3)实践与评价。新历史学派的思想被俾斯麦政府接受,从而成为德国率先实施社会保险的理论依据。正是在这种背景下,从1883年开始,德国陆续推出了《疾病社会保险法》(世界上第一部《疾病社会保险法》)、《工业伤害保险法》和《老年与残疾保障法》等社会保险法典。新历史学派的主张后来经过制度学派而得以在美国发展,并得到欧洲一些国家的认可,成为西方国家早期社会保障政策的思想基础。同时,在某种意义上,社会保险制度是迄今为止人类发明的协调劳资利益的最佳制度创新。

(二)福利经济学

(1)背景与代表人物。福利经济学是最早对社会保障进行经济研究的学派。福利经济学是现代经济学的一个分支，它形成于 20 世纪初的英国，后来在美国、瑞典、法国等国得到传播。福利经济学分为新旧两派。旧福利经济学的主要代表人物是英国著名的经济学家、被誉为"福利经济学之父"的 A. C. 庇古（1877～1959 年）[①]。1912 年，庇古出版了《财富和福利》一书，1920 年又把该书扩展为《福利经济学》，这本书系统地论述了福利经济学理论。到 20 世纪 50 年代，西方经济学在批判和吸收庇古旧福利经济学的基础上形成了新福利经济学，也即现代西方福利经济学。该学派主要代表人物有保罗·A. 萨缪尔森、J. R. 希克斯、尼古拉斯·卡尔多、希托夫斯基、伯杰森等。新福利经济学家运用"序数效用论""帕累托最优""补偿原理""社会福利函数"等分析工具来说明政府应当保证个人的自由选择，通过个人福利的最大化来增进"整个社会的福利"，以此实现社会福利的极大化。

(2) 理论观点与政策主张。庇古认为，福利是指个人获得的某种效用与满足，它们来自对财物、知识情感、欲望的占有和满足。而所有社会成员的这些满足或效用的总和便构成了社会福利。他认为，国民收入总量的增大和国民收入分配的平均程度是检验社会福利的两个标准，即国民收入总量越大，福利总量也越大；收入越平均，福利总量就越多。依据边沁所提出的"最大多数人的最大福利"这一功利原则，庇古假定在收入分配中有一个货币收入的边际效用递减规律在起作用。同样一英镑收入对穷人和富人的效用是不相同的，穷人一英镑收入的效用大于富人一英镑收入的效用。一个人越富裕，它用做消费的收入在全部收入中所占的比重就越小。相对富裕的人失去一定数量的收入，从满足本身需要的角度来说，对他只是比较微弱的牺牲；而相对贫困的人，如果获得同样数量的收入，就能满足他比较迫切的需要。因此，他认为，把收入从相对富裕的人转移到相对穷人的手中，从整体来说，就一定能够得到更大的满足，会增加一国的经济福利。按照庇古的思维逻辑，我们可发现其主要政策主张的核心是收入转移（累进税、遗产税与直补），具体体现在：一是增加必要的货币补贴，改善劳动者的劳动条件，使劳动者的患病、残疾、失业和养老能得到适当的物质帮助和社会服务；二是向收入高的富人征收累进所得税，向低收入劳动者增加失业补助和社会救济，以实现收入的均等化，从而增加普遍的福利效果；三是普遍养老金制度，或按最低收入，进行普遍补贴的制度，通过有效的收入转移支付实现社会公平。虽然在资本主义制度下是不可能实现"收入均等化"的，但庇古提出转移性支付以及一些改革社会福利的理论几经演变并广为流传，为社会保障制度的建立奠定了理论基础。

新福利经济学认为，最大福利的内容是经济效率，而不是收入的均等分配。所谓经济效率，是指生产资源的使用达到最适度状态，即实现了帕累托最优，又称帕累托效率。当资源得到最适度配置时，经济就是有效率的，因而才能达到最大社会福利。新福利经济学的贡献主要在于提出了三个标准：一是帕累托标准（最大的福利内容是经济效率，而不是"收入分配的均等化"）。当生产资源的使用达到最有效的状态与最适度的配置时，经济运行就最有效率，福利就能达到最大，也就是达到了帕累托最优。根据这个

[①] 阿瑟·塞西尔·庇古：英文名 Arthur Cecil Pigou，出生在英国一个军人家庭。他是英国著名经济学家，剑桥学派学者马歇尔的学生，被视为剑桥学派正统人物及主要代表人物。

原理,当社会资源的重新配置使每个人的处境变好或至少使一个人的处境变好而没有使任何一个人的处境变坏,就意味着社会福利的改进,即实现了帕累托最优的状态。二是卡尔多标准[《经济学的福利命题和个人之间的效用比较》(1939 年)],即"假想的补偿原理"。该原理指出,由于市场价格的变动会使一些人受益,使另外一些人受损,影响人们的福利状况,但是只要总体上益大于损,就表明社会福利增加。三是希克斯标准。判断社会福利的标准应着眼长远。只要政府的一项经济政策从长远方面提高了社会的生产效率,即使在短期内有人受损,但所有人的福利都会增加,"自然地"得到补偿。

(3)评价。新旧福利经济学之间并没有本质的区别,它们都建立在边际效用价值学说、消费者"自由选择"学说和自由竞争学说之上,都包含两个方面的内容:一是论证竞争市场的有效性及其例外得出了福利经济学的第一个基本原理,即竞争的市场注定是帕累托有效的。二是认为政府通过采取适合的收入分配政策能够有效地矫正"市场失灵",实现社会福利的最大化或帕累托最优,得出了福利经济学的第二个基本定理。福利经济学的这些理论为福利国家的社会保障制度的建立提供了重要的理论依据。

(三)凯恩斯主义

(1)背景与代表人物。针对 1929~1933 年的资本主义世界经济大危机,1936 年,英国著名经济学家约翰·梅纳德·凯恩斯[①]在他的代表作《就业、利息和货币通论》一书中,运用总量分析方法,提出了有效需求不足理论以及相应的国家干预思想。凯恩斯所谓的"有效需求"是指商品的总需求价格与总供给价格相等,即达到均衡状态时的总需求,是一个国家的总需求或总购买力。总供给价格与总需求价格之间关系的变化,决定社会的总就业量。当总需求的价格大于总供给价格时,企业就要扩大生产,增加雇佣工人,社会总就业量就会增加;反之,当总需求价格小于总供给价格时,企业就要压缩生产,裁减在岗工人。这种总的、合理的供求关系就是有效需求。凯恩斯就业理论的基础正是有效需求原理,可用公式表示为:Y(社会有效需求)$=C$(居民有效需求,即消费需求)$+I$(资本有效需求,即投资需求)。

(2)理论观点与政策主张。凯恩斯认为,社会有效需求不足是由消费需求不足和投资需求不足造成的,而后两者的不足又是由三个心理法则决定的。这三个心理法则是消费倾向法则(收入用于消费的比例)、资本边际效率法则(预期利润率)和流动偏好法则(货币形式保持收入和财富的愿望强度)。消费倾向法则是指消费增长落后于收入增长,从而引起消费需求不足;资本边际效率法则和流动偏好法则是指预期利润率偏低的趋势,而与利息率不相适应,因而引起投资需求不足。三个心理法则的作用会引起投资不足,从而使社会有效需求不足,造成非自愿失业现象的存在。为解决有效需求不足的问题,凯恩斯主张确定经济政策的目标时要刺激需求,才能使资本主义经济实现充分就业。他认为,在经济危机期间,资本家对未来丧失信心,而借贷投资又需支付利息,所以货币政策对刺激需求的作用不大。他提出,政府要积极干预经济,推行扩张性的财政政策。扩大政府支出,实行赤字财政,即政府的财政政策应从传统的预算平衡思路中解

---

① 现代西方经济学最有影响的经济学家之一,他创立的宏观经济学与弗洛伊德所创的精神分析法和爱因斯坦发现的相对论一起并称为 20 世纪人类知识界的三大革命。

放出来,走向主动的、积极的赤字预算,以刺激社会经济活动,增加国民收入。还可以实行适当的通货膨胀政策,即国家通过自己控制的中央银行系统增发纸币,扩大信贷,压低利率。这样做一方面可以使企业家预期纯利润增大,从而会加大投资的欲望;另一方面,纸币流通量的增加造成物价上涨,这不仅压低了工人的实际工资,相对地也提高了资本的边际效率,加强了投资引诱,而且令人们考虑到保持更多的现金是不聪明的,于是阻碍投资引诱的"流动偏好"将会越来越小,投资需求便会高涨。除了通过税收政策鼓励资本家投资外,政府要直接兴办公共工程,扩大社会福利设施,增加消费倾向,达到足够的总需求和充分就业,缓解和消除经济危机。在凯恩斯的国家干预思想中,社会保障占有相当重要的地位,他主张通过累进税和社会福利等办法重新调节国民收入分配,还提出消除贫民窟、实行最低工资法、限制工时立法等主张。

(3)评价。第二次世界大战以后,凯恩斯宏观经济理论占绝对主导地位,成为建立国家社会福利制度的重要思想基础和资本主义各国制定公共政策的主要理论依据。在社会保障制度理论方面,凯恩斯主义是一个新的里程碑,它直接推动了第二次世界大战后社会保障制度在全世界范围内的建立。成为当时和后来相当时期内西方福利国家社会保障制度的理论依据。但是,值得注意的是,凯恩斯通过财政政策提高社会福利的政策是从生产角度提出的,目的是维持再生产的可持续,因此是一种有限的社会保障,其本质是强调个人责任,政府负担较轻。

(四)贝弗里奇报告

(1)背景与代表人物。在第二次世界大战期间的1942年11月,英国政府责成以W. H. 贝弗里奇为主席的社会保险和相关服务部际协调委员会提出了一个题为《社会保险及有关服务》的报告,即著名的《贝弗里奇报告》。

(2)理论观点与政策主张。报告指出英国存在"五大弊病",即贫困、疾病、无知、脏乱和懒惰。报告建议社会保障计划包括三种社会保障政策,分别运用于满足不同的社会需求——社会保险、社会救济和自愿保险。社会保险用以满足居民的基本要求;社会救济用以满足特殊情况的需要;自愿保险用以满足收入较多居民的较高的需要。前两种保障方式都是以满足基本生活需求为目的的。报告认为整个社会保障制度是全面社会改革的一部分。同时,贝弗里奇提出了6条改革原则:一是对相同情形的受保对象发放基本生活资料补贴标准一致的原则;二是缴纳保险费用标准一致的原则;三是对受保对象提供的补助金必须充分,能保证其基本生活的原则;四是全面和普遍的原则,保障范围和对象应全面,能覆盖全体社会成员;五是管理责任统一的原则;六是区别对待的原则。

基于以上观点,我们可归纳出贝弗里奇的政策主张:一是收入均等化,即通过不同阶层的赋税差别来实行社会的再分配。二是社会福利化,即通过国家提出的一整套津贴补助、社会保险和公共救济制度,包括失业救济、退休金、养老金、家庭补助、医疗保险、卫生保险、住房补贴以及文化教育等社会服务和设施,实现社会福利化和福利社会化。三是政策或制度设计坚持统一全面原则,即基本生活资料补贴标准一致的原则;保险费标准一致的原则;补助金必须充分的原则;全面和普遍性原则;管理责任统一的原则;区别对待的原则。概而言之就是要建立一个统一的、全民的、全面的居民基本生活得到保证的社会保障制度。

(3) 实践与评价。英国政府在批准《贝弗里奇报告》的基础上，通过了一系列社会保障立法，如1946年，《国民保险法》出台。英国施行了以国民保险、缴费性福利、医疗服务、住房福利、教育福利以及社会福利服务等为主要内容，覆盖广泛的福利国家政策。1948年，英国工党政府正式提出了"从摇篮到坟墓"均有保障的"福利国家"口号，标志着福利国家在西方正式形成。一些西方经济学家认为，"《贝弗里奇报告》已经成为社会保障思想发展史上的一个里程碑；它的影响已经遍及世界所有主要国家。它树立了系统地实行社会计划化而不零敲碎打地解决个别需要这样一种政策的典范"。《贝弗里奇报告》为福利国家构建提供了系统基础制度的参照，贝弗里奇本人也因此获得了"福利国家之父"的称号。

二、经济自由主义

经济自由主义以亚当·斯密"无形的手"的理论为基石，认为市场机制具有完美的自动均衡能力，一切生产要素及其价格都可以通过市场机制的自我调节完成均衡。任何外在的人为的影响，尤其是政府的各类调节企图不仅不会使情况变得更好，而是使之变得更坏。因此坚持以"市场"为第一性，排除政府行为的影响就成了经济活动的前提条件，政府唯一要做的就是充当经济的"守夜人"。经济自由主义实际上可分为古典自由主义和新自由主义。古典自由主义产生于18~19世纪，其代表人物有亚当·斯密、边沁、穆勒，主张自由竞争，强调国家不应干预经济。古典自由主义思想在整个19世纪引导着西方国家政府的政策，一直持续到20世纪早期。到20世纪70年代，以哈耶克和弗里德曼为代表的新自由主义，进一步倡导市场经济及自由竞争，反对国家对经济和社会的干预，认为自由是人的不可侵犯的权利。

(一) 古典自由主义

古典自由主义的代表人物亚当·斯密在《国民财富的性质和原因的研究》(简称《国富论》)一书中，提出了著名的"看不见的手"的思想，认为一个国家最好的经济政策就是对私人经济活动不加任何干涉的经济自由主义(政府的"守夜人"角色)。斯密认为，人的本性中最主要的决定因素就是利己主义，每个人从事一切经济活动的唯一动机就是追求自身的最大利益的实现。在市场自由竞争的条件下，这种追求自身最大利益的个体经济行为的集合，可以达到社会利益的最大化。因此，斯密坚持让资本主义经济自行调节，让资本主义生产方式按照自己固有的规律向前发展，坚决反对重商主义的国家干预政策，主张对内应实行自由竞争，对外应实行自由贸易。斯密的经济自由主义思想反映了新兴资产阶级摆脱了重商主义时期的幼稚阶段，已经逐渐成长和成熟起来，斯密从理论上表达了新兴的资产阶级的这样一种信念：没有封建君主制国家的干预，自己可以更好地管理自己的事务。这时，封建君主制国家已经逐渐成为资本主义生产方式进一步发展的障碍。古典自由主义者主张自由放任主义，没有充分认识到社会保障的功能作用，对社会救济持否定态度，其社会保障思想主要包括两点：第一，贫穷与懒惰有关，社会对于贫困的责任应当让位于社会对于穷人的压制；第二，济贫行为不是使穷者富，而是使富者穷，它能够制造出一个穷人的世界，使人人变得懒惰与傲慢，极易摧毁当时英国的制造业。当然,古典自由主义者的这些观点仍然没有脱离新教教义"惩戒"的窠臼。

(二)新自由主义

新自由主义主要理论流派有现代货币学派和供给学派等。新自由主义的社会保障思想和理念概括起来主要有五个方面的内容。第一,崇尚自由,公开反对社会公平和分配正义。他们认为由市场带来的资源分配和财富分配是最为公平的和有效的。任何人为的财富分配要求都会导致社会失去前进的动力。任何缩小贫富差距的分配正义主张,都会对个人自由造成极大的危害。第二,强调个人责任和市场作用的发挥,反对国家和政府的干预。在新自由主义者的观念中,自由与责任紧密相连,个人不承担责任,也就意味着丧失了自由。因此他们呼吁在社会保障制度中为个人责任的发挥尽可能留下空间,反对政府以激进税收之类的再分配手段对个人财富进行重新分配。第三,反对强制性保险,提倡有选择性的保障制度。哈耶克反对将强制性保险运用于国家控制的集权垄断框架之中,因为"它违背了秩序的自由性"。第四,主张削减社会福利,倡导社会保障领域内的竞争。新自由主义者认为,社会福利是"滞胀"形成的主要原因,应当减少社会福利。弗里德曼指出:"福利计划的主要祸害是对我们社会结构的影响。它们削弱家庭,降低人民对工作、储蓄和革新的兴趣,减少资本的积累,限制我们的自由。"第五,主张改革福利政策,实行激活性劳动就业政策。在工作日益变得不稳定、失业增加、贫困范围扩大的情况下,新自由主义者主张实行激活性劳动就业政策。激活性劳动就业政策的核心是,通过改革社会保障制度,严格失业保障资格申请,缩短失业保障期限,降低失业保障水平,并将保护性劳动就业政策与积极就业政策相结合,从而"激活"失业者,促使他们积极地重返劳动力市场,以工作代替福利。

1. 亚当·斯密的社会福利思想[①]

亚当·斯密(Adam Smith,1723~1790 年)是英国古典政治经济学体系的建立者。他生于苏格兰的一个海关职员家庭,青年时就读于牛津大学,1751~1764 年在格拉斯哥大学担任哲学教授。斯密的不朽名声主要来源于他在 1776 年出版的伟大著作《国富论》。该书因"看不见的手"的伟大发现而一举成名,使他在余生中享受着荣誉和爱戴。《道德情操论》主要阐述伦理道德问题,《国富论》主要阐述市场竞争与经济发展问题,二者交替创作,构成斯密学术思想体系的两个有机组成部分。

1)福利思想

首先,亚当·斯密的社会救济观。18 世纪 60 年代,英国已领先于世界开始进行工业革命,而以"住所法"为代表的英国社会救济制度因延续旧有的限制劳动力流动的规定,固守农耕社会发展的要求而明显滞后。它遭到了斯密的否定,其理由是,和学徒法令、行会一样,济贫法阻碍了劳动力与资本的自由流动。从伊丽莎白一世时代开始,贫困问题转由教区向辖内居民征收捐税来解决。每一个教区及其居民,为了自身利益,都要尽可能阻止流动的贫困居民加入本教区。政府也颁布法令,使普通居民难以在新教区获得户籍,因为他们可能成为教区的潜在负担。这样,本来一个教区的劳动力不足可由

[①] 谭磊:《亚当·斯密的社会福利思想研究》,《广东工业大学学报(社会科学版)》,2011 年第 3 期,第 44~48 页。

其他教区的劳动力转移来补足，而"住所法"就起了负面的阻碍作用。行会法规妨碍的只是技工和制造业工人的自由流动，而济贫政策通过对居住权的控制却妨碍了包括贫民在内的一般劳动力的自由流动。

在解决贫困问题的途径上，斯密谈到，社会上除了乞丐，没有人愿意靠别人的恩惠来生活，对个人来讲，接受施舍是一种不体面的经济期望。除了法律公正，我们也没有完全的义务去帮助穷人。不过，社会有责任为穷人提供参与市场竞争，并改善其自身状况的手段。这些手段，既包括提供公共工作和良好的公共教育道德情操论，又包括发展具有工作机会的商业经济。这比其他任何经济和政治制度都能更好地解决贫穷和不平等问题。另外，斯密也认识到了通过税收来平衡社会不同阶层消费中的作用。他主张对华丽的车辆和马车收缴更高的通行税，以使富人对贫民的救济做出贡献。

其次，亚当·斯密的工资待遇与职业保护观。18世纪后期，英国政治经济变革使小农、贫穷市民、手工业工人等下层人民陷入深重苦难。在这种社会背景下，斯密提出最低工资标准的学说。他分析了最低工资标准产生的环境。工人与雇主常会因为工资的高低问题产生争议，不过雇主能够得到官方支持，斗争可以持久，但工人却会因为眼下的生计问题而被迫接受较低的工资。尽管雇主居于有利的地位，但是劳动工资是有一定标准的，在相当长的期间内，即使最低级劳动者的工资，也不能减到这一标准之下。我们可以把这种一定标准的，不能再低的劳动工资理解为自由竞争的市场经济所自发形成的最低工资标准。关于最低工资的数额，斯密认为，需要靠劳动过活的人，其工资至少需足够维持其基本生活，对于夫妇而言，在大多数场合，工资得稍稍超过维持他俩自身生活所需要的费用，否则劳动者就不能维持再生产与赡养家室。斯密说："很明显，上述工资是符合一般人道标准的最低工资。"在他看来，最低工资标准还应具有动态调整的特性。当生活必需品的平均价格上涨之后，劳动工资都应相应增加起来，否则会降低贫民养家糊口与提供劳动力供给的能力。斯密还谈道，劳动者报酬是好是坏，主要是看他的劳动的真实价格，而不是名义价格。真实价格是报酬劳动的一定数量的生活必需品和便利品，名义价格则是报酬劳动的一定数量的货币。

斯密认为劳动报酬的高低反映了一国经济发展的状态。他提出，劳动工资的增长不是来源于庞大的现有财富，而是来自不断增加的国民财富。最高的工资不是在最富有的国家产生，而是在最快变富裕的国家出现。斯密为此列举了三个国家为例，美国以较快的速度增长财富，劳动需求量大而且报酬优厚。中国虽然富有但长久陷于停滞，这种停滞使得支付工资的基金长久不变，也就是说劳动力需求不变。与此同时，社会人口和劳动力供给在不断增加，他们围绕劳动既定的需求量而展开竞争，这时候雇主就会把工资降到合乎一般人道标准的最低工资，包括农民、技术工人在内的下层阶级人民的生活就会变得贫困。在退步的国家，如孟加拉，维持劳动的资金显著减少，职业的劳动需求量少，这种职业竞争更加剧烈，工资则会减到维持极其悲惨贫困的生活水平上。最后，斯密做出总结：劳动报酬优厚，是国民财富增进的必然结果和自然征候；贫穷劳动者连基本生活都勉为其难，是社会停滞不前的征候；劳动者处于饥饿状态，则是社会急剧退步的征候。

在社会经济状态既定的情况下，斯密认为存有五种因素会影响劳动者的职业报酬。首先，劳动工资受业务难易、污洁、尊卑而不同。在进步社会里，把其他人的消遣当职业的人都是极其贫困的，除了极少量的生活费外，他们实在不能有更多所得。其次，劳动工资因业务学习的难易、学费多少而不同。一些公共慈善团体免费为穷人提供包括宗教在内的教育学习，因为学习的人数众多，求职竞争激烈，最终他们的劳动力价格就会低微。"法律从来没把教区牧师助理的工资，提高到它要提高的程度，也没把劳动者的工资减低到它要减低的程度。"在他看来，这种劳动工资仅受市场供需关系的自发调节。再次，劳动工资还因业务安定与否以及需要负担的责任大小而产生差异。最后，随着获取职业资格可能性的大小，劳动工资也会不同。另外，某些职业如歌剧唱角、俳优，需要特殊的、为人们所赞赏的才能，但以此为业会招致社会偏见。斯密说道，我们因鄙视他们的人格，所以要优厚他们的才能。一旦社会偏见改变，他们的职业报酬就会减少。

斯密的经济思想已涉及初步的职业保护理念，这说明工业资本主义早期暴露出来的社会问题（如职业病、工伤等）已经引起了少数先知的注意。他谈到，几乎各种特殊业务的技工，往往因为操劳过度而患上特殊疾病。天性要求人们在紧张劳动之后，要有一定程度的放纵和快乐，这种快乐有时只是悠然快乐一会儿，有时却是闲游浪荡和消遣娱乐。如果违背人们的天性要求，结果是危险的，甚至是致命的。人们迟早会因得不到放松而产生职业上的特殊疾病。斯密提议，雇主要听从于理性和人道主义，不应常常鼓励劳动者勤勉，应该要他们适度地工作。斯密认为，各个行业的劳动者，只有把握适度原则，才能持续不断地工作。这样的劳动者不仅长期保持健康，而且在一年中能比其他人做更多的事情。

2）思想评价

亚当·斯密的社会福利思想，在整体福利观的支配下，涵盖了他关于工资标准与职业保护、社会救济以及教育福利等问题的具体主张。总的来说，这种社会福利思想受到斯密本人伦理学与经济学思想的深厚影响，也集中反映了当时英国社会的各种特征。我们不能否认亚当·斯密社会福利思想所具有的积极意义，它体现了先进生产力的发展要求。提供职业保护与基础教育，设立人道主义的最低工资制度，为劳动力争取公正合理的财富分配等主张在当时的时代背景下不乏进步与超前的意义，为近代英国社会保障制度的创立提供了有益的启示。另外，斯密关于打破劳动力自由流动的户籍限制的主张，在今日中国社会仍然具有不可低估的作用，是市场经济发展的必然要求。

2. 哈耶克的社会福利思想

哈耶克（Hayek，1899～1992年）是奥地利裔英国经济学家，新自由主义的代表人物。他1899年生于奥地利维也纳，获维也纳大学法学和政治科学博士学位。20世纪20年代留学美国，先后任维也纳大学讲师、奥地利经济周期研究所所长、英国伦敦经济学院教授、德国弗赖堡大学教授等。1938年加入英国国籍。他在《自由秩序原理》的第三部分，将自己的哲学思想和经济思想进一步具体化，对福利国家和社会保障等现代国家公共管理领域进行了研究，形成了他自己的社会福利理论。

1) 思想基础[①]

哈耶克的社会福利思想是建立在其政治思想和经济思想的基础上的。哈耶克认为，自由就是"一个人不受制于另一个或另一些人因专断意志而产生的强制性状态"。自由的意义在于"一个人自行决定什么样的需要和谁的需要在他看来最重要"，自由的目的是向个人提供机会，使个人所具有的知识得到最大限度的发挥。哈耶克认为自由始终是与个人责任密不可分的，个人责任要求我们对自己的命运负责，不承担个人责任也就意味着丧失了自由。他还认为，个人只应当对自己的行动负责，而不应当对同样具有自由的其他人的行动承担责任，因为在自由社会中，不存在任何由某一群体成员共同承担的"集体责任"，所有人都有责任意味着所有人都没责任。哈耶克指出，在社会经济领域引入一定程度的计划性是必需的，但是，这种计划性不能代替作为占据资本主义经济调节手段中主导地位的竞争，"我们一切批评所针对的计划只是指那种反对竞争的计划——用于代替竞争的计划"。因为，"根据一个单一计划指导各种经济活动，这种企图将会引起无数问题"。哈耶克特别指出，过分的国家干预和计划性的结果就是，经济计划几乎涉及人们全部生活的各个方面，从人们原始的需要到我们和家庭、朋友的关系；从人们工作的性质到人们的闲暇利用，很少有生活的哪一个方面不受到计划者的有意识的控制，这不利于社会经济的发展。

2) 福利思想

首先，哈耶克的"福利国家观"。哈耶克认为，福利国家(the welfare state)并不是一个十分清晰的观念，这一福利观不仅关注法律与秩序，同时还关注其他问题。

基于其"自由观"，哈耶克认为，福利国家由许多不尽相同甚至相互冲突的要素混合而成，一些要素使自由社会更具吸引力，另一些要素则对自由社会构成潜在威胁。而在福利国家的诸多目标中，有些目标的实现无损于个人自由，有些目标虽无损于个人自由，但要以人们付出极大代价为前提方可实现，第三种目标则在自由社会中无法实现，因为它趋近于计划体制，如福利国家的收入保障计划。所以，哈耶克并不认为福利国家能够保障自由扩展秩序的运行，福利国家欲求运用政府的权力以保障一个更为公平和正当的财产分配制度。在他看来，这意味着用政府强制性权力来实现特定人的特定需求，这就产生了对不同人给予差别待遇或者不平等的待遇，这是与自由社会不相容的。以收入再分配达到社会正义的福利国家，最终将走到社会主义老路上去。

其次，哈耶克的"社会保障观"。哈耶克认为社会保障是一个相对的概念，不能在过于绝对的意义上理解社会保障。他将社会保障分为两种，一种是有限度的保障，它是大家都可获得的，是维持生计的最低收入保障，存在于市场之外；另一种是绝对的保障，这种保障不是大家都能获得的，是某种生活水准的保障，只有控制市场才能得到。

哈耶克认为绝对的保障对自由具有很大的威胁，因为这种保障的目的是保护个人或集团不遭遇竞争社会中不可避免的收入减少或其他痛苦，在他看来这种保障忽略了个人在市场竞争中所应担负的责任，也就是说这种保障制度的设计没有考虑到个人责任，个人责任意识的欠缺不仅容易使社会保障资源浪费，而且容易养成对社会保障制度的依

[①] 谭磊：《哈耶克的社会福利思想解读》，《社会》，2004年第1期，第12~15页。

赖，陷入这种依赖中的个人往往就会失去自己选择的自由。而且他还认为这种保障通过政府的强制性权力给予某些个人或特殊群体，不但损害了个人自由，而且损害了市场效率，所以政府凭借自己所拥有的强制性权力只能提供有限度的保障。

再次，哈耶克的"济贫观"。哈耶克详细论述了社会保障制度的演进过程，他指出社会保障制度在最初是以济贫制度的身份出现的，随着济贫范围和水平的提高，济贫制度面临着促使个人放弃自我努力的危险。于是社会保障制度出现了，它最初的目标是用来维持人们的生活，避免成为公众的负担。但是社会保障制度在成为国家垄断权力后，就变成了实现社会再分配的工具。这样，济贫制度的性质就发生了极大变化，"它不再是绝大多数自立者同意给予少数无法生存的人以救济的再分配，而是多数因为少数拥有的财富而从少数那里取走部分收入的再分配"。在哈耶克看来，根据一种先入为主的公平观来平均分配收入的制度，显然是与"自由秩序"不相容的。

但是，哈耶克基于其"自由论"和"市场不完善论"认为，向那些因自身无法控制的情势而受到极端贫困者提供救助，是现代国家和社会的职责。同时，对于一个处于极端贫困的人来说，哈耶克并不认为他是自由的。因此，贫困有悖于哈耶克的自由，因此对自由扩展秩序来说，需要一种能够降低贫困的机制，也就是社会保障政策。

最后，哈耶克的"分配（收入转移）观"。哈耶克反对强制的收入再分配政策，强制的收入分配政策使社会保障政策异化为传统社会主义的替代物。一个社会将消灭贫困和保障最低限度的福利作为自身职责，与一个社会认为自己有权确定每一个人的"公正"地位并向其分配它所认定的个人应得之物的事态之间，实存在天壤之别。当政府被授予提供某种排他服务的排他性权力的时候，自由就会受到严重的威胁。

对此，哈耶克对社会保障制度的主要组成部分，如养老保险、疾病保险等进行了分项剖析①。对于养老制度，哈耶克认为政府因其政策不当造成的通货膨胀对养老问题负有不可推卸的责任，但问题的解决不能通过强制性的制度安排来解决。若无视领取养老金的严格规定，那么养老问题就会沦为政客拉拢选民的工具。同时，退休者的舒适生活也会鼓励人们提早退休，从而滋生懒惰，因为退休金是从当前劳动者的收入中转移出来的，所以它势必将年轻人变为年老者的苦役。对于医疗保险制度，哈耶克在肯定健康保险制度必要性的同时，否定了国家健康保险方案的单一性与普遍性，特别是否定了免费医疗服务。他认为个人所需的医疗照顾是没有客观标准来衡量的，向所有人免费提供医疗服务只会导致医疗水平的下降。

哈耶克并不完全反对强制性保险。他认为，个人无法防范某些意外事件及其后果，政府采取减轻灾祸的公共行动无疑是正当的，它与维护个人自由也无必然冲突。哈耶克所反对的是那种强制性保险被运用于国家控制的集权垄断框架之中，因为它违背了秩序的自由性。他认为，社会政策的主要目标应是为防止出现赤贫而提供适当保障，这种保障应在市场之外提供，竞争要自然进行而不受干扰。哈耶克坚决主张实行救济接受者的收入调查，以便使所提供的救济真正以需求为根据。

---

① 本部分重点参考了谭磊：《哈耶克的社会福利思想解读》，《社会》，2004年第1期，第12~15页。

3) 思想评价

哈耶克的思想在 20 世纪 70 年代复兴以来，其关于社会福利的思想迅速在各个国家广为流传，之所以会出现这样的情况，与当时西方福利国家出现的福利危机有着密切关系。高水平的福利所带来的高水平的支出已经成为许多国家经济发展的严重障碍。面对这些障碍，西方福利国家纷纷开始实行社会保障制度改革，哈耶克所强调的"个人责任""市场效率"等观点对福利国家的福利变革具有重要影响和参考价值。

但是，诸多学者对哈耶克的福利思想也进行了批判和争鸣。例如，哈耶克在效率和正义关系问题上过分地重视效率；哈耶克在关于政府干预与自由竞争的关系问题上，过分夸大了市场竞争或市场机制的作用。

3. 现代货币学派

现代货币学派是 20 世纪 50 年代中期在美国出现的反凯恩斯主义学派，代表人物是密尔顿·弗里德曼。弗里德曼反对国家干预，鼓吹自由放任的信条，认为市场自发力量可以使资本主义经济自然地趋向均衡。他认为，资本主义经济的动荡都是实行政府干预市场经济的错误的财政金融政策造成的。他反对凯恩斯主义用扩大政府财政支出的财政金融政策来消除失业，提出所谓"自然失业率"的概念，即在没有货币因素干扰的情况下，让劳动力市场和商品市场的自发供求力量发挥作用时所应有的、处于均衡状态的失业率。按照这一概念，就业水平应取决于劳动力市场的一般条件，而不应该取决于政府的就业措施。弗里德曼反对由国家运用传统的货币政策来调节货币流通量，主张实行所谓"单一规则"的货币政策，即把货币供应量的年增长率长期固定在同预计可能有的经济发展速度大体一致水平上的货币政策。这种理论被称为货币主义。在社会保障方面，弗里德曼认为，高效率来自市场竞争，如果对低收入者给予"最低生活水平的维持制度"，会挫伤人们的劳动积极性，最终有损于自由竞争和效率，因此，弗里德曼反对对低收入者发放差额补助的社会保障制度，但是完全取消又会遭到社会公众的反对。为了既救济贫困，又不损于竞争和效率，弗里德曼主张采用负所得税。通过负所得税，既帮助低收入者维持最低生活水平，又不挫伤人们的工作积极性。

三、中间道路学派

(一)背景与代表人物

20 世纪 80 年代末 90 年代初，由于西方国家新自由主义的自由化、私有化政策造成了新的经济衰退和社会危机，中间道路学派以新的面孔即"第三条道路"出现。1938 年英国前首相麦克米兰出版了《中间道路》一书，在该书中他提出，走中间道路就是要对资本主义进行调节，这种受到调节的资本主义不仅使经济得到发展，还将为人民提供一定的社会福利。中间道路学派认为资本主义是导致经济高速增长的最有效机制，但也存在许多自身难以克服的缺陷和问题，导致了贫困、不平等和失业现象，而政府的行为恰好可以弥补市场的不足，来最大限度地解决这些问题。因此，自由市场和政府的联合可以使效率和平等达到最大化。他们既不同意完全的自由放任，也不支持民主社会主义学派的主张；他们是反集体主义者，但不是反对国家干预者，因此，后人把他们称为中间道路学派。

第三条道路理论的主要代表人物是安东尼·吉登斯,其理论被英国前首相布莱尔、美国前总统克林顿、德国前总理施罗德等政界人士实践,在欧美形成一种社会思潮。他们在反思凯恩斯主义和新自由主义的基础上,提出了要使传统的社会民主主义与新自由主义相结合,扬利抑弊地采取兼顾国家与市场、供给与需求、公平与效率、权利与义务相平衡的原则,塑造新经济、构建新福利、推行新政策,谋求资本主义再发展。

(二)理论观点与政策主张

中间道路学派的基本观点有三个方面。

第一,强调市场自由与国家干预之间以及经济政策与社会政策之间的平衡。一是市场自由与国家干预之间的平衡。麦克米兰等认为,个人主义与集体主义都是一种极端的思想,适合社会需要的应当是介于二者之间的更加温和的政策。所以,他们制订了一个经济重组计划,这个计划的目标是对各种极端的思想进行妥协,其核心是由私营经济与公共经济组成混合经济。一部分经济可以直接由国家所有和控制,一部分经济可以由公共和半公共机构进行管理。另外,在一些领域,市场规则发挥主要作用,私人竞争性公司只是接受公共部门适当的调节。这样,麦克米兰就把一定程度上的竞争与国家干预结合在了一起。二是经济政策与社会政策的平衡。经济政策和社会政策都不能凌驾于对方之上,具体到现实中,要根据当时的环境和需要来确定哪一个目标更重要,中间道路学派希望在经济政策和社会政策中间找到一个平衡点。社会政策需要经济政策的支持,同时,社会政策也应当为经济发展做出贡献,使经济能更快更好地发展,而不是仅仅追求成为所谓的高福利国家。

第二,从维护社会稳定出发支持再分配。中间道路学派认为,人是社会性的动物,只有在社会中,个人才能实现自己的价值,所以他们强调社会的整体性。为了使社会保持其整体性,必须维护社会的秩序和稳定。从社会方面看,当人们遭受痛苦的时候,国家必须想办法去减少和免除这些痛苦,如果政府不这样做,将有可能遭到人民的反对,造成社会的不稳定和无秩序。在市场体系中,结果不一定是公平的和公正的。当社会中的大多数人都认为这样的情况不可接受时,国家就应当进行干预,设法减少不公平和不公正。从经济方面看,生产、就业和社会安全有赖于消费者欲望的提高,但是,人工制造欲望以促进消费,天生具有不稳定性。这种欲望总有一天会因为竞争的强迫性或人工制造需求能力的衰弱而萎缩下去,消费将随之下降,失业随之增加。要避免这种危险的发生,就要把消费进行广泛的分配,使穷人也能享受到经济发展所带来的好处。

第三,中间道路学派倡导政府参与下的福利经济的多样化。中间道路学派认为,国家提供的福利虽然促进了社会的公平,但可能会造成垄断和服务的低效率,因此,他们希望私营部门和志愿组织的加入使社会服务领域变得多样化,通过充分的竞争使服务的效率和质量有所提高。毋庸置疑,由于利益的驱动和竞争的刺激,私营部门总是比公共部门更有效率,但是,在所有公共部门都实行市场规则似乎也不大可能。所以,中间道路强调混合的福利经济,认为国家提供的福利应当成为混合福利经济的一部分。在这个混合经济中,无法由私人完全提供的服务交由国家完成,能够由私营部门完成的就由他们去做,在国家提供服务的领域,私营部门也要同政府在服务质量、效率等方面展开竞争。中间道路鼓励私人的、志愿的和家庭的服务形式,认为它们促进了个人和社会责任,是社会的纽带。同时,它们也使服务来源多样化,增加了人们选择的范围。志愿部门在此当中扮演非常重要的角色,它是人们履行个人责任和社会责任的直接体现,也是人们自己帮助自己这种愿望的体现。所以,混合福利经济不会使公共责任遭到削弱,相反,它会使公共责任和个人责任都得到加强。

基于以上理论逻辑,我们可以把第三条道路的政策主张归纳为以下三点。

第一,在政治政策上,主张实行新的社会治理方式。它倡导政府由管理型向治理型转变。在社会生活中政府只牵头,但不包办,鼓励公民参与,发挥民间组织作用,增加地方政府权利。国家不应当再是高高在上的命令发布者,而是各种社会力量之间的调节人,给社会力量赋予适当的公共事务,鼓励承担更多的政治责任,独立解决各种问题,国家侧重于在法治、民主、高效的前提下协调各部之间关系,引导国家目标的实现。

第二,在经济政策上,奉行"市场社会主义"信条,模糊所有制定位,摒弃国有化政策,主张走一条有别于自由放任和国家干预的新混合经济之路。按吉登斯的说法,与过去西方国家混合经济的区别在于,新的混合经济不是努力去实现国有企业和私有企业之间的平衡,而是要实现经济生活和非经济生活的平衡。政府的作用在于促进宏观经济的稳定增长,鼓励充分的自由贸易。英国前首相布莱尔在访问法国时曾在国民议会发表演讲,当他说道"经济政策没有左右之分,只有好坏之别"时,赢得全场鼓掌。这或许是"第三条道路"最通俗的注释。新经济核心是如何在全球化形势下实现充分就业和高速增长。

第三,在福利政策上,把社会福利国家改为社会投资国家。传统左翼把福利国家理解为国家为那些需要帮助的人提供符合人道尊严的生活;新保守主义毫不客气地把这些人简单地推向市场。第三条道路放弃过去或者削减、或者扩大福利的做法,变福利政策为投资政策,变"授人以鱼"为"授人以渔"。通过在经济、教育、培训等领域的政府投资和个人投资,提高接受福利者进入市场的能力,帮助他们适应就业,以防一些人滥用福利。福利既是每个人的权利,同时个人也要尽义务,"不承担责任就没有权利",寻求"权利与义务""权利与职责"的平衡。建立一种使福利可以维护,但享受者具有相应责任与风险的"积极福利"政策。

▶思考题

1. 西方人道主义思想对社会保障制度形成发展的作用是什么?
2. 德国新历史学派的核心观点有哪些?如果你是亚当·斯密,你会如何对俾斯麦建言?
3. 第三条道路是什么?你认为它抓住了社会保障问题的核心吗?
4. 福利经济学的主要观点有哪些?按此逻辑,将得出怎样的政策建议?

案例

社会保障:公平导向抑或效率导向

就和谐社会的构建而言,起码有两个方面属于相辅相成的基础性内容,一个是发达的经济,另一个是起码的社会公正。目前,中国的具体情形是社会发展滞后于经济发展,社会公正已经成为各个阶层高度关注的问题,也由此引发一些对社会公平性方面的讨论和看法。目前一提到社会保障的公平性,总有另外一些观点,如中国正处于经济快速发展时期,应该关注效率,"重视公正便会妨碍效率",在经济发展过程中,"原始积累是不可避免的";还有的认为我国的国家财力十分有限,财政拿不出钱来为全民提供社会保障,"国家财力不足"等。

所谓"原始积累是不可避免的"主要是指,欧洲早期的现代化进程是通过"火与血"的原始积累来实现的,而且这种原始积累的过程是任何一个从事现代化建设的国家都不可避免的;中国现在仍处于社会主义初级阶段,既然要搞现代化建设,就必然要通过提高经济增长速度、快速提升国民生产总值,以增加社会总财富。因此,就免不了出现一个残酷的、牺牲多数人利益的原始积累时期。在这样一个时期,少数人迅速积累财富和多数人的利益受到损害是必然的事情,而提高社会保障的覆盖面和社会保障水平也就难以做到。

"国家财力不足"的观点认为,现在之所以不能重视社会公正问题,是因为中国是一个发展中国家,国家的财力十分有限。1999年中国的社会保障支出占GDP的比重为4.5%,当年由财政补贴的社会保障支出占国家财政支出的比例为10%,如把当年的社会保障收支纳入国家财政预算,则国家财政收支都将加大,此时社会保障收支将占加大后的国家财政收支的24%,但中国社会保障基金的90%只保障了占全国人口30%的城镇人口中的一部分,如果以同样的水平覆盖到全民,则1999年社会保障支出占GDP的20%,纳入国家财政的社会保障收支将占国家财政收支的50%。所以,目前中国的财政还不能满足"社会公正"的需要,应当先进行社会总财富的积累,再实现社会保障的"公正"。

而"重视公正便会妨碍效率"之说认为,中国目前必须将效率放在第一位,而如果重视公正,则必然导致多数人共同剥削和享受能力大的少数人所做的贡献,从而损伤这个社会的活力,也就意味着妨碍了社会、经济发展进程中的效率的实现。所以,重视社会公正问题必然会妨碍经济发展的大局。

公平与效率的关系问题是社会保障经济理论研究的核心问题。社会保障政策或福利制度是强调效率还是强调公平导向?

延伸阅读

用社会保障改革化解金融危机

一、挣脱社会保障制度的枷锁:西方社会从根本上化解金融危机的唯一选择

美国财长保尔森在7000亿美元的救市计划并没有取得预期效果后,放弃了收购银行不良资产的计划,又提出一项复杂的新救市计划,其中包括向非银行的金融机构,如通用汽车公司旗下的借贷机构——通用汽车金融服务公司和其他汽车制造商的同类借贷机构投资救市。他还宣布财政部和联邦储备局正考虑动用纳税人的钱,通过信用卡、汽车贷款、学生贷款等,启动消费性借贷,来促进消费,从而带动经济的发展。

可以预言:虽然保尔森已经使出了现代经济学理论所提供的全部方法,然而这些方法对于化解金融危机,仍旧不会产生根本性的效果。

另外,一些学者认为,金融危机的产生标志着西方市场经济的失败,经济应该由国家严格控制。从技术上来看,这种理论是合理的。但是应该认识到西方金融危机的产生根源并不是技术上的,而是本质上的,它实际上宣告了西方社会保障制度的破产,而不是市场自由经济的终结——西方社会及其广大民众实际上并不是社会保障制度的受益者,而是受害者。唯有挣脱这种枷锁,西方社会经济才可能重新恢复活力,才可能从根本上化解金融危机。因此我们也完全可以预言:技术层面的加强监管,虽然是不可缺少的，可仅仅是在技术上加强监管，既不能化解这次金融危机，更不能从根本上恢复西方经济的活力，只能在一定意义上推迟或延缓这种危机的发生，或减小危机的规模而已。

更为重要的是，如果不对目前的社会保障制度进行改革，那么非但这次金融危机将会进一步发展，而且一个比目前金融危机更为巨大的——社会保障危机将会不可避免地降临。西方一些专家学者已经在为此感到担忧不已。美国《财富》杂志2008年10月所刊载的一篇文章称，这种社会保障危机比目前次贷危机更为惊人，在资金量上远远大于目前的次贷危机，是一个"超级次贷危机"，呼吁美国政府尽快拿出对策。

所以我们完全可以断言：挣脱社会保障制度的枷锁是西方社会化解金融危机、恢复经济活力的唯一选择。

二、建立新型社会保障体系：用社会保障问题化解金融危机

越来越多的西方知识分子实际上已经非常清醒地认识到社会保障制度对整个社会经济发展带来的危害，而且一直在非常积极地推动政府实施改革，可是所遭遇的阻力极其巨大，最近几十年来西方各国在野党和执政党之间争吵不休的一个基本问题，实际上就是围绕着如何改革社会保障制度、降低税收而展开的。

西方社会保障制度的改革之所以走入困境，关键在于迄今为止的改革，并不是模式的改革，而仅仅是对保障范围和标准的改革，因此这种改革只是在这个无底洞的范围大小上来回徘徊，而根本不能彻底解决无底洞的问题；而范围和标准的改革不可避免地会牵涉到不同群体的既得利益，因此改革阻力极其巨大。所以，西方社会保障制度的改革效果乏善可陈——这个巨大的无底洞非但没有减小，反而在日益扩大，费用每年都在不断增加，而且迄今没有任何停止的迹象。

既然西方社会必须挣脱社会保障制度的枷锁，为什么西方社会又无法挣脱这一枷锁？关键在于西方社会保障制度的保障精神是完全合理的，是不可放弃的。放弃这种保障精神，西方社会将不可避免地出现混乱。因此我们可以这样说，不挣脱社会保障制度的枷锁是等待崩溃，而放弃保障精神则是制造崩溃，两者都是错误的。正确的方法是对保障模式实施改革，使之由无偿救济体系转化为既可以更好地实现保障宗旨，又可以产生经济效益的援助体系。

事实上，西方社会也完全可以做到这一点。如果我们对资本主义社会因失业、教育、医疗费用等问题进行更为深入的研究，可以发现：绝大部分社会成员并不需要无偿救济，因为他们的这种困难都是暂时的，更为确切地说，只是个人资金链的一时断裂或尚未建立；只要解决了这种断裂问题或帮助他们建立资金链，他们就可以创造出更多财富，而且完全可以用这种财富来偿还困难时期的全部费用支出。所以绝大多数人实际上都可以用未来的收入自我保障，除非发生意外，导致工作能力的永久性丧失（而这种比例是非常低的）。例如，失业就是一种典型的个人资金链的一时断裂，一旦失业者重新找到工作，那么他在失业期间的开支就完全可以偿还。失业作为一种社会现象，是不可消灭的，而作为一种个人现象，其则是完全可以消灭的，也就是说，每一个人实际上都可以找到工作，除非是没有工作能力的残疾人，或者自己不愿意找工作，所以失业仅仅是暂时现象——失业者都可以自我保障，除非完全丧失工作能力。又如，教育，只要一个人可以得到良好教育，那么他的未来毫无疑问是美好的——教育学家和社会学家的许多调查统计都表明了这样一个事实：从教育的角度来看，收入与支出呈现为两条不平衡的发展曲线，而且人们的资金教育程度越高，平均收入也就越多。所以教育费用问题的实质，也是个人资金链的问题——只是这一资金链尚未建立，一旦完成教育就可以找到工作，建立起这一资金链，而且收入会远远多于教育费用支出。除非发生意外，导致工作能力丧失。

再来看医疗。从我们对患者支付医疗费用能力进行的认真分析不难发现：就实际支付医疗费用的能力而言，患者大体上可以分为以下几类。

(1)当前可以承担医疗费用的患者。这种患者并不占多数，但也不是少数。因为在通常情况下一般患者的小灾小病（如感冒发烧等）并不需要很高的医疗费用，只有在住院和动手术等情况下医疗费用才是可观的。

(2) 现在无力承担，但却可以在今后逐步地承担全部费用的患者。这种患者占绝大多数。因为在绝大多数情况下，患病并不是一个人一生中的常见现象。只要不是绝症就可以康复，如胆囊炎。但是只要当一个患者康复、重新形成还款能力之后，就可以逐步地偿还全部医疗保障的费用，只是需要有一个过程而已。这里当然还有一个不能否认的问题：患大病的医疗费用问题。一般而言患大病的确需要产生巨大的支出，在这样的情况下，对于收入一般或较低的患者而言，自然会出现支付能力的问题，不过这一问题同样也是暂时的，只要有一个比较长的缓冲时间（如二三十年，甚至更长），一般患者还是可以承担的，还是可以用未来的收入来偿还的。

(3) 无论现在还是将来都只能承担部分医疗费用的患者，如轻度伤残者，或者患有慢性病导致部分工作能力丧失的人士。不过这种患者也是不多见的，在患者中所占的比重也极小。据联合国统计，社会伤残人士所占的人口比例一般都在5%左右。而且在这5%之中，还有一大部分是可以康复的。因此我们判定这部分人在患者中所占的比重不会超过5%。

(4) 永远都无力承担医疗费用的患者，如智障、完全残废、瘫痪、其他永久性的绝对低收入者等。这部分患者所占的比重更小，因为它是上述5%中的少数。

可见，如同绝大多数的患者也不需要施舍——不需要无偿性救济，他们也完全可以像绝大多数的失业者和学生一样，用未来的收入来解决当前的医疗费用的需求，实现自我保障。绝大多数失业者、学生和患者所需要解决的问题是：支付费用的缓冲时间。只要这个时间足够，他们就能承担各种费用。

所以，社会保障体系根本没有必要对每一个人都不加分别地一律实施无偿救济，而应该建立起一种保障机制，使每一个社会成员可以用未来的收入解决个人资金链的一时断裂和尚未建立资金链的问题。只要建立起这种机制，则至少95%以上的社会成员都完全可以实现自我保障。只有对资金链永久性断裂的人士和永久性绝对贫困者才需要（也完全应该）提供无偿救济。

在这种意义上我们完全可以做出结论：西方社会保障中对每一个人都实施无偿救济的保障原则是一种可怕的错误。合理的做法是：对每一个社会成员实施全面的援助，帮助他们解决全部困难，但是在他们解决了暂时困难、形成还款能力之后，则需要他们返还全部费用连同利息。只有对没有偿还能力的永久性贫困者才提供无偿救济。更为确切地说，也就是让人们可以用未来的收入自我保障。

资料来源：保罗孔：《用社会保障政策化解金融危机》，http://blog.10jgka.com.cn/46454573/24266469.shtml，2009年8月1日

 小资料

负所得税

负所得税是从一个统一的方案代替现存各种收入支持方案（如福利、食品券等）的计划。在这一计划下，政府按照不同家庭实际收入与维持一定社会生活水平需要的差额，运用税收形式，依率计算给予低收入者补助的一种方法。贫困家庭将得到一份收入补助，而随着他们报酬的增加，其得到的补助会相应地减少。

其计算公式是

$$负所得税 = 收入保障数 - 个人实际收入 \times 负所得税率$$
$$个人可支配收入 = 个人实际收入 + 负所得税$$

负所得税是货币学派的主要代表人物弗里德曼提出的用以代替现行的对低收入者补

助制度的一种方案。这一思路实际上是试图将现行的所得税的累进税率结构进一步扩展到最低的收入阶层去。通过负所得税对那些纳税所得低于某一标准的人提供补助，补助的依据是被补助人的收入水平，补助的程度取决于被补助人的所得低到何种程度，补助的数额会随着其收入的增加而逐步减少。供给学派认为，实行负所得税可以通过收入或享受上的差别来鼓励低收入者的工作积极性。尽管负所得税方案引起了许多经济学家的重视，但从未付诸实施。

表1含有对负的应纳税收入课征50%税收的所得税例子（四口之家；现行的免除额及标准减税额；现行的正收入税率）。

表1 负所得税应用实例

税前总收入/美元	税收减免/美元	应纳税收入/美元	税率/%	税收/美元	税后收入/美元
0	3000	−3000	50	−1500	1500
1000	3000	−2000	50	−1000	2000
2000	3000	−1000	50	−500	2500
3000	3000	0	0	0	3000
4000	3000	1000	14	+140	3860

对于每一规模的家庭来说，这一计划定义了两种收入：一是收支平衡的收入，在这一收入点上该家庭不必交纳税收，也不会得到补偿——在我们的例子中，即3000美元；二是确保的最低收入——在我们的例子中，即1500美元。对于不同人数的家庭来说，这些收入也是不同的；家庭人数越多，收支平衡的收入与确保的最低收入也就越高。

经典阅读与参考文献

爱纳汉德 M. 1999. 欧洲七国失业救济与社会援助制度. 陈绵水，等译. 北京：中国财政经济出版社
安奈兹 J. 2011. 解析社会福利运动. 王星译. 上海：格致出版社，上海人民出版社
巴尔 N. 2003. 福利国家经济学. 郑秉文，穆怀中，等译. 北京：中国劳动社会保障出版社
毕天云. 2004. 社会福利场域的惯习：福利文化民族性的实证研究. 北京：中国社会科学出版社
邓念国. 2009. 西方国家社会保障的民营化：新制度主义视角. 北京：知识产权出版社
丁建定. 2000. 从济贫到社会保险. 北京：中国社会科学出版社
格来夫 B. 2006. 比较福利制度——变革时期的斯堪的纳维亚模式. 许耀桐，等译，重庆：重庆出版社
胡敏浩. 2008. 福利权研究. 北京：法律出版社
卡特 M N，希普曼 W G. 2003. 信守诺言：美国养老社会保险制度改革思路. 李珍，杨玲，刘子兰译. 北京：中国劳动社会保障出版社
肯迪 A. 2011. 福利视角：思潮、意识形态及政策争论. 周薇译. 上海：上海人民出版社
聂佃忠，李庆梅. 2009. 负所得税的国外借鉴及中国低保的重构. 北京：人民出版社
皮尔逊 P. 2005. 福利制度的新政治学. 汪淳波译. 北京：商务印书馆
沙琳. 2007. 需要和权利资格：转型期中国社会政策研究的新视角. 北京：中国劳动社会保障出版社
索特曼 R B，布赛 B，莫盖拉斯 J. 2009. 社会医疗保险体制国际比较. 张晓译. 北京：中国劳动社会保障出版社
王云龙，陈界，胡鹏. 2010. 福利国家：欧洲再现代化的经历与经验. 北京：北京大学出版社

第三章

社会保障基金管理

本章摘要

社会保障基金是社会保障功能发挥和目标实现的"经济基础"。本章重点介绍了社会保障基金的概念与特点，社会保障基金管理的含义、特点和途径；社会保障基金的筹集和支付管理；社会保障基金的投资运营等方面的内容。

社会保障制度的完善需要社会保障基金提供强大的物质基础。社会保障是帮助社会成员防范各种风险、保障基本生活、促进经济发展和社会稳定的"安全网"，而社会保障基金则给"安全网"提供了坚实的经济基础，没有它，社会保障只能是无米之炊。随着我国社会保障体系的逐步建立和完善，围绕社会保障基金的筹集、支付、投资运营、财政管理方式等环节的相关问题也日益受到重视。

第一节 社会保障基金概述

一、社会保障基金的概念与特点

(一)社会保障基金的概念

社会保障基金是指根据国家法律法规，为了实现社会保障制度的正常运行，帮助社会成员维持基本生活，用于防范社会成员生病、养老、生育、失业、工伤等风险而积累的基金。它主要包括社会保险基金和全国社会保障基金等。社会保障基金是社会保障制度得以确立并能够解决特定社会问题的物质基础[①]。可以说，一国的社会保障制度实际上就是围绕社会保障基金的筹集、投资运营和给付的全过程而设计和制定的。就其性质来说，社会保障基金实质上是从国民收入的初次分配和再分配过程中形成的一种消费性社会后备基金。

(二)社会保障基金的特点

社会保障基金具有强制性、互济性、积累性和专用性的特点。

---

① 郑功成：《社会保障学》，中国劳动社会保障出版社，2005年，第190页。

(1)强制性。社会保障基金的筹集、管理和使用，都是通过国家法律法规规范和限制的。各行为主体的权利和义务，如社会保障基金的缴费标准、缴费项目、待遇给付及给付条件等均由法律法规或地方政府的条例统一规定，任何行为主体不得擅自变更。同时，社会保障基金管理机构必须依法实施社会保障基金的管理运营，确保社会保障基金具有稳定的资金来源和安全有效的基金管理。

(2)互济性。互济是社会保障的一个重要特点，社会保障基金的筹集是通过国民收入再分配形成的，社会保障基金的支付又将通过国民收入的第三次分配影响社会成员的收入水平，从而体现社会成员之间的互济性。对于社会保险项目而言，社会成员个体发生风险的时间、概率都是不相同的，但在基金筹集和支付时并不考虑这种差异，而是按统一标准筹集和支付。这样就可能形成社会成员缴费期与收益期的分离，同时也可能使个人享受的社会保险待遇不一定等于其对社会保障基金的贡献情况，这就是社会保障基金互济性的体现。

(3)积累性。随着人口老龄化的日益严重，以及完全积累制或部分积累制的制度安排，要求社会保障基金既要保证支付，又要实现积累；既要保值增值，又要规避风险。由于从社会保障缴费到社会保障金支出存在着时间差，因此，从根本上要求社会保障基金管理机构能够通过对社会保障基金的投资组合管理，在动态经济条件下实现社会保障基金的安全营运、有效投资及增值，从而提高社会保障基金的投资管理效率。在实现社会保障制度、资本市场与国民经济的互动发展的基础上，使社会劳动者因社会保障基金的积累而得益，进一步增进社会保障制度的福利性。

(4)专用性。社会保障基金的建立和使用具有专款专用性。社会保障基金只能用于法律规定的特定目的，即基金只能在劳动者和社会成员遇到年老、疾病、伤残、生育、死亡和失业风险时为他们提供物质帮助，以保障其基本生活需要，任何机构和个人不得随意挪用。当社会保障基金出现支付缺口时，政府可以通过财政拨款进行补贴，反之，当社会保障基金留有节余时，任何单位和个人不能将其挪作其他性支出。

(三)社会保障基金的种类

社会保障基金的分类有多种方式，按照社会保障项目的专门用途及功能，社会保障基金可以分为社会救助基金、社会保险基金、社会福利基金、其他保障基金等(图3-1)。

社会救助基金是指国家通过经常性预算和财政性拨款等形成的，专门用于救助困难群体的社会保障基金。根据资金的来源渠道，社会救助基金可以分为政府财政性基金和民间慈善基金。政府财政性基金来源于国家税收，主要是为了应付各种自然灾害对人民生命财产所造成的损失和缓解社会成员的贫困。民间慈善基金主要来源于社会捐赠，用于帮助需要得到帮助的人们。在实践中，社会救助金的给付并不需要以缴费为前提，一般由国家、社会向被救助者实施单向的货币和实物救助。救助标准在各国或一国之内不同地区以及不同时期都有所不同。一般来说，救济标准的制定要考虑国家财力和传统福利水平，要考虑社会平均生活水平和收入水平，要考虑消费物价和生活指数等因素[①]。

---

① 郑功成：《社会保障学》，中国劳动社会保障出版社，2005年，第192页。

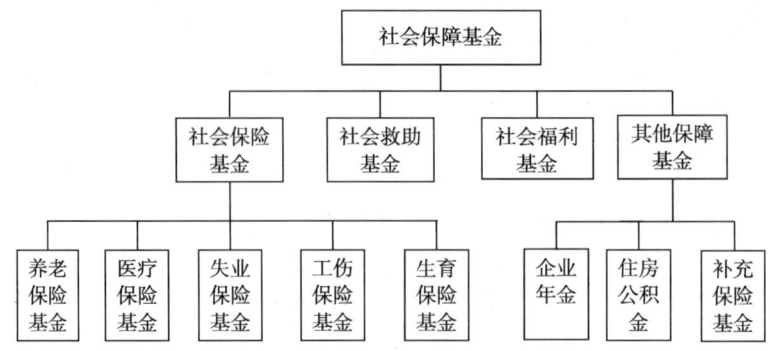

图 3-1 社会保障基金的种类

社会保险基金是指由雇主与雇员共同缴纳社会保险费的方式形成的、用于保障劳动者在丧失劳动能力或失去劳动机会时的基本需要的基金。大多数国家的社会保险基金由雇主与雇员缴费形成,同时,国家给予税收和利率优惠,以及适当的财政资助,体现国家、雇主和雇员三方责任共担的原则。社会保险基金一般由养老保险基金、医疗保险基金、失业保险基金、工伤保险基金和生育保险基金构成,在少数国家还有护理保险基金等。

社会福利基金是指国家和社会用于提高人民物质和精神文化生活水平而建立的社会保障基金,包括财政性福利基金、社会化福利基金和企业自有的福利基金。其中,财政性福利基金通常用于无收入来源和无法定赡养人的老年人、残疾人和孤儿等特殊群体的社会福利事业,社会化福利基金则可以根据居民的需要来安排,而企业拥有的福利基金则用于本单位员工的福利。需要指出的是,社会福利基金不用于社会救济金,它的目的不是济贫,而是保障和维持社会成员一定的生活质量,因而是高层次的保障。中国的社会福利基金来源主要是财政拨款、企业自筹、发行福利彩票以及社会捐赠等。社会福利基金对保障社会成员的基本生活需要、促进社会公平、实现经济社会发展成果共享,起着非常重要的作用。

社会保障基金还包括企业年金、住房公积金和补充保险基金等其他保障基金。

二、社会保障基金管理的含义、特点和途径

(一)社会保障基金管理的定义

社会保障基金管理是指国家根据法律法规和个人的经济承受能力,对社会保险基金的筹集支付、管理模式、投资运营、监督管理等进行全面规划和系统管理与监督,以实现社会保障的基本目标和制度稳定运行,是社会保障制度的核心环节。

社会保障制度既是一种社会制度又是一种经济制度,而社会保障基金是社会保障制度的物质基础,良好的社会保障基金管理模式是实现制度有效性的关键。随着社会保障制度的建立和完善,社会保障所覆盖的人数和资金规模都在不断扩大,因此,社会保障基金管理显得尤为重要。

(二)社会保障基金管理的目标与基本原则

社会保障资金管理目标是我们最终要达到的理想状态,它的选择涉及整个社会保障

体制是否顺畅。社会保障资金管理模式是实现社会保障基金管理目标的途径，模式选择适当与否直接影响到社会保障基金管理目标的实现程度及速度。

社会保障基金管理的目标主要有以下三个。

一是确保基金的完整、安全和高效率。社会保障制度的核心问题是社会保障资金，而社会保障资金的首要目标是确保资金安全。随着社会保障制度的不断推进，社会保障资金的安全问题变得越来越重要，其管理和运营效率也变得愈加重要。

二是防止基金贬值，实现基金保值，争取基金增值。社会保障基金作为社会保障的源头，其管理好坏直接影响到社会保障制度的正常运行。社会保障基金的保值增值是社会保障制度长期持续发展的基础，实现全国社会保障基金的保值增值，对于完善我国社会保障体系，确保社会稳定和国家的长治久安具有重要意义。

三是满足给付的需要，避免支付危机的发生。社会保障资金在运行过程中，要讲求资金效益，要处理好社会效益与经济效益的关系。社会保障资金在运作过程中，要实现资金的保值增值，既是社会保障事业可持续发展的必要条件，又是提高经济效益的很好途径。

其中，维护基金安全是最重要也是最基本的目标。

社会保障基金管理应遵循的原则包括以下几个方面。

一是依法管理，规范运行，即必须以法律法规为依据，按法定的程序和方式来管理社会保障基金。针对目前部分企业存在拖欠保险费的情况，各级经办机构应加大催收力度，视具体原因，依据社会保险相关条例法规采取措施。对符合参保条件、有钱不缴的单位，应由社会保险经办机构责令限期缴纳，逾期拒不缴纳的，可申请人民法院强制执行；对有参保意识、经济承受力薄弱的单位，可考虑放宽政策期限，采取办理延期缴款或分期缴款等方式，给予适当照顾。强化归集，加大社会保险扩面工作力度，逐步增加基金积累，努力营造"人人自我保障，社会保障人人"的社会保险大格局。

二是坚持收支两条线，征收和支出适当分离。各级财政社会保险基金专户普遍基金结余量较大，需要引起相关部门注意。结余量大，反映出基金支付能力良好，保障实力雄厚，是一个可喜的现象。但在一定程度上也说明社会保险基金征收计划缺乏科学性、支付范围和额度狭小、闲置较大影响了社会保障功能的充分发挥等。因此建议，一方面各级财政和社会保险经办机构在编制年度基金预算时，应结合近年来收支情况和变化性因素，科学界定筹资额度，合理确定单位和职工保费负担值；另一方面结合年度基金收入情况，合理界定基金支出额度和范围，在保证受益群体享受社保标准不降低的情况下，积极和多渠道用款，充分发挥保障效能。

三是实行预算管理，应根据社会保障的目标编制社会保障基金的年度与中、长期收支预算。社会保险基金预算指的是国家依照有关法律法规、通过行政手段筹集到的社会保险资金收入来安排支出的一种特定预算，它是由政府相关部门编制的用来反映社会保险基金的收支规模、结构分布和盈亏状况的预算，是社会保障预算的重要组成部分，也是建立社会保障预算的基础。社会保险基金预算坚持以科学发展观为指导，通过对社会保险基金筹集和使用实行预算管理，增强政府的宏观调控能力，使我国社会保险基金的管理和监督得到强化，社会保险基金的安全性、完整性得到提升，社会保险基金的效益得到提高，保证我国的社会保险制度的可持续发展。

四是严格监督，杜绝漏洞。这不仅是维护社会保障基金安全性的要求，也是追求基金效率性的需要①。

(三)社会保障基金管理的特点

社会保障基金管理的特点主要包括社会政策目的性、法律监控性、综合性和边缘性几个方面。

1. 社会政策目的性

社会保障基金管理的一个基本特点是社会政策目的性。社会保障基金管理的社会政策目的性这一基本特征决定了社会保障基金投资与管理的首要目标是实现基本保障的社会政策目标。无论选择何种社会保障管理模式和运行机制，在实现既定的社会政策目标、基金的安全运营、保值增值和有效监管方面都必须围绕实现国家社会政策目标这一核心宗旨，这也是将社会保障基金管理同其他类型基金管理区别开来的一个重要标志。

2. 法律监控性

社会保障基金所担负的社会政策的特殊性，决定了社会保障基金的管理必须置于国家法律法规的严格控制之下。国家对社会保障基金管理的全过程，包括费率的确定、基金征缴支付、基金保管、投资运营、投资组合、投资限额等均制定了严格的法律法规，体现出很强的依法管理的特征。例如，社会保障基金的筹集和支付通常都要由社会保险经办机构依法进行费用征缴，以及按照规定的原则、条件、项目、标准和方式来支付法定范围内的各类社会保障待遇。强调社会保障基金的依法管理，专款专用，任何单位和个人不得随意挪用和挤占保障基金项目。

3. 综合性和边缘性

社会保障基金管理具有很强的综合性和边缘性特征，区别于一般货币收支计划及其管理。社会保障基金营运与管理既体现经济政策，又相当程度地体现社会政策；既与企业个人和国家财政资金密切关联，又同资本市场、国债市场和整个金融市场具有更为直接的联系。随着社会保障制度改革的深化，社会保障基金的规模日益扩大，其与经济发展和金融市场的完善有更直接的作用，同国内资本流动乃至国际资本流动都有不可忽视的内在联系。因而，社会保障基金管理应当同财政、银行、证券、保险、审计等监管部门相互配合和协调。不仅如此，社会保障基金管理重大政策的出台必须充分体现政策监管部门的综合配套和相互协调的管理过程。否则，社会保障基金管理的有效性将大打折扣。

社会保障基金自身的长期性和所具有的社会政策目的性，决定了其在性质、功能以及投资工具的选择等方面不同于一般企业基金、信贷基金和共同基金。社会保障基金是在保证基金的安全营运的基础上，再追求实现社会保障基金投资盈利。此外，在社会保障基金管理过程中，无论是基金的筹集、费用征缴、投资营运，还是保障基金给付，都不同程度地获得政府税收方面的政策优惠，这是社会保障基金管理不同于一般机构投资

---

① 张留禄：《社会保障基金管理》，中国金融出版社，2010年，第2页。

者和共同基金的重要特点。

(四)社会保障基金管理的途径

社会保障基金管理的主要途径有财政集中型基金管理途径、多元分散型基金管理途径、专门机构型基金管理途径三种。

1. 财政集中型基金管理途径

一些欧美国家常采取财政集中型基金管理途径来实施社会保障基金的管理，即以建立社会保障预算或直接列入国家财政预算的方式管理社会保障基金。前者强调社会保障预算与政府总预算项目分离，作为专项预算，在政府预算中保持相对独立性，不能直接动用社会保障基金弥补财政赤字。后者则将社会保障收支与政府预算融为一体，当社会保障基金收大于支时，政府可将其用于安排其他支出甚至用于弥补财政赤字；当社会保障基金收不抵支时，则通过财政预算款予以弥补。通过财政实施集中的基金管理途径，不论在具体运作方式上存在何种差异，都体现出国家财政对社会保障基金管理所担负的最后责任。由于社会保障费(税)的征缴由政府立法强制实施，也在很大程度上体现出政府的行为并非单纯的市场行为，应当置于政府财政的直接监控之下。

财政集中型基金管理途径注重以较高比例购买一级市场的国债和定向社会保险的特种债券。这就使基金具有风险较低、保障收益和易于操作等优点，但由国家承担投资风险，投资收益明显低于直接投资于金融市场的补充养老保险基金。国外社会保障基金管理的最新发展显示，欧美国家长期采用的这一基金管理途径正受到基金投资市场化的严峻挑战。

2. 多元分散型基金管理途径

多元分散型基金管理途径是指社会保险专门机构委托银行、信托公司、投资公司、基金管理公司等金融机构对社会保障基金在法律允许的范围内进行信托投资，并规定最低投资收益率的基金管理途径。多元分散型或多元竞争型基金管理途径具有较高效率、较高投资收益，同时还具有投资方式种类、投资组合上的较大灵活性。由于多元竞争的特点，多元分散型基金管理途径在一定程度上分散了基金投资风险，增进了基金营运的透明度和投资绩效，强化市场机制的作用。因此，多元分散型基金管理途径成为近年来世界上许多国家社会保障基金管理决策与改革的热点，受到许多国家的重视。当然，它也受到经济环境、金融环境、法律法规的完善程度的制约。对这类基金管理途径，金融市场的完善程度和规范的市场运作是其重要的约束条件。我国社会保障基金管理在相当长的时期内采取由社会保障机构委托国有商业银行划拨，存入社会保障基金专户，规定购买专项国债，使社会保障基金的保值增值受到很大限制。但能否推行多元的管理途径，则需视具体条件是否具备，不应简单地照搬国外经验，亦不应该盲目追随国际潮流。其重要的问题在于，根据我国国情的内在制约和经济、金融环境的现有格局，要有选择、有区别地对第二、三层次基金计划的运作采取适度放宽的基金管理途径。

3. 专门机构型基金管理途径

专门机构型基金管理途径是指由相对独立和集中的社会保险银行、社会保障基金管理公司或基金会等专门机构负责社会保障基金的管理和投资运营。社会保障基金管理专门机构的董事会由财政、金融、劳动保障、工会、审计和社会保障机构等有关方面代表组成。专门机构型基金管理途径通过严格规范、严格监控的方式，集中管理社会保障基金，负责实施基金投资营运，制定投资组合政策，实现基金保值增值目标。在东南亚国家的社会保障基金管理中，专门机构型基金管理途径的应用较为普遍。

第二节 社会保障基金的筹集和支付管理

一、社会保障基金的筹集管理

(一)社会保障基金的来源渠道

筹集社会保障基金，首先要解决基金来源问题。世界各国的社会保障基金的来源并不完全相同，呈现一定的差异性。多数国家的社会保障基金由政府、雇主和雇员三方分担。此外，社会组织、企业和个人赞助，社会福利有奖募捐和互助储金会等也是社会保障基金的来源渠道。

(1)国家财政拨款。在现代社会，对社会成员生存权利实施保障是国家义不容辞的责任，而且国家通过财政收入对社会保障的支持是社会保障事业正常运转的可靠保障。国家财政资金作为社会保障基金来源的重要渠道，通过三种形式进行资助：一是财政拨款。这是一种直接资助的方式，即通过财政预算确定对社会保障的支持，这种方式能清晰地反映国家在社会保障中承担的责任。二是国家让税。这是一种间接资助的方式，企业和个人在所得税前缴纳保险费或税，对社会保障基金的投资收益减免税，对受保人享受的社会保障待遇免税等。三是国家让利。这也是一种间接资助的方式，国家对存储于金融机构的社会保障基金，或对社会保障机构用于投资的基金，给予较高的利率优惠，以扩大社会保障基金的来源。

(2)雇主和个人缴费。随着现代企业取代传统家庭而成为现代社会大生产的主要组织形式，企业已成为社会成员生存的重要依托。企业作为劳动力的实际使用单位，对其就业者及其家属负有社会保障的责任。在市场经济下，企业履行社会保障责任的方式是为其就业者向社会保障机构缴纳社会保障费或税。通常企业负担的社会保障费或税是按企业职工工资总额的一定百分比缴纳，由社会保障机构强行征收，具体的比例各国有不同的规定。企业所缴纳的社会保障费或税并未包括企业从利润中提取的福利基金，以及某些国家规定的雇主在解雇雇员时给予的遣散费和一次性补偿经费。社会成员个人既是社会保障权益的享受者和社会保障待遇的受益人，又是社会保障基金的责任主体和义务人。从世界各国的社会保障实践看，社会成员个人负担必要的社会保障费用是一种公认的原则和趋势。通常，社会成员个人按工资或收入的一定百分比缴纳的社会保障费用，由社会保障机构强制征收，并成为社会保障基金特别是社会保险基金的重要来源。

在三方共同负担社会保障基金的原则下，劳动者所在企业和劳动者个人必须按照自己的承受能力承担相应的社会保险基金份额。根据我国社会保障制度改革的总体目标和要求，我国要逐步采取由企业与个人共同负担社会保障费(税)的办法，并实行养老、医疗保险的社会统筹与个人账户相结合。社会保障费(税)将成为我国社会保险基金的主要来源。

(3) 社会筹资。社会保障机构通过一定的途径和办法向社会团体、单位和个人募集作为社会保障用途的资金或实物，也是一条重要的社会保障基金来源渠道。社会捐献是以自主自愿的方式筹集社会保障基金的一种形式。社会捐献直接吸纳到社会保障基金名下，由社会保障机构根据实际需要使用；或者根据某些特定事件或特定对象的需要，临时采用直接筹款、义演、发行彩票等方式向社会募捐。彩票收入也是社会保障基金的辅助来源渠道之一，且在社会福利中彩票收入所占比重很大。一般情况下，彩票收入中约55%为奖金，约15%为成本，约30%可以资助社会公益。

(二) 社会保障基金的筹资模式

社会保障基金的筹资模式，也叫社会保障资金财政模式。它是依据一定的收支平衡原则，确定一定的收费率，以取得一定的社会保障收入，用以满足社会保障事业及经济稳定发展需要的一项制度。从世界各国社会保障制度的实施情况看，社会保障的筹资模式一般分为三类。

1. 现收现付式

这种筹资模式遵循的是近期内横向收支平衡的原则。这种筹资模式要求先做出当年或近几年内某项社会保障措施所需支出的费用预算，然后，按照一定比例分摊到参加该保障措施的所有单位和个人，当年提取，当年支付。预先不留出储备金，完全靠当年的收入来满足当年的支出，并争取略有结余。这种模式的特点是，管理成本比较简单，能较好地体现社会保障制度的再分配功能。再者，可以避免长期积累基金所承担的增值保值的压力，以及不可预测的政治经济风险；此外，它必须根据需求变动及时调整比例和缴费比例，以保持收支平衡。因此，一国人口的年龄结构、经济发展水平等因素将对其产生较大影响。

2. 完全积累式

完全积累式，也叫完全基金式，它的原则是远期纵向收支平衡。其实质是个体一生中代内的风险分担和收入再分配制度。它要求政府基金管理部门首先对本国的人口寿命、未来人口结构的变化和经济发展的趋势进行宏观预测，然后预测出劳动者未来所需要的社会保障支出，确定一个可以保证在相当长的时期内收支平衡的总平均收费率，并将其分摊到保障对象的整个投保期。这种方式的主要特点是，初期收费率高，筹资见效快，在较长的时期内，收费率保持相对稳定。在社会保障计划实施初期的若干年份中，社会保障收入大于支出，收大于支的部分形成储备基金，用以弥补以后年度支大于收的差额。此外，这种方式着重强调效率，忽视社会保障的互济性和再分配功能，同时也将面临通货膨胀和投资所带来的风险。

3. 部分积累式

部分积累式，也叫部分基金式，是对现收现付制和完全积累制的整合。这是一种把近期横向收支平衡原则与远期纵向收支平衡原则结合起来的筹资模式。即在满足现时一定支出需要的前提下，留出一定的储备以适应未来的支出需求。这种筹资模式一定几年不变，过几年调整一次。收大于支的部分，形成一定数量的基金，通过长期投资取得增值。其特点是在初期收费率较低，以后逐步提高，保持相对稳定。

部分积累式在初期的收费率高于现收现付式，低于完全积累式，相对较为稳定，作用力度较为温和，既易于被筹资对象接受，又能在一定程度上满足社会保障支出的需要。但部分积累式也有一个难题需要很好地解决，即如何合理地确定收费率，以及筹集到的资金在满足现时需要之后，究竟留出多少储备才能适应未来的需要。

从上述的对比分析不难看出，任何一种筹资模式都不是十全十美的。因此，在选择筹资模式时，既要考虑筹资模式自身的特点，又要考虑社会保障、社会和经济稳定发展的需要。

二、社会保障筹资形式比较

与每种筹资模式的启动和顺利运转有关的是社会保障基金的具体筹资形式。从世界各国的实践经验来看，筹资形式归结起来，主要有以下三种。

(一)统筹缴费

统筹缴费即由雇主和雇员以缴费的形式来筹集社会保障基金。社会保障基金由政府或国会指定专门机构负责管理和运营，不直接构成政府财政收入，不足部分由财政专款补助。因此，政府财政部门不直接参与社会保障基金的管理与运营，只对社会保障收支进行监督。实行社会保障统筹缴费筹资的国家，保障项目比较繁杂，且每一个项目都有相对独立的一套缴费办法。德国实行的是这种筹资形式。

(二)社会保障税

社会保障税是世界多数国家普遍采用的一种筹资形式。到目前为止，建立社会保障制度的140个国家中，有80多个国家开征了社会保障税。开征社会保障税，要求保障项目简单明了，而且缴税和支付均须遵循统一的制度。这种筹资形式筹集的社会保障基金，直接构成政府的财政收入，成为政府预算的重要组成部分，社会保障收支平衡状况直接影响到政府财政收支平衡状况。因此，组织和管理社会保障收支是财政部门的一项经常性工作。

(三)预算基金账户

预算基金账户即社会保障金融化，是一种强制储蓄形式。具体办法是将雇员的缴费和雇主为雇员的缴费存入个人账户，这笔款项及由此产生的利息，其所有权归雇员个人，政府仅有部分使用权和调剂权。因此，预算基金账户在性质上更接近于商业保险。新加坡实行的是这种方式。

从理论上说，筹资模式与筹资形式是有所不同的。筹资模式主要是社会保障收支平衡的基本原则，而筹资形式则是取得社会保障资金的具体手段。应该说，上述的三种筹资模式与三种筹资形式并非一一对应的关系，这三种模式可以同时采用一种筹资形式，或一种筹资模式可同时兼顾几种形式。对于筹资形式的选择关键是要看它是否有利于筹资模式的启动和运转以及平衡目标的实现。但从实践经验来看，各种筹资模式对于筹资形式的选择还是具有倾向性的，如完全积累式，一般采用个人基金账户的形式来筹集资金，往往比较容易启动，且管理比较规范。我国在具体筹资形式上的选择，一方面要借鉴国际上的先进经验，另一方面也要考虑我国的现实国情。从世界范围看，筹资形式的发展趋势主要是：筹资形式将更加适合经济运行的要求；筹资形式和技术与社会保障的作用和目的之间将建立一种法律关系；社会保障缴款与一般税收制度将更加趋于一致。从这几点来看，我国现行的筹资形式是落后的。我国目前社会保障资金筹集办法主要是社会统筹。这种形式主要是根据社会保障项目分别制定缴费办法，缺少应有的法律依据，手段软化，刚性缺乏，拖欠保障金的现象时有发生，社会保障基金属于地方规费范畴，社会化程度低，保障功能差。从长远看，不规范的筹资形式难以为社会保障及时足额地提供资金，难以适应社会保障基金模式的运行，难以应付改革时期失业问题和人口老龄化对社会保障基金巨大的支出需求。我国社会保障制度改革的方向是开征社会保障税。

三、社会保障基金的支付管理

(一)社会保障基金的支付模式

社会保障基金的支付是指按照社会保障制度规定的享受条件、待遇标准和支付方式，由社会保障经办机构将保险金支付给受保人，以保障他们的基本生活需要。社会保障基金的支付是社会保障制度保障功能的具体体现。保险金的支付一方面要使受保人的基本生活需求得到切实保障，另一方面又必须使支付水平和支付金额与国家的经济实力和生产力发展水平相适应。因此，加强社会保障基金在支付条件、支付标准、支付方式等方面的管理是十分重要的。

(1)支付条件。所谓支付条件是指受保人在达到什么条件时，可以从社会保障基金中获取经济补偿。不同的社会保障项目对受保人获取经济补偿的条件分别进行了规定。例如，养老保险规定当职工达到国家规定的退休年龄，同时达到一定的工作(或缴费)年限时才能按月享受基本养老保险金。又如，失业保险基金对失业人员规定享受失业保险的条件是：按照规定参加失业保险，所在单位和本人已按照规定履行缴费义务满一年的；非因本人意愿中断就业的；已办理失业登记，并有求职要求的。其他各种保险基金也相应设立了各自的支付条件。完善社会保障基金的支付条件，既保障了受保人的合法权益，也避免了社会保障基金支付中的违规行为。

(2)支付标准。符合社会保障基金支付条件的受保人应享受多少经济补偿，这个问题由社会保障基金的支付标准来确定。社会保障基金的支付标准既影响到受保人的基本生活需求，又影响到社会保障基金的支出数量和收支平衡。不同的社会保障项目均对支付标准做出明确和细致的规定。社会保障基金支付标准的确定主要应考虑以下因素。

首先，国家的经济发展水平及国家财政、企业、职工各方面的承受能力。我国是发展中国家，经济底子薄，人口基数大。目前，我国企业和职工的社会保障负担已经十分沉重，已成为制约企业发展的主要因素之一。我国的基本国情决定了我国的社会保障不可能走西方发达国家那种高福利覆盖全民的道路，而是走覆盖城镇劳动者、低待遇水平的道路。

其次，调整社会保障待遇的结构，实行多层次的社会保障。为保证受保人的基本生活需求，同时又要减轻国家、企业的沉重负担，在养老保险和医疗保险改革中均把建立基本保险、补充保险和个人储蓄性保险作为改革的目标之一。通过改革把目前由社会保障基金支付养老待遇和报销医疗费用这种单一的支付形式，改为社会保障基金支付基本待遇，同时充分发挥商业保险、互助保险等的作用，通过建立补充保险对基本保障提供的待遇水平进行补充，以满足受保人较高层次的需求。

再次，坚持公平与效率相结合的原则。社会保障的目的是保障受保人在遇到各种风险时的基本生活需求。因此，一方面多数的社会保障项目在确定支付标准时均把公平的原则放在首位。例如，城镇职工养老保险金的计发办法中规定每一个退休人员不管其在工作时贡献的大小，也不管其缴纳养老保险费的多少，均按退休时社会平均工资的20%发给基础养老金。另一方面为了体现劳动者对社会的贡献大小，即缴纳社会保障费的多少，在制定社会保障支付标准时，通过效率的杠杆，鼓励劳动者为社会多作贡献。因此，在基本养老金的构成中，还有一部分是个人账户养老金。其直接与职工个人缴费的多少和缴费年限的长短相联系。缴费多、缴费时间长的个人账户养老金数额就大。这样，社会保障基金在坚持公平与效率相结合的原则，能在体现社会保障的基本保障功能的同时，不断巩固和完善社会保障制度。

最后，建立社会保障基金支付标准随生产发展和物价变动而调整的机制。社会保障基金的支付标准是依照保障基本生活需求而确定的。随着生产发展和物价变动，为保障受保人的基本生活质量，应该建立社会保障基金支付标准随生产发展和物价变动而相应调整的机制。由于社会保障基金支付标准具有只能提高不能降低的刚性特征，建立调整机制必须十分谨慎，并使其具有灵活性。

(3)支付方式。讨论社会保障基金的支付方式，就是要解决如何保证社会保障基金按时、足额地支付给受保人的问题。

(二)不同种类社会保障基金的支付

1. 社会救助待遇给付

社会救助待遇给付是对社会成员在陷入生存危机或不能维持最低限度生活水平时，由国家和社会按照法定标准向其提供满足最低生活需求的物质帮助。它的给付对象一般分三类：一是无依无靠、无生活来源的家庭和个人；二是遭受自然灾害而暂时陷入生活困难状态的家庭和个人；三是生活水平低于国家规定的最低标准的家庭和个人。

社会救助待遇给付需要满足两个条件：一是确实因为发生不可抗拒因素引起基本生活来源中断者，或因丧失劳动能力无生活来源者，或因负担过重等因素造成生活低于一般生活水平的贫困户；二是个人提出申请，并经家计调查，确属需要救助者。同时，社会救助的标准只能是满足被救助者最低层次的基本生活需求，因而标准相对较低。

2. 社会保险待遇给付

社会保险项目在待遇给付方面存在较大差异。一般而言，养老保险金的给付需要采取社会化手段，如通过银行、邮局等系统的网点来方便退休人员领取养老金。工伤保险待遇与失业保险待遇通常是由社会保险机构直接支付。医疗保险待遇以医疗服务的形式出现，但以社会保险机构与医疗服务方的费用结算为受保障者提供保障。

3. 社会福利待遇给付

社会福利基金的给付形式主要有三种，即货币形式、实物形式和服务形式，其中以服务形式为主要形式。

第三节 社会保障基金的投资运营

目前，各个国家越来越重视社会保障基金投资运营的重要性。一方面社会保障基金能够积极地发挥"蓄水池"的作用，以丰补歉，代际平衡，以提高社会的保障功能；同时，对于积累账户积累起来的大量基金可以成为促进经济发展的重要财力保障。另一方面，通胀的压力及老龄化的加速到来使社会保障基金的保值增值面临更为严峻的考验。因此，社会保障基金的投资运营在社会保障基金管理的过程中举足轻重。我国的"社保基金"是以社会保险所包含的基金为主体，包括全国社会保障基金以及企业年金的基金，我国社会保障基金的投资运营同样任重而道远。

社会保障基金投资是投资的一种。根据投资的含义，我们可以把社会保障基金投资理解为：社会保障基金管理机构或委托的机构用社会保障基金购买国家政策和法律许可的金融资产或实际资产，以使社会保障基金在一定时期内获取预期收益的基金运行行为。

在社会保障发达的国家或地区，如英国、美国、瑞士、日本等，社会保障基金的投资早已成为社会保险事业的一项必不可少的内容，并且十分发达。但在我国，由于各种原因，社会保障基金的投资尚处于初始阶段。随着经济的发展和我国社会保障制度的改革，社会保障基金的投资运营必将成为一种趋势。

一、社会保障基金投资运营的主要原则

社会保障基金投资运营的主要原则有安全性原则、流动性原则、营利性原则、公益性原则。

(一)安全性原则

作为以承担社会稳定器职能为宗旨的特殊类型基金，社会保障基金不同于其他类型的投资基金。社会保障基金的安全关系到社会保障目标的实现，影响着社会经济的健康发展。如果投资风险过大，那么不但无法获得预期的投资收益，而且容易危及社会保障制度的经济基础，引起社会动荡。这就决定了社会保障基金的投资必须高度重视安全性，把安全性原则作为社会保障基金投资必须遵守的基本原则。社会保障基金的投资必须安全可靠。作为明明白白的"活命钱"，社会保障基金不能承担高风险，在其投资组合中应当控制风险度较高的金融工具投资的比例。

(二)流动性原则

在社会保障基金的投资过程中，要保持足够的变现能力，以便随时满足资金使用的需要。要避免基金投资中可能造成的周转困难，影响社会保障功能的发挥。这就要求我们要对社会保障的收支进行事先预测，留足资金和一定的短期投资以备短期支付之用，

并对中长期的投资期限进行统筹安排，使基金在应付日常支用的前提下充分发挥效益。

一般来说，完全积累的养老金投资对流动性要求相对较低，可以投资于期限相匹配的长期投资工具以获得较高收益。

(三)营利性原则

社会保障基金投资的最终目的是保值增值。没有收益，就不能保值，更谈不上增值。社会保障基金的投资收益率至少要超过当前的通货膨胀率。

(四)公益性原则

社会保障基金的投资必须用于对经济和社会有益的项目。除了必须与社会利益一致外，还应注意与政府经济政策是否一致。

二、社会保障基金的风险特征

(一)社会保障基金投资的环境风险

(1)宏观经济周期风险：从世界各国养老基金投资绩效来看，大比例投资于股票的养老基金，其养老金收益与宏观经济呈现高度的同步性。

(2)社会信用风险：顺畅的社会信用环境是信托投资良好的信用基础，这有利于建立投资委托人、信托人或者政府有关监督管理机构之间良好的共同约束的信用链条。

(3)通货膨胀风险：通货膨胀风险是指由于通货膨胀，社会保障基金经过长期积累后其实际购买力下降，造成贬值。例如，对于保险基金中的个人账户来说，由于其积累的长期性，通货膨胀会对其实际购买力造成很大威胁。

(4)偿付能力风险：偿付能力风险是指基金管理公司由于经营不善或其他原因陷入财务危机而不能偿付委托人的应计债权的风险。在社会保险基金的运营管理中，如果将基金的投资运营委托给基金管理公司等金融机构，社会保险基金就可能面临偿付能力风险。

(5)政治法律风险：政治法律风险是指随着执政权力的更替或者政策、法律的变更，基金的管理失去连续性和持久性而可能面临的风险。

(二)社会保障基金的投资风险

社会保障基金的投资风险是指在投资过程中由主观原因(投资决策失误、投资组合选择不当)及客观原因(经济周期变化、利率波动、政府政策变化等)造成的投资收益不确定的风险。其包括模式选择风险、投资组合风险、投资管理风险、币种风险。

(1)模式选择风险：投资模式一般可以分为政府集中管理和私人分散管理两种一般模式。模式的选择取决于不同国家特定的经济社会与制度条件，如金融市场的发育程度、社会保险制度的制度特征、社会公众的金融意识、社会的法律与信用环境。

(2)投资组合风险：投资组合不当会形成投资风险，难以实现资产投资组合的应有功能。

(3)投资管理风险：包括投资主体投资的内部控制不力以及相关机构对投资主体进行监督管理不力所产生的风险。

(4)币种风险：在国际投资过程中必须关注因为国际外汇市场波动给一国社会保险

基金投资带来的币种风险。

三、社会保障基金投资工具与组合

(一)投资运营模式

社会保险基金的投资运营必须从运营模式的选择开始。在国际上存在着两种运营模式：一种是集中垄断运营模式，即由政府系统或政府授权的公营机构集中运营社会保险基金，如美国、新加坡等国家即采取这种模式。在这种模式下的社会保险基金高度集中并具有垄断性。其优点在于政府可以有效地控制投资风险且公开、透明，其缺点在于可能衍生新的官僚系统并影响效率。另一种是分散竞争式运营模式，它通常由政府根据法律规范的资格条件确定多家符合条件的私营机构来运营社会保险基金，允许各机构之间开展竞争。例如，智利等国的养老金运营与中国香港地区强制性公积金的商业运营均采取这种模式。在这种模式下，社会保险基金管理分散且具有竞争性。其优点是效率至上，其缺点在于政府与个人均无法控制风险，并因私营机构对利润的追逐与运行的隐蔽性而埋下隐患。

(二)投资工具的选择

世界各国社会保险基金的投资品种很多，几乎涉及了所有的投资工具，除了银行存款和政府债券外，还有购买公司股票及公司债券、投资基金、指数期货投资、实业投资、房地产投资、抵押贷款等。一般主要的投资工具有如下几种。

1. 银行存款

从广义上讲，银行存款也是一种投资，这种投资的特点是操作简单，几乎没有风险，除了较长期存款外，资金流动性好；但这种投资收益较低。银行储蓄存款多种多样，利率高低不同，同样多的资金选择的存款种类组合不同，其收益和流动性也就不同。因此，社会保险基金投资机构在采用这一方式保值时，不应只是简单地存入银行，而应选择最佳的存款组合，以保证该基金变现的需要且获得最佳收益。社会保险基金能否增值关系到劳动者的切身利益，为了体现国家对社会保障事业的支持，许多国家，如新加坡规定对存入银行的社会保险基金给予优惠利率，特别是在通货膨胀水平较高的时期，对存入银行的社会保险基金还给予保值甚至一定的增值补贴。我国也应从实际出发，对社会保险基金的存款给予一定的优惠政策。

2. 投资债券

债券是发行人依照法定程序发行并约定一定期限内还本付息的一种有价证券。这种投资的特点是收益稳定且相对较高，投资风险较小，特别是政府债券，收益稳定且几乎没有风险。债券是社会保险基金投资组合中所占比重较大的一个品种，一般占投资基金的一半左右。由于债券具有收益稳定、相对较高且投资风险小等特点，各国政府大都对社会保险基金投资债券的比重做出最低限制规定，如日本规定，在养老保险投资基金的所有资产中，债券及现金所占比例不得低于50%。

3. 购买股票

股票是指股份有限公司发行的、表示其股东按其持有的股份享受权益和承担义务的可转让的凭证。股票有固定的格式和内容，其具体表现形式是股票证书。在股票市场上，发行股票的股份有限公司根据不同投资者的投资心理和各种需要，发行各种不同的股票。因此，股票的种类很多，名称各异，它们所代表的股东地位和股东权利内容也不相同。

4. 各类贷款

社会保险基金投资的另一类项目是各类贷款，包括住房贷款、个人贷款和工商业贷款等。住房贷款是社会保险基金的重要资产，与社会保险政策结合起来运用，既能体现投资效益，又能促进住房保障目标的实现。其中最主要的是抵押贷款，将社会保险基金用于发放抵押贷款在有些国家很普遍，这是因为抵押贷款违约率低，收益相对较高。例如，许多拉美国家把社会保险基金用于住房贷款，把社会保障政策和住房贷款政策结合起来，这样，中低收入者即可通过贷款购得住房。还有一些国家将社会保险基金投资于其他方向，如土耳其、埃及等，将社会保险基金用于国有企业的投资信贷，支持国有企业的发展，实现基金的保值增值。目前，在西方国家中，瑞典和丹麦的养老保险基金资产中抵押贷款的比重较大。

5. 投资基金

投资基金又称共同基金、合作基金，是一种社会化的信托投资工具。它是指由基金公司或其他发起人向投资者发行受益凭证，将社会中的零散资金集中起来，委托具有专业知识和投资经验的专家进行管理和运作，并由信誉良好的金融机构充当所募集资金的信托人或保管人。投资者出资组成基金，交由专业人士运作，投资人按基金份额分享基金的增值收益。投资基金的优势是专家理财、组合投资、规避风险、流通性强、收益高而稳健等。由于投资基金的上述特点，我国社会保险基金应根据自身状况，在进行可行性分析的基础上，积极委托投资基金代理基金运营。当然，也可以建立适合自身的投资基金。

6. 不动产投资

不动产投资主要是指房地产投资，还包括公共基础设施建设，如水电、能源、交通等。房地产投资是指通过建设、购买等手段获得房地产而取得长期稳定的租金收入。由于租金的定价可消除通货膨胀的影响，房地产与股票一样被认为是与工资相关联的、待遇确定的社会保险基金的合适投资组合中的重要工具之一。但与证券相比，房地产投资规模大、周期长、流动性差，小规模基金很难进行分散化的投资，它对宏观经济形势的变化也比较敏感。从各国的发展趋势看，传统的房地产不再是养老基金的理想投资工具，但与高科技或风险投资相结合的新型房地产投资仍具有广阔的市场。

7. 风险投资

风险投资是指向有发展潜力的私营企业，特别是向开发高新技术或促使其产业化的中小企业提供股权资本，通过股权转让（交易）来收回投资并获取投资收益的行为。风险投资可以是直接投资，也可以是合伙投资，或通过风险投资基金间接投资。作为一种高风险、高回报的新型投资方式，风险投资自20世纪90年代以来已有长足的发展。风险投资与股票投资一样，也是生产性投资，因而具有内在的投资价值。但作为一种有创意的投资方式，与股票投资相比，风险投资的对象是计算机、互联网、生物化学、基因工程等高科技产业，这类产业的企业往往处于起步或成长阶段，而证券投资的对象则是成熟的上市公司，这就决定了风险投资更具有高风险、高回报的特性。高科技产业的高成长性吸引了养老基金等机构投资者参与其中，以获得长期的高收益。风险投资基金主要有三种来源：一是个人资本；二是机构投资者的资金，包括养老基金、保险基金等；三是大公司的风险基金。

8. 衍生金融工具

除了上述传统的金融工具，近年来，一直被社会保险基金监管者视为禁区的衍生金融工具在社会保险基金投资中也得到越来越多的应用。衍生金融工具又称衍生金融产品，是指建立在传统金融产品（如股票等）基础上的新型金融产品。相对原生金融产品，衍生金融产品实行交易保证金制度，即只要支付一定比例的保证金即可进行金融交易，因而它的交易具有杠杆效应，保证金越低，杠杆效应越大，相应的风险也越高。随着经济全球化和跨国公司的增多，以及金融市场的不断完善，利率期货、股指期权等衍生金融工具已被用来减轻社会保险基金投资收益的波动性。但衍生金融产品自身的巨大风险还是限制了它在社会保险基金投资中的大规模应用，目前还只局限于进行投资组合止损保险。

9. 社会保险基金的国外投资

从国际经济来看，各国近年来纷纷放松对养老基金投资组合的限制，养老基金国外证券投资的比重有增大的趋势。在美国、加拿大、英国、日本、法国、意大利等几个发达国家，除了加拿大养老基金国外证券投资的比重并没有太大变化外，其他几个发达国家养老基金外国股票和债券的投资比重都有上升。发展中国家和新兴市场经济国家的情况也类似。

四、投资风险监控体系

社会保险基金投资风险监控体系主要有资产分离、信息披露、外部审计、投资限制、风险评级、收益担保等。

(1)资产分离。基金的资产与基金发起人或管理人的资产分离，有利于对基金进行监管，防止基金运营过程中的风险扩散。

(2)信息披露。信息披露的目的是将基金管理人置于基金持有人和监管机构的双重监督之下，防止基金管理人违规操作，损害基金持有人的利益。信息披露的内容包括资产估价的原则、资产估价的频率及其他财务数据。监管机构一般委托外部独立的审计事务所审查信息披露的真实性。

(3)外部审计。每个国家都要求基金接受独立的外部审计，但外部审计的内容和质量在不同国家差异较大。一般而言，发展中国家的外部审计还不够独立、客观，而在发达国家，外部审计已成为对养老基金进行监管的主要手段之一。

(4)投资限制。投资限制主要包括三个方面：一是规定基金的投资工具，限制基金进行股票、国外证券等高风险投资；二是规定对每种工具的投资限额，以形成有效的投资组合;三是规定对一个企业或一只证券的投资比例,避免风险过于集中。

(5)风险评级。独立的私营风险评级机构对投资工具的风险等级做出评估,以此作为衡量某种金融工具是否适于投资的主要依据。政府评级委员会根据评级结果考察基金投资是否合规。债券的风险等级分为五类,表示债券按时偿付的可能性,风险虽然不同于债券的风险,但可用与债券评级类似的方法对股票的优劣进行评估。

(6)收益担保。大多数国家对社会保险基金的投资收益都进行某种程度的担保。如果基金的实际收益率低于法定最低收益率,则先由投资管理公司动用它的自有资本补足;如果管理公司资本还不足以使社会保险基金的投资收益率达到法定最低收益,则要由政府财政做最终弥补。

五、我国社会保障基金的投资运营

多元化是社会保险基金投资的一个趋势,也是金融市场特别是资本市场发展的必然结果。社会保险基金的投资组合是社会保险基金投资中的一个非常重要的问题。面对如此多的投资工具,选择适当的投资工具,并对其进行相应的组合,对于基金投资来说至关重要,它甚至关系到基金投资的成败。

(一)国外社会保险基金的投资管理组合总体状况

(1)对于社会保险基金的投资管理组合:一方面,不同国家和政府出于安全性、稳定性等方面的考虑而采取了一些强制性规定,来限定社会保险基金的资金投向;另一方面,社会保险基金的管理者也从市场和其自身情况出发,进行自主决策,选取合适的投资组合,从而获取最大的投资收益。

在对社会保险基金的投资组合管制方面,各国政府都采取一种动态的管理办法。根据一国社会保障制度成熟程度和资本市场的发育程度,在不同的时期采取不同的限制条件。一般来说,当社会保障处于积累期,它就可以更多地投资于长期性的流动性较差但收益较高的资产;当步入成熟期后,由于巨额支付流量的需要,它就只能投资于流动性较强的资产。若资本市场较为发达,它就可以更多地投资于股票等风险较高的资产,若资本市场不发达,则应更多地投资于政府债券等收益较稳定的资产。

(2)从社会保险基金自身的投资管理组合来看,社会保险基金的投资必须同时兼顾安全性、营利性和流动性。发达国家的社会保险基金在资金的运用上采用多种渠道,投资于多种领域,借助多种投资工具。发达国家社会保险基金的投资具有以下几个明显特点:一是投资渠道多元化。社会保险基金不仅投资于股票、政府债券、企业债券,还投资于存款、抵押贷款、不动产、外国资产等。二是股票投资所占比重都比较高,尤其是美、英两国,社会保险基金投资于股票的比重分别占到46.9%和53%。从发达国家的经验来看,社会保险基金利用多种金融工具进行投资已是大势所趋。许多国家都根据自己的具体国情对社会保险基金的投资组合做出详细的规定。

(二)我国社会保障基金投资运营的现状和问题

我国的社会保障基金主要包括三个部分,即社会保险基金、全国社会保障基金、补充保障基金。按目前国家规定,可以进入资本市场的只是全国社会保障基金。其他社保障基金的结余只能用于存银行、买国债，严禁进行其他任何形式的投资。从一定意义上理解，这些投资方式有利于保证社会保障基金的安全、完整，便于及时发放各类社会保险待遇。但从另一个角度看，这对基金的保值增值产生了较大的阻碍，因为按照当前的银行利率水平和国债发行量、发行方式等，考虑通货膨胀等因素，社会保障基金的保值增值目标很难实现，实际上存在着基金贬值的风险。

1. 社会保险基金的运行情况

依据财政部、劳动部1998年1月27日下发的《企业职工基本养老保险基金实行收支两条线管理暂行规定》的要求，基本养老保险基金结余额除预留相当于两个月的支付费用外，应全部购买国家债券和存入专户，任何单位和个人不得利用基本养老保险基金在境内外进行其他形式的直接或间接投资。在养老基金和资本市场发育初期，资本市场还不完善，金融风险较大，防范风险的能力较小，对养老保险基金的投资范围做出限制是必要的。但是，这不应当成为一个长期的政策选择。随着基金承受风险能力的逐渐增强和基金支付压力的不断加大，社会保险基金的投资渠道逐渐得以放宽，基金开始可投资于国债以外的其他债券和不动产以及公司股票。从社会保险基金投资的发展趋势看，一是股票、不动产投资比例提高。世界主要发达国家社会保险基金的长期投资实践证明，债券的长期平均实际收益率在6%左右，而股票的长期实际收益率高达14%以上。为了取得较高的投资收益，世界上多数国家纷纷提高对股票、不动产投资的比例，如英国、德国、日本、荷兰从20世纪70年代的49%、4%、6%、11%分别提高到1996年的63%、18%、27%、20%。在大多数国家，股票投资一般要占到社会保险基金投资总额的20%～30%。二是国际投资增加。为了分散风险，保证基金安全，保持较高的综合投资收益率，各国社会保险基金自20世纪90年代起普遍增加了国际投资比例（主要是债券和股票），多数国家的国际投资比例在过去20年中平均提高了10百分点以上。2010年年末，我国五项社会保险基金总额达到23 886亿元，其中各级财政专户存款20 319亿元，各级社会保险经办机构支出账户和其他银行存款1416亿元，暂付款751亿元，债券投资369亿元，委托运营366亿元，协议存款665亿元（《中国财经报》，2011年8月11日）。截至2014年年底，社会保障卡实际持卡人数达到7.12亿人。基本养老、基本医疗、失业、工伤、生育等社会保险参保人数分别为84 223万人（其中职工养老保险34 115万人，居民养老保险50 107万人）、59 774万人、17 043万人、20 621万人、17 035万人，同比分别增加2254万人、2702万人、626万人、703万人、643万人。当前，对社会保险基金而言，依然存在着管理体制不顺畅和协调制约机制缺失、基金保值增值问题突出，以及相关法制、监管建设滞后等问题。今后，随着我国资本市场和社会保险基金监管体制的不断完善，社会保险基金将在政府严格监管下有计划、有步骤地投入资本市场，尤其是股票市场运营。同时，要完善社会保险基金筹资方式和运营机制，保证社会保险基金的平衡运行和有效积累。强化对社会保险基金的调控和监管，基本形成规范操作、高效运行的社会保险基金收支体系。通过深化改革，统筹安排，开源节流，采取盘活存量、扩大增量的多种筹资办法，建立可靠稳定的社会保险基金筹资机制。调整财政支出结构，增加必要投入，充实保险基金，在确保当期支付的基础上，逐步解决基本养老保险个人账户积累问题，合理调整缴费率和替代率水平。改进社会保险基金运营手段，提高运营效率，实现保值增值。加强对各级社会保险基金的监管，规范收、支、管、投各环节的监督制约机制，促进社会保障体系稳定、健康和有序运行。

以2014年的数据为例，全国社会保险基金收入37 667亿元，比上年增长9.1%，其中，保险费收入28 088亿元，财政补贴收入8212亿元。支出32 581亿元，比上年增长13.9%。本年收支结余5086亿元，年末滚存结余48 527亿元。分险种情况如下：企业职工基本养老保险基金收入21 489亿元，比上年增长8.1%，其中，保险费收入17 554亿元，财政补贴收入3038亿元。支出19117亿元，比上年增长14.5%。本年收支结余2371亿元，年末滚存结余28 251亿元。城乡居民基本养老保险基金收入2296亿元，比上年增长9.5%，其中，保险费收入648亿元，政府补贴收入1569亿元。支出1554亿元，比上年增长10.5%。本年收支结余743亿元，年末滚存结余3790亿元。城镇职工基本医疗保险基金收入7242亿元，比上年增长10.2%，其中，保险费收入6949亿元，财政补贴收入67亿元。支出6314亿元，比上年增长13.3%。本年收支结余929亿元，年末滚存结余8618亿元。居民基本医疗保险基金收入4399亿元，比上年增长14.1%，其中，保险费收入816亿元，财政补贴收入3523亿元。支出4083亿元，比上年增长11.9%。本年收支结余316亿元，年末滚存结余2133亿元。工伤保险基金收入613亿元，比上年增长8.9%，其中，保险费收入577亿元，财政补贴收入10.7亿元。支出514亿元，比上年增长15.1%。本年收支结余99亿元，年末滚存结余1061亿元。失业保险基金收入1230亿元，比上年增长2.6%，其中，保险费收入1159亿元，财政补贴收入0.6亿元。支出676亿元，比上年增长18.9%。本年收支结余554亿元，年末滚存结余4115亿元。生育保险基金收入397亿元，比上年增长14.2%，其中，保险费收入386亿元，财政补贴收入2.6亿元。支出324亿元，比上年增长15.8%。本年收支结余73亿元，年末滚存结余560亿元。

如此规模庞大的结余资金，如何对它们进行有效管理，实现资金的保值增值，对社会保险基金管理提出了更高的要求。

2. 全国社会保障基金投资运营现状

2000年8月，党中央、国务院决定建立"全国社会保障基金"，同时设立"全国社会保障基金理事会"，负责管理运营全国社会保障基金。

2010年10月28日第十一届全国人民代表大会常务委员会第十七次会议通过的《社会保险法》第71条规定：国家设立全国社会保障基金，由中央财政预算拨款以及国务院批准的其他方式筹集的资金构成，用于社会保障支出的补充、调剂。全国社会保障基金由全国社会保障基金管理运营机构负责管理运营，在保证安全的前提下实现保值增值。

全国社会保障基金是国家重要的战略储备，是国民经济发展和社会稳定的重要保证。全国社会保障基金理事会根据经国务院批准、由财政部与原劳动和社会保障部发布的《全国社会保障基金投资管理暂行办法》、《全国社会保障基金境外投资管理暂行规定》和国务院、财政部与人力资源和社会保障部的相关批准文件进行投资运作。财政部会同人力资源和社会保障部对基金的投资运作和托管情况进行监督。

(1) 基金投资理念：长期投资、价值投资和责任投资。

(2) 基金投资方针：审慎投资，安全至上，控制风险，提高收益。

(3) 基金投资方式：由全国社会保障基金理事会直接运作与全国社会保障基金理事会委托投资管理人运作相结合。委托投资管理人管理和运作的基金资产由全国社会保障基金理事会选择的托管人托管，通过战略和战术性资产配置对资产结构实行比例控制。

(4) 基金投资范围：基金境内投资范围包括银行存款、债券、信托投资、资产证券化产品、股票、证券投资基金、股权投资和股权投资基金等。基金境外投资范围包括银行存款、银行票据、大额可转让存单等货币市场产品，债券，股票，证券投资基金，以及用于风险管理的掉期、远期等衍生金融工具。我国的投资范围和投资渠道逐步拓宽。例如，截至2010年9月底，全国社会保障基金累计投资铁道部、国家电网、国电集团等信托项目20个，到2012年社会保障基金完成直接投资交通银行100亿元；中国银行100亿元；中国工商银行100亿元；京沪高速铁路股份有限公司100亿元；中国银联股份有限公司5.1亿元；大唐控股有限责任公司26亿元；中节能风电股份有限公司4.8亿元；中航国际控股有限公司13.44亿元；中国农业银行股份有限公司155.2亿元。除此以外，2011年先后向南京、天津、重庆等地保障房项目累计贷款超过100亿元。同时，全国社会保障基金在国内股权投资、境外委托投资方面也取得了长足的进步，我国的社会保障基金投资将逐步走上多元化、国际化的道路。

(5) 基金资产独立性：基金资产独立于全国社会保障基金理事会、全国社会保障基金投资管理人和托管人的资产，以及基金投资管理人管理和托管人托管的其他资产。基金与全国社会保障基金理事会单位财务分别建账，分别核算。

财政部发布的数据显示，2014年社会保障基金权益投资收益额1392亿元，投资收益率11.43%，超过同期通货膨胀率9.43百分点，也高于国内生产总值（GDP）增幅。截至2014年年末，社会保障基金会管理的基金资产总额达15 290亿元；基金权益总额14 510亿元，负债780亿元。在基金权益总额中，全国社会保障基金权益12 350亿元，受托管理9省市做实个人账户中央补助资金及广东省部分养老保险基金结余资金权益合计2160亿元。据财政部数据，自社会保障基金会成立至2014年年末，基金累计投资收益额5580亿元，年均投资收益率8.36%，超过同期年均通货膨胀率5.94百分点。全国社会保障基金理事会统计的基金收益情况见表3-1。

表3-1 基金收益情况

年度	投资收益额/亿元	投资收益率/%	通货膨胀率/%
2000	0.17	—	—
2002	19.77	2.59	−0.80
2004	36.72	2.61	3.90
2006	619.79	29.01	1.50
2008	−393.72	−6.79	5.90

续表

年度	投资收益额/亿元	投资收益率/%	通货膨胀率/%
2010	321.22	4.23	3.30
2012	645.36	7.01	2.60
2014	1392.00	11.43	3.30
累计投资收益	5931.78	(年均)8.71	(年均)2.27

注：编制单位：全国社会保障基金理事会

目前，社保基金境外委托投资主要包括股票、债券类产品，详见表3-2。

表3-2 境外投资委托资产品总体情况

产品	类型	管理人
全球股票(除美国)	积极型	State Street Global Advisor(道富) Alliance Bernstein(联博) AXA Rosenberg(安盛罗森堡)
美国股票	指数增强型	T. Rowe Price(普信) JANUSINTECH(骏利英达资产管理)
产品	类型	管理人
香港股票	积极型	Allianz(德盛安联) UBS(瑞士银行) INVESCO(景顺投资)
全球债券	积极型	Black Rock(贝莱德) PIMCO Alliance Bernstein(联博)
现金组合		Black Rock(贝莱德)

(三)全国社会保障基金入市历程

社会保障基金入市标志着我国养老金投资管理体制进入市场化运作的轨道，将给我国养老保险体制改革带来积极、深远的影响。

2000年9月，全国社会保障基金理事会成立。

2001年7月，全国社会保障基金首次"试水"股市。

2002年6月27日，在由中国政策科学研究会和瑞士信贷第一波士顿银行共同主办的"社会保障基金与资本市场研讨会"上，与会专家表示，社会保障基金入市是必然选择。2002年年底，南方、博时、华夏、鹏华、长盛、嘉实六家基金管理有限公司成为首批社会保障基金管理人，中国银行、交通银行为基金托管人。

2003年2月10日，中国证券监督管理委员会(简称中国证监会)原副主席高西庆出任全国社会保障基金理事会副理事长，分管投资；3月28日，国务院正式任命项怀诚为全国社会保障基金理事会新任理事长。2003年6月2日，全国社会保障基金理事会与南方、博时、华夏、鹏华、长盛、嘉实六家基金管理有限公司签订相关授权委托协议，全国社会保障基金将正式进入证券市场。2004年，全国社会保障基金理事会根据专家评审委员会的评审结果，确定增加易方达基金管理有限公司、招商基金管理有限公司、国泰基金管理有限公司和中国国际金融有限公司为全国社会保障基金投资管理人。

2004年6月，全国社会保障基金完成了向交通银行参股100亿元的投资。2005年7月20日全国社会保障基金理事会确定易方达、嘉实、长盛和招商四家管理人管理稳健配置组合已正式开始投资运作。

2005年12月23日，全国社会保障基金第一个信托投资项目举行签约仪式，全国社会保障基金理事会、铁道部、中海信托投资有限公司、交通银行四方代表签署了合作协议。2006年3月14日，财政部、劳动和社会保障部、中国人民银行批准发布了规范社会保障基金境外投资运作的《全国社会保障基金境外投资管理暂行规定》，该规定自2006年5月1日开始实施。

中国证监会网站数据显示，2007年年末，社会保障基金在A股流通市值中占比0.81%。此后由于限售股解禁和市场的结构性调整，社会保障基金对A股的影响力在减弱，但其总规模的扩张仍保持了较高的速度。全国社会保障基金理事会网站披露数据显示，截至2008年12月31日，社会保障基金的资产总额为5623.70亿元，累计投资收益额1598.11亿元，年均投资收益率为8.98%。在2009年，社会保障基金的总额仍在高速扩容，并且收益能力有所提高。全国社会保障基金理事会理事长戴相龙在全国社会保障基金理事会2009年理事座谈会介绍，2009年1至6月，全国社会保障基金资产总额超过6600亿元，基金权益投资收益率为9.99%。WIND数据显示，截至2009年6月30日，社会保障基金持股市值为0.02万亿元，同期A股总流通市值为8.97万亿元，保险资金占A股流通市值的0.22%。

在已披露2010年年报的上市公司中，有181家上市公司中的前十大流通股东名单中出现社会保障基金身影，合计持仓15.62亿股，持股市值达到276.15亿元。社会保障基金2010年第三季度被列入前十大流通股股东的持股市值合计为375.67亿元，比第二季度的238.39亿元增加137.28亿元，增幅57.59%，达历史最高水平。

2014年以来，社会保障基金加快入市的政策环境不断优化。11月，国务院法制办公室发布《全国社会保障基金条例(征求意见稿)》，规定社会保障基金可以在中国境内外市场投资运营，科学配置经国务院批准的固定收益类、股票类和未上市股权类等资产。该条例旨在构建防范风险机制，明确基金的性质、用途、来源，调整全国社会保障基金理事会、投资管理人、托管人的权利义务关系，规范基金的管理运营，加强对基金的监督，保障基金在安全的前提下实现保值增值，确保老龄化高峰时期的社会保障支出。截至2014年第三季度末，社会保障基金投资A股账面浮盈241亿元；股票型企业年金产品投资收益率高达7.97%。

六、完善我国社会保障基金的投资管理的策略

国际经验显示，社会保障基金管理的绩效直接取决于五方面：第一，从系统整体、战略的角度把握社会保障基金管理的复杂过程；第二，社会保障基金运作各方面内在的复杂关联；第三，政府监管机构、营运机构对社会保障基金作为长期性退休收入制度基

础的高度认同；第四，社会保障基金法律制度框架的完善程度和良好的制度环境；第五，社会保障基金管理人员的高度责任意识和管理水平。

完善我国社会保障基金投资战略及风险控制的政策思路，需要确立社会保障基金与实体经济实现良性互动的战略理念，反思政府与市场在社会保障基金投资战略中的合理定位，立足国内实践，重视理论创新和政策创新。

第一，实施多元化的社会保障基金投资战略，进一步拓宽投资渠道。社会保障基金作为一项长期的战略储备基金，更应关注长期投资收益。股权投资和基础设施投资应该是首要选择。在全球金融危机背景下，有针对性地选取国内重大基础设施项目、国家政策扶持项目等作为实业投资对象，应成为我国养老基金投资的一项重要选择。选取具有良好业绩的基金或信托股份作为股权投资对象，也可作为一项分散投资风险的补充性选择。

第二，积极探索养老基金投资项目的创新途径。例如，发行超长期的政府国债投资项目，发行政府主导下的长期指数化专项国债等，确保养老基金的长期投资收益。这是在人口老龄化背景下发达国家基金管理的创新性投资策略。而中国资本市场的不成熟性和不规则性，更需要探索创新性的投资方式及制度安排。

第三，完善社会保障基金投资组合策略，由于社会保障基金是作为长期积累储备基金，不是短期投资行为，因此，从投资组合的配置上，要增大长期资产的投资份额，降低或限制短期银行存款的投资份额，选取具有较高收益的长期债券（国债或企业债）。

第四，制定有明确的社会保障基金的积累、预算支出规划，并与之相对应制定出长、短期投资战略和投资策略。基金积累期注重长期投资收益而放弃基金流动性；进入支付期，需要适当注重基金流动性而加大短期投资比重。强化社会保障基金投资营运机构采取更严厉的监管规则，对银行、保险等金融机构实施严格监管，保证实现社会保障基金投资的安全性目标。

第五，重视社会保障基金投资风险管理的机制与技术创新。强化资产负债管理（asset and liability management，ALM）在社会保障基金投资管理中的应用。关注各类社会保障基金管理计划在资产负债的总量、结构、期限等方面的合理配置及其动态调整，从而减少社会保障基金投资的利率风险和流动性风险等风险。

第六，完善中国社会保障基金投资风险补偿机制，主要包括三层。第一层是由社会保障基金各层次的管理人、责任相关人的自有资金和提取的盈余准备金和管理费的一部分建立的风险准备金；第二层是运用保险机制，由政府设立专门的社会保障基金投资担保机构，为社会保障基金受益人的基本待遇提供保障；第三层是当社会保障基金发生整体性巨额亏损，前两个层次的风险补偿机制不足以弥补损失时，由政府财政最后出资兜底。

> **思考题**

1. 我国社会保障基金的含义和特点是什么？
2. 我国社会保障基金的筹集渠道有哪些？
3. 我国社会保障基金投资运营应遵守的原则是什么？

4. 我国社会保障基金投资运营的主要工具有哪些?

 **案例**

养老金入市只赚不赔是天方夜谭

来自人力资源和社会保障部的数据显示,截至 2012 年 2 月,全国养老保险基金结余 1.92 万亿元。按照国务院相关规定,养老保险基金投资只有存入银行和购买国债两种投资渠道。专家测算称,过去 10 年养老金投资收益不足 2%,低于同期的通胀率。

力挺入市者常常会用到这一组数字:截至 2010 年,全国社会保障基金理事会管理的社会保障储备基金年均投资收益率高达 9.17%,跑赢同期通货膨胀率。但记者查阅全国社会保障基金理事会提供的 2001~2010 年的《全国社会保障基金理事会基金年度报告》发现,9.17%的年均投资收益并不是一个稳健的增长,在最初的 3 年里,社会保障基金的收益均超过 3%,在股市牛熊急转的 2008 年,社会保障基金收益也顺势而下,亏了 6.79%。而在最为景气的 3 年,也就是 2006 年、2007 年和 2009 年,虽然社会保障基金的收益率给出了 29.01%、43.19%和 16.12%的成绩,但不可忽视的是,这 3 年的上海证券综合指数(简称上证指数)分别涨了 130%、97%和 80%。

因此,虽然社会保障基金的年均收益率远远高于基本养老金,但也依赖了中国股市的大行情,而当下中国股市的"圈钱"顽疾与基本养老金安全性之间的矛盾就显得尤为突出,在这种状况下让入市的养老金只赚不赔,无异于天方夜谭。

资料来源:《人民日报》海外版,http://money.163.com/12/0215/15/7QAJ01L000253B0H_2.html

 **延伸阅读**

我国社会保险基金的收支两条线管理

为了加强对社会保险基金的管理和监督,建立科学、有效的管理和监督机制,明确有关部门的职责,国家颁布了一系列社会保险基金财务会计制度,其中一个重大举措就是社会保险基金实行收支两条线管理。通过实行收支两条线管理,劳动保障行政部门及社会保险经办机构、财政部门职责范围得到明确划分。

一、各部门职责分工

劳动保障行政部门代表政府对社会保险基金行使管理职责。社会保险经办机构受委托具体负责基金的管理业务,包括基金预算和决算的编制、基金的征缴和发放、基金的会计核算、职工个人账户记录与管理、基金结余额的安排等项工作。财政部门代表政府对基金行使监督职责,负责有关财务会计制度的制定和贯彻落实,监督检查社会保险基金财政专户的核算,审核社会保险经办机构用款计划和结余基金的安排,审核、汇总基金预算和决算,拨付社会保险经办机构的经费。

二、收支两条线管理的主要内容

实行收支两条线管理后,为了保证基金从征缴到支付的正常运作,社会保险经办机构和财政部门应在协商确定的国有商业银行开设"基金收入户"、"基金财政专户"和"基金支出户"三个专用账户。"基金收入户"由社会保险经办机构在国有商业银行开设。该账户的主要用途是:暂存征缴的社会保险费;暂存下级社会保险经办机构上解的调剂基金收入或上级社会保险经办机构下拨的调剂基金收入;暂存该账户的利息收入;暂存滞纳金收入;暂存财政补贴收入;暂存其他收入。"基金收入户"基金按期全部划转社会保险基金财政专户，收入户只收不支。

"基金财政专户"由财政部门在国有商业银行开设。该账户的主要用途是：接受社会保险经办机构"基金收入户"划入的基金；接受国债到期的本息及该账户资金形成的利息收入；划拨购买国家债券的资金；根据社会保险经办机构的用款计划向社会保险经办机构支出账户拨付基金。

"基金支出户"由社会保险经办机构在国有商业银行开设。该账户的主要用途是接受社会保险基金财政专户拨入的基金；暂存1~2个月的基金支付周转金；暂存银行支付该账户的利息；拨付各项社会保险待遇；支付银行手续费等与社会保险有关的其他必要支出；上解上级社会保险经办机构调剂基金或下拨下级社会保险经办机构调剂基金。该账户原则上只支不收。社会保险经办机构经办的基金，应根据国家规定的各项社会保险的征缴范围，分别建立基本养老保险基金、基本医疗保险基金、失业保险基金等。各项基金实行单独管理，分别核算，自求平衡，专款专用。任何部门或单位和个人均不得挤占或挪用社会保险基金。各部门的职责明确划分后，有关方面应该在职责范围内各司其职，各负其责，既有分工，又相互配合，共同做好社会保险基金收支两条线管理工作。社会保险基金实行收支两条线管理后，各级社会保险经办机构不得再从基金中提取管理费，所需经费由财政拨付。

资料来源：张左己．《领导干部社会保障知识读本》，中国劳动社会保障出版社，2002年

 **小资料**

全国社会保障基金

全国社会保障基金于2000年8月设立，是国家社会保障储备基金，由中央财政预算拨款、国有资本划转、基金投资收益和国务院批准的其他方式筹集的资金构成，专门用于人口老龄化高峰时期的养老保险等社会保障支出的补充、调剂，由全国社会保障基金理事会负责管理运营。全国社会保障基金与地方政府管理的基本养老、基本医疗等社会保险基金是不同的基金，资金来源和运营管理不同，用途也存在区别。社会保险基金包括基本养老保险基金、基本医疗保险基金、工伤保险基金、失业保险基金和生育保险基金。

资料来源：全国社会保障基金理事会官网，http://www.ssf.gov.cn/

经典阅读与参考文献

郭士征．2006．社会保险基金管理．上海：上海财经大学出版社
林义．2007．社会保险基金管理．北京：中国劳动社会保障出版社
吕学静．2010．社会保障基金管理．北京：首都经济贸易大学出版社
齐海鹏，刘明慧，付伯颖．2002．社会保障基金管理研究．大连：东北财经大学出版社
童星．2011．社会保障资金管理．北京：科学出版社

第四章

社会救助

本章摘要

社会救助制度（social assistance program）是最低层次的社会保障制度。本章介绍社会救助内涵、社会救助对象与标准、社会救助与反贫困、社会救助体系、最低生活保障制度、专项救助制度、灾害救助制度和国外社会救助的制度经验，简要梳理社会救助制度中存在的不足，并探讨我国社会救助制度的发展取向。

第一节　社会救助内涵

一、社会救助的含义

社会救助（social assistance）是指国家和其他社会主体对于遭受自然灾害、失去劳动能力或者其他低收入公民给予物质帮助和相应服务的制度安排，以维持其基本生活需求，保障其最低生活水平的各种措施。它对于调整资源配置，实现社会公平，维护社会稳定有非常重要的作用。

社会救助的外延，包括贫困救助、灾害救助等其他针对社会弱势群体的扶助措施[1]。这一含义可作如下解释[2]。

第一，社会救助是一种政府或社会行为。作为政府行为，它表现为政府在相应的立法规范下，通过实施社会救助政策为社会成员提供最低生活保障，政府不仅对这一政策的实施负有直接的财政责任，亦负有直接的管理与实施社会救助的责任；作为一种社会行为，它又表现为民间或社会团体通过社会捐献行为对救助对象实施帮助。

第二，社会救助对象是容易遭遇生活困境的社会脆弱群体。所谓社会脆弱群体（也称弱势群体），是指依靠自身能力难以摆脱生活困境的社会成员，包括收入水平低于贫困线的贫困人口、遭遇灾害事故而陷入困境者，以及由于其他各种原因在生活和就业竞

---

[1] 郑功成：《社会保障学——理念、制度、实践与思辨》，商务印书馆，2000 年，第 13～14 页。
[2] 郑功成：《社会保障》，高等教育出版社，2007 年，第 165 页。

争中处于显著不利地位的社会成员。因为这一群体成员不能依靠自己的力量维持基本生活水平，因而需要国家和社会的救助。

第三，社会救助的目标是满足社会成员的起码生活需要。它是为生活在法定的最低收入标准（在其他国家通常以贫困线为标准，在中国现阶段是以最低生活保障线为标准）之下的社会成员提供物质及其他方面救助的社会保障制度，目标是避免社会成员陷入生存危机，确保满足社会成员的最低生活需求，维护法律赋予公民的基本生存权利。

社会救助主要是对社会成员提供最低生活保障，其目标是扶危济贫，救助社会脆弱群体。社会救助体现了浓厚的人道主义思想，是社会保障的最后一道防护线和安全网。

二、社会救助的基本特征

在现代社会保障体系中，社会救助虽然只覆盖贫困人口与不幸者，保障待遇也比其他社会保障系统低，但却是最基本的和不可或缺的。与其他社会保障制度相比，社会救助制度在实践中具有自己的特征，这些特征主要表现在以下几个方面。

(一)最低保障性

从现代社会保障体系来看，社会保险、社会福利与军人社会保障等均是水平较高的社会保障制度，它们解决的不仅是社会成员的生存问题，而且包括保障社会成员一定生活质量乃至个人发展问题。只有社会救助面对的是陷入生存困境并迫切需要国家或社会援助的社会成员，其救助（待遇）水平通常以维持社会成员的起码生活需要为标准，从而是整个社会保障体系中待遇最低的制度安排。这一特征使社会救助成为整个社会保障制度或社会稳定系统的一道重要防线。

(二)按需分配

社会救助是有别于按劳分配与按资分配的国民收入再分配渠道。一方面，社会救助虽然面向全体社会成员，不像其他社会保障子系统那样，有特定的年龄、职业或性别等身份限制，也不存在事先参加的问题，但它以确定的贫困线或救助起点为依据，只有生活陷入困境或者遇到特殊困境的成员才有资格申请社会救助，并通过这一途径获得国家或社会的援助。另一方面，国家或社会提供的社会救助包括现金援助、实物援助、服务援助等，一般根据不同社会救助对象的具体需要来提供。例如，实物援助有食物救助、衣被救助等，服务救助有医疗救助、心理咨询、教育及培训救助等。因此，社会救助具有在确定的标准范围内向救助对象按需分配的特征，从而与按劳分配和按资分配等按要素投入分配的方式有本质的区别，属于典型的收入再分配手段。

(三)权利义务单向性

与其他社会保障子系统相比，社会救助体现了权利义务单向性的特征。在社会保险领域，参保者享受权利时需要履行一定的义务，虽然不用权利义务对等，但这表现出了双向性的特征。在社会救助领域，社会成员只要符合救助的条件，就有权利申请得到救助，对受益者而言，其享受的是单纯的法定权利；而提供社会救助则成了国家与社会的职责和法定义务，当需要社会救助而不能提供或者提供救助不足、不及时，便可以视为政府机构和相关机构的失职或者不作为，这种不作为则可要求相应机构承担相应的法律责任。

上述特征是社会救助制度区别于其他社会保障制度的基本标志，也是社会救助始终在社会发展进程和社会保障体系中占据特殊地位的原因。

第二节　社会救助对象与标准

一、社会救助对象的确定

在各国的社会救助制度中，对社会救助对象通常都会有明确的规定，即只对自我保障有困难而且确定需要国家与社会给予救助才能摆脱生存危机或困境的社会成员负责。国际劳工组织认为，在工业化国家，所谓享有最低生活水平救助的对象，是指那些收入相当于制造业工人平均工资30%的家庭和个人。欧洲经济合作委员会认为，如果一个成年人可支配收入（交所得税和保险税后）低于平均水平的50%，则属于救助对象。各国一般是通过家庭财力（包括收入状况与资产状况）审查和就业（有劳动能力的人）审查，来确认申请人领取社会救助金的资格。

由于各国的情况不同，加之社会救助体系日益发达，在救助对象上也各有不同的划分和偏重。例如，英国社会救助对象主要分为四类：无固定职业或就业并不充分，无力定期交纳社会保险费，因而无权享受社会保险者；有权领取社会保险津贴，但不足以维持最低生活者；领取社会保险津贴已满期限，却无其他收入者；未参加社会保险，生活又无着落的人。

而在中国，社会救助的对象主要包括三类人员：一是"三无"人员，即无依无靠、无生活来源、无法定抚养人的社会成员。这一群体大多属于长期被救助者，即定期救助的对象，主要包括孤儿、孤老及无劳动收入和社会保险津贴的劳动者、长期患病者以及未参加社会保险又无子女的丧偶老人。二是灾民，即遭受灾害侵袭而使生活一时陷入困境的社会成员。这类社会成员有劳动能力也有生活收入来源，只是由于突发性的灾害而遭受严重的财产损失或人身伤害，生活一时发生困难，需要国家和社会给予相应的援助。三是贫困人口，即生活水平低于国家规定最低标准的社会成员。这一群体尽管会有生活来源和相应的收入，但收入水平及生活水平达不到法定的最低标准，所以也属于社会救助的对象范围。此外，一些特殊的成员亦被列为社会救助对象，如艾滋病人等。在社会救助过程中，第一、二类救助对象随着经济和社会的发展或者其他保障机制的确立而越来越少，而第三类救助对象在很长一段时期内会依然存在，它将构成救助对象的主体。

二、社会救助标准及其确定方法

社会救助的实施标准与贫困的类型划分有紧密联系。一般来说，社会成员的贫困状态有绝对贫困与相对贫困之分。所谓最低生活标准就是绝对贫困，是指不能保证维持生命所需的最低限度的饮食和居住条件的生活状态，或者称为赤贫状态。所谓相对贫困，则是指社会成员只能享有当时、当地生活水平相对来讲属于数量最少的消费和服务，它是指一种相对的消费品和服务数量缺乏的"贫困"。进入工业化社会后，随着经济增长，社会成员的生活水平普遍提高，绝对贫困的数量开始减少，更多的贫困属于相对贫困的范畴。

实行社会救助的目的是保障社会成员的基本生活水平，建立生活水平的判断标准是实施社会救助的依据。一般来说，救助标准的确定必须考虑以下四个因素：一是一定时期的社会生产力水平，它决定着社会财富的总量，也决定着政府实施社会救助计划的财政实力。二是一定时期的社会平均收入水平，它表明该时期满足社会基本生活所要求的收入量。一般情况下，社会救助标准应略低于社会平均收入水平，但必须以社会平均收入水平作为标准制定的重要参考因素，在平均收入水平的基础上根据实际情况向下调整一定的幅度。三是消费品价格指标，在收入水平既定的情况下，消费品价格指数越高，实际消费水平越低。四是贫困人口的数量，在救助资金有限的情况下，贫困人口数量越多，人均可获得救助的资金越少。

在具体实施过程中，各国普遍采用的确定最低生活标准的方法有如下几种。

1. 市场菜篮子法

市场菜篮子法又称"标准预算法"，它可以算是最古老、最传统的确定贫困线的办法，并且以它的"绝对主义"而著名。市场菜篮子法首先要求确定一张生活必需品的清单，内容包括维持为社会所公认的最起码的生活水准的必需品的种类和数量，然后根据市场价格来计算拥有这些生活必需品需要多少现金，以此确定的现金金额就是贫困线，亦即最低生活保障线。它的优点包括：一是直观明了，通俗易懂，便于公众参与。市场菜篮子法直观明了，通俗易懂，而且可以罗列得详尽细致，便于公众参与。二是保证受援者最起码的需要。因为在现代社会，无论是在专家学者那里，还是在公众之中，也不管会有多大的争论，在最起码的生活必需品方面还是比较容易达成一致意见的，如在吃、穿、住、行等方面的最低需求，都比较容易认定。

2. 恩格尔系数法

19世纪末，德国的研究者恩格尔在比较了不同收入水平的家庭的消费模式后，得出一个结论，发现收入较低的家庭花在生活必需品上的钱占他们的收入的比例更大。随着收入的增加，人们花在生活必需品上的钱占收入的比例下降，而更多地去购买非必需品。在研究中，恩格尔绘出的表示生活必需品开支占收入的比例的曲线，就是著名的"恩格尔曲线"(Engle curve)。恩格尔发现的生活必需品开支与收入的增长成反比这一著名的论断，称为"恩格尔定律"(Engle's law)。

正式运用恩格尔定律测量贫困线，则是美国学者奥珊斯基(Orshansky)的研究成果。她提出了一个更精确、更有鉴别力的贫困标准，即三口或三口以上的家庭的食品消费占其总收入的33%及以上的，或者两口之家占27%及以上的，即为贫困户。根据奥珊斯基的计算结果，美国社会保障署制定出各种不同规模和不同构成的家庭的贫困标准。从此，奥珊斯基的方法广为流传，但仍被人们称为"恩格尔系数法"。现在国际上常用恩格尔系数60%或50%来作为判定一个国家或一个地区乃至一个家庭是否贫困的标准。

3. 国际贫困标准法

这是由欧洲经济合作与发展组织提出的一种收入比例法，它根据一个国家或地区的社会平均收入水平来确定最低标准。欧洲经济合作与发展组织认为，社会的平均收入在一定程度上反映了一定生产力水平下满足社会成员基本生活需要所要求的平均消费价格。这种消费价格是社会的平均水平，是基于最高和最低之间的消费水平。社会救助是以满足最低生活消费为目的的，这种最低消费水平的确定可以一定时期社会平均收入水平为依据，向下进行一定比例的调整。一般情况下，最低社会标准相当于社会平均收入的 50%~60%。

4. 生活形态法

生活形态法也称剥夺指标法，它从人们的生活方式、消费行为等"生活形态"入手，提出一系列有关贫困家庭生活形态的问题让被调查者回答，然后选择若干"剥夺指标"并据此以及被调查者的实际生活状况来确定哪些人属于贫困者，再分析他们被剥夺的需求以及消费和收入来求出最低生活标准。这种方法实际上是以当地大多数人的主观判断来确定贫困者的，并以此为基础做进一步的调查确认，于后进行救助，因而此方法带有较强的主观性。

以上四种方法各有特色，具体到某个国家或地区采用哪一种方法或是兼用几种方法，要根据该国或该地区的基本情况来决定。即从实际情况出发，根据当地实际生活水平、经济发展水平，以及当地政府的财力状况和需要救助范围等因素而定。因此，地域性是确定救助标准的一个非常重要的因素。一般来说，发达国家或地区的救助标准多采用收入比例法，保障水平相对较高；发展中国家和不发达地区多以基本需求为依据，采用绝对贫困标准，保障水平较低。

第三节 社会救助与反贫困

1992年12月22日，第47届联合国大会决定将每年的10月17日定为国际消除贫困日。1995年3月，联合国在丹麦首都哥本哈根召开了社会发展世界首脑会议，确定1996年为国际消除贫困年。1994年4月15日，中国国务院发出《国务院关于印发国家八七扶贫攻坚计划的通知》。通知决定从1994年到2000年，集中人力、物力、财力，动员社会各界力量，力争用7年左右的时间，基本解决当时全国农村8000万贫困人口的温饱问题。2001年，国务院发布《国务院关于印发中国农村扶贫开发纲要（2001—2010年）的通知》，提出缓解和消除贫困，最终实现全国人民的共同富裕，是社会主义的本质要求，是中国共产党和人民政府义不容辞的历史责任。纲要提出我国2001~2010年扶贫开发总的奋斗目标是：尽快解决少数贫困人口温饱问题，进一步改善贫困地区的基本生产生活条件，巩固温饱成果，提高贫困人口的生活质量和综合素质，加强贫困乡村的基础设施建设，改善生态环境，逐步改变贫困地区经济、社会、文化的落后状况，为达到小康水平创造条件。2011年，中共中央、国务院印发《中国农村扶贫开发纲要（2011—2020年）》，纲要提出到2020年，稳定实现扶贫对象不愁吃、不愁穿，保障其义务教育、基本医疗和住房。贫困地区农民人均纯收入增长幅度高于全国平均水平,基本公共服务主要领域指标接近全国平均水平,扭转发展差距扩大趋势。可以看出,无论是国际社会还是我国政府,都非常重视缓解和消除贫困,提高人民生活水平。

一、贫困程度的衡量指标

贫困可以视为人的一种生存状态。在这种状态下,个体由于不能获得基本的物质生活条件和参加基本的社会活动的机会,以至于在生活水准上不能达到个人生理和社会文化可以接受的状态。从经济范畴来讲,贫困不仅包括物质上的贫困(缺少基本的生产和生活资料),还包括精神上的贫困(缺乏现代社会的价值理念和必要的劳动技能)。

贫困程度的衡量指标包括以下几个方面[①]。

(1)贫困发生率。即 head count ratio,是指贫困人口占全部总人口的比率,它反映地区贫困的广度。该指标首先由朗特里(Seebohm Rowntree)于1901年提出。

(2)贫困深度。即 poverty gap,是指贫困人口的人均收入低于贫困线的比例,它用来测量贫困人口的收入贫困线以下的程度,又称"平均贫困距"。

(3)贫困密集度。它等于贫困发生率乘以贫困深度,即贫困人口的人数乘以他们收入低于贫困线部分的比例,再除以总人口。

(4)贫困严重度。它是指不仅贫困发生率和贫困深度增加,而且穷人之间个人消费的分配也变得更加不均等。贫困严重度的计算是先把单个贫困人口的收入低于贫困线部分的比例取平方,再把所有贫困人口的数字加总求和,除以总人口。

除上述4个指标外,5岁以下儿童死亡率、预期寿命、净小学入学率等社会指标,也经常被用于对贫困程度的衡量。

二、贫困的成因及贫困恶性循环理论

(一)贫困的成因

王曙光在以往贫困理论研究成果的基础上,将贫困的类型分为制度供给不足型贫困、区域发展障碍型贫困、可行能力不足型贫困(结构型贫困)、先天缺乏型贫困和族群型贫困[②]。

1. 制度供给不足型贫困

制度供给不足型贫困,即由宏观经济制度、社会制度或政治制度供给不足引致的贫困。在贫困发生率比较高的国家和地区,合理的教育和培训制度、医疗卫生制度、收入分配制度、金融与信贷制度、公共财政制度、社会保障制度、土地制度以及与之相匹配的法律体系的缺失,是导致贫困的基础性原因。中国在改革开放以来的贫困问题,在很大程度上表现为制度供给不足,如农业集体化解体之后原农村合作医疗体系和农村养老社会保障体系的崩溃,导致农村因病致贫现象和养老问题非常严重。

---

① 赵曼:《社会保障》,中国财政经济出版社,2005年,第188页。
② 王曙光:《中国的贫困与反贫困》,《农村经济》,2011年第3期,第3~8页。

2. 区域发展障碍型贫困

区域发展障碍型贫困,即由一些具有区域特点的发展障碍因素引致的贫困,如某些地区由交通、通信、市场设施不完善而引发的贫困,或者由当地恶劣的自然生态环境与不适宜人类生存的气候所引发的贫困。在中国大面积的西部地区,包括西藏、云南、贵州、甘肃、云南等地的沙漠化、石漠化、高寒、多山和缺水地区,贫困的发生率极高。

3. 可行能力不足型贫困(结构型贫困)

可行能力不足型贫困(结构型贫困),即由贫困者个体的可行能力不足造成的贫困,其原因均表现为贫困者个体的某种能力的缺陷,而不是先天的身体或智力的缺陷。可行能力不足的最终根源有可能与制度设计和制度安排有关,但是,大部分可行能力不足的原因却是个体性的,如受教育程度低引致的人力资源不足,这是导致贫困的最主要的原因之一。

4. 先天缺乏型贫困

先天缺乏型贫困,即由贫困者个体在智力或体力上的先天缺陷造成的生产能力完全或部分缺失而引发的贫困。先天缺乏型贫困的原因一般是不可消除或不可逆转的,如先天的盲人、肢体残缺或精神病患者,其身体或精神上的残缺在现有的医疗条件下是不可能被修复的。这些人群的贫困也很难通过提升其可行能力来解决,因此,一般意义上的提升人力资源或者进行微型信贷扶持等方法,对于先天缺乏型贫困人群的扶贫效果微乎其微。

5. 族群型贫困

族群型贫困,即在某些少数民族社区(尤其是边疆民族地区),由于整个族群在生产方式、文化、宗教信仰、习俗、生活方式等方面的历史原因而造成的贫困。在中国很多边远地区,这类贫困大量存在,容易引发宗教和族群之间的冲突,从而变得复杂而难以处理。族群型贫困的部分原因与区域发展障碍型贫困、可行能力不足型贫困重合,但其最鲜明的特征在于其民族特有的生活方式或文化习俗。这类贫困的特点是,其发生区域多集中于边境地区。

(二)贫困恶性循环理论

贫困恶性循环理论(vicious circle of poverty)是美籍爱沙尼亚经济学家,哥伦比大学教授纳克斯(Nurkse)于1953年在其著作《不发达国家资本的形成》一书中提出的关于资本与经济发展关系的理论。纳克斯认为,"一国穷是因为它穷"(*A country is poor because it is poor*),即他认为发展中国家长期贫困的原因,并非国内资源不足,而是因为经济中存在若干互相联系、互相作用的"恶性循环系列"。

贫困恶性循环理论主要从供给和需求两个方面的循环来论述。

(1)从供给方面看,资本形成有一个恶性循环。发展中国家经济不发达,人均收入水平低,低收入意味着人们不得不把大部分收入用于生活消费,而又很少用于储蓄,从而导致储蓄水平低、储蓄能力低;低储蓄能力会造成资本形成不足,资本形成不足又会导致生产规模难以扩大,生产效率难以提高;低生产率造成低产出,低产出又造成低收入。周而复始,形成"低收入—低储蓄—低资本形成—低生产率—低产出—低收入"的恶性循环。

(2)从需求方面来看,资本形成同样也形成一个恶性循环。发展中国家经济落后,人均收入水平低下,这就意味着较低的购买力和消费能力;低购买力导致引诱不足;投资引诱不足又会造成资本形成不足;资本形成不足又会使生产规模难以扩大,生产率难以提高;低生产率又带来低产出和低收入水平。这样,形成"低收入—低购买力—低投资引诱—低资本形成—低生产效率—低产出—低收入"的恶性循环。

此外,贫困恶性循环理论也可能在贫困者身上循环。处于贫困状况的人们,从小在贫困文化的熏陶下,缺乏积极向上的进取动机,成就动机相对较弱;较低的成就动机导致他们的社会流动性较低,受教育机会较少,受教育层次较低,导致其就业竞争力不强;较低的就业竞争力,较低的教育水平,导致其收入水平较低、社会地位不高,而较低的职位和收入水平可能使得他们更加贫困。

三、社会救助与反贫困机理与效果

经济增长并不必然带来贫困的消失,贫困还取决于国家的收入分配状况,与社会保障体制的设立与完善存在着紧密的关系。James E. Foster 和 Miguel Szekely 利用差别权重法对穷人及其他人口进行了研究,发现贫困人口的收入与总人口人均收入并不总是同比例增长,只有对穷人赋予更多的关注,才能使他们的状况有所改善[1]。Ferreira 和 Barros[2]、Bourguignon[3]、Ravallion[4]、Besley 和 Burgess[5] 都认为收入不平等、贫困与经济增长之间存在复杂的关系,虽然经济增长会影响减贫,但是除了经济增长之外,收入分配状况也会起到非常重要的作用。Beck 等通过研究发现,如果经济增长带来的收入分配效应更多地偏向穷人,那么经济增长的减贫效果会更显著[6]。陈绍华等通过对 1990~1999 年相关数据的分析,从经济增长和收入分配两个视角对脱贫现象进行分解,发现经济增长在促进贫困率降低的同时,收入分配不平等又会使贫困率有所上升[7]。林伯强引用一种新的贫困变动分解的方法,对 1985~2001 年经济增长与贫困变动的关系进行了考察,结论是经济增长有效减少了贫困,但也带来了收入分配的更加不平等,从而使经济增长的减贫效果大大降低[8]。万广华和张茵运用 Shaley 分解法对两组家计调查

---

[1] Foster J E, Szekely M. Is economic growth good for the poor? Tracking low income using general means. International Development Bank Research Department Working Paper No. 453, 2001.

[2] Ferreira F, Barros R P. Climbing a moving mountain: explaining the decline of inequality in Brazil from 1976 to 1996. Inter-American Development Bank(mimeo), 1998.

[3] Bourguignon F. The pace of economic growth and poverty reduction. Paper presented at LACEA 2001 Conference, 2001.

[4] Ravallion M. Growth, inequality and poverty: looking beyond averages. World Development, 2001, (29): 1803-1815.

[5] Besley T, Burgess R. Halving global poverty. Journal of Economic Perspectives, 2003, (17): 3-22.

[6] Beck T, Demirguc-Kunt A, Levine R. Finance, inequality and poverty: cross-country evidence. World Bank Policy Research Working Paper, 2004.

[7] 陈绍华、王燕、王成,等:《中国经济的增长和贫困的减少:1990—1999 年的趋势研究》,《财贸研究》,2001 年第 9 期,第 3~11 页。

[8] 林伯强:《中国的经济增长、贫困减少与政策选择》,《经济研究》,2003 年第 12 期,第 15~25 页。

数据进行了分析，发现20世纪90年代前半期由于收入的快速增长和收入不平等差距较小，贫困逐渐减少；而后半期由于收入增长缓慢和收入不平等差距拉大，减贫速度明显下降[1]。胡兵等通过运用贫困指示增长曲线进行研究，得出中国1985～2003年的经济增长从收入分配的角度来看是不利于穷人的[2]。陈立中从贫困的经济增长和收入分配的偏弹性视角分析了经济增长及收入分配对减贫进程的影响，结果证实，经济增长的减贫效果与收入不平等引起的减贫效应在经济发展的不同时期呈现出较大差异，因此减贫进程会呈现出一定的波动性和复杂性[3]。诸多研究成果表明，在反贫困的众多举措中，经济发展是基础，但仅靠经济发展不可能带来贫困的缓解和消除。社会保障作为国民收入再分配的重要工具，可以较好地克服由初次分配不均带来的诸多社会问题，缩小收入差距，减少贫困发生率。因此，经济发展是基础，制度保障是根本。

1974年诺贝尔经济学奖获得者冈纳·缪尔达尔提出"循环积累因果关系"理论，认为收入水平低是贫困的主要原因，导致收入水平低的一个重要原因是教育和就业机会的不均衡。郭建宇基于山西农村贫困监测数据，对农户多维贫困进行测算和比较分析，结果显示在农户多维贫困中，教育维度贫困率最高，达到17.8%，其次是健康维度[4]。从大量学者的实证研究中可以看出，贫困人口大部分受教育水平偏低，难以找到较好的工作职位，就业不稳定，从而导致收入水平偏低。较低的收入水平又会导致其缺乏对下一代的教育投资，从而出现贫困的恶性循环。因此，保障低收入贫困群体接受平等的教育机会，并对其进行适当的教育补助，增强贫困人群人力资本积累，最终使其可以获得较好的工作机会，从而摆脱贫困。针对人力资本缺乏论，朱玲认为投资贫困人口的健康和教育有利于改进人力资本状况，以有效应对加入世界贸易组织（World Trade Organization，WTO）后的就业形势[5]。杨强运用定性分析与定量分析相结合的方法，对新疆边境县（团）的贫困问题进行研究，并对新疆边境县（团）反贫困开发障碍性因素进行了理论分析和实证研究，认为人力资本开发应该是新疆边境县（团）反贫困开发最主要的内容[6]。郑功成提出公共教育的财政投入可以影响收入分配结构，在一定程度上起到缓解贫困的作用[7]。首先，增加教育投入可以完善财政支出结构，凸显财政的公共性及收入再分配功能；其次，公共教育投入可以普惠民生，缩小城乡之间收入分配差距；再次，公共教育投入等于国家的人力资本投资，将会改善未来的社会分配结构；最后，公共教育投入可以提高教育工作者的收入水平，改善劳动性工资收入在初次分配中占比重偏低

---

[1] 万广华、张茵：《收入增长与不平等对我国贫困的影响》，《经济研究》，2006年第6期，第112～123页。
[2] 胡兵、赖景生、胡宝娣：《经济增长、收入分配与贫困缓解——基于中国农村贫困变动的实证分析》，《数量经济技术经济研究》，2007年第5期，第33～42页。
[3] 陈立中：《收入增长和分配对我国农村减贫的影响——方法、特征与证据》，《经济学（季刊）》，2009年第2期，第711～726页。
[4] 郭建宇：《农户多维贫困程度与特征分析——基于山西农村贫困监测数据》，《农村经济》，2012年第3期，第19～22页。
[5] 朱玲：《投资于贫困人口的健康和教育应对加入世贸组织后的就业形势》，《中国农村经济》，2002年第1期，第33～39页。
[6] 杨强：《人力资本开发与新疆边境县（团）反贫困对策研究》，石河子大学硕士学位论文，2009年。
[7] 郑功成：《公共教育投入对社会分配结构的影响》，《社会保障研究》，2011年第1期，第99～110页。

的状况。诸多研究成果表明，在反贫困的各项措施之中，权利保障是前提。只有保障全体国民享受公平的受教育机会，才能提高其人力资本，享受较好的就业机会，从而打破贫困的恶性循环。

(一) 社会救助在反贫困中的机理

社会救助的扶危济困性直接消除贫困。社会救助处于我国社会保障体系的最底层，主要依靠政府财政投入来保障低收入群体的最低生活所需，包括现金救助、实物救助、服务救助、以工代赈等手段。由于它直接针对社会弱势群体和贫困人口，救助对象不需要承担任何缴费义务，只要符合救助条件就可以获得救助，具有权利义务的单向性，可以直接增加贫困人口的收入，提高其生活水平，所以其反贫困作用也最直接、最明显。依据社会救助的实际内容，其可以分为生活救助、医疗救助、教育资助、灾害救助、失业救助、住房救助等项目。

我国的最低生活保障制度属于生活救助，它对家庭人均收入低于贫困线或者低保线的对象进行差额补助，保障受助对象的最低生活需求，具有最直接的反贫困效果。医疗救助是对贫困群体在疾病就医过程中的大量消费进行专项补助和支持的社会救助，目的是避免贫困群体因为疾病而生活陷入困境，恢复受助对象身体健康。教育资助是为贫困家庭的子女接受公平的教育机会，获得人力资本提升而提供的专项社会救助政策，包括学杂费减免、资助学费、考入高等教育院校教育奖励等方式，目的是帮助贫困家庭子女完成学业，提高教育素质和文化技能，有利于克服贫困的恶性循环。灾害救助是在社会成员遭受重大自然灾害（如地震、洪水、泥石流等）而导致无法维持基本生活时而提供的一种社会临时性救助措施，目的是帮助受灾成员维持灾后一段时间的基本生活所需，使劳动力的再生产得到延续。失业救助是为了保障劳动者因为领取失业救济金期满仍未找到工作或因失业救济金低下无法维持基本生活而提供的一种社会救助。住房救助的本质是解决低收入家庭因无法支付足够房租而居无定所的情况，由政府财政支付市场房租与居民支付能力之间的差额。

可以看出，我国社会救助的对象主要包括三类：一是贫困人口，二是"三无人员"，三是因遭受灾祸而陷入生活困境的社会成员。在三类对象中，贫困人口是社会救助的主体。国家以税收、社会捐赠等方式筹集资金，通过转移支付方式对救助对象进行分配，提高他们的收入水平或者获得较高收入水平的能力，可以有效地起到反贫困的作用。

(二) 社会救助在反贫困中的效果

衡量社会救助政策反贫困效果的三个重要指标分别为覆盖范围、救助标准、财政投入。近年来，我国社会救助政策在这三方面快速发展。

覆盖范围方面，1996年，城市最低生活保障制度覆盖人数为84.9万人，2012年覆盖人数为2143.5万人；2001年，农村最低生活保障制度覆盖人数为304.6万人，2012年覆盖人数达到5344.5万人。可以看出，2012年我国城乡低保覆盖人数达到了7488万人，占总人口的5.53%。2005年，农村医疗救助总人数为854.5万人，城市医疗救助人数为114.9万人，2012年，农村和城市医疗救助总人数分别达到了5974.2万人和2077万人，分别是2005年的6.99倍和18.08倍。2005年，全国共有流浪儿童救助保护中心 40 个，救助床位 1849 个，2012 年救助中心和床位分别达到了 261 个和 10 038个。

救助标准方面，2006 年，城市最低生活保障平均标准为每人每月 169.6 元，农村为 70.9 元，2012 年，城市最低生活保障标准增长为每人每月 330.1 元，农村最低生活保障标准增长为每人每月 172.3 元。财政投入方面，1999 年，国家用于最低生活保障制度的公共投入仅为 23.7 亿元，2012 年，各级财政共支出城市低保金 674.3 亿元，农村低保金 718.0 亿元。此外，2012 年，各级财政共支出农村五保金 145 亿元，医疗救助金 203.8 亿元。

数据表明，近年来，社会救助覆盖范围不断增大，随着国家财政投入的增多，保障水平快速提升。社会救助资金主要来自政府公共投入，通过财政支出的方式帮助困难人群和遭受意外风险伤害的人口，依靠直接的现金或物质投入维持救助群体的最低生活水平。由于其面对的是弱势群体和贫困人口，所以反贫困效果较为明显，效果也较为有效，对贫困的缓解和消除起到了直接的作用。

第四节 社会救助体系

社会救助体系，是指国家为保障城乡贫困人口的基本生活并帮助解决各种特殊困难而建立的相关法律法规、规章制度，以及为保证这些政策法规顺利实施的管理体制、运行机制、工作网络、物质条件和技术支撑等要素有机结合而形成的统一整体。

一、依据救助的实际内容划分

依据救助的实际内容，社会救助可分为生活救助、灾害救助、失业救助、住房救助、医疗救助、教育救助、法律援助、扶贫开发等。

(一)生活救助

生活救助是指对家庭人均收入低于贫困线或当地最低生活保障标准的贫困人口，实行差额补助的一种社会救助。中国最低生活保障制度即是一种生活救助，其最显著的特点就是解决保障对象的起码生活保障问题，而不是改善其生活。

(二)灾害救助

灾害救助是社会救助体系中不可或缺的组成部分，其主要目的是使陷入困境的灾民获得衣、食、住、医疗等基本生活保障，以使其摆脱生存危机，同时使灾区社会发展尽快恢复正常化、秩序化。

(三)失业救助

失业救助是与失业保险制度相配套的制度安排，其救助对象是因失业救济金低下而无法维持基本生活或失业保险期满仍未找到工作，生活陷入困境者。其特点是不受时间限制，在失业者重新找到工作之前可以长期享受。在一些国家或地区，并未有专门的失业救助，失业者享受失业保险待遇到期后则根据贫困救助标准申请生活救助。

(四)住房救助

住房救助是指政府向低收入家庭和其他需要保障的特殊家庭提供住房租金补贴或以低廉租金配租住房的一种社会救助。其实质就是由政府承担住房市场费用与居民支付能力之间的差额，解决部分居民因住房支付能力不足而居无定所的问题。中国的廉租房实际上也是一种住房救助政策[①]。

(五)医疗救助

医疗救助是指对低收入人口中因病而无经济能力进行治疗的人实施专项帮助和支持的一种社会救助。其特点是在政府主导下，社会广泛参与，通过医疗机构实施，旨在恢复其受助对象的健康。

(六)教育救助

教育救助是国家和社会为保障适龄人口获得接受教育的公平机会而对贫困地区和贫困家庭子女提供物质援助的一种社会救助。其特点是通过减免学杂费用、资助学杂费等方式帮助贫困人口完成相关阶段的学业，以提高其文化技能。

(七)法律援助

法律援助是指由政府设立的法律援助机构组织法律援助人员，为经济困难或特殊案件的人给予无偿提供法律服务的一项法律保障制度。特殊案件是指依照《中华人民共和国刑事诉讼法》第34条的规定，刑事案件的犯罪嫌疑人、被告人是盲、聋、哑，或者是尚未完全丧失辨认或者控制自己行为能力的精神病人，没有委托辩护人的，或者犯罪嫌疑人、被告人可能被判处无期徒刑、死刑，没有委托辩护人的，应当获得法律援助。与其他社会救助项目不同的是，法律援助是以司法救济的形式出现的，其直接目的是实现司法公正与正义。法律援助的主要内容包括诉讼费减免，免费提供律师、公证和法律咨询服务等。

(八)扶贫开发

农村扶贫开发是指国家机关和社会各界通过扶持产业发展，完善基础设施，改善生产、生活条件和教育、医疗、卫生条件，提高人口素质，开展技能培训，促进转移就业等措施，帮助农村贫困地区及贫困人口提高自我发展能力、实现脱贫致富的活动。与其他社会救助相比，它虽然主要是面向区域而不是直接面向贫困家庭与个人，但追求的仍然是社会救助要达到的目标，并且同样需要运用政府的公共权力与公共资源，从而仍然可以纳入现代社会救助体系中。

二、依据救助的手段划分

根据社会救助的不同支付手段，可以分为现金救助、实物救助(房屋救助、口粮救助、衣被救助、其他实物救助)、服务救助、互助互济及以工代赈等。

---

① 经济学家茅于轼专门就廉租房发表了见解，引起了相当大的争论。

(一)现金救助

现金救助是指国家或社会救助机构以发放现金的形式，帮助社会成员解除生活困难的一种救助手段。费用的减免或核销其实也是现金救助。此种救助手段源于古代的赈灾救荒，在当代社会则表现为社会救助的主要形式，其特征是直接给被救助者发放现金，由被救助者根据自己的实际困难安排使用。在实际工作中，主要的现金救助手段是定期救助，但临时救助中也常采用现金救助。

(二)实物救助

实物救助是指国家或社会救助机构以发放实物的形式，帮助社会成员解除生存困境的一种救助手段。实物救助的特征是：不直接给被救助者发放现金，而是根据其实际情况和需要，用社会救助经费或部分由社会捐献或国际援助等款项，购买一般生存资料和部分生产资料，无偿发放给被救助者。救助物资包括粮食、衣被、食品、餐具、建房材料、医药以及中小农具、化肥等；实物救助的对象主要包括紧急抢救、转移安置灾民，灾区老弱病残者及平时不会安排生活的重灾户，以及非灾区的严重或特别困难户。实物救助的优点是所发的物资可以直接消费，救助的效果比较快捷，因此，在现代社会的灾害救助中经常采用。不过，实物救助需要讲究针对性，从而并非任何救助项目均可以采用。

(三)服务救助

服务救助是指针对特殊的救助对象提供生活照顾和护理等服务。其主要包括对高龄老人的护理服务、对孤儿的关爱和照顾等。

(四)互助互济

互助互济是指社区与社会成员之间开展的互相支援、互相帮助、互相救助的自愿互利活动。其包括灾区与灾区、灾区与非灾区、发达地区与落后地区、灾民与灾民、灾民与非灾民、贫困人口与非贫困人口等之间的在人力、物力、财力和技术方面的相互支援与协作。政府倡导互助互济并给予必要的政策扶持。早在 1950 年内务部就指出："灾民和灾民搞生产要互助，灾民中有劳力的无劳力的要互助，灾区与非灾区要互助。"新中国成立以来，依靠这种非灾区支援灾区，轻灾区支援重灾区，工业支援农业，以及群众间、邻里间、亲友间的相互帮助，渡过了一个又一个大灾之年。例如，20 世纪 80 年代以来在广大农村出现的济谷会、互助济金会和城镇出现的职工互助会、丧葬互济会等均属于互助互济。

(五)以工代赈

工赈即以工代赈，其是我国历代赈灾济贫的传统措施，为春秋时期齐国的晏子首创，此后相沿成袭，为历代统治者所采用，迄今仍在发挥着作用。工赈的基本内容是：由政府组织安排灾民或贫民"兴修水利、堤坝、道路"等工程，以给算工钱的方式，帮助灾民和贫民渡过生活难关。工赈的方式有：以现金支付工钱的赈款方式，以粮食、食品支付工钱的赈谷方式。这些方式对于维持灾区秩序和促进灾区经济建设都有重要意义，所以是一项积极的社会救助措施。在我国现阶段，工赈的做法不仅被继承，而且有新的发展。国家明确规定，工赈款由工程主办单位给付，因而一般未计入社会救助费中。

实际上许多救助项目在实践中并不限于使用上述某一种手段，而可能同时采用多种救助方式，如灾害救助就几乎包括了上述几种救助手段。

三、依据救助的时间长短划分

根据救助的时间长短，社会救助可分为定期救助和临时救助。

(一)定期救助

定期救助是指社会救助机构在一定的期限内对灾区或非灾区的特定救助对象依据政策规定标准定期发放现金或实物等生活补助的救助。定期救助的对象通常包括无依无靠、无劳动能力、无生活来源的孤老病残人员（即"三无"人员），以及长期生活在贫困线或最低生活保障线之下的社会成员等。

(二)临时救助

临时救助是定期救助的对称，它是社会救助机构对遭受突然事件等原因而陷入生存困境的社会成员给予临时性的、一次性的救助。临时救助的对象主要是指遭突然事故、自然灾害等事件而使家庭生活发生临时困难，而又无力自救，影响基本生活的社会成员。其具体包括：第一，因灾害造成生活困难者；第二，因病、生育等特殊情况造成无法维持其基本生活者；第三，经营破产或其他原因造成收入锐减而不能维持其基本生活者。凡发生上述现象的社会成员，由国家和社会给予一次性的临时救助，以帮助其渡过难关。根据现行规定，我国的社会救济经费分为救灾款和社会救济款，对因灾陷入生活困难者进行临时救济的经费由救灾款支付；对因灾陷入生活困难者进行临时救济的经费从其他社会救济款中列支。上述救济均实行无偿救济。

四、我国的社会救助体系

关于我国的社会救助制度，温家宝在2008年所做的《政府工作报告》中指出，我国城乡社会救助体系已基本建立。这个体系概括起来可以这样表述：它是一个以城乡低保制度为基础，以农村五保供养制度、灾害救助制度、医疗救助、流浪乞讨人员救助为主要内容，以住房救助、教育救助、司法援助制度相配套，以临时救助制度为补充，与慈善事业相衔接的一种制度。

未来我国新型社会救助体系发展的基本框架是：以城乡居民最低生活保障、农村五保供养、城市生活无着流浪乞讨人员救助和灾民救助为基础，以教育、医疗、住房、就业和法律等专项救助为支柱，各种救助项目有机衔接、相互协调，各类优惠政策全面整合、相互配套。这种新型城乡社会救助体系的主要特征和发展方向是救助项目法定化、覆盖范围全民化、施救标准科学化、操作程序规范化、监督管理民主化、工作手段现代化、服务方式社会化。

第五节 最低生活保障制度

一、最低生活保障制度概念

最低生活保障制度是社会保障体系中社会救助制度的一个组成部分,被喻为维护社会稳定、保障人民基本生活的最后一道"防护网"。未被其他保障制度覆盖或者保障不足的人,以家庭为单位,只要人均收入低于最低标准,便可领取足可以维持基本生活的补助。这项制度采取普遍性的全面保障原则,不需要个人承担任何的缴费义务,体现的是公民基本的生存权利、国家的当然责任和社会的文明进步。

早在中华人民共和国成立初期,中国政府就建立了针对城乡贫困居民的社会救助制度。在城镇主要是由单位来承担对贫困居民的救济责任,而在农村则主要建立了以集体经济为基础的"五保"制度。

二、城市居民最低生活保障制度

城市居民最低生活保障制度的保障对象为人均收入低于当地最低生活保障标准的持有非农业户口的城市居民。具体确定为三类人员:无生活来源、无劳动能力、无法定赡养人或抚养人的居民;领取失业救济金期间或失业救济金期满仍未重新就业,家庭人均收入低于最低生活保障标准的居民;在职人员和下岗人员在领取工资或最低工资、基本生活费后以及退休人员领取退休金后,其家庭人均收入仍低于最低生活保障标准的居民。

保障标准的制定主要依据城市居民的人均收入和人均生活消费水平、上年物价水平、生活消费物价指数、维持当地最低生活水平所必需的费用、需要衔接的其他社会保障标准以及维持吃穿住等基本生存所需物品和未成年人的义务教育费用等,同时还考虑当地经济社会发展水平、本地符合最低生活保障条件人数以及财政承受能力等情况。城市居民最低生活保障资金由地方政府列入财政预算。地方财政确有困难的地区,中央财政给予支持。

家庭人均收入低于最低生活保障标准的城市居民均可申请领取最低生活保障金。城市居民领取最低生活保障金前,需接受家庭收入调查,领取的保障金为家庭人均收入与最低生活保障标准的差额部分。

与原有的社会救助制度相比,城市居民最低生活保障制度有以下特点:一是保障对象由过去的民政救济"三无"人员扩大到全体城市贫困居民;二是保障资金来源由财政和保障对象所在单位分担过渡到财政负担的方式;三是提高了社会救济的规范化、制度化水平,减少了救济活动中的不确定性和随意性;四是保障标准有了提高,且随着经济发展和物价指数的变化进行动态调整。

据民政部统计,截至 2013 年年底,全国共有城市最低生活保障对象 1097.2 万户、2064.2 万人。全年各级财政共支出城市最低生活保障资金 756.7 亿元,比上年增长 12.2%,其中中央财政补助资金 545.6 亿元,占总支出的 72.1%。2013 年全国城市最低生活保障平均标准 373 元/人、月，比上年增长 13%；全国城市最低生活保障月人均补助水平 264 元。

城镇的社会救助除了最低生活保障外，还有对城市流浪乞讨人员的救助，提倡并鼓励开展各种社会互助活动。2013 年救济城市"三无"人员达 8.6 万人。

三、农村五保供养制度

农村五保供养是指对农村村民中尚无生活来源、劳动能力、无法定抚养义务人，或虽有法定扶养义务人但抚养义务人无扶养能力的老年人、残疾人和未成年人实行保吃、保穿、保住、保医、保葬（未成年人保义务教育）的一项救助制度[①]。

五保户供养经费来源有群众统筹、村级提留、代耕、亲友领养、国家救助、社会捐助等。实行税费改革后，农村五保户的经费来源主要通过农村税费改革财政转移支付的形式解决；实行最低生活保障的地方，五保户的生活保障实行五保统筹与低保补助相结合的办法，如东部地区。

五保户供养的主要形式分为集中供养和分散供养两种形式。集中供养主要依托农村乡镇福利院对入院五保户的生活给予照顾和帮助。分散供养是通过集中包养、国家定期定量救济，以及划定五保供养田（地）由亲友代耕、助耕等多种供养方式。

据民政部统计，截至 2013 年年底，全国有农村五保供养 537.2 万人，比上年下降 1.5%。全年各级财政共支出农村五保供养资金 172.3 亿元，比上年增长 18.9%。其中，农村五保集中供养 183.5 万人，集中供养年平均标准为 4685 元/人，比上年增长 15.4%；农村五保分散供养 353.8 万人，分散供养年平均标准为 3499 元/人，比上年增长 16.3%。

四、农村居民最低生活保障制度

农村居民最低生活保障制度（简称农村低保），是指对持有农业户口的家庭人均收入低于当地农村低保标准的贫困居民给予差额补助的一项救助制度。

农村低保的标准，按照当地维持农村居民基本生活所必需的衣、食、住费用，适当考虑用电、燃料等所需费用确定，并随着当地生活必需品价格变化、经济发展和农村居民生活水平提高适时调整。农村低保的申请、审核和审批程序如下：农村低保实行个人申请，村民委员会（社区居民委员会）初审，乡（镇）政府（街道办事处）审核，县（市、区）民政部门最后审批确认。

截至 2013 年年底，全国有农村低保对象 2931.1 万户、5388.0 万人，比上年同期增加 43.5 万人，增长了 0.8%。全年各级财政共支出农村低保资金 866.9 亿元，比上年增长 20.7%，其中中央补助资金 612.3 亿元，占总支出的 70.6%。2013 年全国农村低保平均标准 2434 元/人、年，比上年提高 366 元，增长 17.7%；全国农村低保月人均补助水平 116 元，比上年增长 11.7%。

[①] "五保"一词最早是在 1956 年《高级农业生产合作社示范章程》中提出的，当时是指保证"吃、穿、烧柴、住、安葬"五个方面。

我国最低生活保障制度的建立，一方面保障了公民的基本生活；另一方面也缓解了贫富差距带来的社会危机，为经济发展提供了一个稳定的社会环境。同时也有利于扩大内需，拉动经济发展。

第六节 专项救助制度

一、医疗救助

医疗救助制度是政府和社会对城乡贫困人口中因大病而影响基本生活人员在现金、实物与服务等方面进行帮助的制度。

在我国，医疗救助制度是指通过政府拨款和社会捐助等多渠道筹资建立基金，对患大病的农村五保户和贫困农民家庭、城市居民最低生活保障对象中未参加城镇职工基本医疗保险人员、已参加城镇职工基本医疗保险但个人负担仍然较重的人员，以及其他特殊困难群众给予医疗费用补助（农村医疗救助也可以资助救助对象参加当地新型农村合作医疗）的救助制度。

根据《中共中央 国务院关于进一步加强农村卫生工作的决定》要求，对农村贫困家庭实行医疗救助。该决定明确了农村医疗救助对象、医疗救助形式、医疗救助资金等内容；同时要求各级政府对医疗救助给予支持。2003年11月，民政部、卫生部、财政部出台了《关于实施农村医疗救助的意见》，规定救助对象为农村五保户、农村贫困家庭成员和地方政府规定的其他符合条件的农村贫困农民。救助办法为开展新型农村合作医疗的地区，资助医疗救助对象缴纳个人应负担的全部或部分资金，参加当地合作医疗，享受合作待遇。因患大病经合作医疗补助后个人负担医疗费用过高，影响家庭基本生活的，再给予适当的医疗救助。尚未开展新型农村合作医疗的地区，对因患大病个人负担费用难以承担，影响家庭基本生活的，给予适当医疗救助。2013年民政部门资助参加城镇居民基本医疗保险1490.1万人，人均资助参保水平96.7元，各级财政共支出资助参保资金14.4亿元；民政部门资助参加新型农村合作医疗4868.7万人，人均资助参合水平61.7元，各级财政共支出资助参合资金30.0亿元；直接医疗救助2126.4万人次，各级财政共支出直接医疗救助资金180.5亿元。2013年全年累计医疗补助优抚对象454.1万人次，人均补助水平715.8元，各级财政共支出优抚医疗补助资金32.5亿元。

在具体实施过程中，医疗救助制度的形式主要有三种：一是提供社会医疗救助金，给救助对象以经济补偿；二是给医疗机构一定的经济补贴，使后者直接减免救助对象的部分医疗费；三是由社会医疗救助机构举办专门医疗机构，免费为救助对象提供医疗服务。社会医疗救助制度在实施救助时，应遵循满足基本医疗需求、限定困难群体、紧急病症优先和加入社会医疗救助活动者及其家属优先享受等原则。在经济条件好、财政负担能力强的地区，要逐步建立主要由政府财政支持的社会医疗救助制度。

二、教育救助

教育救助是指国家、社会团体和个人为保障特定社会群体特别是适龄人口获得接受教育的机会,从政策、物质和资金上对其所提供的帮助和支持。

教育救助对象一般是贫困家庭子弟,救助方式是根据不同的学习阶段给予一定的经济资助。由于教学场所、教学设备、师资力量处于短缺状态也会影响适龄人口接受教育的机会,所以目前在贫困农村,教学设施的资助和师资力量的增援也应列入教育救助的范畴。基于上述分析,我国教育救助概念可进一步表述为:国家、社会团体和个人为保障适龄人口获得接受教育的机会,从物质、资金、师资力量上对贫困地区和贫困学生在不同阶段所提供的帮助①。

教育救助属于国家对贫困农村的一种外力干预,它通过为适龄人口提供公平的教育机会,提高教育在贫困农村发展中的作用,催生贫困农村的内生性资源,消除能力贫困,提高社会保障的供给能力。具体说来表现在以下三个方面:第一,教育能够增加贫困农村人口的人力资本存量,促进经济发展。人力资本存量是指一个社会所有劳动者所具有的劳动能力的综合量度,一般是指经投资形成的,凝结于劳动者身上的知识、技能和健康等。贫困农村劳动力的科学文化水平普遍较低,无法在农村推广经济适用的科技成果,造成科学技术因素对农业生产的贡献率很低,农业产值无法提高。农村劳动力向城市转移时,也会由于教育水平偏低和缺乏技能,不能获得更好的就业机会和更高的收入。因此,贫困农村需要发展教育救助,增加贫困人口受教育机会,延长青少年受教育时间,发挥教育在提高劳动者的素质、增长知识和技能方面的作用,把人力资本转化为经济收入,改善贫困农村的经济状况,为今后建立社会保险体系打下坚实的经济文化基础。第二,教育具有积极的外溢作用,教育救助有利于提高贫困农村村民及其家庭成员的素质,为社会保障的转型提供文化基础。教育的外溢作用是由哈夫曼和沃尔夫提出的,主要包括:教育能够提高子女的健康状况和认识能力,切断贫困的代际传递的纽带;教育可以增加医疗卫生知识,改善配偶和家庭成员的健康状况,降低由于健康问题而陷入贫困的风险;教育可以降低生育率,减轻家庭抚养子女负担,减少小农意识,开阔视野,使村民看得更加长远;等等。教育的作用是潜在的,它可以改善村民的知识贫困状态,提高村民的社会参与能力。第三,教育有助于消除贫困农村的"贫困文化",提高贫困农村的社会资本存量。"贫困文化"由美国社会学家与人类学家奥斯卡·刘易斯提出,主要是指贫困人群一种自我维持的文化体系。穷人在贫困状态中生活,会逐渐脱离社会主流文化、不受主流文化的影响而形成一种自我保护机制。社会资本存量是指行动主体与社会的联系以及通过这种联系摄取稀缺资源的能力。由于贫困农村自身的社会组织很不发达,村民之间维系着简单的人际关系,以血缘、亲缘、地缘为半径而建立的社会关系网络规模小,社会资本质量低;由于"贫困文化"的阻隔,村民与主流社会的接触机会很少,无法通过社会关系网络获取更多的稀缺资源。这些社会因素导致贫困农村的村民社会资本存量很低。教育通过提高村民的文化素质,改变村民的观念、行为、意识与精神面貌,增加与主流文化接触的意愿和机会,打破"贫困文化"的屏障,扩大人际交往的范围,提高村民的社会资本存量。在村民人力资本和社会资本不断丰富的基础上,吸收和引进新的组织制度,建立强有力的村民自治组织,形成促进农村发展的社会资本。

---

① 任洁琼、陈阳:《教育救助(上)》,《社会福利》,2002年第11期,第58~62页。

三、住房救助

住房救助，是指政府向低收入家庭和其他需要保障的特殊家庭提供现金补贴或直接提供住房的一种社会救助项目。其实质和特点就是由政府承担住房市场费用与居民支付能力之间的差额，解决部分居民对住房支付能力不足的问题。

住房救助制度主要是指对城乡特殊困难居民和因灾倒房户在住房修缮、重建和租房方面给予现金与物质补助的制度。住房救助采取政府救助与社会帮扶相结合的原则。在城市，住房救助主要是廉租住房制度，在农村主要是资助农村特殊困难农民搬迁、修缮和新建住房，资助因灾倒房户恢复重建。

2003年12月，建设部、财政部、民政部、国土资源部、国家税务总局联合下发《城镇最低收入家庭廉租住房管理办法》，规定符合市、县人民政府规定的住房困难的低收入家庭，可以申请城镇最低收入家庭廉租住房。保障方式以发放租赁住房补贴为主，实物配租、租金核减为辅。租赁住房补贴是指市、县人民政府向符合条件的申请对象发放补贴，由其到市场上租赁住房。实物配租是指市、县人民政府向符合条件的申请对象直接提供住房，并按照廉租住房租金标准收取租金。租金核减是指产权单位按照当地市、县人民政府的规定，在一定时期内对现已承租公有住房的城镇最低收入家庭给予租金减免。

四、司法救助

司法救助也称法律援助，是指律师、公证员、基层法律服务工作者为经济困难或其他特定案件当事人减收或免受相关费用而提供法律服务的制度。

1998年最高人民法院公布《最高人民法院关于执行〈中华人民共和国刑事诉讼法〉若干问题的解释》中规定，被告人为盲、聋、哑人或者限制行为能力的人，没有委托辩护人的，人民法院应当为其指定辩护人；被告人符合当地政府规定的经济困难标准，没有委托辩护人的，人民法院可以为其指定辩护人；人民法院指定的辩护人，应当是依法承担法律援助义务的律师。2003年7月国务院颁布《法律援助条例》。条例规定，符合本条例规定的公民，可以依照本条例获得法律咨询、代理、刑事辩护等无偿法律服务。法律援助的范围是依法请求国家赔偿的；请求给予社会保险待遇或者最低生活保障待遇的；请求发放抚恤金、救济金的；请求给付赡养费、扶养费、抚养费的等，以及有关的刑事诉讼案件。2004年9月，司法部、民政部等部门联合下发《关于贯彻落实〈法律援助条例〉切实解决困难群众打官司难问题的意见》，规定了相关部门对法律援助案件办理中费用的减、免问题。

第七节 灾害救助制度

一、灾害与灾害救助

灾害是对人类社会造成物质财富损失和人身伤亡的各种自然现象的总称。它作为人类社会发展的破坏性因素，一起伴随着人类社会的发展而发展，并迫使人类社会不得不考虑建立相应的风险防范机制来应付。而灾害救助机制是防范机制的一项重要内容。

所谓灾害救助，是指国家和社会对在遭遇各种自然灾害及其他特事件等袭击并因此而陷入生活困难的社会成员给予一定的现金、实物或服务援助，以帮助其渡过特殊困难时期的一种社会救助。它是社会救助体系不可或缺的重要组成部分，也是整个社会保障体系中的特殊保障制度安排。其目的是通过对遭遇灾害袭击的社会成员的救助，尽快恢复其正常的生活，恢复正常的社会秩序。

我国自然灾害多发、频发，是世界上受自然灾害影响最为严重的国家之一，几乎每年都发生多次重特大自然灾害。根据民政部门的统计，我国一般年份因自然灾害造成的人员伤亡达数千人，直接经济损失达 1000 亿元以上，重灾之年，造成的人员伤亡和经济损失更为严重。2013 年全国各类自然灾害共造成 3.9 亿人次不同程度受灾，因灾死亡失踪 2284 人，紧急转移安置 1215.0 万人次；农作物受灾面积 3135.0 万公顷，其中绝收面积 384.4 万公顷；倒塌房屋 87.5 万间，严重损坏 226.9 万间，一般损坏 543.4 万间；因灾直接经济损失 5808.4 亿元。

进入 21 世纪后，世界各地的灾害问题也非常严重，灾害的种类在增长。例如，2001 年发生在美国的"9·11"事件，恐怖分子利用民用飞机袭击世界贸易大厦，造成数千人死亡，直接经济损失 100 多亿美元；2003 年发生在中国的非典型性肺炎也是引起全国乃至世界震惊的传染病；2004 年发生在印度尼西亚苏门答腊岛附近海域的强烈地震引起的海啸，更是人类史上的一场重大灾难，它涉及印度尼西亚、斯里兰卡、泰国、印度、马来西亚、孟加拉国、缅甸、马尔代夫等国，造成 30 多万人死亡和失踪，其中印度尼西亚在这次灾难中死亡和失踪人数达到 20 多万人。

灾害的严重后果，不仅在于造成社会财富的损失，更在于造成众多灾民的伤亡并直接影响到遭遇灾害的社会成员的生存条件。如果国家和社会缺乏有效的救助灾民的保障措施，除了直接影响外，灾害还可能引发更多的间接恶劣影响，致使情况恶化。2013 年，国家减灾委员会、民政部共启动 10 次预警响应和 39 次应急响应，协调派出 35 个救灾应急工作组赶赴灾区，财政部、民政部下拨中央救灾资金 102.7 亿元，民政部调拨帐篷 19.6 万顶、棉衣被 62.8 万件(床)、折叠床 8.9 万张等救灾物资，累计救助受灾群众 8000 万人次。受灾群众基本生活得到妥善保障。

二、灾害救助的基本特征

与其他社会保障项目相比，灾害救助因其面对的风险是各种突发性的灾难，因而在实践过程中也表现出一些不同的特征。它主要体现在以下几个方面。

(一)灾害救助的急切性

由于各种灾害发生大都具有突发性(除旱灾外)和严重的危害性，遭遇灾害的社会成员可能迅即陷入生活困境之中，甚至伤亡。大面积的灾害事件或重大灾难还可能引发一系列连锁反应，致使受灾面扩大并影响非灾区的生产和生活。因此，灾害的救助非常讲究救助活动的及时性，要求在救灾的黄金时间内开展救助活动，以防止事态恶化。

(二)灾害救助内容与方式的多样性

由于各种灾害造成的后果是多方面的,包括人身伤亡、财产损失、基础设施损毁以及疫病流行等,灾害救助的内容与手段也必须是多样性的。在救助内容方面,既包括对人的救护,又包括对物资财产的转移和保护;既包括提供衣食等基本生活用品的救助,又包括提供医疗服务的救助。在救助方式方面,既采用现金救助、实物救助、服务救助等救助方式,又可在特殊情况下采取以工代赈的方式。因此,在整个社会保障体系中,灾害救助的内容与方式是最多样化的。

(三)灾害救助的非经常性

尽管灾害救助作为一种制度是需要常备不懈的,但灾害的发生具有偶发性与不平衡性,即灾害的发生在时间和地区分布上不平衡,灾害作用持续时间和社会成员受灾时间也通常较短。因此,与其他社会保障制度相比,灾害救助虽然在总体上也是一项经常性制度安排,但具体实施时却是非经常性的,仅在灾害发生时才需要救助。

(四)灾害救助的不确定性

由于灾害无法事先预测和确定,灾害救助也就不同于其他社会保障制度安排,可以事先计划并按照确定的方案开展。灾害救助的不确定性主要表现在:一是灾害发生的不确定性,即灾害发生的时间和地点是不确定的;二是灾害的损害后果和影响程度是无法事先确定的,即救助经费预算无法事先确定;三是救助的形式具有不确定性,不同的灾害种类、灾害破坏程度和灾民受灾程度,需要选择相应的救助形式。因此,灾害救助形式上属于预防性的制度安排,在实际操作中需要因灾应变,投入并非多多益善。

三、灾害救助的内容

根据灾害救助的实践,其内容主要包括如下几个方面。

(1)救助灾民生命。灾害尤其是突发性重大自然灾害的发生是以造成人员伤亡和财产损失为特征的,因此,尽力减少伤亡人员、抢救受伤人员是灾害救助的主要内容。

(2)为灾民提供基本生活保障。灾害的发生往往使灾民的生活和生存条件受到破坏,因此为灾民提供基本生活保障是救助的重要内容,其中包括提供食物、水、帐篷,并提供必要的药品。

(3)为灾民提供精神援助。灾害的发生不仅严重破坏灾民的生存条件,还冲击着灾民的精神和心理,使之产生消极情绪,对灾后恢复生产和生活形成障碍。因此,提供必要的、专业的精神援助是灾害救助的重要内容。

(4)灾后重建。在大规模灾后救助活动之后,一般紧接着是灾后重建和恢复等救助活动。这类救助活动一般依靠灾民自己来恢复受创的生产和生活条件,政府和社会的救助活动主要是提供必要的辅助和条件。

从2005年起,中央每年安排自然灾害救助资金50多亿元,专门用于受灾群众紧急转移安置、因灾倒塌民房恢复重建、冬春救助以及临时生活救助,平均每年救助6000万人次到8000万人次。在自然灾害救助工作实践中,也遇到一些亟待解决的问题,主要是灾害救助准备措施不足、应急响应机制不完善、灾后救助制度缺乏、救助款物监管不严等。这就需要通过制定自然灾害救助方面的法规,规范自然灾害救助工作,保障受灾人员的基本生活。2010年9月1日起实施《自然灾害救助条例》,根据该条例,我国已经建立健全灾情预警监测评估、灾害紧急救助、灾区恢复重建、灾民生活救助有机衔接的灾害救助制度,不断完善以救灾工作分级负责、救灾经费分级负担为基础,灾害应急机制为主体,社会动员机制相配套的灾害救助体系。

第八节 国外社会救助的制度经验

由于政治制度以及经济发展水平等诸多因素的影响,社会救助制度在国际上被引进社会生活的时间以及在社会救助的立法、救助标准、社会救助实施等方面也多有不同。但是,社会救助作为一种重要的社会政策和制度安排却具有某些超越社会制度和意识形态的共有功能和目标,这就是,国家要帮助生活困难的人,为他们提供生存的最后一道安全网。在长期的历史发展中,世界上的许多国家都陆续建立了社会救助制度,并且在反贫困的过程中形成了各具特色的社会救助模式和实践经验。

一、英国:救助立法时间悠久

英国政府对贫困群众非常重视,早在1834年,英国就制定了新《济贫法》,主要是确认社会救济属于公民应该享受的权利,确立社会救济是国家应尽的义务。

英国社会救助的项目很多,甚至有些是福利式的救助,主要包括低收入家庭救助、老龄救助、儿童救助、残疾救助、失业救助及疾病救助等内容。低收入家庭救助是对收入低于官方规定贫困线家庭的救助,救助金随政府规定的贫困标准而变化。低收入者还可以取得一部分取暖费,有子女的可取得学校免费牛奶和免费膳食以及免缴国民保险费,还可以享受房租补贴等。老龄救助主要是对年满80岁、没有资格享受养老金或只有少量养老金的老年人给予补助。残疾救助包括残疾人的保姆补贴、活动补贴和重残补贴。

二、美国:救助制度丰富完善

在罗斯福时代,社会保障受到重视,美国制定了历史上第一部社会保障法。1965年美国出版的《社会工作百科全书》曾述:"社会救助是社会保险制度的补充,当个人或家庭生计断绝急需救助时,乃给予生活上的扶助,是在整个社会保障制度体系中,最富弹性而不受拘束的一种计划。"经过几十年的补充,社会保障制度日趋完善。救助制度主要包括以下几个方面。

(1)对有子女困难家庭的资助。政府以现金资助单亲有子女家庭,或父母失业和丧失劳动能力的家庭。

(2)养老及困难补贴。主要做法是对老年人和残疾人发放现金补贴。

(3)免费医疗。是为了使穷人获取医疗服务的项目,在美国所有的资助项目中该项目耗资最大,由联邦和州政府分担。对于低收入个人而言,免费医疗服务的范围很宽,从住院到门诊,从检查到手术治疗,大部分都不用自己花钱。

(4)食品券补助。食品券是政府发行的专供购买食品的有价证券,以解决贫困阶层的基本生活。

(5)儿童营养补助。主要是为哺乳期的母亲、婴儿、5岁以下儿童而设立的,每年都有数千名妇女儿童享受这种补助。

三、韩国:救助倾向生活保护

韩国的社会救助主要包括生活救助、有功人员救助及灾害救助。

生活救助包括生计救助、医疗救助、妇产救助、教育救助、丧葬救助、职业训练及就业安排。医疗救助是生活救助的一个方面,对无劳动能力贫困人员的医疗救助从门诊到住院全部医疗费由医疗保护基金支付。对有劳动能力的救助对象,医疗保护基金负担其门诊医药费,但住院费只负担一半;其余一半可无息贷给。医疗救助对象须在指定医疗单位就诊或住院。

韩国颁布法律对国家有功人员发给津贴并进行生活救助。有功人员是指:爱国先烈、爱国志士、战死、战伤、殉职、公伤的军警,殉职、公伤的公务员,武功勋章和报国勋章获得者及其遗属等。对他们的待遇包括年金、生活津贴、看护津贴、住宅资金、抚恤等,还进行教育保护、就业保护、医疗保护、养老保护以及提供贷款、减免交通费等。

灾害救护的内容包括:提供收容设施,提供食品、被褥、学习用品及其他生活必需品,对遇灾住宅进行应急修缮,提供或贷给生活所需资金器具或材料,介绍就业,办理丧事等。灾害救护所需费用设立灾害救护基金,由国库负担70%,地方政府负担30%。

四、德国:救助特殊困难家庭

19世纪末,德国俾斯麦政府创建了社会保险制度,这种以预防为主对付社会经济风险的新的社会保障手段很快在欧洲各工业国流行开来。德国的社会救助主要是对一般低收入家庭的救助和特殊家庭的救助。除了食品费、生活费、燃料费以及杂费等日常生活费外,还包括代为缴纳医疗、养老保险费,支付丧葬费等。对高龄、残疾、妊娠、生育等特殊需求者,其救助标准比一般标准高30%。

另外,儿童补贴也是德国社会救助的重要内容。只要有子女的家庭都可以得到家庭津贴,子女越多得到家庭津贴也越多。

第九节 社会救助制度的不足与前瞻

近年来,我国社会救助不断创新发展,社会救助制度不断完善,整体功能不断增强,城乡社会救助体系基本建立。但是,我国是自然灾害多发频发的国家,每年有大量因自然灾害而导致生活困难的灾民需要救助,城乡居民最低生活保障制度还不完善,教育、医疗、住房等专项救助基础还很薄弱,社会救助体系还需要进一步健全和完善。

一、中国社会救助制度的不足[①]

中国的社会救助制度在社会变迁中产生，不可避免地具有社会转型期社会救助制度的特征。与某些发达国家成熟的社会救助制度相比，中国的社会救助制度发展实践短，面对的情况也更加特殊和复杂，因此社会救助还需要进一步的完善。

第一，过多的或者是单纯的地方分权制的社会救助管理模式影响中国社会救助的效率和贫困缓解功能的实现。欧洲的学者在研究欧洲多国社会救助不同管理模式的基础上得出结论，认为单纯的中央集权制的社会救助和单纯的地方分权制的社会救助管理模式都有碍于社会救助分配效率的实现。相反，中度的地方分权制优于高度的中央集权制和高度的地方分权制的社会救助管理模式。中国社会救助的实践表明，离开中央政府强有力的资金支持和政策指导，社会救助不会在解决贫困问题上有大的作为。因此，中央政府和地方政府在社会救助方面要在责任和权力上适当分工，中央政府要提供更多的支持，同时也要发挥地方政府的积极性。

第二，现行的社会救助体制下的救助对象流动性差造成救助效率降低。中国自建立以最低生活保障制度为核心的社会救助制度以来，救助规模显著扩大，救助对象数量迅速增长，甚至是超常规增长，并且经常被看做最低生活保障工作进展的最重要的指标和成就。社会救助人群的扩大固然是社会救助发展的重大成就，但是，社会救助在促使社会救助对象的流动上做得远远不够，相应的促进流动的政策措施不多，还没有探索出实现流动性的有效途径。根据2004年辽宁省有关部门所进行的城镇低保户家庭生活状况调查表明，被调查的低保户中有高达40.1%的受访者对"低保户已经确定就多年不变"的做法和状况提出了异议。因此，具有高效率的社会救助制度应当是与劳动力市场政策有机结合的制度设计，要实现社会救助对象流入与流出的相结合，在这一点上，德国的有关做法可以使我们获得启示。目前，德国社会对于社会救助的日益增长的关注点在于社会救助制度改革怎样才能更好地起到提高和推动社会救助的流动性的作用，亦即社会救助怎样才能成为一个"蹦床"而不是"吊床"。社会救助的最终目的应该是让社会救助对象在缓解了生活危机后离开社会救助，而不是在社会救助体系内不思进取，长期依靠社会救助。

第三，社会救助的健康发展凸显社会环境改善的重要性。社会救助制度不是一项孤立的社会制度，它是和社会保险制度、家庭政策、劳动力市场政策以及塑造这些制度的观念紧密相关的。社会救助制度的健康发展在很大程度上有赖于社会救助的流动性。而影响社会救助的流动性有诸多因素，包括社会救助领取者参与劳动力市场的能力、现实的劳动力市场条件和社会救助领取者对待社会救助金的态度。

[①] 本小节参考资料：江树革、比约恩·古斯塔夫森：《国外社会救助的经验和中国社会救助的未来发展》，《经济社会体制比较》，2007年第4期，第78—83页。

二、中国社会救助模式的发展取向与前瞻[①]

面对新的形势和未来的挑战,我们必须加快社会救助制度建设。目前我国社会救助制度建设面临的主要议题有:进一步完善综合性社会救助的项目体系,加强综合性社会救助体系内部和外部的制度整合与协调,在相对贫困的基础上建立科学合理的最低生活保障标准及其制度化调节机制,建立中央与地方政府之间合理的资金保障分担体制,建立专业化、高效率的社会救助管理体系,以及促进社会工作介入社会救助体系等。

(一)进一步完善综合性社会救助的项目体系

目前我国的社会救助体系已经扩展到医疗救助、教育救助、住房救助、法律救助等方面,但其中的一些项目(如教育救助、住房救助)的救助水平还不理想或者制度化水平还不高,需要进一步加强和完善,并且应该根据人口、经济与社会发展的实际情况和贫困家庭的实际需要而设立新的救助项目。例如,随着人口老龄化的发展,高龄老人的护理将是一个大问题,因此,应该考虑适时设立"老年人护理救助"项目。此外,还应该根据有劳动能力贫困者在培训和就业服务等方面的需要,建立"就业扶助"项目。从制度包容性角度看,综合性社会救助体系应该覆盖各类困难人群,重点包括失业贫困者、老年贫困者、儿童贫困者、残疾贫困者、妇女(主要是单亲)贫困者、移民(流动人口)贫困者、流浪乞讨人员、灾民等特殊困难群体。

(二)确定科学合理的救助标准

所谓科学性,是指救助标准应该有客观依据,通过科学的方法获得资料;所谓合理性,是指救助标准要兼顾各个方面的要求,能够反映我国城乡贫困的实际情况,兼顾各方面的要求,为各方面所接受。我国的最低生活保障标准过去依据"生活必需品"的概念,但这个概念是基于对绝对贫困的理解,有些过时,应该逐步向相对贫困的方向过渡,使用"基本生活水平"这样的概念。所谓基本生活水平,是指按照本地一般家庭能普遍达到的生活水平测量救助标准,其测量指标包括基本生活品和基本服务消费项目。此外,救助标准要综合考虑各种因素,既要有足够的救助力度,让救助对象达到基本生活水平,在一定程度上分享经济社会发展成果;同时也要考虑贫困者与非贫困者之间的关系、贫困救助与鼓励就业的关系,以及救助水平与政府财政合理负担能力的关系。要在这些复杂因素之间寻找一个平衡点,形成以基本生活水平为科学依据,并参考各种影响因素的合理保障标准。

(三)建立稳定的社会救助财政制度

2002年以来,我国对社会救助的财政投入逐年增加,目前中央财政投入占到一半以上。但是按照现有的制度安排,社会救助的经费来源由地方财政为主要责任主体,中央财政只是对财政困难的地区提供经费资助,但对于哪些是财政困难地区,提供多大比例的资助等都没有制度化的规定,导致中央财政对社会救助经费投入的不确定性,以及

[①] 本小节参考资料:关信平:《完善我国综合性社会救助体系的基本原则和主要议题》,《中国人民大学学报》,2010年第5期,第15~22页。

地方财政与中央财政之间的博弈。中央财政提供了大量的财政投入，但是没有形成制度化的责任，各级政府财权、财力和事权之间难以形成合理且稳定的关系，并出现了因中央财政投入不足而导致一些地方社会救助对象数量偏少的现象。为此，在今后的发展中，应该建立稳定的制度化的中央和地方各级财政共同负责机制，以制度化的方式明确各级财政的责任。在全国范围内，中央和地方的财政责任以各负担一半为宜，但在不同地区，中央与地方负担的具体比例可以根据地方财力的大小而有所不同。

(四)建立社会救助促进就业的制度化关系

社会救助促进就业应该体现在社会救助各个层面的制度上。首先，救助标准和救助方式的设计要能促进就业，尤其是促进有劳动能力的穷人就业，采取有利于被救助者就业的经济激励措施等。其次，应该通过就业服务来促进就业，将救助与就业服务更好地结合起来。最后，可以实行弹性救助待遇的方式，使最低生活保障标准弹性化，除了有进入最低生活保障的标准以外，还可以设立高于进入最低生活保障标准的解除最低生活保障标准，以促使有劳动能力的最低生活保障对象更积极地寻找就业机会。

(五)加快完善社会救助管理体制

一是加强社会救助管理中社会效益与运行效率并重的意识。社会救助资金的使用既要最大限度地达到社会救助制度的目标，在满足贫困者基本需要、解决社会问题等方面发挥其应有的社会效果，同时也要考虑投入产出的关系，让有限的资金发挥更大的作用，或者在同等社会效益的情况下，尽可能地节约资金。

二是要合理处理管理效益与管理成本的关系。应该建立健全专业化的、高效率的社会救助管理机构，并配备合格的专业人员，让政府部门从社会救助日常工作中解脱出来，实现政事分开。最终的效果应该是，机构及管理人员发挥作用所带来的社会效益的提高应该高于其本身的成本。

三是同时优化社会救助机构的内部管理和对社会救助对象的管理(外部管理)。优化机构内部管理的主要途径包括提高管理的专业化水平，建立数字化管理平台及信息共享机制等。优化外部管理应该包括加强法制化建设和提高管理的专业化水平，并辅之以有效的宣传。管理的基本目标是在控制管理成本的基础上，加强社会救助资金使用的瞄准机制，增强社会救助资金在缓解贫困方面的社会效益。

四是加强社会救助宣传。社会救助宣传的主要目的应该是让公众知道项目的目标和意义、运行环节以及存在的困难，取得公众对社会救助制度的支持、理解和监督，并且通过宣传让申请者知道社会救助的制度原则和运行原理，了解享受社会救助的条件和申请方法。社会救助宣传的形式应该多样化，包括新闻媒体宣传、研究教学机构宣传、网络宣传以及由社会救助管理机构印制宣传材料等。

(六)加强城乡社会救助的一体化建设

发展中国家的社会救助制度往往最早并不产生于贫困人口更多的农村，而是贫困人口相对较少的城市，我国社会救助的建立和发展也没有摆脱这一"规律"。但是，随着经济与社会不断发展，尤其是新农村建设和城乡一体化的发展，不仅社会救助应该覆盖城市和农村，而且应该在城市和农村之间有比较均衡的发展。因此，我国应加快推进城乡一体化的制度和管理体系,逐步实现社会救助的城乡均衡发展。社会救助制度一体化应该包含对象、项目、管理、标准和经费来源等方面的要素。

(七)推进社会工作介入社会救助的制度

当前我国城市贫困问题具有复杂的背景和原因,每个贫困家庭的具体情况也千差万别,而社会救助制度具有很强的规范性,仅靠政府的社会救助制度往往难以满足贫困家庭多样化的需要,并且难以从根本上解决贫困问题,难以调动贫困家庭自身摆脱贫困的能力和意志,并且难以提高社会救助管理的水平。因此近年来,越来越多的社会工作者和社会救助工作者提出,应该在社会救助和反贫困行动中引入社会工作的机制,将社会工作与社会救助结合起来,以提高社会救助和反贫困行动的实际效果。

▶思考题

1. 社会救助有哪些特征?
2. 简述社会救助的主要内容。
3. 最低生活保障制度有哪些基本内容?
4. 现行农村社会救助包括哪些内容?
5. 专项救助主要包括哪些内容?
6. 灾害救助有哪些特征?
7. 国外社会救助制度有什么特点?

  案例

社居委主任利用职务之便为弟弟办低保

自己的弟弟有房且年富力强,安庆市大观区一社居委主任不仅安排其吃低保,还为其申请了一套廉租房。近日,该起违规行为被人举报后,受到了安庆市相关部门的重视。目前,涉事的社居委主任被停职检查。

据大观区花亭南村群众反映,社居委主任刘风桃的弟弟刘小双、弟媳妇刘红莲都是"70后",身体健康,有劳动能力,也一直在工作。根据国家低保政策规定,他们是没有资格享受低保的,然而多年来,他们一直在"吃"低保。另外,社居委主任明知弟弟有私房一套,居然还利用职务之便,为其弟弟搞到一套廉租房。

大观区花亭路街道办事处负责人称,经调查情况属实,他们现已上报有关部门申请取消该户低保待遇,并收回廉租住房。目前,街道办事处已经对社居委主任做出了停职检查、通报批评的处理。(乔剑)

资料来源:中安在线-安徽商报,2011年12月2日

 延伸阅读

我国社会救助立法理念及其维度

法的制定是一种合目的性行为,是在一定法理念的指导下进行的。法理念是一种高度系统化、抽

象化的终极法律意识,是对法的本质的一种深刻反映,是法的生命之所在,正所谓"法律制度乃运用之最高原理,为之法律之理念"。法理念的研究目的在于为法的制定与实施提供思想引导。社会救助立法作为当前我国重要的社会立法内容,几经讨论,却一直悬而未决,其中面临的诸多难题甚至阻力备受瞩目。只有在理念上突破相关思维的束缚,从法的本质上深化立法理念的变革,社会救助立法的创设和完善才具有可行性与合理性。

社会救助法理念的提炼、厘定和形成不仅仅受制于法的宗旨,更依赖于特定的社会经济发展背景。因为任何法理念都是建立在一定阶段既定的社会经济条件之上,都是人们主观上对客观法现象的一种反映。不同社会救助制度的建构,都会有相应理念和背景的支撑,从而在阐释社会救助制度出发点和归宿的同时,亦可窥探其在此背景中发展的方向。转型期我国社会发展与经济增长相脱节,社会资源分配不公,弱势群体被甩到社会结构之外,呈现出"断裂"的特征。因而强调社会和谐、加强民生保障以及维护社会安全是当前我国经济社会发展和法律制定、实施的核心目标。鉴于社会保障制度是经济社会协调发展的法治基础,对减少贫困、缩小贫富差距、促进经济发展、维护社会稳定具有重要作用,因此,加快推进社会救助立法,完善社会保障法律体系,进而维护人权、改善民生、促进文明,已成为我国法制建设的必然逻辑和目标导向。

在这样的背景下,社会救助立法理念及其向度必须高度关注"中国问题"。国家应在社会救助责任上彰显国家责任,保证社会救助机制的合理运行;在救助对象上注重农民(村)问题,推进社会救助的城乡一体化;在救助方式上倡导造血手段,促进社会救助公平与效率的统一;在救助内容上突出常规措施,实现社会救助的规范化、普适化;在救助功能上推崇社会底线救助,保障被救助主体的人权;在救助价值目标上强调程序正义,确保社会救助的公平、公正。《中华人民共和国社会救助法(征求意见稿)》与社会救助制度的构建在立法技术上认真考量这些重要元素。

一、救助与保险协调理念及功能体系的优化

(一)救助功能理念:救助与保险协调

从社会保障发展历史来看,社会救助是最早的社会保障形式,社会保险实质上由其衍生而来。随着经济社会发展,社会保险逐渐取代社会救助成为社会保障体系之核心。但是,"社会救助与社会保险具有鲜明的互补性",相互依存、相互支持和相互配合,在法治实践中体现出鲜明的协调特征。社会救助法以实现被救助主体的人格尊严、安全及生存等权利为基点,救助是第一位的,并在救助过程中彰显出一定的保险功能——民众以权利或其让渡的其他利益向国家投保,在此意义上,可称为主体的"权利保险";社会保险法则以克服主体在养老、健康、工伤及失业等方面的"风险"为基点,推崇保险功能,特别强调国家与社会作为投保人和保险人的责任、义务,在落实社会保险过程中彰显了一定的(间接性的)救济目标。社会救助法与社会保险法功能的协调性,为两法功能的组合与互补提供了现实可能。

在立法上要认定一部法律或一套法律体系的功能,必须先厘清其所调整的各类利益组合,明确各利益组合中所存在的重叠和冲突。因此,需将该法律体系之下的每个利益项目与其他利益项目并而估之,以求达到一种立法上的平衡。社会救助法是社会公平的实现机制,是主体基本权利实现的"最后安全网"。但面对多元化的风险社会,要合理实现其法益目标,则需注意社会救助立法与其他社会保障法系统功能的协调,尤其是与其最密切的社会保险法功能的协调配合。

(二)推崇底线救助以推动功能体系的优化

特定的社会背景决定着特定法律机制的建构及不同机制间的主次地位。转型期面对我国几千万的贫困人口、几个亿的农民工大潮、悬殊的贫富差距和频发的各种灾害,以解决劳动者风险为目标的社会保险并不能完全适合社会的现实需求。而在秉承救助与保险相协调理念的基础上,以"公力救济"为基础的社会救助法,却能更好地发挥其在社会救助中的基础和兜底作用,更好地实现各主体权益的最大化和社会的安全稳定。社会救助作为与市场经济不相容的"权利保险",是保险商无法提供的公共产

品。国家必须强化社会救助立法的科学性，建构合理的救助责任落实机制和救助标准，在充分彰显社会救助兜底性功能的同时实现对受助主体的人文关怀。

二、实体与程序配套理念及实现机制的完善

（一）救助实现理念：实体与程序配套

社会救助法作为形式理性的建构必然是实体法与程序法的融合，唯有如此，社会救助法才能体现其对生存、发展、安全、秩序等特定价值的追求。社会救助法的实体法主要是对救助主体和救助对象权利义务的规定，这些规定更多地表现为一种宣示性的、形式性的规定，并非主体现实拥有的权利。被救助主体要真正地获得救助利益必须借助相关程序机制，正如拉德布鲁赫所言："如果将法律解释为社会生活的形式，那么作为'形式的法律'的程序法，则是这种形式的形式。"纵观各国社会救助立法，程序法制的建构不可或缺，如美国社会保障法中在老年援助、失业补偿、儿童补助等领域都对相关被救助主体资格的认证、机构主体权利的实施等方面规定了具体的程序。这些程序的设置为实体性的权利规定转化为真实的、公平的权利提供了可能和保障。在此意义上，社会救助程序法成为实体法价值——社会救助对象权益保障和实现的必不可少的工具。

当然，社会救助程序法还具有独立于社会救助实体法的价值。社会救助实体法为了彰显对权益的宣示性，必然具有相对的确定性，这种确定性往往难以跟随社会变化的步伐，而表现出相对的滞后性。为了克服此滞后性，则需要发挥程序法的功能。尤其是救助权益纠纷过程中，裁判主体可以运用程序法探寻实体法背后的道德性权利——裁判者"用来解释他们对先例推理的那种人们熟悉的概念，深埋于普通法背后或根植于其中的那些原则的概念的形而上学的陈述"。以此来填补实体法的空白，从而实现对主体权益的维护，如现代救助机构遵循正当的程序对出现的新型被救助主体资格的推导和认定等。更重要的是合理、合法的程序适用过程可以对主体行为态度起到暗示作用，使主体认同在此程序下做出结论的正义性。社会救助法程序的合理创设，不仅有助于社会救助机构树立相应的合法程序意识，在公平、公开、公正的程序下行使社会救助行为，也有利于被救助主体在维护自身利益、实现被救助权益的过程中，感受到各方主体行使权利（力）过程的公正性，培养其遵循合法程序行使正当权利的习惯。社会救助立法需要从实体立法和程序立法双重角度予以关注。

（二）强调程序救助以确保实现机制的完善

"每一种社会管理形式都会产生一套程序要求，正是这些程序要求保障了此种社会管理形式的公正性。"社会救助活动的正当性不仅在于社会救助权力（利）彰显和运行的结果，更在于相关权力或结果取得的过程。转型期社会救助立法尤应重视程序法治理念及其相关制度建设，不仅要规定主体的权利、义务，更要规定主体资格、救助程序、权利义务的实现方式，特别是社会救助对象的认定、突发事件的应对及相关救助组织的准入（退出、监督）等基本程序。而现有的"征求意见稿"对这些程序规定要么过于笼统、缺乏可操作性，要么缺位。因此，救助对象认定程序的细化，救助主体（机构）资格认定、准入、退出程序的建构以及救助主体权利义务实施程序的完善，已成为转型期社会救助立法中的重点内容。具体包括：合理的社会救助申请程序，使被救助主体可以通过程序启动救助活动，维护自身权益；明确救助资格审核程序——通过书面审查程序（主要是指相关主管部门按一定程序对被救助主体的书面材料予以审查）和实质审查程序（如家庭情况调查制度、公示公告程序和听证程序等）的建构予以实现；设置合理的救助资金发放程序，以使救助资金真正发放给被救助主体。这些程序机制的设定不仅使各主体明确如何申请、如何审查、如何回复，合理规制组织活动，也有利于提高结果的公平、公正和可接受性，实现实体公正与程序公正的统一。

三、结语

"征求意见稿"颁布已有多年，虽然近来一些社会救助立法的出台对推进社会救助活动发挥了积极作用，国内某些地方社会救助制度的超前改革、实践和立法的经验也值得总结、借鉴，但社会救助基本法依旧未出台，不禁昭示出社会救助立法背后的重重阻力以及对法理念的漠视。转型期经济社会协

调发展的时代背景要求尽快实现分配正义、缩小贫富差距、维护社会稳定,这无形当中成为了社会救助法出台的"催化剂";且随着社会主义法律体系的形成,作为七大部门法之一的社会法要求社会救助法的建构、完善亦是题中之意;国家财政实力的逐步雄厚更为社会救助活动提供了物质保障,使社会救助行为具有现实性和可行性。立足于我国转型时期特有的社会现实,系统地阐释社会救助立法的基本价值理念,建构一套包含法理念和技术规则的理论体系,不仅是社会救助法理论研究的核心命题,更有助于在价值导向与具体制度设计上推动我国社会救助法的出台与完善。

值得指出的是,从法理念上把握整个社会救助法的制定,虽然可以指导并影响具体法律规范和法律制度的建构甚至实施,但却不能代替法律规范、法律制度本身。社会救助立法理念与法律制度不能混同。本阅读资料在具体社会救助法律制度设计和法律条文创设领域上的探讨有限,更多的是制度建构上的示例或方法论上的宣导。因此,以相应的法理念作指导,社会救助立法仍应考虑并注意与其他相关法律制度(理念)的衔接(如社会保险法、收养法、侵权法、财税法和户籍制度等),改变以往与其他法律之间存在错位、矛盾和脱节的现象,从而增强未来社会救助法适用过程中的可操作性和可实用性。

资料来源:蒋悟真:《我国社会救助立法理念及其维度——兼评〈社会救助法(征求意见稿)〉的完善》,《法学家》,2013年第6期,第33~46页。本处有删改

 小资料

贫 困 线

贫困线是在一定的时间、空间和社会发展阶段的条件下,维持人们的基本生存所必需消费的物品和服务的最低费用,贫困线又叫贫困标准。

1. 绝对贫困线

从20世纪80年代初期,中国政府开始接受由国家统计局设定的农村贫困线,把它作为识别农村贫困人口规模和农村贫困发生率的标准。该贫困线设定的方法是符合国际规范的。首先,确定一种营养标准,国家统计局将营养标准确定为每人每天2100卡路里。其次,根据20%的最低收入人群的消费结构来测定出满足这一营养标准所需要的各种食物量,再按照食物的价格计算出相应的货币价值。这一货币价值成为"食物贫困线"。最后,确定"非食物贫困线"。简单的方法是既可以主观地确定食物贫困线在整体贫困线中的比例,又可以参照整个社会的恩格尔系数或低收入人群的恩格尔系数来确定这一比例。

2. 发展贫困线

农村的贫困线是建立在生存贫困的观念上的,该贫困线被用来识别处于生存困难的人群,而城市贫困线已经超越了生存贫困的观念,贫困线不仅包括为保证最低的营养所需要的购买食品支出,还包括用于教育和医疗的基本支出。一定意义上,城市贫困线是建立在发展贫困的观念上的,用它识别出来的贫困人群不仅包括生存贫困人口,还包括发展贫困人口。

经典阅读与参考文献

贝弗里奇 W. 2008. 贝弗里奇报告:社会保险和相关服务. 劳动和社会保障部保险研究所译. 北京:中国劳动社会保障出版社

邓大松. 2008. "硬制度"与"软环境"下的农村低保对象的识别. 中国人口科学,(5):18-26

韩克庆,郭瑜. 2012. "福利依赖"是否存在?中国城市低保制度的一个实证研究. 社会学研究,(2):149-167

洪大用. 2004. 转型时期中国社会救助. 沈阳:辽宁教育出版社

贾楠. 2009. 中国社会救助报告. 北京:中国时代经济出版社

赖志杰. 2013. "瞄偏"与"纠偏":社会救助对象的确定——以最低生活保障制度为例. 理论探索,(2):73-76

徐月宾,张秀兰. 2009. 我国城乡最低生活保障制度若干问题探讨. 东岳论丛,(2):32-37

姚建平. 2007. 中美社会救助制度比较. 北京:中国社会出版社

张时飞,唐钧. 2007. 辽宁、河北两省农村低保制度研究报告. 东岳论丛,(1):67-79

赵曼. 2005. 社会保障. 北京:中国财政经济出版社

郑功成. 2006. 科学发展与共享和谐. 北京:人民出版社

郑功成. 2007. 社会保障. 北京:高等教育出版社

中国城市居民最低生活保障政策研究课题组. 2005. 中国城市低保政策评析——以辽宁省的个案研究为例. 东岳论丛,(9):5-36

钟仁耀. 2005. 社会救助与社会福利. 上海:上海财经大学出版社

第五章

社会福利

本章摘要

　　社会福利是指国家和社会通过社会化的福利津贴、实物供给和社会服务，满足社会成员的生活需要并促使其生活质量不断得到改善的一种社会政策。社会福利的特征体现在追求社会平等和公正；保障和服务对象的全民性以及权利与义务的非对称性。社会福利的理论主要包括"福利国家论"和福利经济学理论。

　　国外社会福利各国水平特点各异，美国、日本、加拿大等国家都具有该国特色的福利制度，但也有共同的制度规律和可供中国借鉴之处，体现为：一是与该国社会经济发展水平相适应；二是有社会化的社会福利制度；三是社会福利与其他社会保障制度有机衔接；四是具有本国的制度特色，体现传统文化特点。

　　社会福利的内容包括老年人社会福利、残疾人社会福利、妇女儿童社会福利等。我国社会福利制度现状有主要有：一是福利制度理念从效率转向公平；二是社会福利制度存在碎片化；三是社会化福利水平有待进一步提高；四是社会福利与就业相关联；五是职业福利功能异化。构建中国特色的社会福利制度，必须遵循的原则有"公平、正义、共享"原则，政府主导的原则，与社会经济发展水平相适应的原则。创建中国特色的社会福利制度，社会福利制度应与我国传统文化相结合。

第一节　社会福利基本理论

一、福利的概念和内涵

　　英语中的 welfare 是由 well 和 fare 合成的，well 是指"好、令人满意的"，fare 则译为"进展、过活、生活"，welfare 的字面意思就是"美好的生活、令人满意的生活"。福利既可以指物质生活的安全、富裕和快乐，也可以被看做精神、道德上的一种状态。福利不仅指人类社会生活的一种美好状态和总体上的利益，包括富裕、幸福、平等等人类追求的理想和目标，而且在一些国家还指对特殊社会成员提供帮助或者特殊服务的方式，通常专指针对贫困者、残疾人、孤寡老人和孤儿等特殊群体的社会救助和特殊服务。

我们通常理解的社会福利由英语 social welfare 翻译而来。社会福利（social welfare）一词首先出现于美国总统罗斯福和英国首相丘吉尔1941年所拟定的《大西洋宪章》，以及1945年签订的《联合国宪章》中。但是不同的国家和地区，社会福利作为一个术语一直没有一个统一的定义。即便是一个国家，由于研究者所处的角度不同，其对社会福利的理解差异也很大。社会福利有时指的是一种生存状态，有时则是在指制度或理论。可见对"社会福利"的界定没有形成一个统一的、权威的定义。1991年出版的《中国大百科全书·社会学》将"社会福利"定义为"国家和社会为增进社会成员尤其是困难者的社会生活的一种社会制度"。1994年出版的《中国社会工作百科全书》对"社会福利"的解释是："按其字义和一般人的观念，通常被理解为有关改善社会成员物质、文化生活的一切举措。"

社会福利作为现代社会国家治理的主要政治构建之一，是社会政治的组成部分，超出个人的范畴，是人们从"社会"层面来考虑和解决通过制度安排和政策，实现社会财富和资源在社会成员之间的分配。从社会福利供给主体来看，其可以划分为广义和狭义两种，广义的社会福利是由政府举办或资助，宗旨是改善全体人民的物质和精神生活；狭义的社会福利是指通过一定的福利来保障社会弱势群体的权益，包括老年人社会福利、儿童社会福利和残疾人社会福利等。

二、社会福利的特征

第一，追求社会平等和公正。社会福利强调使每一社会成员都享有平等的机会，社会的弱势群体同样可以享受到社会经济发展的成果，平等参与社会发展的过程建设；社会福利是国人生活福祉，是作为国家和社会的责任与义务给予公民的服务和帮助。

第二，社会福利保障和服务对象的全民性。社会福利具有普惠性，旨在提高全社会的生活质量和水平，只要是社会成员就应该普遍享有社会福利权利；而社会救助具有选择性，社会保险只是针对劳动者群体，不具有普惠性。

第三，权利与义务的非对称性。社会福利的提供者主要是政府，具备社会成员资格的国民都有权享有社会福利待遇，而不一定要其本人承担多大责任，是在国家整体利益的基础上实现财富的均衡分配，具有调节收入分配、缩小贫富差距的功能。

第四，保障水平高。与社会救助和社会保险不同，社会福利属于社会保障制度较高层次的制度安排。社会福利的不同项目中，每个群体所能享受到的保障不仅仅是维持基本生活，而且是能够满足人们更高层次的生活需要。因此，社会福利制度一定程度上代表了一国社会保障制度发展的阶段和状态。

三、社会福利理论

现代社会福利是工业化、社会化大生产的产物，从经济学视角看，社会福利理论是关于政府和市场的作用及其相互关系，以及公平与效率的关系。社会福利理论发展经历了三个阶段：一是社会福利理论的产生阶段，经历了从否定社会救济到主张社会福利的发展过程，理论上表现为福利经济学的形成；二是社会福利理论的形成，在理论上表现为福利国家论的形成阶段，实践中表现为许多国家将社会福利政策作为国家干预经济的手段；三是社会福利理论多样化的阶段，理论上表现为当代西方社会福利制度改革理论的产生及发展，在政策实践上表现为各国以新自由主义理论为依据对社会福利进行调整和改革。社会福利理论主要有福利经济学和福利国家论两种。

(一)福利经济学

福利思想的源泉是工业化较早的英国，英国 1601 年颁布《济贫法》，首次以法律的形式将救贫从宗教和行会转变为社会政府的责任，要求向居民征收济贫税，以给那些无力谋生的人发放救济金，维系其基本生活，因而首次将济贫责任回归政府。1843 年，英国通过了《济贫法修正案》，即新《济贫法》，对济贫制度进行了改革，对救助采取更加严厉的管制措施，甚至带有"惩戒"性质。但此时福利思想已经在欧洲大陆产生，1883~1889 年德国首相俾斯麦在接受历史学派李斯特(Friedrich List)等福利保障思想的基础上，发挥国家的行政职能作用，创立了社会保险法律体系，成为西方福利思想的伟大实践者。

福利经济学的产生以庇古的《福利经济学》(1920 年)一书的出版为标志。庇古也被誉为"福利经济学之父"，他在该书中将福利分为广义和狭义两种，认为广义的福利包括由于对财务的占有而产生的满足，涉及自由、家庭幸福、精神愉快、正义等内容；狭义的福利是指"经济福利"，认为经济福利具有决定作用，可以反映社会福利的水平和状况。庇古把国民收入量的增加和均等化收入分配看做社会福利学的研究主题，并区分两个检验社会福利标准的标志：一是国民收入的多少；二是国民收入在社会成员中的分配情况。福利经济学的"最大社会福利"原则为以后所有福利经济学家所沿用，但其收入均等化理论因为垄断资本的存在而变得不现实，被后来的福利经济思想取代，形成新福利经济学思想。

新福利经济学代表人物有勒纳、卡尔多、希克斯、萨缪尔森等，他们运用序数效用论、帕累托最优、社会福利函数等分析工具，说明政府应保证个人的自由选择，通过个人福利的最大化来增加"整个社会福利"，实现社会福利的最大化。

(二)福利国家论

1929~1933 年的世界经济危机造成了全球性的失业和贫困，对福利经济学理论造成极大冲击。这时期美国总统罗斯福实施了"新政"来拯救经济，1935 年美国通过世界上第一部《社会保障法》，以此为标志建立现代社会保障制度，并促进福利型社会保障思想在西方工业化国家的确立。

1936 年，英国经济学家凯恩斯出版了《就业、利息和货币通论》，主张国家干预经济，形成国家干预论者的福利经济思想，也被称为"福利国家论"，福利国家论的主要内容如下。

第一，收入均等化。凯恩斯的福利国家论把收入均等化视为"福利国家"的重要标志，认为平均分配是每个人应当享有的天然权利，国家应该采取积极的改革措施，促进收入分配的均等化，通过税收机制调整，把一部分财产和收入从富人手中转移到穷人手中，实行有利于穷人的分配政策，促进平等。

第二，福利社会化。"福利社会化"是福利国家的另一标志。该理论认为，国家为消除贫困，举办社会福利事业，建立社会福利制度，当国人发生一些意外时，可依靠福利制度保障最基本生活，大多数人能享受到较好的物质生活。

第三，充分就业。就业是否充分是"福利国家"关心的一项基本政策。失业是伴随经济发展出现的经常性现象，需要政府采取必要的措施，处理好膨胀与就业的关系。政府宏观调控的目标之一是实现充分就业。

在1929年至1933年的经济危机期间，西方国家为了化解社会矛盾和恢复经济而普遍进行社会政策调整，采取诸多措施扩大社会福利：第一，由政府出面提供与个人及家庭收入相应的最低收入保障。第二，政府有责任帮助个人和家庭抵御社会风险（如疾病、老龄和失业）可能带来的危机。第三，政府尽可能保证所有的国民个人（无论其社会地位的高低）享受最好的、没有确定上限的社会服务。这些措施使政府干预开始成为各国执行福利政策的主要理念。例如，美国的"罗斯福新政"通过全面实施国家对社会经济生活的调节，扩大社会福利，减少失业人数，缓和阶级矛盾，短期内就迅速控制了美国经济的混乱局面。国家干预主义的理论来源是凯恩斯主义的"有效需求论"，即认为资本主义周期性的衰退和大量失业的存在是"有效需求"不足引起的，要消除这种状况，就必须由国家来管理有效需求，进而引申出一整套以财政政策为重点，以相应的货币政策为辅助的方法与措施，主张依靠政府力量来刺激消费和投资，弥补有效需求的不足。国家干预主义在美国的成功影响到欧洲的社会政策。第二次世界大战后，欧洲主要资本主义国家纷纷"左转"，至20世纪五六十年代，欧洲资本主义国家普遍建成了福利国家制度。它的主要特点是：其一，政府扩大了社会福利的供给，且直接干预社会福利保障和福利供给。其二，改变了社会福利的模式。从原有的"选择性福利模式"转变为"普遍主义"的模式，使社会福利的覆盖面从局部劳动者向全体社会成员扩展。其三，建立起新的社会福利的意识形态，改变了社会福利的价值导向。例如，贫穷和社会风险的预防不再仅仅是个人责任；济贫扶弱乃是社会共同的责任，不应只是一种慈善行为；社会福利以"危险共担"的社会共同认知为基础，不再以个人为依归。"福利国家"政治体制的确立，使社会福利的发展进入了新的阶段。第二次世界大战后，西方资本主义社会普遍建成了福利国家。

在中国，社会保障是大保障概念，社会福利仅是社会保障体系的一个组成部分，通常将"社会福利"划分为广义和狭义两种。广义的社会福利不仅包含了现行的社会保障制度，还包括教育、医疗等基本公共服务；狭义的社会福利是指当社会成员因年老疾病、生理或心理缺陷而丧失劳动能力而出现生活困难时向其提供的服务措施，如儿童福利、老年人福利、残疾人福利等。本书把社会福利界定为国家和社会通过社会化的福利津贴、实物供给和社会服务，满足社会成员的生活需要并促使其生活质量不断得到改善的一种社会政策，属于狭义的社会福利概念。

四、社会福利的分类

对于社会福利类型的划分，有的学者根据社会福利的受益对象，将其划分为老年人福利、残疾人福利、妇女儿童福利等。有的根据社会福利的内容，将其划分为医疗卫生福利、公共教育福利、住房福利、社会服务等。这里主要介绍以下几种类型。

(一)按照社会福利的作用方式来划分

按照社会福利的作用方式,社会福利可以分为残补型社会福利和制度型社会福利。20世纪60年代,社会学家沃伦斯基(Harold Wilensky)和莱比克斯(Charles Lebeaux)根据国家在社会福利供给中的功能,将社会福利制度划分为"制度型"和"残补型"两种。"制度型"社会福利是将社会福利服务当做工业社会的一种正常的功能,以提供制度化的、针对全体人民的普遍福利;"残补型"社会福利是指国家的社会福利机构只有在其他通常的渠道,如家庭和市场不能维持时,才开始为遇到困难的人提供帮助,这一制度实际上是一种针对弱势群体的有限的、基于家计调查的服务。

(二)按照社会福利的提供方式来划分

按照社会福利的提供方式来划分,社会福利可以分为现金给付型、实物给付型和社会服务型等福利。

一是现金给付型。现金给付也称为社会津贴,它是政府在实施某项可能影响居民物质利益的社会经济政策时,为了使居民能够分享政策实施推动经济发展的成果,或者使居民不因新政策的出台使生活水平降低而为居民普遍提供的一种津贴,如化肥等农业生产资料价格上涨,政府普遍为农民提供的现金型补贴。

二是实物给付型。实物给付是社会福利最常用的实现形式,是指政府和社会以实物的形式来体现社会福利待遇,举办各种社会福利事业、向社会提供福利设施,如汶川地震后食品药品等物资应急救助;通过举办疗养院、社会福利院等为社会成员提供生活和康复福利;通过兴办教育事业、实行义务教育或者低费教育来提高社会成员的教育福利等。

三是社会服务型。社会服务是指政府和社会为了解决社会成员的社会困难,通过由社会福利组织及其人员向社会成员提供服务的方式来实现的社会福利,如通过举办各类福利院、福利工厂、福利卫生医疗机构为社会成员提供服务,以提高他们的生活质量和水平。

(三)按照社会福利的受益对象来划分

按照社会福利的受益对象来划分,可将社会福利分为老年人福利、残疾人福利、妇女儿童福利等。

老年人福利。老年人福利是指国家和社会为了实现"老有所学、老有所养、老有所医、老有所乐、老有所为"的社会目标,在解决老年人基本物质生活需要的基础上,进一步满足老年人物质文化生活的需要,安定老年人生活、维护老年人健康、充实老年人精神文化生活而采取的政策措施和提供的设施和服务。老年人的福利需求可以归纳为老年人的经济保障需求、老年人的服务保障需求、老年人的精神慰藉情感需求等几个方面。

残疾人福利。残疾人福利是指国家和社会对残疾公民在年老、疾病、缺乏劳动能力及退休、失业、失学等情况下提供基本的物质帮助,并根据社会的经济、文化发展水平,给予残疾人相应的康复、医疗、教育、劳动就业、文化生活、社会环境等方面的权益保障，实现残疾人"平等、参与、共享"的目标。残疾人福利通常包括残疾人福利制度和残疾人福利服务，前者包括残疾人社会福利行政和残疾人社会福利立法，后者包括残疾人社会福利设施、残疾人社会福利服务及残疾人社会工作。

妇女儿童福利。妇女儿童福利是指国家和社会为满足妇女及未成年人的特殊需要，以及维护其特殊利益而提供的照顾和福利服务，它是社会福利项目之一。其是根据妇女及未成年人的生理、心理特点以及可能受到的歧视和侵害而设立的，对于保障和满足其特殊利益需要和促进整个社会的和谐发展，均具有重要的意义。

第二节 中国社会福利发展历程

中国古代社会福利思想与其救灾、救济和荒政思想密不可分，实践中社会福利也常常包含在救灾、养老、恤贫等社会救济措施之中。例如，在宋代建有居养院、安济坊等处所，专门安置老、疾、孤、贫者；明清两代设有栖留所，收养孤老，安置贫病流民，其费用均由国库支付；民国时期，政府、教会和民间均办有少量的社会福利设施和收养机构。我国古代的社会福利措施融合在社会救助中，同现代社会福利制度相比，具有非制度化、非规模化、福利水平较低等特征。

新中国成立后，党和政府开始重视社会福利事业的发展。在新中国成立初期，当时的社会福利工作的主要任务是解决社会上大量流离失所、无依无靠、饥寒交迫的各类人员的收容安置问题，福利工作内容是救济、教育和劳动改造，所以这类救济福利机构多数也被称为生产教养院。经过20世纪50年代初期的社会主义改造，生产教养院的收容对象逐步明确为无依无靠、无法维持生活的残老孤幼，制度性的安排排除了有劳动能力的各类人员，机构名称逐步演变成为养老院、儿童福利院、精神病人疗养院等，工作内容也从原来的改造、教育、救济为主转变成了救济、教育为主。

"文革"后的70年代末，民政部明确提出了为孤老残幼服务的口号，社会福利机构的性质从救济性为主向以福利服务为主的方向转变。1984年漳州会议确立了社会福利制度的"三个转变"，即由国家包办向国家、集体、个人一起办的体制转变，由救济型向福利型转变，由供养型向供养康复型转变；2001年国家把社会福利机构的宗旨确定为"保障服务对象的基本权益，帮助服务对象适应社会，促进服务对象自身发展"，真正使社会福利服务走上了独立于社会救济的发展之路。

民政部于80年代积极推进社会福利社会化改革，提出多项改革措施，如通过发行福利彩票筹集福利资金，举办城乡福利院或敬老院等福利设施，推行服务老年的"星光计划"，制定民办福利设施的管理办法，发展慈善公益事业，等等。与此同时，与社会福利相关的法律法规相继出台，如《中华人民共和国残疾人保障法》、《中华人民共和国老年人权益保障法》、《中华人民共和国收养法》、《中华人民共和国公益捐赠法》和《中华人民共和国义务教育法》等。这些法律法规的颁布实施，推动了我国社会福利事业的巨大进步，促使我国社会福利取得快速发展，树立了公平正义的理念，福利制度从计划经济时代的"单位负责制"转变为由"国家、社会、企业和个人"分担的福利制度，形成了具有中国特色的社会福利框架体系，包含老年人福利、残疾人福利、妇女儿童福利等内容。

一、老年福利发展历程

(一)新中国成立后的老年社会福利

新中国成立后,政府在旧有的老年社会福利机构和社会慈善单位基础上,以计划经济体制和统一管理老年社会福利事业为背景,逐渐形成与计划经济体制相适应的"国家—单位(集体)"福利管理体制。

计划经济时期的社会福利模式具有以下特点:一是老年社会福利保障对象只是特定群体。老年社会福利保障对象仅局限于"三无对象"、"五保对象"和残疾老年人等特别困难、需要救助的人群,不具有普惠性。二是行政色彩浓厚,国家成为老年社会福利的投资主体。计划经济时期我国老年社会福利事业完全由国家、集体包办,民政部门实行"直属、直办、直管"。三是城乡老年福利差别较大。城市老年人福利的供给制度是"单位保障制",即由国有单位和集体单位提供,服务内容从职工福利到老年人退休后的生活、医疗保健、娱乐和服务等一应俱全,单位负责生、老、病、死、葬,负担较重;农村老年社会福利供给主体则是集体,服务内容通常以农村五保户供养为主。城乡分割而治,体制互不相通,无论福利生产者、福利提供者,还是福利消费者,完全恪守两套体制,福利待遇水平相差较大。

(二)改革开放后的老年社会福利

改革开放后,社会福利工作的理念发生转变,从照顾少数弱势群体向提高全体国民福利待遇和生活质量转变,社会福利保障对象突破了"三无"对象的范围,进一步加强了对处在困境下无劳动能力、无生活来源、无法定义务赡养人或者扶养人的孤寡老人以及生活不能自理、家庭无力照顾老年人的照护和生活补贴,加大了实物救助的力度。

改革开放以后到20世纪90年代末,以"社会福利社会化"为标志的养老机构改革与探索阶段,鼓励和引导社会力量参与老年社会福利事业,老年福利对象扩展至全体老年人群,从"剩余"型老年社会福利向适度"普惠"型福利转变。1978年实行改革开放政策后,随着经济体制改革,企业福利萎缩,政府开始转变社会福利工作理念,1986年民政部提出了"社会福利社会办"的指导思想,1991年民政部提出了"社会福利社会化"的概念,开始了社会福利社会化的政策探索时期。20世纪80年代末国有养老机构达到1057所,共有床位91 207张,收养人员74 380人。到90年代伴随着社会福利社会化的探索,虽有少量民营养老机构出现,但没有明确其法律地位。90年代末我国共有老年福利服务机构41 130所,床位899 891张,收养人员687 036人,其中民政部门办的社会福利院有1000所,床位83 903张,收养人员65 670人,包括自费收养15 964人;集体办的敬老院40 130所,床位815 988张(其中城镇街道办的床位402 004张,农村集体办的床位413 984张),收养人员621 366人。

2000年,民政部等国家部委联合出台的《关于加快实现社会福利社会化的意见》指出:我国已经进入老龄社会,老年人口基数大、增长快,特别是随着家庭小型化的发展,社会化的养老需求迅速增长。为此,必须广泛动员和依靠社会力量,大力促进社会福利社会化。在《关于加快实现社会福利社会化的意见》的推动下,养老机构进入了社会化的转型时期。2006年,由全国老龄工作委员会办公室(简称全国老龄办)等十部委联合下发的《关于加快发展养老服务业的意见》提出:积极支持以公建民营、民办公助、政府补贴、购买服务等多种方式兴办养老服务业,鼓励社会资金兴建适宜老年人集中居住、生活、学习、娱乐、健身的老年公寓、养老院、敬老院。至此,我国民营养老机构进入了较快的发展阶段。来自全国老龄办的调查数据显示,截至2008年,全国共有登记注册的民办养老机构4141所,养老机构社会化的格局初步形成。政府公办养老机构以收养"三无"、低收入和失能老人为主,社会办的养老机构主要收养自费老人。民政部《2010年社会服务发展统计报告》显示,截至2010年年底,全国共有各类老年福利机构39 904所,床位314.9万张,年末收养老年人242.6万人。

二、残疾人福利发展历程与成就[①]

新中国成立60多年来,特别是改革开放以来,国家实施了一系列发展残疾人福利的重大举措,帮助和促进残疾人不断改善状况,平等地参与社会生活,共享社会物质文化成果,中国残疾人福利取得了举世瞩目的伟大成就。中国是世界上残疾人口最多的国家,目前约有各类残疾人8300万人[②],占全国总人口的6.34%,平均每4到5个家庭中,就有1名残疾人。残疾人及其家庭成为中国社会的较为脆弱的群体,急需社会化的制度来保障。

新中国成立伊始,中国政府就建立过残疾人福利厂,发展中国特色的残疾人事业。改革开放后,中国残疾人福利加速发展,从中央到地方都制定了一系列具体的残疾人政策,推动残疾人福利事业的发展。1990年通过并实施了《中华人民共和国残疾人保障法》,该法对残疾人群体的就业、生活等做了明确的规定。中国政府及各级地方政府不遗余力地推动残疾人福利事业的发展,目前已初步确立了以《中华人民共和国宪法》为核心,以《中华人民共和国残疾人保障法》为基本法律,包括相关法律、法规、规章以及优惠扶助规定的保障残疾人权益、发展残疾人事业的法律法规体系。

我国残疾人福利与保障事业取得巨大成就,体现在以下方面:一是建立残疾人社会组织,发挥残疾人组织的作用。1978年中国盲人聋人协会恢复工作,1984年成立中国残疾人福利基金会,1988年组建中国残疾人联合会。各省、市(地)、县(区)、乡(镇)、街道)普遍成立了残联,各级残联设立了各类残疾人专门协会,社区、村普遍建立了残疾人协会。二是激励残疾人的自强精神。为鼓励更多的残疾人自强、创造、参与、奉献,国家对在各个领域做出突出贡献、创造感人业绩的残疾人模范予以表彰,他们的事迹和奋斗精神在社会各界特别是广大残疾人中产生了巨大反响。三是发挥残疾人的民主参与、民主管理和民主监督作用。截至2006年年底,中国共有1179名残疾人、残疾人亲属和残疾人工作者当选为国家县级以上人大代表;2926名残疾人、残疾人亲属和残疾人工作者被推荐为县级以上政协委员[③]。他们认真行使民主权利,积极参政议政,为

---

① 王宪新:《蓬勃发展的中国残疾人事业》,《求是》,2009年第15期,第23~25页。
② 数据来源:中国残疾人联合会网站。
③ 《人民日报》,2008年11月11日,第16版。

社会发展和残疾人状况的改善做出积极贡献。四是支持残疾人广泛参与社会文化体育活动，成功举办上海2007年世界特奥会和北京2008年残奥会，弘扬了"超越·融合·共享"的残奥理念和"平等、包容、关爱"的特奥理念，让全世界看到了一个文明进步、和谐的中国。2008年6月，第十一届全国人大常委会第三次会议批准《残疾人权利公约》，向全世界做出保障残疾人权利的庄严承诺。到目前为止，残疾人参与社会生活的环境大为改善，扶残助残的良好风尚日益形成，社会对残疾人的观念发生深刻变化。同时，残疾人素质普遍提高，能力得到进一步发挥，为经济建设和社会发展做出了积极贡献。

截至2014年年底，全国共有康复机构6914个，其中，残联系统康复机构2622个，康复机构在岗人员总数达到23.36万人，其中业务人员16.0万人，管理人员3.05万人。城镇新就业残疾人27.8万人，其中，集中就业残疾人7.6万人，按比例安排残疾人就业7.0万人，公益性岗位就业1.2万人，个体就业及其他形式灵活就业10.7万人，辅助性就业1.3万人。2014年有2180.0万城乡残疾居民参保，参保率74.2%，在60岁以下的参保残疾人中有405.0万重度残疾人，其中379.2万得到了政府的参保扶助，代缴补贴比例达到93.6%。有234.7万非重度残疾人也享受了全额或部分代缴的优惠政策。领取养老金待遇的人数达到858.6万人。城镇残疾职工参加基本养老和医疗保险人数稳定在280万人左右，城镇261.5万和农村844.1万残疾人纳入最低生活保障范围；城镇集中供养残疾人和农村五保供养残疾人分别达到11.2万和66.2万；455.0万和279.0万符合条件的城乡残疾人分别享受了稳定的生活补贴和护理补贴。残疾人托养服务工作规范推进，残疾人托养服务机构达到5917个，共为16.1万残疾人提供了托养服务。至2014年年底，全国成立残疾人法律救助工作协调机构1521个，建立残疾人法律援助中心(工作站)3001个，有力地推动了法律救助和法律援助工作。残疾人参政议政工作得到加强，各地残联协助人大代表、政协委员提出议案、建议、提案1538件，办理议案、建议、提案1374件。

据中国残疾人联合会(简称中国残联)提供的数据显示，截至2013年9月，近一半省份建立了贫困残疾人生活补助和重度残疾人护理补贴制度；贫困残疾人家庭无障碍改造、残疾人机动轮椅车改造燃油补贴等福利政策使280万人次残疾人受益；城镇残疾人至少参加一项社会保险的比例由62.6%提高到94.7%。近年来，中国残联、国家发展和改革委员会(简称国家发展改革委)、民政部、财政部等8个部门出台专门意见，提出加快发展残疾人托养服务。以街道(乡镇)、社区(村)服务机构为依托，搭建残疾人日间照料服务设施、居家托养服务平台和网络。2009~2011年，中央财政每年安排2亿元，3年共6亿元专项资金，用于补助各地开展就业年龄段智力、精神和重度残疾人托养服务工作；实施危房改造政策，从2008年到2012年的五年间，全国共有69.7万农村贫困残疾人享受到了这项惠民政策。国家实施城镇百万残疾人就业工程，举办残疾人就业援助月，142.5万人次城镇残疾人接受了职业培训，城镇残疾人新增就业168.9万人，农村残疾人就业1770万人。

三、儿童福利发展历程

国际社会对儿童的关注与保护比较早，1920年第2届国际劳工大会通过《最低年龄

(海上)公约》，规定禁止14岁以下的儿童在海上工作；1937年第23届国际劳工大会又通过《最低年龄(工业)公约》，规定全面禁止15岁以下儿童受雇工业企业；1959年联合国发表的《儿童权利宣言》规定：儿童应该受到关怀、爱护和了解，儿童应该有足够的营养和医疗照顾，儿童应该有法定的免费教育，等等；而1999年第87届国际劳工大会通过的《最有害童工形式公约》，更是明确规定在全世界范围内有效禁止童工受雇。这一系列国际公约为各国保护儿童提供了国际性的法律依据。儿童不再被视为父母的私人财产，而被视为具有社会意义的活的生命；对儿童的教养保护，不再是个别家庭的责任，而是整个国家的责任；对儿童的关注不单是对不幸儿童的救济，而是促进一切儿童健康全面发展的宏大事业。

在我国，国家对儿童的健康问题高度重视。新中国成立后，民政部门就承担了孤儿、弃婴、伤残儿童的照顾工作。国家给儿童福利事业拨出专项费用，并配备工作人员和生活、教育、医疗等设备，努力使孤儿弃婴受到保育和教育，使伤残儿童得到照顾和医治。此后，又陆续开展了儿童保健服务，积极推进幼儿园、托儿所的建设，还设立了独生子女健康补贴等儿童福利政策。改革开放后，儿童福利更有了长足的发展，推出了包括儿童免疫计划、儿童保健、儿童免费义务教育等一系列保障儿童健康、教育的措施。特别是近年来，我国在儿童大病医疗和早期教育等方面相继出台了政策和措施，1991年通过的《中华人民共和国未成年人保护法》对如何保护未成年人做出了系统的法律规范。应该说，我国儿童保护方面的法律较为全面，为有效保护儿童的合法权益和利益提供了较为充分的法律依据，留守儿童、流浪儿童等问题也纳入了民政工作的范畴。2010年，国家第一次以现金补贴的方式为福利机构内外的孤儿提供了制度性的保障。总之，政府在儿童福利领域承担起了越来越多的责任。

四、妇女福利发展历程[①]

从妇女福利发展的角度来看，新中国的妇女福利包含三个层面：一是就业权，妇女就业权是体现社会进步和妇女解放的成果，是妇女社会地位提高的重要表现；二是同工同酬，就是以制度保障妇女的福利权利和待遇平等；三是共享发展成果，广大妇女在积极参与社会生产劳动的同时，也分享了社会发展的成果，在各个领域获得长足发展。在妇女福利方面，解放初期主要是参照苏联模式，将妇女发展融入社会发展的同时，进一步提出对妇女的劳动保护；社会主义建设时期，农村经济集体化和城市普遍就业将妇女从家庭推向公共领域，使妇女与男性一样共同劳动，但由于过度强化男女平等和提高劳动生产率，加上冒进的"左"倾思想的指导，在当时人们革命热情极度高涨的情况下，出现了忽略男女生理差异的"去性别化"现象，导致在社会变革时期，针对妇女的劳动保护制度非但没有得到很大的发展，甚至出现停滞、倒退现象，这给妇女的身心健康造成了难以弥补的伤害。后来党和政府针对妇女的生理特点制定的一系列制度政策，很好地保障了妇女的特殊权益。妇女社会福利是社会福利体系中不可缺少的组成部分，是国家和

---

① 黄桂霞：《新中国前期妇女社会福利发展思想与实践》，《中华女子学院学报》，2011第1期，第102～108页。

社会为满足妇女生活服务需要并促使其生活质量不断改善而建立的制度或措施。具体来看，妇女社会福利除了社会福利政策和计划中包含的男女共同享有的福利内容外，还有专门为维护妇女权益、尊重女性生理特点、促进妇女发展而特别制订的福利计划，具体包括就业保障、生育福利和健康福利等方面内容。第一，妇女就业保障包括：保障妇女享有和男性平等的就业权利和机会，保障女职工享有和男职工同等的劳动报酬、女职工劳动保险和劳动保护，保障女职工获得就业培训和晋升机会等内容相关的政策。第二，妇女生育福利包括：生育保险，即为在怀孕、分娩期间的妇女提供物质帮助、资金补助等具有法律效力的社会保险制度、生育医疗保健服务；为职业妇女在分娩或流产期间提供的法定的带薪假期等。第三，妇女健康福利包括：针对妇女生理特点而提供特别的健康保健，为母亲提供更优惠的减费或免费健康服务，妇女在当今中国已经成为社会主义建设的主力军。

第三节 中国社会福利制度内容

中国社会福利制度内容按照其保障对象包括老年人福利、残疾人福利、儿童福利、妇女福利等方面。

一、老年人社会福利

老年人社会福利有广义和狭义之分。广义的老年人社会福利，是指国家提供社会化的福利设施和有关福利津贴等，满足老年人生活服务需要，并促进老年人生活质量提高的一种社会政策。其基本内容包括老年人社会救助、养老保险和社会福利等。狭义的老年人社会福利则是指根据老年人的特殊需求和老年人自身的特点，由社会提供给老年人的特殊的、照顾性的物质和社会服务，包括：满足生存与安全需求的福利，满足老年人尊重与享受需要的福利，满足老年人发展需求的福利，等等。本书是指广义的老年人社会福利概念。

我国老年人社会福利包括老年津贴、老年优待、老年服务、老年教育及文化娱乐等方面。

(一)老年津贴

2005年12月26日，全国老龄工作委员会(简称全国老龄委)办公室等21个部门联合出台了《关于加强老年人优待工作的意见》规定，有条件的地方可对百岁或高龄老年人发放生活补贴。80岁及以上高龄老年人口可分为三个年龄段，即80～89岁、90～99岁、100岁以上。对100岁以上老年人全国各地普遍发放了标准不等的高龄津贴，且补贴标准不断提高；大多数地区已经对90岁以上老年人发放了高龄津贴，有条件的地区对80岁以上老年人发放了高龄津贴，一些经济欠发达地区也出台了80岁以上老年人津贴政策，所需经费按属地管理原则由地方财政支付。

(二)残疾高龄等特殊老年社会福利制度

我国现行的老年人社会福利制度中也有相当一部分政策给老年残疾人提供优待，如我国已先后制定了《中华人民共和国老年人权益保障法》、《中华人民共和国残疾人保障法》、《中华人民共和国妇女权益保障法》等法律，通过法律法规的形式对老年残疾人进行保护。具体到社会福利法律、法规政策方面，目前还没有统一的专门针对老年残疾人的相关保障法规，但在实际操作中，老年人社会福利工作对老年残疾人也同样适用。此外，老年社会福利工作还在一定程度上考虑到老年残疾人的特殊性，并给予一些政策上的优待和扶持，如部分地区除了给予老年人养老津贴之外，针对不能完全自理的残疾老年人还给予额外的养老服务补贴。

(三)老年优待

全国老龄办颁布的《关于进一步加强老年人优待工作的意见》文件中对老年人优待政策进行了专门规定，随后地方各级政府也相继出台了既有共同性又有特色性的老年人优待政策。目前老年人优待主要包括养老优待、医疗保健优待、生活服务优待、文体休闲优待和维权服务优待等几大板块。

(四)老年社会福利设施

老年社会福利设施是实现老年社会福利服务的载体，是衡量老年社会福利发展水平的重要指标。从2001年6月起，民政部用三年时间在全国实施"社区老年社会福利服务星光计划"，全国城乡共新建和改建社区"星光老年之家"32 490个，其中，省会城市建成7278个，地级城市建成14 943个，县城镇和农村乡镇建成10 269个；共投入134.85亿元[①]。其功能涵盖老年人入户服务、紧急援助、日间照料、保健康复和文体娱乐等，受益老年人口超过3000万人。此外，国家体育总局组织实施了公益性体育场所和设施建设的"全民健身工程"，已建成3万多个全民健身工程(点)，大大改善了老年人参加体育活动的条件。

(五)社会化老年服务

社会化老年服务照顾已经在北京、重庆等地方取得了比较好的实践效果，是针对老年人的生活需要所提供的照料、服务等的一种福利制度安排，主要包括以下内容：一是居家养老和社区照顾。居家养老服务主要是指政府和社会力量依托社区，为居家的老年人提供生活照料、家政服务、康复护理和精神慰藉等专业化、社会化的养老服务形式。二是机构养老，即由专门的养老机构(城市为老年社会福利机构，农村为五保供养服务机构)为老年人提供生活照顾。

(六)老年教育及文化娱乐

老年教育及文化娱乐方面的福利是为了满足老年人精神层面上的需要，是较高层次的福利项目。其实现的形式也多种多样，如建立社会文化站、老年人活动中心等，为老年人活动提供良好的环境设施；组建老年人兴趣小组和老年人协会；建立老年大学等方式推进老年人参加志愿活动，极大地满足了老年人社会参与和自我实现的较高层次的需求。

社区居家养老是我国老年福利服务的一种新模式。随着我国老龄化社会的到来，为

---

① 数据来源：民政部网站。

解决老无所养的矛盾，20世纪90年代末，我国开始探索居家养老模式。2001年民政部启动了"社区老年福利服务星光计划"，从2001年开始通过3年的时间从中央到地方将发行福利彩票的福利金的80%（40亿～50亿元）在社区建设了2.3万个"星光老年之家"，为居家养老服务提供了设施载体。2006年全国老龄办等十部委在《关于加快发展养老服务业的意见》中指出：要逐步建立以居家养老为基础、社区服务为依托、机构养老为补充的养老服务体系。2008年全国老龄办等十部委在《关于全面推进居家养老服务工作的意见》中指出：开展居家养老服务要依靠政府和社会力量，依托社区，为居家老年人提供生活照料、家政服务、康复护理和精神慰藉等方面的服务。在此背景下，社区居家养老模式开始在全国各地推行起来。

二、残疾人社会福利

残疾人社会福利是指国家以"平等、参与、共享"为理念，以维护残疾人尊严为目标，保证残疾公民在年老、疾病、缺乏劳动能力以及退休、失业、失学等情况下获得基本的物质帮助，给予残疾人相应的康复、医疗、教育、劳动就业、文化生活、社会环境等方面的权益保障。

(一)残疾人

残疾人是一个特殊的社会群体，是指在生理、人体结构上，某种组织、功能丧失或者不正常，全部或部分地丧失以正常方式从事某种活动能力的人，包括视力残疾、听力残疾、语言残疾、肢体残疾、智力残疾、精神残疾、多重残疾和其他残疾等多种类型。

1980年，世界卫生组织精细地区分了疾病引起的不同后果，并对残疾人残疾程度进行了统一界定，认为残疾有三方面的含义：一是身体或心理方面的缺点或限制，通常以损害(impairment)来表示；二是这些损害必定导致身体功能丧失或减少，通常以失能(disability)来表示；三是这些失能者，倘若遭受社会的歧视或环境的限制，就会形成障碍，使其无法发展潜能或独立生活，这就成为残疾。

(二)残疾人分类

以缺陷为标准，残疾人一般可分为智力残疾、肢体残疾、听力残疾、视力残疾、语言残疾五种：①智力残疾。它是指智力明显低于一般人的水平(通常是指智商在70以下)，并表现出适应行为障碍的现象。智力障碍通常以智能不足程度的轻重予以分类，多数国家将智力残疾者分为三种，即轻度、中度、重度。②肢体残疾。它是指由于发育迟缓、中枢或周围神经系统发生病变、外伤，或其他先天、后天性骨骼肌肉系统的缺损，或因疾病而形成的功能丧失或功能障碍的状况。肢体残疾的种类分为上肢残疾、躯干残疾、下肢残疾。三类残疾程度分为重度、中度、轻度。③听力残疾。它是指各种原因导致双耳不同程度的听力丧失，听不到或听不清周围环境声及言语声(经治疗1年以上不愈者)。听力残疾包括聋(听力完全丧失)及重听(有残留听力但辨音不清，不能进行听说交往)两类。④视力残疾。它是指各种原因导致双眼视力障碍或视野缩小，通过各种药物、手术及其他疗法不能恢复视功能者(或暂时不能通过上述疗法恢复视功能者)，以致不能进行一般人所能从事的工作、学习或其他活动。视力残疾包括盲和低视力两类。⑤语言残疾。它是指声音机能或语言机能障碍，与人沟通困难或完全无法沟通。类别包括发声器官失常、声音失常、口吃、语言发展落后、裂颚脑、麻痹、听力损害、失语症等。如果一个人同时患有上述两种或两种以上的残疾则为多重残疾。

(三)残疾人社会福利的主要内容

残疾人社会福利包括残疾预防、残疾康复、残疾人教育、残疾人就业等。

(1)残疾预防。残疾预防是指避免出现生理、智力、精神或感官上的缺陷或者防止缺陷出现后造成永久性功能限制，如安全事故预防、职业残疾和疾病等，起到防止、控制或延缓残疾发生的作用。

(2)残疾康复。残疾康复是指残疾人借助某种手段，使之达到和保持生理、感官、智力、精神和(或)社会功能上的最佳水平，对残障者实施再教育和再塑造，以便使其进入正常的社会生活，具体包括医疗康复、心理康复、教育康复、职业康复、社区康复、社会康复等。

(3)残疾人教育。残疾人教育是国家提供给患有残疾的儿童、青年和成年人享有平等教育机会的一种制度安排，它由政府财政扶持，是现代国民教育系统的一个有机组成部分。它包括学前教育、基础教育、高等教育、职业技术教育和成人教育等。特殊教育是对有特殊需求的人实施的教育，在教育过程中，需要有特殊的教具、学具和特殊的教学方式。

(4)残疾人就业。残疾人就业是残疾人社会福利的重要内容之一，就业的福利措施一般包括两个方面：第一，利用法律和政策手段保护残疾人的就业机会。世界各国都有相应的法律明确规定企业有义务雇佣一定比例的残疾人。第二，开展残疾人职业康复，提供残疾人职业咨询、职业评估、职业治疗、职业培训等福利服务。

(5)无障碍环境。无障碍环境包括物质环境、信息和交流等方面。一是物质环境无障碍，要求城市道路、公共建筑物和居住区的规划、设计、建设应方便残疾人通行和使用，如城市道路应满足坐轮椅者、拄拐杖者通行和方便视力残疾者通行，建筑物应考虑在出入口、地面、电梯、扶手、厕所、房间、柜台等处设置残疾人可使用的相应设施和方便残疾人通行等。二是信息和交流无障碍，要求公共传媒应使听力、言语和视力残疾者能够无障碍地获得信息、进行交流，如影视作品、电视节目可配备字幕和解说，运用电视手语，出版盲人有声读物等。同时，需要说明的是，在信息和交流的无障碍环境下，网络信息技术的发展也对无障碍环境建设提出了新的要求。例如，残疾人获取信息的机会权利；残疾人使用网络的无障碍，包括计算机硬件辅助的问题及计算机软件辅助的设计问题等。

三、儿童福利

(一)儿童福利定义

国际《儿童权利公约》对儿童福利的界定是："儿童是指18周岁以下的任何人，除非对其适用之法律规定成年年龄低于18周岁。"我国法律规定年满18周岁的人即为成年人。因此，我国的"未成年人"概念等同于联合国所界定的"儿童"概念。

我国一般将儿童福利的概念分为广义和狭义两种。广义的儿童福利是指政府和社会组织为所有儿童提供健康的生存环境和接受教育的机会，保护其合法权益，向其提供个人成长所必需的各种社会福利待遇和社会服务的制度安排。狭义的儿童福利是指国家和社会为促进特殊儿童的健康成长，向处于困境的儿童及其家庭提供各种福利待遇和社会服务的总和。

根据我国现行的儿童社会福利制度，儿童社会福利事业专指以社会福利为保障手段的社会收养、社会服务机构和设施，向孤儿、残疾儿童提供的社会福利服务。其目的是保护未成年人的身心健康，维护未成年人的合法权益，促进未成年人的健康发展。

(二)儿童福利的特征

与成年人相比较，儿童福利的特征有：①儿童福利是面向全体儿童的福利事业。虽然儿童福利主要是面对处于困难境地的儿童，如残疾、被遗弃及适应困难的儿童，但无论是从社会政策角度，还是从社会福利设施和服务机构角度，儿童福利的对象都应该是全体儿童；②儿童福利具有社会性，需要动员广泛的社会力量，最大限度地调动外部力量，运用社会化的手段参与其中；③儿童福利具有发展性，儿童福利制度中虽然有大量的属于补救性的福利措施，但儿童福利是以帮助与激发儿童自我发展、自我成长的潜能，促进儿童全面健康发展为目的的，其最终目的是面向未来、面向儿童的健康成长。从这个意义上说，所有的儿童福利项目都是积极的、发展性的。

(三)儿童福利的内容

儿童福利主要包括以下内容：①儿童的权益保护。新中国成立以来，逐步建立了一系列关于儿童权利保护的法律法规，其中以《中华人民共和国未成年人保护法》为主体，包括《中华人民共和国婚姻法》《中华人民共和国继承法》《中华人民共和国义务教育法》等基本法规以及有关的行政法规、地方法规在内的一整套保护儿童的法律体系。从政策法规体系来看，我国以国家基本法的形式对儿童基本权利，如生存权、发展权进行保障。②普及义务教育。2005年教育部颁布《关于进一步推进义务教育均衡发展的若干意见》，以及2006年国务院办公厅转发了教育部等部门《关于进一步做好进城务工就业农民子女义务教育工作的意见》，并且规定全国各城市普遍对义务教育阶段农民工子女就学全面免收借读费。③儿童的医疗保健服务。为促进儿童健康成长和残疾儿童的康复，兴办专门为儿童提供医疗保健服务的儿童医院，或者在全科医院设立儿科；开展儿童保健工作，定期为儿童免费体检、接种疫苗，防治常见病、多发病，还包括儿童基本医疗补助、贫困儿童医疗补贴制和所有儿童大病统筹制等。在实施上述项目时，一般由国家财政提供专门拨款，用以补贴。④孤残儿童的福利。对孤残等弱势儿童的救助是儿童福利的底线。对于这类儿童，国家建立相应的福利机构来集中收养，或者在财政补贴下通过家庭领养、代养、收养等方式提供保障。孤残儿童福利事业还包括为减轻残疾儿童的残障程度、恢复其自理生活和从事劳动的能力，建立儿童康复中心，专门为残疾儿童提供门诊和家庭咨询，开展各种功能训练和医疗、教育、职业培训等。⑤儿童的文化娱乐设施。娱乐是儿童的基本需求。积极开展儿童娱乐工作，建立和完善适合未成年人的文化娱乐设施，保护儿童娱乐利益，是儿童福利的重要内容。这主要包括建立和普及托儿所、幼儿园,为幼儿提供良好的活动、生活条件和保育服务,还包括建立儿童活动中心、少年宫、少年之家、少年活动站,以及儿童乐园、儿童学习场所等。为丰富促进儿童娱乐设施的建设,国家鼓励社会团体、企事业单位和其他社会组织、公民个人参与儿童社会福利事业。

四、妇女福利[1]

我国多年来积极推进妇女解放运动,形成保护妇女权益的法律体系。该体系以《中华人民共和国宪法》为基础,以《中华人民共和国妇女权益保障法》为主体,对保障妇女就业权起到了重要作用。1993年国务院、民政部制定了《社会福利事业发展规划》,之后又颁布了一系列文件、规章和行业标准,这些制度和措施都涉及妇女福利,意味着中国妇女社会福利与其他福利项目一样逐步实现了制度化。

社会福利对妇女的覆盖面逐渐扩大,妇女福利项目不断增多。从参与经济活动状况来看,一方面妇女就业权利得到有效保障,另一方面是经济社会发展和各项福利事业增多,给女性参与经济活动带来了更大的自主性和就业空间。由于自谋职业女性增多,妇女就业人数统计近几年一直是不详细的数据。2000年调查显示,就业者中女性所占比例是45.3%。从社会保障覆盖面来看,全国享受各项保障福利的女职工人数逐年增多。以享受医疗保险、养老保险、病假工资、产假工资为例,1990年分别是20.4%、20.2%、28.6%和32.3%,而2000年则分别达到50.3%、60.5%、55.1%和63.3%[2]。从减少贫困行动来看,越来越多的贫困妇女受益于技术培训、劳务输出、小额信贷、扶贫等社会福利行动。1994~2004年农村贫困妇女人数由8000万人减少到2610万人;城镇妇女低收入者占被调查总数比例在1990年为82.5%,2000年为47.4%。从教育方面看,女童入学率稳步提高,失学、辍学率下降;在高等院校,女大学生、硕士生、博士生比例逐渐提高,以硕士、博士研究生为例,2004年女生比例分别达到44.2%和31.4%,比1995年分别提高了13.6和15.9百分点[3]。

2010年第三次中国妇女地位调查中,女性社会医疗保障享有率为91.6%,男性为92.3%,无明显性别差异。而2000年,女性医疗保险享有率为46.4%,比男性的55.5%低了9.1百分点。其中,城镇女性社会医疗保障享有率为87.6%,比2000年城镇女性公费医疗或医疗保险享有的60.3%高出27.3百分点。农村女性新型农村合作医疗享有率为95.1%,远远高于2000年农村女性医疗保险29.8%的享有率。新型农村合作医疗的推行大大提高了农村女性的医疗保障享有率。新型农村养老保险试点的推行,扩大了农村女性养老保险的覆盖面,女性养老保险覆盖率有了较大提高。2010年农业户口女性享有社会养老保障的占被调查农业户口女性的31.1%,比2000年的18.2%提高了12.9百分点,比1990年的5.5%提高了25.6百分点。相应的男性这一比例分别为32.7%、22.5%和10.6%,男女之间差距分别为1.6、4.3、5.1百分点,表明性别

---

[1] 朱冬梅:《改革开放以来中国妇女社会福利和发展问题》,《中华女子学院山东分院学报》,2009第4期,第15~18页。
[2] 资料来源:人力资源和社会保障部官网。
[3] 数据来源:中国妇女联合会网站。

差距也在逐渐缩小。

第四节 中国社会福利制度现状特征与改革前瞻

中国社会福利是其社会保障体系中的重要组成部分，由政府主导，以满足社会成员的福利需求和不断改善国民的生活质量为目标，通过社会化的机制提供相应的社会服务与津贴，包括老年人福利、残疾人福利、妇女福利、儿童福利，也将教育福利和住房福利纳入其中[1]。

一、中国社会福利制度现状及特征

随着市场经济体制的建设，我国社会福利从计划经济向市场经济转型，转型过程遵循"试点先行"的惯有思路。

(一)福利制度理念从"效率"转向"公平"

改革开放以来，我国市场经济体制确立，服从效率导向的理念，使社会福利建设服从国家发展市场经济战略的需要，始终采用经济发展至上的策略，强调高积累以加快经济发展。社会保障政策的制定也从服于经济政策，经济发展优先于社会发展，社会福利始终处于从属地位。在理念上以效率为导向，以经济高速增长为优先的发展策略，通常以牺牲诸如医疗照料、教育、环境保护等公共利益为代价。对地方政府业绩的考核是以经济的增长为优先考核指标的，而社会福利措施一般不纳入官员的考核评估体系之中，政府对社会福利的重视程度明显低于对经济的重视程度，社会发展常常让位于经济发展。

近几年，在科学发展观思想的指导下，从中央到地方，各级政府高度重视保障和改善民生，国家财政对社会福利的投入逐步加大，转变经济发展方式从倡导变为实质行动，原来粗放式、以牺牲环境和资源为代价的不可持续发展，转变为可持续的、注重保障改善民生、注重资源和环境保护、关注社会建设领域。社会福利建设以公平为理念，注重缩小城乡差距和地区差距，社会成员的福利待遇不再受性别、民族、地域等因素的影响而存在差别，是在满足基本需求方面尽可能实现均等化；群体内部的社会成员也做到基本均等地分享国家社会福利。

(二)社会福利制度尚存在碎片化现象

长期以来我国依据户籍制度城乡分割而治，造成城乡社会经济发展较大差距，社会福利制度建设也存在差别，大部分城市职工和居民可以享受教育、住房、孩子入托等众多福利项目，但大部分农村人口则往往只能依靠自己、家人和社区。时至今日，这种双重制度分割仍然存在。另外，在城市居民中，社会福利也存在职业分割，其中一些优势职业和部门享受较好的福利措施和保护。例如，公务员可以从地方公共开支预算中获取全额的医疗照料和退休金。与此同时，虽然我国已经初步建成了以老年人福利、残疾人

---

[1] 郑功成：《中国社会保障改革与发展战略——救助与福利卷》，人民出版社，2011年，第40页。

福利、儿童福利、妇女福利等为主体的社会福利体系，但无论从管理机构还是福利服务设施的使用方面都处于各自独立运行状态，不能进行良好的互动和资源共享，呈现明显的碎片化特征。

(三)社会化福利水平较低

同欧美等发达国家相比，我国社会福利投入占GDP的比重尚很低，甚至不如一些发展中国家。其原因是随着城乡集体福利制度的解体，政府在福利制度建设方面走向计划经济的另一极端，即过多强调家庭、社会以及市场在福利提供中的作用，以契合市场经济的发展。特别是在教育、医疗、住房和福利服务方面，市场作用日益凸显，尤其是引入竞争机制、吸引民间资本、服务外包等市场机制，社会福利的多元化提供明显地弱化了政府的福利责任。缺失政府主导责任的福利制度，尚未有国家层面的制度设计，导致我国社会福利水平一直在低位徘徊。

(四)社会福利与就业关联度较高

计划经济时期的社会福利是围绕城镇劳动者设计的，城镇劳动者获得了工资收入，同时可以享受到诸如住房、教育、生活福利及集体福利设施等福利待遇；而不能就业的城镇居民和广大的农村地区居民就不能享有这样的福利待遇。社会福利的分配与就业高度关联，这是计划经济遗留的产物，也在很大程度上成为社会福利改革的阻碍。

(五)职业福利功能异化

职业福利是社会福利的补充，是企业激励员工努力工作、提高其生产率的有效措施，属于员工的薪酬福利之一。但是我国的职业福利制度却被视作政府或社会转嫁责任的方式，同企业自身承受力与人才战略没有必然联系，企业承担了国家的福利责任，负担反而被加重了。某些垄断型国有企业存在职业福利超发现象，拉大了社会财富分配的不均衡，造成盲目攀比的心理，享受职业福利被视同为一种"高级身份"的象征，损害了社会公平的价值趋向，也制约国有企业的改革进程。

二、中国社会福利制度发展策略

中国社会福利制度旨在通过提供资金、服务等方式保障社会公民基本生活、满足公民基本需求、提高公民生活质量、促进公民与社会的健康发展，是我国社会保障体系中较高层次的、具有普惠性的基本制度。

(一)积极推进社会福利制度建设，构建中国特色的福利制度体系

在计划经济时期中国社会福利制度基本与社会救助制度相融合，福利水平很低，制度建设滞后，理念上对社会福利重视不够。因此，要认清我国社会福利制度现状及剖析存在问题根源，加快各项社会福利制度的建设步伐，有序推进社会福利事业的全面发展，构建包括老年人福利、残疾人福利、妇女福利、儿童福利等专项制度，最终惠及全体国民的福利制度体系。

(二)加快社会福利的法制建设

我国社会福利制度缺乏相应的法律保障，老年人权益保障、妇女儿童权益保障、残

疾人权益保障等已有法律倡导性色彩浓厚，强制性规范缺失，实践中也基本丧失约束性，法律的强制性和威严被打折扣。因此，要加快社会福利相关的法制建设进程，一方面尽快修订现有法律，如《中华人民共和国老年人权益保障法》《中华人民共和国妇女权益保障法》《中华人民共和国残疾人权益保障法》《中华人民共和国未成年人权益保障法》，增加刚性约束；另一方面，制定《社会福利法》，使之成为我国社会福利事业总体发展的法律依据。

(三) 构建稳定的社会福利资金筹集渠道

稳定的资金投入是社会福利制度持续发展的前提，政府应该加大对社会福利事业的公共投入，同时积极支持社会资金参与社会福利事业，形成多元化的资金筹集渠道。

加大福利彩票对社会福利的支持力度，形成制度化、经常化的福利彩票资金投资福利事业，丰富体育彩票、福利彩票及其他博彩方式对社会福利资金的支持，形成专项投入渠道。

倡导慈善公益捐款，规范慈善行为，用政策驱动、舆论引导促进慈善事业的发展；完善慈善捐献免税政策，加大税收优惠力度，提高企业捐献的免税比率（由现行的12%提高到15%），激励企业参与慈善捐款，规范善款投入社会福利的行为，发挥社会资金力量参与社会福利的能动性。

(四) 加强社会福利事业的监管

我国社会福利目前从属多部门监管，民政部管理民政福利事项、住建部管理住房福利、教育部主管教育福利，还有一些半官方机构如残疾人联合会等。多部门管理虽然能发挥专业管理职能，但会出现利益纷争，导致"多龙治水"和管理漏洞并存现象，妇女福利和儿童福利至今尚未有真正的主管部门，长此以往损害社会福利事业的健康发展。

构建中国特色的福利制度，应尽快明确责任，理顺社会福利事业的管理关系，以民政部为社会福利总管机构，民政部下设老年福利司、残疾人福利司、儿童福利司、妇女福利司等机构。民政部是全国社会福利事业的监管机构。

第五节　国外社会福利制度及评估

一、美国社会福利制度[①]

从殖民地时期到美国独立之前，美国福利政策的主要目标是个体，而不是整个社会体制，提供社会福利的任务主要由个人和地方政府承担。到17世纪中期，殖民地政府开始试验建立贫民院和家庭外救济。1657年，纽约建立了第一个贫民院；1658年，普利茅斯规划建立一个救济院。在早期建立维持这些福利机构耗资巨大，其发展表明殖民地人口增长迅速。有些殖民地的财力已经比较充足，有时城镇无力建造救济院所需费用，有的慈善家会个人捐助建立福利机构。从建国到内战之前，美国经历了政治、经济

---

① 李静：《美国社会福利制度的现代化进程》，《广西职业技术学院学报》，2011年第3期，第82~85页。

和社会的重大转变，工业化和城市化带来了很多的问题，这些问题必须通过社会福利手段加以解决，但联邦政府在社会福利方面一直保持不介入的原则。1854 年，国会通过议案，决定划拨 1000 英亩（1 英亩≈4046.86 平方米）土地用做精神病人、盲人、聋哑人的公共设施建设，皮尔斯总统否决了这项议案，否认了联邦政府在社会福利方面应承担责任，但是肯定了当人们不能通过自身努力或私人慈善团体的帮助获得生活保障时，州政府在社会福利方面应承担责任。内战期间，国会于 1862 年制订了一个抚恤计划。这个计划惠及战争中的伤残人员和在战斗中牺牲的军人的孀妇、子女及需要照顾的其他亲属。1865 年，林肯总统签署了一项法令，合并陆军和海军救济院，为战争中伤残的军官提供救济。国会于 1865 年 3 月建立了自由人局。自由人局是第一个联邦福利机构，在 1865~1869 年是南部公共福利的主要来源。它参与各种社会福利活动，为难民解决回家的交通问题，帮助家庭重新团聚。

同西欧国家一样，美国的社会福利制度也是在工业化过程中逐步建立起来的，但美国的工业化进程具有"赶超"的性质，不仅实现工业化的速度很快，而且人口和城市化的进程也同步展开。建国初期，美国人口只有不到 400 万人，到 1860 年就已经达到 3144 万人。在人口迅速增长的同时，美国的工业化、城市化进程也在加速进行。在此背景下，美国的社会福利制度"从无到有"的历史进程也比西欧国家短得多。在逐步发展的过程中有两个标志性事件：20 世纪 30 年代的"罗斯福新政"标志着美国社会福利制度的基本建成；60 年代民主党政府的"伟大社会"计划则标志着美国的社会福利制度走向了完善。70~80 年代的历届美国政府对其社会保障制度和社会福利制度进行了一定范围内的调整，但是并没有触动 60 年代确立的基本框架。

1929~1933 年的"大萧条"彻底暴露了美国"自由资本主义"制度的致命弊端。民众要求联邦政府介入社会福利领域，尽快帮助人们摆脱困境。胡佛政府仍然坚持社会达尔文主义，反对对经济进行干预，对社会福利也是无为而治，这对美国人民的生活来说无疑是雪上加霜。富兰克林·罗斯福就任总统以后，在凯恩斯主义的影响下，一方面增加对失业人员的救济，削减了 25％的联邦开支，另一方面也意识到仅靠救济会使国民丧失传统的自强自立的美德，不能从根本上解决危机造成的社会问题，因此必须建立一种长期有效的社会福利体系。1935 年 8 月 14 日，罗斯福总统签署了《社会保障法》。它奠定了美国社会保障制度的立法基础，开创了美国特色的福利国家制度的新时期，是美国社会保障史上的里程碑。半个世纪以来，美国社会保障制度的演变基本上是 1935 年《社会保障法》的延续、发展扩大和调整。《社会保障法》是美国福利史上划时代的立法，标志着社会、政府所关注的焦点由财产权利移到人的权利，扩大了社会福利领域，标志着美国国家社会保障制度的正式诞生；标志着关注贫困者的责任由地方政府、民间组织转向了联邦政府。该法要求各州建立的项目包括老年援助、失业救济、儿童补贴、盲人救援等，其重大意义就是将各州孤立的措施纳入制度化和规范化的轨道，标志着美国社会福利制度的现代化开始起步。

第二次世界大战结束后，美国奠定了头号资本主义强国的地位。就经济实力而言，在美国建立西欧式的"福利国家"制度并非完全不可能，但是，战后几届民主党政府在这方面的尝试却受到了美国意识形态与文化传统观念的顽强抵抗。这场冲突的结果是：美国没有建立起像西欧国家一样的全面的社会保障制度，但是强调"针对性"与"社会需求"的社会福利制度却得到了长足的发展。杜鲁门在任期间（1945～1952年），1946年通过了《就业法》，该法将"实现最大限度的就业、生产和购买力"作为政府政策的目标。由此建立的经济顾问委员会有意识地运用财政和货币政策及联邦预算来控制就业、生产和物价水平，联邦政府从此承担起扩大就业、防止严重失业现象的责任。随后，联邦政府陆续通过了其他一些福利计划：1946年的"全国学校午餐计划"、1949年的《住房法》、1954年的特殊"牛奶计划"和1960年的《科尔-米尔斯法》，为无力支付医疗费的公民提供援助。此外，杜鲁门总统向国会提议制定一项全面的预先支付医疗费用的服务于所有年龄段美国人的医疗保险立法，即"国民医疗保险"。虽然最终没有通过，但仍为美国的医疗保障制度的改革提供了重要的启示。

20世纪60年代，美国经济的发展进入了黄金时代，而在丰裕社会中贫困问题显得格外突出，尤其是自新政以来，社会福利保障制度的一些缺陷日益明显，迫使政府采取措施来完善美国的社会福利制度。1961年，肯尼迪就任总统后，公共救助开始不同于1935年的观念，朝既定目标努力，即"消除福利计划中所有的弊端，制定更具有建设性的方法，帮助人们摆脱救济，回到社会中担任有用角色"。这一时期的救济方案从新政时期的现金补贴转变为为贫困者提供服务的方法，如对失业者进行职业培训，以提高其就业机会，帮助他们自食其力。这种救济策略的转变在1962年的公共福利修正案中得到充分体现。此外，国会还通过了对贫困老年人提供医疗援助的法案和对孕妇、儿童进行照顾的法案。1964年，约翰逊总统推动国会通过了旨在废除种族隔离的"民权法案"、反贫困计划、城市居民的公共交通法案、扩大食品券计划，以及对贫困者实行免费医疗服务的计划。1965年，在他连任后开始的社会改革纲领，统称为"伟大社会"计划，同年推动国会通过了面向65岁以上老年人的"医疗保障计划"、面向低收入阶层的"医疗补助计划"、面向全国中小学的教育补贴计划、面向高等学院的贷款和奖学金计划，还有给低收入家庭津贴的扩大公共住房计划、区域经济规划和发展方案、区域性补助计划等。此后，"伟大社会"的构想贯穿了美国社会整个70年代的历史，从尼克松、福特到卡特时期，没有一届政府敢于偏离这一纲领所确定的路线。从历史上看，"伟大社会"计划对美国的社会福利制度建设起到了根本的推动作用，在此后的十几年间，美国政府对社会生活进行干预的深度和范围都有了根本的扩大。为建设"伟大社会"，美国政府对就业、福利、教育和发展等领域进行了广泛的干预。在医疗保健制度方面，美国政府开始投入巨资向65岁以上的老年人和低收入阶层提供免费医疗或医疗补助，补充了私营医疗保险制度的空白；在教育方面，政府为出身于低收入家庭的学龄儿童或青年提供从免费午餐到助学贷款的多种形式的补助。同时，政府制定了全面的区域发展政策，对国内发展缓慢的地区给予各种补贴，缓解它们面临的困难。社会保险（包括退休、养老、伤残和遗属等各种的"社会保险"项目和"失业保险"项目）采取基金化的运作方式：政府征收"工资税"构成两个专门的保险基金，保险开支完全由基金负担，政府不再直接投入资金。社会福利项目则完全是由政府开支负担。所以美国政府的公共支出也是很大的，在此后的社会福利制度改革中，都对这部分进行了改革，力图减少社会福利项目和支出，尼克松、福特、卡特、里根历任政府都有这方面的改革。美国没有面向全体公民的社会补助制度，与西欧相比，美国社会福利的覆盖面要窄得多，转移支付部分比多数西欧国家小，社会再分配程度比较低，更强调针对性和工作基础上的救济。美国的社会福利制度一直没有停止改革的步伐，奥巴马总统提出的医疗改革法案是美国福利制度改革的另一个新的开始。

二、日本社会福利制度[①]

从20世纪80年代开始，日本老年社会福利由国家化转向地方化改革。一方面，世界范围内因为石油危机引发各国财政危机被迫进行社会福利制度改革；另一方面，日本由于老龄化的迅速发展，老年人医疗、福利服务费用急剧膨胀，经济不振带来的财政赤字日益增大，因而日本政府开始对老年福利制度进行大幅度的修正。这一时期改革的本质目的是减少政府财政支出负担，最大限度地发挥个人、家庭、社会的作用，为此，采取了强调家庭的自助、降低社会保障费用、在社会福利领域引进市场原理等手段，以保持社会保障的公平性和效率性。这一时期日本的社会福利改革体现出以下特点：第一，社会福利服务供给社区化，通过发展社区福利重新建立社会支援网络和人际关系；第二，转国家集权福利为地方分权福利，国家直接计划、运作的福利项目移交地方政府；第三，进行福利财政改革，促使国家对福利财政的负担逐步向地方县市町村转移；第四，压缩日益膨胀的社会保险支付制度；第五，设定社会福利士、护理福利士的专业职称国家考试制度，推行社会福利专业化的道路。

其后的20世纪90年代，随着日本社会经济结构的不断变化，特别是"泡沫经济"崩溃后，日本在高速增长的经济状况不复存在、失业率居高不下以及"少子老龄化"问题加剧的情况下，劳动人口逐渐减少并影响生产，进而使国家税收收入减少，维持社会保障制度的能力也逐渐变弱。此外，随着老龄化的加剧，社会保障给付，特别是医疗保险和养老保险费用支出激增等问题日益突出，代际的给付与负担极不公平。鉴于此，日本政府进一步推动了老年社会福利制度的整合，因此又带来了老年福利服务供给体制、服务给付和财政结构等的结构性转型，以及政府应有的责任的变化。日本社会福利制度整合的内容可以概括为：第一，抑制对福利领域的公费支出，特别是抑制国库的负担比例；第二，以受益者负担为原则，加大利用者的负担比例，特别是增加老年人的负担比例；第三，推动福利事业的市场化，并减少政府责任。

从1990年以来的社会保障制度基础结构改革中可以看出，随着经济、社会的变迁与家庭功能的弱化，日本的社会福利模式进入了转型期，主要体现在以福利设施为中心的设施福利向以社区为依托的社区福利转型，以政府高度的直接介入向地方分权、民间积极参与的福利多元主义的多层次社会福利模式转化。其表现出的特征之一是社会福利由家庭为单位转变为以个人为单位，并重视个人的自我决定权；特征之二是强化了市场在社会福利领域中的调节作用；特征之三是越来越重视非营利组织作用的发挥。所有这些，都是日本在吸取了西方国家经验教训的基础之上的结果，同时也表现出了东西方文化的融合。进入21世纪以后，由于经济的长期滞胀、家庭观念与居住形态的变化、人

[①] 仝利民：《日本老龄社会福利制度改革的反思与启示》，《上海城市管理》，2011年第3期，第29~33页。

口老龄化进程进一步加快，以及高龄、空巢及痴呆老人的增加及老年护理的长期化、重度化等一系列问题，日本老年社会福利制度面临前所未有的严峻考验。在此状况下，日本政府选择了建立老年护理保险制度作为改革的突破口，其目的可以概括为三大方面：第一，减轻家庭的护理照料负担，特别是女性的照顾负担；第二，解决医疗保险制度的财政危机；第三，通过市场化的运作，使老年福利服务产业化，并将其作为日本社会福利体系，不仅在第二次世界大战后的经济起飞和发展阶段建立了"国民皆保险、国民皆年金"的全民社会保险制度，而且在战后经济成长的后期实施了以普遍主义为方向的"老年保健制度"。日本在经历了从福利国家体制的建立到瓦解之后，随着市场主义的兴起，开始重视效率并提出"日本型福利社会"的改革论调。但由于人口老龄化程度的加剧，出现了"护理地狱"、"社会性入院"、医疗保险制度的财政赤字等一系列短时间内难以解决的社会问题。

三、加拿大社会福利制度[①]

加拿大的国家结构形式是联邦制，联邦政府与省级政府之间的权力分配由联邦宪法决定，任何一方无权单独做出修改。在联邦制国家结构形式下，各级政府的职责有明确划分，社会福利主要由各地方政府负责。虽然各省的社会福利制度有所差别，但基本框架大致相同，主要包括如下几个方面。

(一)老年人社会福利制度

加拿大的老年人社会福利制度主要体现在养老金与退休金上。加拿大公民年龄达到65岁以上，在加拿大居住满10年，可领取全额养老金。加拿大的退休年龄是65岁，在工作期间交纳退休金税的人士，可申请退休金。尽管各省退休金与养老金不同，但基本可以满足老年人的日常生活需要。加之其他的社会福利，老年人生活相对比较轻松，做到了老有所养、老有所乐。在加拿大，许多老年人家庭都有带拖斗车的轿车或中巴，拖斗车中放着船，是用来在江河与湖泊中划船或钓鱼用的。每逢天气晴好的时候，常可以见到老年人开着车子出游。由于老年人社会福利比较好，因此有人说加拿大是老年人的天堂。正因为如此，加拿大的老年人比较关心政治。在加拿大，只有35%左右的选民参加选举，其中大部分是老年人。

(二)儿童福利制度

加拿大政府认为，家庭养育儿童是对社会的贡献，因此政府与社会应给予奖励与支持。在这一思想指导下，加拿大建立了儿童社会福利制度，主要包括：第一，家庭津贴。凡有18岁以下儿童的家庭均可享受家庭津贴。第二，日托津贴。在加拿大，幼儿都是进托儿所或由自己的母亲及保姆照顾，很少有老年人带自己孙辈的。究其原因，一是没有这一社会传统；二是政府与社会也不提倡。加拿大人认为：将天真活泼的幼儿交给老年人带对他们的成长不利。因此，若幼儿父母均工作，可向政府申请并领取日托津贴。第三，"未婚妈妈"及婴儿补贴。由于与我国文化不同，加拿大有许多未婚妈妈，形

[①] 朱广忠：《加拿大社会福利制度与政府理念》，《当代世界与社会主义》，2006年第4期，第55~88页。

成单亲家庭。政府对这样的家庭实行"未婚妈妈"及婴儿补贴,以减轻单亲家庭的经济负担。加拿大的儿童福利制度基本上保证了儿童的生活需求,使儿童能在一个相对稳定与健康的生活环境中成长,也在一定程度上鼓励了加拿大人的生育行为,促进了加拿大人口的增长。

(三)失业与医疗保险制度

加拿大的社会保险制度比较健全,社会保险种类也比较复杂。其中,失业与医疗保险制度是两个主要方面。一是失业保险制度:在法定的工作年龄内(18~65岁),加拿大公民都可以享受失业保险,失业可以领取一年的失业保险金,数目相当于其最近从事工作工资的60%。此外,政府还为失业人员进行再就业培训与指导。失业保险制度的建立,使加拿大公民的失业压力比较小。二是医疗保险制度:加拿大实施全民保健计划,公民享受免费医疗服务,免费项目包括治疗费、医药费、住院的病床费及饭费等。在加拿大,医疗费用比较高,政府为医疗保险付出了很大的公共财政支出,形成了比较沉重的财政负担。例如,有的老人虽然不需要看病也到诊所去,目的是和医生聊天,这样就使政府多花了钱。一些省级政府有过对公民享受免费医疗服务进行改革的想法,但由于政治与社会的多种因素,这一制度还是坚持了下来。失业与医疗保险制度的建立,使加拿大公民减少了后顾之忧,可以比较放心地工作与生活。

(四)教育福利制度

加拿大十分重视教育,建立了一整套的教育福利制度,最为突出的就是义务教育与多元文化教育。加拿大实行12年制的义务教育,中学生不需要向学校交任何费用。加拿大中小学的教科书都是政府免费提供的,学生上学与放学由政府组织的大巴免费接送,每当接送学生的车出现在街道上时,所有的车子都为其让路。加拿大实行多元文化教育。多元文化教育首先是一种教育思想,它主张在多民族社会里,所有人,不论民族、文化、宗教、肤色和政治见解如何,都应得到平等的教育机会与平等的竞争机会。多元文化教育也是一种教育过程,它主张教学内容应有少数民族的相关内容,教学中应尊重少数民族学生的传统学习风格,各民族学生都应有机会在学习官方语言的同时也学习本民族的语言文化,各种学校活动应反映多民族文化传统,教学过程中应始终贯彻反偏见、反歧视和跨文化理解。多元文化教育使这些不同种族的人在一个"国际环境"中和睦相处,各个民族都在充分而平等地享受着教育福利制度带来的受教育的权利。

四、简要评述

国外社会福利制度的发展和演变过程提示我们,一国的社会福利制度是与其经济、政治、文化价值观联系在一起的,同时也与该国民众对社会生活的新诉求有着密切联系。各国社会福利制度均有适应该国家的制度特点并与其文化传统相融合,考察美国、日本、加拿大的社会福利特点及历程,可发现一些共同的制度规律,包括:一是社会福利水平与制度设计同该国社会经济发展水平相适应;二是构建了社会化的福利制度;三是社会福利与其他社会保障制度进行了有机衔接;四是具有本国家的制度特色,体现传统文化特点。这些制度共有的特点,正是中国社会福利制度建设可以借鉴之处。

思考题

1. 何谓社会福利？我国社会福利的发展历程如何？
2. 简述社会福利的分类。
3. 简述老年人社会福利的含义和内容。
4. 试述我国社会福利的特征。
5. 简述我国社会福利存在问题及改革前瞻。
6. 试述国外主要国家社会福利制度的特点。

北京立法保障居家养老服务

2015年1月29日，北京市第十四届人民代表大会第三次会议通过《北京市居家养老服务条例》。作为2015年北京市人代会上新增的议程之一，《北京市居家养老服务条例》是2015年唯一一部在人代会上进行集体审议的法规，也是全国首个地方性居家养老服务条例。

条例的内容主要包括以下几点。

（一）明确子女赡养义务

条例明确了居家养老服务的范围和相关责任，规定老年人的子女及其他依法负有赡养扶助、扶养义务的人，应当履行对老年人经济上供养、生活上照料和精神上慰藉的义务。同时，明确对符合条件的低收入、失能、失独等特殊困难老年人给予居家养老服务补贴，根据需要进行家庭无障碍设施改造，配备生活辅助器具。

居家养老是北京市普遍的养老方式。根据北京市提出的"9064"养老服务新模式，到2020年，90%的老年人在社会化服务协助下通过家庭照顾养老，6%的老年人在社区养老，4%的老年人入住养老服务机构集中养老，前两者合称为居家养老。"《条例》的亮点是用条文形式首次明确了政府、企业、家庭、社会在养老上各自承担的责任。"北京市民政局副局长、新闻发言人李红兵表示，条例中用了较大的篇幅分别提到北京市、区县、乡镇、街道办、居委会、企业和社会组织在居家养老上各自承担的责任。

（二）无障碍设施将进小区

相比草案，条例新增了两条内容。一是新增了"鼓励养老机构利用自身资源优势，为周边社区居住在家的老年人提供服务"。北京市人大法制委员会副主任委员李小娟表示，新增此条是为了鼓励养老机构为周边社区老人提供多样性的服务。养老机构汇集了很多服务资源，掌握了各种服务组织的信息。养老机构可以把这些信息汇总起来，为周边老年人提供服务。

二是新增了"新建、改建和扩建居住区应当符合国家无障碍设施工程建设标准，规划、住房和城乡建设等部门应当逐步推进老旧小区的坡道、楼梯扶手、电梯等与老年人日常生活密切相关的生活服务设施的改造"。李小娟介绍称，目前这项改造已在有些社区进行，先从坡道、楼梯扶手等较容易改造的项目开始，先易后难，量力而为。

此外，条例进一步明确，社区养老设施的管理者、使用者擅自改变政府投资或者资助建设、配置的养老设施功能和用途的，由民政部门责令限期改正，并责令退赔补贴资金和有关费用，可以处10万元以上100万元以下罚款；逾期不改正的，收回管理权、使用权。

李红兵表示，民政部门正在研究制定《关于加强本市新建居住区配套养老服务设施建设管理的实施办法》，明确各部门在新建居住区配套养老服务设施设计、建设、移交和管理等方面的工作职责，确保社区养老设施用到实处，这意味着社区养老设施管理将有专门的实施办法。

（三）政府落实不力将追责

条例还明确了北京市和各区县人民政府应当将居家养老服务工作落实情况纳入监察和年度目标责任制考核，并建立相应责任追究制度。北京市人大常委会副秘书长、新闻发言人刘维林表示，2015 年全国人大常委会和北京市人大常委会都将开展老年人权益保障法的执法检查，以此督促居家养老服务条例的贯彻实施，争取更多、更大的实效。

李红兵表示，将尽快召开由 44 个成员单位组成的市老龄委员会，明确市、区、街乡、居委会和村委会的各方责任，制定条例实施的路线图、项目包和时间表，争取 2015 年上半年出台条例的实施细则。

此外，2015 年养老助残券将升级为"北京一卡通-养老助残卡"，全市 43 万名 80 岁以上老年人可每月凭卡领取百元补贴，持卡在定点单位消费还可享受优惠。目前北京市已有 7000 个网点可为老年人提供服务，预计 2015 年上半年服务网点将增加到 1.2 万个以上。李红兵称，2015 年北京市还将争取扩大"养老卡"覆盖范围，65 岁至 79 岁的老年人也将可以申领"养老卡"。

延伸阅读

社会福利和文化

一、文化理论

文化理论是人类学者 M. Douglas 提出，政治学者 A. Wildavsky 结合政策决定过程而发展起来的。文化理论家们将文化偏见定义为社会成员共有的价值与信念。文化偏见影响着人们的社会关系，而社会关系又反过来影响人们的文化偏见。而文化则产生于此。

Douglas 在分析文化理论时导入了网格—集团（grid-group）的概念。"网格"是指个人的生活受外部约束的程度，属于社会制约层面。所以 Wildavsky 就将网格重新解释为制约（prescription）。这就意味着当制约程度大的时候，影响个人之间相互作用的规定和因素就会增多；制约程度小的时候，影响个人的规定或因素就会减少，甚至不存在，而此时个人只对自身负责。

"集团"是指个人对特定集团的归属程度，所以集团性就是个人的生活方式、习惯等被社会融合的程度。Douglas 如是解释了集团性：因为个人的生活受集团意识形态的影响，所以集团性越强，外部人员进入集团的难度就越大，会员与非会员、外部人与内部人的界限就越明显。在集团性较强的社会中，存在集团偏见，所以个人如果脱离集团的话，会受到排斥或打击。但是集团性较弱的地方又很难建立人与人的联系，无法进行交流和交易。

在文化理论中，通过上述网格—集团的概念以及随之而来的各种价值观，将文化归纳为了四种模式。为了归纳这四种文化模式，学者们将网格和集团制成了图形，将网格设定为竖直线，集团设定为水平线。所以在竖直线上，越往上表示对个人行为的制约规定越多，越往下表示制约越少。在水平线上，越往左表示集团归属感越弱，越往右表示集团归属感越强。所以将这两个层面概念的标准线交成直角制作出图 1，我们会得到四种生活样式：①高网格、低集团；②高网格、高集团；③低网格、低集团；④低网格、高集团。

制约与多样性	集团界限的强度	
	弱	强
多种多样	宿命主义文化（不重视）	等级主义文化（集团主义）
较少且类似	个人主义文化（竞争）	平等主义文化（平等）

图1　四种文化模式

(1) 高网格、低集团是一种集团界限不分明、有很多限制的宿命主义(fatalism)文化。在宿命主义文化中，人们的生活变化无常，无法预知；并且认为身边的其他人都对自己有威胁，不能信任。而他们所关心的只是如何在这凶险的世上生存。宿命主义中也没有区分公与私。宿命主义文化中的社会是统治型的社会，人们的想法时常发生变化，他们十分不信任市场机制，并对为实现共同利益而建立共同体毫无信心。加之这些独立的人并不通过市场或是国家来维持自身或是家人的生活，而是依靠个别有能力的人或是建立私人的关系网。所以，宿命主义是和平等主义完全相反的文化模式。

(2) 高网格、高集团的集团界线比较明显，同时有很多限制的等级主义(hierarchy)文化。等级主义社会中生活的人们比起个人的地位更注重集团的巩固和兴盛。他们严格遵守等级秩序中的身份，并尊重对方的意见。所以比起个人的选择和自由，他们更多地强调恪守自身的地位和任务，以保证整体的和谐。同时通过社会中的上下级关系而自然产生不同的双方待遇，从而逐渐形成等级秩序。

等级主义文化中将公与私区分得很明确。等级主义文化位于个人主义文化和平等主义文化的中间位置，从扩大国家机能的角度来看，等级主义和个人主义一样限制通过个人资格条件来参与国家活动，此处与平等主义文化的主张相冲突。个人主义文化并不拥护重视社会成员的参与和赞成的共同体或是重视个人选择的市场，而是偏向于通过国家来实现公共利益。

(3) 低网格、低集团是一种个人主义文化。网格宽松，也没有过多的限制，所以集团意识较弱的个人主义将个人的自由看做最重要的价值，极大地保障着社会成员在人际关系形成中的自律性。同时个人主义文化中的所有决定，都是根据地位相等的人们所达成的协商结果制定的，所以此文化比较排斥等级秩序。

个人主义文化认为人类的本质就是自我探求。所以个人主义支持个人主义者的失败是个人的责任，社会关系被分化是社会发展的必然，而社会则是通过"看不见的手"来维持平衡。个人主义文化认为外部的限制不正当而且没必要。同时，个人主义文化倾向于建立一个政府职能降低、政府干预极度弱化而个人选择得到强化的民主政府。所以个人文化不赞成政府通过政策干涉来消除社会的不平等，而要顺其发展，无为而治。强调自我限制的个人主义者们比较拥护市场制度，所以个人主义是与等级主义完全相反的文化样式。

(4) 低网格、高集团是一种集团界限分明、限制较少、具有平等主义(egalitarianism)性质的文化。平等主义中人与人的交流是相互对等的，并不存在内部的权位关系。平等主义的社会成员与集团互为一体，通过集团成员的身份来确定自身的价值。在集团内部，成员们维持着平等的关系，他们强烈反对区分成员的优劣，并从根本上排斥等级秩序。

所以，平等主义文化不推崇自我为主，而是通过关心他人实现共同存在、共同发展的一种文化。平等主义者认为市场或国家等具有剥削压迫性质的制度是造成人类腐败的原因，如果能够构建一个没有剥削和压迫的社会环境，就会使人心向善。平等主义文化否定了滋生分化的市场体制和个人主义式的生活形式。受平等主义文化影响的人们集团意识比较强，但成员之间不存在等级秩序，他们往往倾向于通过极具公平性的共同参与来决定集团的事情。简而言之，平等主义重视共同体的发展，强调公共良心，并极力试图弱化市场的影响。

二、文化理论与社会福利发展的融合

社会福利在以上四种文化类型中的发展可能性如下。

首先,社会福利在社会制约和集团归属感均较弱的个人主义文化中发生的可能性极小。个人主义文化中的社会成员通过劳动市场的竞争与就业来满足自身的基本需求。他们面对社会危机时,社会责任意识较弱,而将应对社会危机的责任归于个人。所以他们在寻求预防和解决危机的办法时,不倾向于依靠保险制度,而且当他们深陷危险时也很少考虑社会救助方案(公共救助制度)。所以,以集团或是社会整体为对象的保险制度在个人主义文化中不会过早形成。

其次,在社会制约较多但是集团归属感较低的宿命主义文化中,社会福利的发展有很大的局限性。由于宿命主义文化中的社会成员并不积极投身于追求个人的需求或利益,所以很难形成争取社会需求或利益的思考方式。宿命主义者所谓的社会问题只是在社会发展遇到障碍时才成立。在这种社会中追求国家福利就有很大的局限性,所以在这种文化圈中不能实行制度理念上的社会福利,只能在社会发展出现阻碍时,适当发展具有局限性和捡漏性的社会福利。

再次,国家主导型社会福利在社会制约较多、集团归属感较强的等级主义文化中有较大的发展余地,有可能形成制度性的社会福利。等级主义社会中的社会成员对社会有强烈的归属感,他们积极推动社会的发展,也期待能从社会中得到保障。同时,对集团的强烈归属感使社会成员之间相互合作、相互帮助,而社会和政府的责任就是要保障社会成员的幸福。所以等级主义文化圈中的社会具有社会责任意识,从而在国家的主导下能够产生以集团和社会整体为对象,以预防危机为目的的社会福利制度。埃斯平-安德森归类于公社主义型福利国家的德国、奥地利、法国等都属于等级主义文化。

最后,在基本上没有社会制约但是集团归属感较强的平等主义文化中,社会福利发展的可能性最大。如果说等级主义社会中社会成员的保障是他们为社会付出的结果,那么平等主义文化中,社会成员的保障可以看做作为社会一员所应得到的。所以,在这种共同体意识极其强烈的社会中,个人的需求也被看做社会的需求。同理,个人在生活上的危机也不仅仅是个人的危机,而会被看做社会的危机。负责解决这些危机的主体也不再是个人,而是社会或者是国家。所以社会问题或是社会危机发生时,社会的高度责任感必然产生国家主导型社会福利帮助社会成员摆脱困境。如果说等级主义文化中的社会福利是从家长式责任意识中产生的话,平等主义社会所追求的社会福利就是从所有社会成员都是共同体成员的意识中发展而来的。同样,埃斯平-安德森归类于社会民主主义型福利国家的瑞士、斯堪的纳维亚半岛上的国家都属于平等主义文化。

不同文化类型与社会福利发展的多维关系见表1。

表1 不同文化类型与社会福利发展的多维关系

文化类型	满足基本需求的提供者	对待危机时的社会意识	对国家、市场和个人的依存度	社会福利发展的可能性
个人主义文化	个人完全负责	非常弱	完全依靠市场	非常低
宿命主义文化	个人责任	弱	依靠个人	低(局限性社会福利)
等级主义文化	个人责任(主)+社会责任(次)	强(家长式责任意识)	依靠国家	高(制度性社会福利)
平等主义文化	个人责任(次)+社会责任(主)	非常强(共同体成员意识)	完全依靠国家	非常高(制度性社会福利)

资料来源:朴炳铉:《社会福利与文化——东亚社会福利模式的含义》,《社会保障研究》,2012年第1期,第37~46页。本处有删改。

 **小资料**

社会福利函数

社会福利函数(social welfare function)把社会福利看做个人福利的总和,所以社会福利是所有个人福利总和的函数。以效用水平表示个人的福利,则社会福利就是个人福利的函数。假设社会中共有 n 人,社会福利函数 W 可以记作:$W=f(U_1, U_2, \cdots, U_n)$。

假定社会中共有 A、B 两个人,这时的社会福利函数可以写成:$W=f(U_A, U_B)$。

对于不同的社会福利水平 $W_1, W_2, \cdots, W_n$,可以得出一系列的等福利曲线。等福利曲线与效用可能性曲线的区别在于:效用可能性曲线是消费者在分配某一既定数量产品时可能得到的各种效用组合;而表示社会福利函数关系的等福利曲线则表示不同的效用组合可以达到的社会福利水平。

现代对社会福利函数的讨论最初是由伯格森(A. Bergson)和萨缪尔森(Paul A. Samuelson)分别在 1938 年提出并在 1947 年加以进一步说明的。伯格森和萨缪尔森提出的社会福利函数被称为伯格森-萨缪尔森社会福利函数(Bergson-Samuelson social welfare function),它是一种实值的福利函数(real-valued welfare function)。它认为,社会福利值 w(用序数表示)取决于被认为影响福利的所有可能的实值变量 z_i,即 $w=w(z_1, z_2, \cdots)$。这是一种一般化的函数,对于函数的具体形式没有任何的规定,这是它的缺点,也是它的优点。因为没有对函数的具体形式做出任何的规定,所以它只能是一种概念而已。事实上,萨缪尔森本人也曾说,如果不是许多人发现确定函数的形式变量的性质和约束条件的性质很有意义的话,这些无聊的话题也就到此为止了。但是,这种一般化的函数避开了价值判断问题,它可以包括帕累托标准,也可以不包括,还可以包括其他标准。不过,在许多问题的讨论中,仅使用这种函数是不够的,必须加入一定的价值判断。

经典阅读与参考文献

陈良瑾. 2009. 社会救助与社会福利. 北京:中国劳动社会保障出版社
陈银娥. 2004. 社会福利. 北京:中国人民大学出版社
范斌. 2006. 福利社会学. 北京:社会科学文献出版社
胡务. 2008. 社会福利概论. 成都:西南财经大学出版社
黄晨熹. 2010. 我国福利制度的特点及未来走向. 人文杂志,(6):174-181
李迎生. 2004. 社会工作概论. 北京:中国人民大学出版社
陆士桢. 1997. 简论中国儿童福利. 华中师范大学学报(哲学社会科学版),(6):27-31
钱宁. 2006. 现代社会福利思想. 北京:高等教育出版社
杨立雄,兰花. 2011. 中国残疾人社会保障制度. 北京:人民出版社
郑功成. 2005. 社会保障学. 北京:中国劳动社会保障出版社
郑功成. 2011. 中国社会保障改革与发展战略——救助与福利卷. 北京:人民出版社
Gilbert N, Teeerl P. 2003. 社会福利政策导论. 黄晨熹,周烨,刘红译. 上海:华东理工大学出版社

第六章

社会养老保险

本章摘要

生、老、病、死是人类永恒不变的规律。防止"老无所养、老无所依、老而贫穷、老而卑贱",实现老年生活"体面尊严"是人类追求的理想目标之一。建立与完善社会养老保险则是一国为预防与抵御老年风险、解除老年人后顾之忧、保障老年人分享社会经济发展成果的重要举措,更是衡量一国社会文明进步的重要标志。本章主要探讨社会养老保险的概念内涵、理论基础、制度体系构成、基金筹集运营及支付,国外社会养老保险的经验借鉴及中国社会养老保险的改革与未来发展。

第一节 社会养老保险概念、内涵与特征

一、社会养老保险的概念和内涵

(一)人口老龄化

人口老龄化(population aging)是指某一人口总体中老年人口(65岁及以上)的比重逐渐增加的过程,特别是指在年龄结构类型已属老年型的人口中,老年人口比重继续上升的过程。

老年人口概念是一个动态的概念,它随着人类寿命的不断延长而变化。20世纪初,60岁以上的人口便是老年人口。60年代后,65岁以上的人口是老年人口。随着科技的发展,有学者预言,21世纪人类有望活到150岁。如果预言成真的话,老年人口的概念要重新界定。老年人口具有明显的分化,基本可分为两个部分。一是低龄老人,年龄在65~74岁,这些老年人口虽然退出了社会劳动领域,但身体良好能够应付日常生活;二是高龄老人,年龄在75岁及以上,他们一般需要他人的照顾[①]。

从发达国家的情况看,20世纪70年代前后,一些欧洲国家率先进入了人口"零增

[①] 佟新:《人口社会学》,北京大学出版社,2006年,第159~160页。

长"时期,由此开始了人口老龄化的进程。1969 年的民主德国、1974 年的联邦德国以及随后的意大利、瑞士、挪威等国家相继出现了人口零增长。1987 年,世界上有 14 个国家开始人口零增长,少数国家进入负增长。发达国家的人口老龄化已经成为不可逆转的事实。如果人口出生率还要下降的话,人口老龄化将会在相当长的时期内存在[1]。

表 6-1 对不同范围内 65 岁以上人口所占比重进行了对比。

表 6-1 主要国家 65 岁以上人口比重比较　　　　　　　单位:%

地区	1950 年	1985 年	2000 年	2020 年
世界	5.1	—	6.8	8.8
发达国家	7.6	—	13.5	16.8
欠发达国家	3.8	—	5.1	7.1
日本	4.9	10.3	16.9	25.2
美国	8.1	11.9	12.8	17.3
英国	10.7	15.1	15.4	18.7
德国	9.4	14.7	16.8	22.3
法国	11.4	13.0	15.3	19.1
瑞典	10.3	17.9	17.6	22.8

资料来源:转引自佟新:《人口社会学》,北京大学出版社,2006 年,第 164 页。前三组数据参见 Weeks J. Population: An Introduction to Concepts and Issues. 6th ed. Cambridge: Wadsworth Publishing Company, 1996: 363;后面几组数据参见《人口老龄化冲击全球经济》,《中国经济导报》第 4 版,1998 年 6 月 5 日

同样,包括中国在内的发展中国家也是如此,人口老龄化处于加速状态[2]。根据联合国的计算与预测(表 6-2),2000 年,发展中国家 65 岁及以上人口数量为 2.50 亿人,占总人口 5.1%;2010 年 65 岁及以上人口数量为 3.33 亿人,占总人口 5.9%;2020 年 65 岁及以上人口数量为 4.82 亿人,占总人口 7.5%;2030 年 65 岁及以上人口数量为 6.94 亿人,占总人口 9.8%;2040 年 65 岁及以上人口数量为 9.49 亿人,占总人口 12.5%;2050 年 65 岁及以上人口数量为 11.66 亿人,占总人口 14.7%。

表 6-2 世界及部分地区 65 岁及以上人口数量和结构变化趋势

指标	2000 年		2010 年		2020 年		2030 年		2040 年		2050 年	
	人口数量/亿人	占比/%	人口数量/亿人	占比/%	人口数量/亿人	占比/%	人口数量/亿人	占比/%	人口数量/亿人	占比/%	人口数量/亿人	占比/%
世界人口	4.21	6.9	5.29	7.7	7.19	9.4	9.77	11.7	12.59	14.3	14.02	16.2
发达国家	1.71	14.3	1.96	15.9	2.38	19.0	2.83	22.4	3.10	24.7	3.25	26.1
发展中国家	2.50	5.1	3.33	5.9	4.82	7.5	6.94	9.8	9.49	12.5	11.66	14.7

---

[1] 佟新:《人口社会学》,北京大学出版社,2006 年,第 164 页。

[2] 李建新:《中国人口结构问题》,社会科学文献出版社,2009 年,第 39 页。

续表

指标	2000年		2010年		2020年		2030年		2040年		2050年	
	人口数量/亿人	占比/%	人口数量/亿人	占比/%	人口数量/亿人	占比/%	人口数量/亿人	占比/%	人口数量/亿人	占比/%	人口数量/亿人	占比/%
中国(中方案)	0.87	6.8	1.13	8.4	1.70	11.9	2.36	16.2	3.22	22.2	3.34	23.7
中国(低方案)	0.87	6.8	1.13	8.4	1.70	12.4	2.36	17.4	3.22	24.7	3.34	27.8

资料来源：UN. World population prospects. New York，2007；李建新：《中国人口结构问题》，社会科学文献出版社，2009年，第39页

国际社会以65岁及以上人口占总人口比重来界定老龄社会的进程：进入老龄社会的标准为7%，深度老龄社会的标准为14%，超级老龄社会的标准为20%。据此标准，中国在2000年前后就已经进入了老龄社会，2025年将进入深度老龄社会，2035年之前将进入超级老龄社会，老龄化进程迅速超过美国，逐渐超过英国、法国、加拿大等国家，并接近德国、日本。到2050年，中国80岁以上高龄老人将占65岁及以上老年人口的三成，劳动力人口与老年人口比将由2000年的10∶1下降到2.8∶1。

(二)养老及社会养老保险

何谓养老，顾名思义，养老是指奉养老年人。对于"养"的理解主要包括经济上的支持、生活上的照顾和精神上的慰藉等几个方面的内容。本书主要从经济支持或经济保障的角度去研究养老问题，对于生活上的照料护理及精神慰藉更多的是属于老年福利服务研究的范畴，是提高老年人生活质量、保证其体面尊严的服务保障及精神保障范畴。"老"更多的是强调一种状态结果，是指人的一种生理状态，通常是与中青年相对的概念。当人进入老年时期，由于生理、身体、体力下降等原因逐渐丧失劳动能力，此时则需要相应的保障机制(如社会养老保险)去应对老年带来的一系列社会风险。在养老保险制度研究中，"老"是与制度供养的对象相联系，而制度供养的对象又与退休年龄相联系，将达到一定年龄并退休后的人视为老年人，并以此作为领取养老金的一个先决条件。目前世界各国对退休年龄的规定是不同的，OECD国家的标准退休年龄为65岁，欧盟之外的大多数国家，标准退休年龄通常为60岁。中国法律规定的职工退休年龄则一般是，男性为60岁，女性为55岁。同时，一国的法定退休年龄可以根据时代发展的需要做出适当的调整。从养老资源供给的主体来看，解决养老问题有许多方式，如个人自我养老、家庭养老和社会养老等，其中社会养老保险是社会养老方式之一，比较普遍和有效，这种养老方式集合了个人收入的一生均衡、代内转移和代际转移等养老理念[①]。

社会养老保险是指达到法定退休年龄的老年人，在退出工作岗位后由国家和社会提供物质帮助，以满足其基本生活需求的一种保险制度。它带有强制性、互济性等社会保险的基本特征。国家通过立法强制实行社会养老保险，法定范围内的社会成员必须按规定缴纳社会养老保险费用或保险税，其社会养老保险经办部门必须按规定标准及时向社

---

① 段家喜：《养老保险制度中的政府行为》，社会科学文献出版社，2007年，第1～2页。

会养老保险对象支付社会养老保险费用。

社会养老保险是社会保险的一个重要险种。目前，世界170多个国家和地区不同程度地实行了各种类型的社会养老保险制度，并在社会养老保险的基础上，逐步完善养老保险体系。发达国家的社会养老保险起步早，基础雄厚，目前已经较为完善。但是一些发展中国家，社会养老保险制度还只在一部分最需要保护和有条件保护的群体中实行，甚至仍未建立(南亚和非洲部分国家没有建立)，制度发展呈现滞后状态。

二、社会养老保险的特征及模式

(一)特征

社会养老保险是对象范围最为广泛、身份最为稳定、享受时间最为长久、保险费用开支最大的项目。其一般具有如下特征。

1. 强制性：政府立法强制实施

由于社会养老保险涉及面广泛、费用筹集与开支巨大，所以必须由政府立法并强制实施。根据法律规定，凡在国家立法实施范围内的人群(有工资收入的劳动者及其所在的用人单位都必须参加社会养老保险)，均视为法定的被保险者，必须参加社会养老保险。凡符合养老金领取条件的人，均有权利向社会保险机构申领养老金。

2. 多元分责：资金来源多元化

在劳动者达到领取养老金条件之前，一般必须通过相关责任主体筹集社会养老保险资金，专款专用，以保证养老金的正常发放。为体现公平与义务的原则，在大多数国家，社会养老保险资金的筹集来源多采用多元分责，通常由政府、雇主、个人三方共同筹集资金或雇主与个人双方负担的方式建立社会养老保险基金。

3. 监管运营：专业化、社会化与现代化

首先，由于社会养老保险的资金筹集、投资运营、基金的发放具有社会性与广泛性，以及涉及多代人利益，其管理监督自然十分重要，需要设置相应的机构进行管理与监督，如设立社会养老保险行政管理部门对社会养老保险进行行政监管等。其次，社会养老保险基金来源具有多元性，对基金的监督也应是社会化的参与监督，以此保证资金的安全与受益者的利益。最后，为抵御通货膨胀带来的贬值风险，社会养老保险基金需要进行投资运营以保值增值，这需要专业化、职业化或社会化的委托投资代理。另外，在社会养老保险基金的筹集、待遇的发放等过程中需要精确记录参保人的缴费及基金领取情况，这自然离不开现代化的信息技术支撑，因此社会养老保险等多采用现代化的管理经办措施。

(二)模式

社会养老保险作为一项基本的社会保险制度，最早产生于西方一些发达国家，已有一百多年的历史。目前许多国家(包括发达国家与发展中国家)根据制度发展规律和本国国情，建立了各具特色的社会养老保险制度。从发展过程看，共经历了四种模式。

(1)投保资助型模式。亦称为传统型，以美国、德国、日本等为代表。其特点是：以劳动者为核心建立社会养老保险制度；在目标的选择上侧重效率，强调劳动者个人的责任，体现了自立、自主的社会养老保险意识；社会养老保险费由雇主、雇员和国家三方负担（即雇主与个人投保，由国家财政资助）；养老金的支付与缴费和个人收入相联系，突出了权利与义务、公平与效率的对等关系；社会养老保险基金在受保成员间调剂使用，贯彻了互助共济、共担风险的原则；对国家的依赖性小，有内在的活力，但也需要以国家财政为依托。

（2）福利型模式。其包括普遍养老金、收入关联年金等，以英国、瑞典等福利国家为代表。其理论源于 1920 年庇古的"福利经济学"。第二次世界大战之后，以《贝弗里奇报告》为蓝本，一些奉行高福利政策的国家实行一整套"从摇篮到坟墓"的社会保险政策，将包括社会养老金在内的各种税收和基金作为调节个人收入的一种手段，通过对高收入者征收累进税收和基金作为调节个人收入的一种手段，通过对高收入者征收累进税和对低收入者发放养老金，实行收入分配的社会转移。国家高投入、高保险的社会养老保险制度缩小了社会成员间的收入差距，使老年人生活优裕，但也使国家背上了沉重的财政包袱，陷入世人所谓的"福利危机"。

（3）国家保险型模式。该模式以苏联为代表，主要内容是由国家包办社会养老保险，国家财政预算筹划养老金，按统一标准发放。这种做法把公平混同于平均主义，牺牲了效率，助长了社会养老保险的负效应，即依赖性和惰性，影响了经济的发展，也使社会养老保险金失去了雄厚的经济基础，处于低水平的状态。中国在计划经济时代以单位为依托实行这种社会养老保险模式，即国家—单位保障型模式。该模式在改革过程中被放弃。

（4）储蓄保险型模式。该模式以新加坡、智利等国家为代表，是一种自助型社会养老保险方式，即个人缴纳保险费，实行完全积累制的社会养老保险模式。该模式侧重于责任和效率，突出自我保护意识，带有强制储蓄保险的性质。由劳动者或劳资双方交费，以劳动者个人名义储存，年老时连本带利返还本人。其缺点是缺乏社会统筹、互济性和共担风险能力差；贫困者的社会养老保险来源没有可靠的保证；储蓄养老金容易受通货膨胀、经济危机的影响，基金贬值风险大。

第二节 社会养老保险理论基础

对社会养老保险的理论基础或支撑的研究，可谓仁者见仁、智者见智，许多学者从不同学科、不同视角做了卓有成效的探讨和分析。有些理论与社会养老保险是直接相关的，具有较强的解释性，而更多的理论是间接的、背景性的、支点性的。囿于篇幅，本章仅选择几个有代表性的理论进行介绍。

一、生命周期假说和代际交叠模型[①]

从微观经济学角度来看，养老问题是个人对其退休前和退休后储蓄和消费行为的一

---

① 吴国玖：《基于公共财政视角的社会养老保险收支模式研究》，中国矿业大学博士学位论文，2009 年，第 33～36 页。

种跨时安排；从宏观经济学角度来看，养老制度安排实际上是采取何种形式将多大规模的财富分配给退休一代使用。在分析这些问题时需要用到两个经济学理论分析工具，即生命周期假说和代际交叠模型。

(一)生命周期假说

生命周期假说(life cycle hypothesis)又称消费与储蓄的生命周期假说，由美国经济学家莫迪利亚尼(Franco Mordiglianl)、布伦贝格(R. Brumberg)和安东(Anton)共同提出。据莫迪利亚尼和布伦贝格在《效用分析与消费函数——对横断面资料的一个解释》一文中的论述，他们依据微观经济学中的消费者行为理论，从对个人消费行为的研究出发，提出了生命周期假说[①]。该假说的前提是：

(1)假定消费者是理性的，能以合理的方式使用自己的收入，进行消费；

(2)假定消费者行为的唯一目标是实现效用最大化。

这样，理性的消费者将根据效用最大化的原则使用一生的收入，安排一生的消费与储蓄，使一生中的收入等于消费。

该理论与凯恩斯消费函数理论的区别在于，凯恩斯消费函数理论强调当前消费支出与当前收入的相互联系，而生命周期假说则强调当前消费支出与消费者个人或者家庭整个一生的全部预期收入相互联系。该理论认为，每个消费者都是根据一生的全部预期收入来安排自己的消费支出的，即每个消费者在每一时点上的消费和储蓄决策都反映了该消费者希望在其生命周期各个阶段达到消费的理想分布，以实现一生消费效应最大化的企图。因此，各个消费者的消费取决于他们在两个生命期内所获得的总收入和财产。这样，消费就取决于消费者所处的生命周期阶段。

莫迪利亚尼认为，理性的消费者要根据一生的收入来安排自己的消费与储蓄，使一生的收入与消费相等。消费者的收入包括劳动收入和财产收入，所以，消费者的消费函数是

$$C = a \cdot WR + c \cdot YL$$

式中，C 为消费支出；WR 为财产收入；YL 为劳动收入；a 为财产收入的边际消费倾向；c 为劳动收入的边际消费倾向。

生命周期假说将人的一生分为年轻时期、中年时期和老年时期三个阶段。年轻和中年时期是工作阶段，老年时期是退休以后的阶段。

一般来说，在年轻时期，家庭收入低，但因为未来收入会增加，因此，在这一阶段，往往会把家庭收入的绝大部分用于消费，有时甚至举债消费，导致消费大于收入。

进入中年阶段后，家庭收入会增加，但消费在收入中所占的比例会降低，收入大于消费，因为一方面要偿还年轻时期的负债，另一方面还要把一部分收入储蓄起来用于防老。

退休以后，收入下降，消费又会超过收入。因此，在人的生命周期的不同阶段，收入和消费的关系，以及消费在收入中所占的比例不是不变的。

根据上述生命周期假说，莫迪利亚尼建立了下述总消费函数：

---

① 莫迪利亚尼：《莫迪利亚尼文萃》，首都经济贸易大学出版社，2000年，第75页。

$$C_t = b_1 Y_t + b_2 Y^* + b_3 A_t$$

式中，C_t、Y_t、Y^*、A_t 分别代表现期消费、现期收入、未来收入和现期财产；b_1、b_2、b_3 分别代表现期收入、未来收入和现期财产的边际消费倾向。

莫迪利亚尼认为，可以把未来收入作为现期收入的一个倍数，即

$$Y^* = \beta Y_t$$

则总消费函数可以变为

$$C_t = (b_1 + b_2 \beta) Y_t + b_3 A_t$$

生命周期假说理论认为，由于组成社会的各个家庭处在不同的生命周期阶段，所以在人口构成没有发生重大变化的情况下，从长期来看边际消费倾向是稳定的，消费支出与可支配收入和实际国民生产总值之间存在一种稳定的关系。但是，如果一个社会的人口构成比例发生变化，则边际消费倾向也会变化，如果社会上年轻人和老年人的比例增大，则消费倾向会提高，如果中年人的比例增大，则消费倾向会降低。

生命周期假说把消费与一生收入和财产联系起来，具有重要意义和地位。它解释了消费函数之谜，说明了长期消费函数的稳定性及短期消费波动的原因。具体的，在长期中，财产与可支配收入的比率大致是不变的，可支配收入中劳动收入的比率(YL/YD)也是大致不变的，因此，长期平均消费倾向是稳定的，边际消费倾向与平均消费倾向大致相等。但在短期中，财产与可支配收入的比率是变动的，其原因主要是资本市场的价格变动。这一理论还可以用来分析货币政策与财政政策对消费和经济活动的影响、不同阶层家庭消费的差别、消费的逐季变动等问题。对生命周期假说的批评主要集中在这一假说的一些假设条件上，如储蓄无利率、生命周期与预期寿命的确定性、消费者的理性等。

(二)代际交叠模型

阿莱(Allais)、萨缪尔森(Samuelson)和戴蒙德(Diammond)等所创立的代际交叠模型(overlapping generation model)，是新古典养老经济学的主要分析工具。生命周期假说是把一代人的寿命分为两个时期，并不涉及两代人之间的关系，而代际交叠模型的出发点则是：在任何一个时期，都有不同代的人活着，每代人在其生命的不同时期都和不同代人进行着交易。因此，代际交叠模型的基本形式是一个跨时的一般均衡。根据萨缪尔森构建的模型[①]，可以用表 6-3 来说明其原理。

表 6-3 代际交叠模型

分类	t	$t+1$	$t+2$	$t+3$	$t+4$
老年人	O_t	$O_{t+1}(Y_t)$	$O_{t+2}(Y_{t+1})$	$O_{t+3}(Y_{t+2})$	$O_{t+4}(Y_{t+3})$
年轻人	Y_t	Y_{t+1}	Y_{t+2}	Y_{t+3}	Y_{t+4}

表 6-3 表明，在任何时期，都同时存在退休一代和工作一代。如 t 时期，O_t 是退休一代，Y_t 是工作一代；到了 $t+1$ 时期，O_t 一代死亡，Y_t 进入退休期，成为 O_{t+1}。依

---

① Samuelon P. An exact consumption loan model of interest with or without the social contrivance of money. Journal of Political Economy, 1958, 66: 467-482.

次类推。在任何时点，老年人在工作时期的储蓄的资本与年轻人提供的劳动相结合生产产品，资本和劳动的报酬均为其边际产品，老年人同时消费其资本收益和现有财富（假设不存在遗赠动机），然后他们死亡并退出该模型；年轻人将劳动收入分为消费和储蓄两个部分，他们将储蓄带入下一时期。如此，周而复始。代际交叠模型作为经济分析工具，在很多领域具有应用价值。它也可以为研究如何建立合理的社会养老保险制度提供分析框架，是进行理论分析和实证分析的基础工具。根据这一模型，可以构建一个以税收为主要筹资方式、以现收现付为基本财务处理方式的社会养老保险制度。在缺乏任何持久的资本资产的条件下，通过现收现付养老金制度的引入是一个帕累托改进的政策[1]。

二、政府父爱主义[2]

对社会养老保险体系的产生和发展提出解释的理论是父爱主义理论。戴蒙德所提出的政府主义理论的主要观点是：政府之所以通过社会养老保险体系照顾老年人，是因为一些老年人在年轻的时候过于奢侈，储蓄过少，那么在老年时他们的储蓄不足以支持他们的最低消费水平。关于个人年轻时储蓄不足的原因，有两种主要的理论解释：一是由于个人年轻时不能准确或不能明智地做出一生的消费储蓄规划而造成的储蓄不足，或者个人缺乏一生消费储蓄的必要信息，或者在消费函数中赋予未来消费的权重过低等；二是个人"理性"造成储蓄不足，主要是预见到政府会出于父爱主义，以至于建立一个强制性的社会养老保险体系对个人的消费和储蓄做出安排，从而个人在年轻时策略性地减少储蓄。相对于个人而言，政府更能合理地预测未来经济走势，更能在较大范围内集合和分散老年风险，更能使用财政支持在费用补贴和投资回报方面发挥积极作用。但是，基于政府父爱主义理论的解释也有不足的地方。其一，将社会养老保险体系解释为政府对"短视"问题所做出的父爱主义行为，其推论便是建立一个由政府强制推行的个人储蓄计划，也就是完全基金制的社会养老保险体系，而这与世界上大部分社会养老保险体系是现收现付制的特征事实不符，并且它也不能合理解释这样一种现象：即使是老年人中比较富裕的人，为何仍然可以参加社会养老保险并领取养老金。其二，费尔德斯坦认为最优社会养老保险体系应该是一个为了解释"短视"行为而建立的最低生活保障年金制（means-testing）与较低的保障水平相结合的体系，但这与现实中的社会养老保险体系的特征并不一致[3]。

通过对以上理论的总结，我们对社会养老保险原理有了更深入的认识和了解，在做社会养老保险制度改革决策时有效了解到所进行的改革是否能够提高社会效率，增加社会福利，同时可能带来哪些危害，能够使我们提前了解哪些改革是可行的，而哪些是在现行条件下无法完成的，对指导我们进行社会养老保险改革有着积极的意义。

---

[1] Feldstein M，Liebman J. Social security. NBER Working Paper 8451，2001：16.
[2] 袁志刚：《养老保险经济学》. 上海人民出版社，2005年，第30～31页。
[3] 苑梅：《我国农村社会养老保险制度研究》. 东北财经大学，2011年博士学位论文，第22～23页。

第三节 社会养老保险基金的筹集、管理与给付

一、社会养老保险基金的筹集

作为一种社会保险方式,社会养老保险的管理运营及待遇给付自然离不开资金的筹集,没有资金的筹集与融资,也就不会有社会养老保险待遇的发放,其中反映的是源与流的关系。从某种意义上讲,资金的筹集方式、财务模式对养老保险的发展实践起着客观决定作用。

(一)筹集方式

社会养老保险基金的筹集方式被称为社会养老保险基金的资金征收方式。它一般包括征税制、征费制、自由筹资方式三种。

1. 征税制筹资方式

征税制是指通过税收形式获取资金并形成保险基金。税收是国家财政基本的、稳定的来源,其特点是标准统一、强制征收、统收统用,其收入、支付和管理都有很强的法律约束。通过征税方式形成社会养老保险基金是许多国家尤其是西方国家的惯常做法,如许多国家开征社会保险税(或社会保障税)提高国家对社会养老保险的供给能力。一方面,财政性社会保障基金必然来自税收(少数情形下,国家亦可以通过发行特种债券筹集社会保障基金);另一方面,实行现收现付制的国家(尤其是福利国家)也采取征税方式来筹集包括社会养老保险在内的社会保险基金[1]。因此,征税方式成为社会养老保险最为重要的筹资方式之一。征收方式的优点是强制性、负担公平,有利于社会提升社会养老保险资金来源的稳定性、多元化及社会化程度;缺点是社会保险的权利与义务关系不明确,通过国家预算形成的财税资金(通常以年度收支平衡为目标)很难积累社会保险基金去抵御人口老龄化加剧、经济危机等社会风险。

2. 征费制筹资方式

征费制就是按照统一的保险费率缴纳社会保险费,或按照社会保险项目的不同设计不同的费率进行缴纳形成社会保险基金。其特点是有一定的灵活性,可以采用综合费率,也可以采用分项目费率,但其收入、支付和管理的法律约束性不如征税制。征费制的优点在于:它非常明确地对应了社会保险的权利与义务关系,为便于管理可以和政府的财政系统相对独立,缴费的目的性较强而能够被国民认可,能够形成一定的基金积累以应付人口老龄化所带来的基金给付问题。征费制的缺点在于:有差别性和阶层性,容易影响社会养老保险基金筹集的社会化程度,造成制度的加入者不足等问题[2]。

3. 自由筹资方式

自由筹资方式是采取非固定的、灵活的方式来征集社会保险基金,是属于公民自愿

---

[1] 郑功成:《社会保障学——理念、制度、实践与思辨》,商务印书馆,2000年,第336页。
[2] 史柏年:《社会保障概论》,高等教育出版社,2004年,第85页。

参与式的、非制度性的方式。与征税或征费方式不同的是,自由筹资方式对资金的供应者与接收者双方均无强制性,基金的多寡亦取决于具体的筹资方式对公众的吸引力以及社会偏好和公众意愿①。

对于制度型的征税制与缴费制及非制度型的自由筹资方式,各国一般根据具体国情和社会养老保险制度发展程度去选择合适的筹资方式。目前,除少数国家或地区主要选择征税制外,大多数国家或地区采取的是多元混合筹资方式,即三种筹集方式并存并、各司其职①。

(二)财务模式

社会养老保险基金筹集的财务模式将决定社会养老保险制度的设计、运行和管理,主要有现收现付、完全积累和部分积累三种模式。选择一种合适的基金筹集财务模式需要考虑多方面因素的影响,如该国的经济发展水平、政府和个人应承担的责任比例、人口老龄化的程度以及资本市场的投资渠道等。

1. 现收现付式

现收现付式(pay as you go,PAYG)亦称为非基金式。该模式不考虑资金储备,注重短期(通常为1年)收支平衡与以支定收,实质体现社会养老保险负担代际转移,是收入分配在代际和用人单位之间进行大范围横向平衡,以分散养老风险,是一种代际互济、社会互助、注重公平的模式。这种方式要求每年筹集的费用和支出的保险金随着人口老龄化而相应地同步增长。该模式的特点是代际赡养,即由当前工作一代人供养年老的一代人。其优点是没有基金积累而无资金贬值风险和保值增值的压力;缺点亦因为无基金积累难以应付人口老龄化加剧时的冲击,费(税)率波动较大,以及养老金的代际转移不仅使权利与义务关系模糊,而且容易导致代际矛盾的激化。

2. 完全积累式

完全积累式(full-funded,FF)亦称为基金式。该模式是根据长期(通常是几十年)收支平衡的原则确定收费率,即在预测未来时期社会保险支出需要的基础上,确定一个可以在相当长时期内收支平衡的相对稳定的总收费率,将社会养老保险较长时期的支出总和按比例分摊到整个期间并向企业与个人征收,同时对已筹集的社会养老保险基金进行有效运营与管理。其特点是遵循同代自养的原则(劳动者在工作期间为将来年老时期消费做准备),强调长期收支平衡,费率较稳定,能够积累社会养老保险基金。其优点在于积累的基金可以预防人口老龄化的冲击,参保者的权利与义务关系明确;缺点在于固定的费(税)率标准难以适应经济的发展变化,积累的基金必须应付通货膨胀带来的贬值风险,保值增值压力巨大。

3. 部分积累式

部分积累式亦称为部分基金式或混合模式,是介于前两种模式之间的一种选择。该模式根据分阶段以收定支、略有结余的原则确定征收费(税)率,目标是保持社会养老保险基金在一定时期内(通常为5~10年)的收支平衡。它吸收了现收现付与完全积累式的

---

① 郑功成:《社会保障学——理念、制度、实践与思辨》,商务印书馆,2000年,第337页。

优点与长处,同时又避免了二者分别采用存在的自身难以逾越的困难,力图在资金的横向平衡(工作的一代与退休的一代)和纵向平衡(人口年轻阶段与老龄阶段)之间寻求交点。其优点在于:既能满足一定时期内的社会养老保险基金支出,又能有一定的资金积累;部分积累式储备的基金规模比现收现付式大,比完全积累式小,因而面临的保值增值压力不会太大,在通货膨胀中基金贬损的风险也较低。

对比现收现付、完全积累、部分积累三种不同的筹资模式,由于人口老化的影响,随着制度的成熟,其所对应的缴费率将呈现不同的发展趋势(图6-1)[①]。

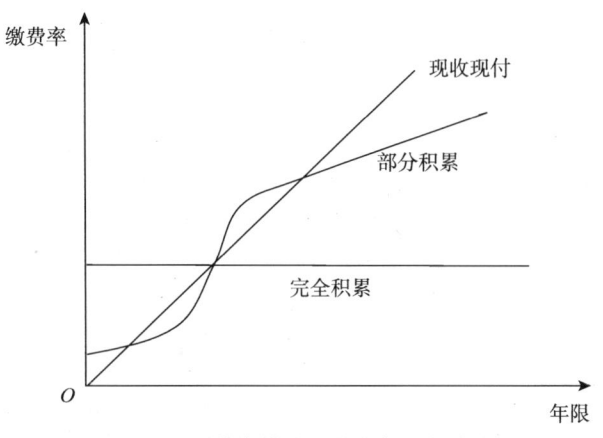

图 6-1　不同筹资模式下缴费率的变动趋势

由于没有人能够在年轻时储存起本代人所生产的消费品或劳务,以供养自己年老时消费,而只有通过依赖下一代的代际交换来满足自己。因此,如果从每一时期的经济产出都在不同代之间进行分配这个角度看,所有养老金计划,不管是完全积累式还是现收现付式,都是工作的一代在养退休的一代,在一定意义上都是现收现付的。可以说所有的养老金计划都建立在一个社会契约上,每一代人向上一代人转移他们所生产的商品或劳务,但是将来下一代又会补偿他们。经济的总产出总是在工作和退休的两代人之间进行分配,某代人退休时的收入和消费取决于该时期的养老资产的实际价值或购买力。在现收现付式社会养老保险体系下,某代人相当于获得了一种期权,通过养老保险机构实现代际收入的转移。而在完全基金式下,某代人拥有一部分的社会资本的所有权,通过资本市场来实现代际收入的转移。无论是养老的期权还是养老的资产,如果希望获得更多的消费,拥有更强的谈判能力,都必须建立在长期的劳动生产率提高、缴费人口增长和经济增长的基础上,也只有这样才可能有和谐的代际分配关系[②]。

二、社会养老保险基金的管理

(一)基金管理目标与原则

从社会养老保险基金的筹集到基金的存储、再到待遇给付都需要有严格、规范的管

[①]　袁志刚:《养老保险经济学》,上海人民出版社,2005年,第51页。
[②]　袁志刚:《养老保险经济学》,上海人民出版社,2005年,第52页。

理。基金管理的目标在于：一是确保基金的完整与安全；二是防止基金贬值，实现基金保值，争取基金增值；三是满足给付的需要，避免支付危机发生；四是保持高效。毫无疑问，维护基金安全是基金管理中最重要的目标，也是最基本的目标。此外，社会养老保险基金管理应遵循如下原则：一是依法管理；二是规范运行；三是坚持收支两条线，征收系统与支出系统应当保持分离，以便各司其职；四是实行预算管理；五是杜绝漏洞，严格基金收支手续、基金监督实行问责制；等等①。

(二) 基金管理模式

社会养老保险基金管理模式主要有公营、官民结合(官办民营/公办私营)等模式。

(1) 公营模式。即由政府有关部门直接进行管理。它通常通过政府财政部门、社会保障主管部门(或社会养老保险主管部门)等来行使管理职责，并将财政性社会保障资金和社会保险基金等的收支、运营管理作为重点。例如，社会养老保险基金管理机构直接投资运营社会养老保险基金，主要包括将基金存入银行、购买国债以及一些有关政策法规许可的其他投资业务。

(2) 官民结合模式。即采取官办民营/公办私营、委托经营等方式对基金进行管理。许多国家高度重视发挥自治机构与半自治机构乃至私营机构的作用。例如，建立新的自治组织并让其行使基金管理功能，西方一些国家成立的社会保险协会等即是这种类型，它负责社会保险基金的管理，而政府部门只起一般监督作用；选择、督控民营机构(或私营机构)充当社会养老保险基金的管理者②；将社会养老保险基金委托给基金管理公司等其他机构进行经营，受托机构可以在法律规定的范围内自主地进行投资运营，政府有关部门和基金会只负责处理基金的行政事务③。

三、社会养老保险待遇的给付

(一) 待遇给付原则与程序

社会养老保险待遇的给付直接面对着全体社会成员，任何差错的出现均可能导致对受保障者法定权益的侵害。因此，确定相应的原则与规范的程序是非常必要的。在原则方面，必须强调依法办事，按照程序进行，坚持公开、公正和按标准给付，杜绝浪费、堵塞漏洞(如冒领养老金)，坚决反对官僚主义，同时注意待遇水平的适度性，确保老年人能够分享经济社会发展的成果。在程序方面，应当遵循退休养老金申请—登记—审核(调查)—批准—给付的一般程序④。同时，借助社会力量，采用合理的软硬件设施，实现社会化服务，是实现养老金待遇给付高效率化和方便化的基本准则。

(二) 养老金替代率分析⑤

养老金替代率，也称为退休金的工资替代率，是指劳动者退休时的养老金领取水平

---

① 郑功成：《社会保障学——理念、制度、实践与思辨》，商务印书馆，2000年，第352页。
② 郑功成：《社会保障学——理念、制度、实践与思辨》，商务印书馆，2000年，第353页。
③ 史柏年：《社会保障概论》，高等教育出版社，2004年，第114页。
④ 郑功成：《社会保障学——理念、制度、实践与思辨》，商务印书馆，2000年，第357~358页。
⑤ 张琪：《社会保障概论》，中国劳动社会保障出版社，2008年，第160~161页。

与退休前工资收入水平的比率。它是衡量劳动者退休前后生活保障水平差异的基本指标之一。目前，一般使用的测算养老金替代率的方法归纳起来有如下四种。

（1）目标替代率。即职工退休后的养老金收入与退休前一年（或若干年）工资收入的比率。这一指标以个人为对象，研究目的是使退休者的养老金收入保持在其退休前收入的合适比例之内。其求法是：从退休者退休前最后一年的工资总额中除去劳动者因退休而省去的工作性相关支出，如教育培训费、岗位津贴、交通费等，即可求出退休者所需的必要的生活费用。通过工资总额中的用于生活费用的支出与工资总额相除，就是该退休者的养老金目标替代水平。

（2）平均替代率。即社会平均养老金与社会平均工资的比率。其中，社会平均养老金是指全体退休者的人均养老金收入，社会平均工资是指全体在业者的人均工资收入。这一指标表明了同一时期退休者与在业者的收入对比关系。

（3）总额替代率。即退休金总额与当年在职职工工资总额之比。它能够反映社会负担程度，但这一指标并不反映单个退休人员受保障的水平。一般说来，对养老金替代率的研究，更多的是使用目标替代率和平均替代率两个指标。

（4）总和替代率。即多层次社会养老保险体制下，各层次的社会养老保险待遇替代率加总形成的总替代率。例如，我国现行的基本养老保险替代率为50%～60%，企业年金保险的替代率为15%～20%，其总和替代率则应为65%～80%。

社会养老保险制度的一个重要原则就是保证老年人的基本生活水平，而养老金替代率就是一个合适的衡量指标。它既是一个经济指标，又是社会发展指标，所以养老金替代率的确定，既要考虑社会的工资总体水平和退休老年人的实际生活需要，又要考虑经济发展水平和社会的承受力；既要考虑物价变动情况和趋势，又要考虑退休老年人与在职者的收入差距及社会的安定。因此，养老金替代率客观上应该存在一个适度区间或适度水平。国际劳工大会的文件规定：缴纳和就业30年并有一个符合养老条件的配偶，正常的社会养老保险工资替代率不得低于40%～50%。国外的养老金替代率一般为40%～70%，如美国的养老金替代率为40%，法国为50%，日本为68%[①]。

（三）社会养老保险待遇的给付条件

要享受养老金的给付，必须满足制度规定的一定资格或条件。这些资格或条件一般都是复合型的，体现社会养老保险权利和义务的对等性。一是年龄的限制，即达到法定退休年龄才可以领取养老金；二是工龄，即达到一定的工作年限；三是投保年限，即缴够规定期限的保险费；四是居住期限，即享受养老金必须达到居住国规定的居住期限，并在一定的年龄后才有资格享受社会养老保险待遇的给付。

（四）社会养老保险给付模式、标准、对象及内容

1. 给付模式

按养老金水平的确定与给付方式，社会养老保险给付模式可分为给付确定制（defined benefit，DB）和缴费确定制（defined contribution，DC）。

---

① 张琪：《社会保障概论》，中国劳动社会保障出版社，2008年，第161～162页。

给付确定制,狭义地讲,是按预先确定的为保障一定的生活水平所需要的替代率确定支付养老金标准;广义地讲,这种分配方式又决定着社会养老保险基金的征缴比例,即根据所给付的养老金水平(替代率)确定基金缴费率,通常被表述为"以支定收"。

缴费确定制是经过预测,确定一个缴费标准,这个标准相对比较稳定,然后按照这个缴费标准(投保费率)筹集社会养老保险基金(包括雇主和雇员的供款),并完全或部分地存入劳动者的个人账户。在劳动者退休时,以其个人账户中的储存金额(本金加经营利息或利润)作为养老金。这种模式通常被表述为"以收定支"①。

2. 给付标准

综观各国社会养老保险的给付标准和计算方法,可以归纳为两种,即薪资比例制和均一制。

薪资比例制又称工资相关制,是根据被保险人在退休前一段时期内的平均工资或最高薪酬为基础,按照一定比例计算养老金给付标准。

均一制又称定额制,即对于满足给付资格和条件的被保险人,按照统一的规定数额或绝对额标准进行养老金给付。

以上两种给付标准,在多数国家是同时存在的,不同性质的社会保障项目采用不同的方式,甚至同一项目上也分别采用两种标准,借以取长补短,满足不同方面的保障需求。例如,英国养老保险,有均一制和薪资比例制两种。均一制是指英国国民保险制度中基本养老保险金的给付,规定凡向国民保险投保,每年缴纳一定数量的保险费且缴费年限不少于本人有工资收入年份的90%,达到法定退休年龄,每周其他收入低于一定标准,可以领取按绝对额计发的全额基本养老金。在基本养老金之外,同时实行附加养老金制度,缴费和给付标准均与被保险人工资收入挂钩,退休后可在领取基本养老金的同时,领取根据原工资收入一定百分比的附加养老金。这样,既照顾到低收入劳动者的普遍保险需求,又使较高收入者在退休后可以享受高于一般水平的生活保障②。

3. 给付对象及内容

一般而言,养老保险给付对象包括退休老年人、无收入配偶、未成年子女及其抚养的直系亲属;给付内容有基本养老金、低收入补贴、护理照料补贴、配偶及未成年子女补贴、直系亲属补贴、丧葬补助及遗属津贴等内容。

第四节 多层次的养老保险体系与内容③

多层次养老保险体系是 20 世纪 80 年代西方国家所建立的一种老年保障经济制度,由于它较好地处理了政府和私人在老年社会保障中的角色和功能分工问题,受到了世界银行的赞许并支持其在许多发展中国家推广。其主要分为三个层次,即社会基本养老保险(或称"公共养老保险")、企业补充养老保险(也称"职业年金")和个人储蓄养老保险。

---

① 董克用:《养老保险》,中国人民大学,2000 年,第 35 页。
② 张琪:《社会保障概论》,中国劳动社会保障出版社,2008 年,第 108 页。
③ 张蕊:《我国多层次养老保险体系税收政策研究》,西南财经大学硕士学位论文,2007 年,第 6~8 页。

后两个层次也统称为私人养老保险。

一、社会基本养老保险

所谓社会基本养老保险，是指国家根据一定的法律和法规，为解决劳动者在达到国家规定的解除劳动义务的劳动年龄界限，或因年老丧失劳动能力退出劳动岗位后的基本生活而建立的一种社会保障制度，在多层次养老保险体系中处于第一层次。其主要特征有四点：①社会基本养老保险的参与对象具有普遍性，即法定范围内的全体劳动者。虽然在特定时间内享受养老金的是部分社会成员，但参与养老保险缴纳的是法律规定范围内的全体劳动者；②保障程度的低水平，社会基本养老保险保障人们的基本生活水平；③执行的强制性，政府通过立法和行政措施强制设立和执行，来保障退休老年人的生活；④养老待遇的确定向低收入者倾斜，成为政府对市场初次分配结果进行纠正的重要工具，有利于促进社会公平。

目前，社会基本养老保险已成为世界各国较普遍实行的一种社会保障制度，根据筹资模式的不同可分为三种类型，即基金制、现收现付制和混合制。基金制和现收现付制最大的不同在于是否积累基金，基金制是本代人对自己的收入进行跨时间的分配，即将自己年轻时缴纳的养老保险费用累积，供自己退休后使用。现收现付制则按照社会统筹方式筹集养老资金，在社会成员之间进行分配。这种方式便于管理，不需要实现资金的提前积累。而混合制就是介于基金制与现收现付制之间的一种社会基本养老保险制度。在这种制度下，社会基本养老保险分为两部分，即社会统筹部分和个人账户部分。社会统筹部分实行现收现付制，个人账户部分实行基金制。这种模式在理论上既可以保持现收现付制的代际转移和收入再分配功能，又能够发挥基金制刺激个人缴费积极性、培养个人责任心以及提高储蓄等作用。同时混合制克服了现收现付制无法应付的人口老龄化和基金制没有再分配功能的缺陷。

二、企业补充养老保险

企业补充养老保险是带有自愿性质的一种养老保险，是指企业在依法交纳政府规定的基本养老保险费用之外，根据自身实力和经营状况，为了提高雇员退休后生活水平建立起来的一种内部福利制度，其实质是以延期支付的方式支付给职工劳动报酬中的一部分或者是职工分享企业利润的一部分。企业补充养老保险可以由企业单独出资，也可以由企业与雇员共同出资，一般为企业与雇员共同出资，受益人为雇员。在欧美国家，企业补充养老保险又常被称为自愿养老保险、私人养老保险、职业养老保险。企业补充养老保险是吸引优秀人才为企业服务、增强企业凝聚力和竞争力、凸显优秀企业文化的良好途径之一。企业补充养老保险的自愿性不同于基本养老保险的强制性，建立企业补充养老保险目的的非营利性又不同于商业养老保险，它是一种独立性质的保障形式，是对基本养老保险的重要补充，企业补充养老保险已成为多层次养老保险体系中的第二层次。

国际上企业补充养老保险的基本模式主要有两大类，即待遇确定型和缴费确定型。二者的不同之处在于企业承担养老金给付的责任确定方式有别。"待遇确定型"的含义是企业承诺员工在工作一定期限后退休时，按期发放定额的养老金，因此雇主需要承担养老金给付的责任和风险。"缴费确定型"是指雇主在员工工作期间依据工资水平或企业利润额的一定比率按期向员工个人账户中缴纳约定的金额。员工可以在个人账户基金的投资方向上做出选择。退休后，账户基金可以由雇员一次性提取也可用于购买年金保险。因此，企业不承担给付确定金额的责任，员工受益情况依累计的基金总额和利息水平决定，风险完全由员工自担。目前还出现了一种集以上两种类型优势于一身的混合型模式。

三、个人储蓄养老保险

所谓个人储蓄养老保险，是指由劳动者个人和家庭建立的以自愿储蓄或其他方式建立的补充性退休收入保障计划。该计划主要通过个人根据自己的收入情况，向商业保险公司购买商业养老保险。由于商业养老保险保费中含有利息因素，保单既有保障功能，又有储蓄投资功能，因此个人储蓄养老保险属于个人理财规划的范畴。其主要特征有两点：①个人储蓄养老保险多属于累积式养老保险，个人只要缴付少量的保险基金，就能获得较大的养老保障；②商业养老保险经营方法灵活，适应社会多层次人群对保险保障的愿望。国际上实行个人储蓄养老保险的目的：一是扩大资本市场资金的来源；二是减轻国家和企业的负担，增强个人的自我保障意识和参与社会保险的主动性。

第五节 社会养老保险制度的国际经验

一、德国社会养老保险制度

(一)德国社会养老保险制度变迁历程[①]

1. 萌芽阶段：19世纪中期至19世纪后期

德国社会养老保险制度的萌芽，是社会各方力量斗争的结果，包括历史学派的理论铺垫、马克思主义的影响及工人运动的风起云涌。1879年《皇帝诏书》中提出工人因年老而出现经济困难时有权得到救济，并公布了养老保险的实施计划，这标志着社会养老保险制度的萌芽。

2. 初创阶段：19世纪后期至20世纪初期

1881年11月17日，俾斯麦在《皇帝诏书》中第一次正式提出实施老年人与伤残者保险计划，但遭遇各阶层的阻力而未实施。1888年11月，新皇威廉二世正式提出政府"老年和残障社会保险法草案"，但这一草案同样遭遇各派的反对与批评。1889年5月爆发了德国莱茵和威斯特伐利亚煤矿工人大罢工，工人运动日益高涨。在这种形式下，1889年5月24日，帝国议会通过了《老年和残障社会保险法》(同年6月22日公布，1891年1月1日正式生效)。这标志着德国社会养老保险制度的正式形成与创立。

---

① 姚玲珍：《德国社会保障制度》，上海人民出版社，2011年，第122～133页。

3. 发展阶段：20 世纪初期至 20 世纪末

德国养老保险在 1957 年引入了现收现付制，并且实现了养老金受益指数化的动态机制。1957 年之前，德国法定养老保险制度主要采取基金积累模式。但随着时间推移，该模式的弊端逐步显现，尤其是 1957 年后，这种资金运行模式难以承受经济危机或者通货膨胀的影响，特别是国家难以承受长期储备大量资金的负担。1957 年改革取而代之的是以收抵支同期发放养老金的现收现付模式。这种模式以"代际协议"为基础，即下一代从业人员缴纳养老金，以养活上一代退休人员。改革之后的养老金领取数额相当于在职职工平均净工资的 70%（1957 年之前只相当于在职职工收入的 40%）。

70 年代后，资本主义经济危机大面积爆发，德国经济发展受到冲击。为了促进和规范企业补充养老金的发展，1974 年 12 月 19 日德国通过了《企业补充养老金法》，这标志着德国企业补充养老金计划开始走上了有序发展之路，逐步成为一种制度。这一阶段企业补充养老金计划的类型包括直接承诺、互助储蓄、退休储蓄和直接保险四种方式。

1989 年，德国颁布了《社会法典》，其中编纂了《养老保险改革法》；1993 年又颁布了《补充养老保险法》。经过多次修订，德国的养老保险法进一步发展完善，如规定了公共养老金的适用范围，资金来源、缴费标准和筹集方法，授权资格和条件，发放标准、监督管理，等等。

4. 改革阶段：20 世纪末期至 21 世纪

从 20 世纪末到 21 世纪初，随着德国人口老龄化加速和提前退休人口的持续增加，德国法定养老保障缴纳总额却因工作年龄人口的不断下降而趋于萎缩，这使越来越多的人认识到法定养老保险已经不堪重负。德国养老保险进行了一系列变革，主要集中于法定养老保险领域，如改变养老金计发方式和提高法定退休年龄。德国总理科尔在 1989 年通过了《1992 年养老金改革法》，将养老金缴费标准由占工资的 18.5% 提高到 19.2%，养老金的增加不再与参加者人均毛收入的增长挂钩，而是与净收入的增长挂钩，以减少养老金支出。1992 年 1 月 1 日起，德国开始实行统一的养老金改革法，主要包括：养老金的调整根据可供支配的（净）工作收入的增幅，而不再是根据毛工作收入的增幅；从 2001 年起，把退休年龄从现在的 60 岁推迟到 65 岁，妇女、残疾人士推迟到 63 岁；要比以往更严格地根据个人的保险年份来考虑免除缴纳保险费的时间（如患病、培训、服兵役或逃亡期）。改革取得了一定的成效。在德国大约有 90% 以上的成年人参加了社会养老保险。

1999 年社会养老保险改革方案的总体趋势是：①降低过高的养老金水平，养老保险费率尽可能保持平中有降，以降低德国的工资附加成本；②在筹资模式上，加大资本积累模式的份额；③更多强调生育子女的义务，并在养老金的计算上或是税收和家庭政策上给予更多的优惠措施；④同失业作斗争仍是解决社会保险问题的关键，包括提高妇女就业率、缩短教育时间、改善交费者与领取养老金之间的比例等。

2001 年德国政府开始全面推行"里斯特改革"法案（Riester Reform），是由德国劳工和社会部长里斯特提议倡导的。1 月 26 日，德国议会高票通过对现行退休金制度的改革方案,主要内容包括三个方面:逐渐降低退休金的水平,即降低工资替代率;逐渐提高分摊金,目前的分摊金比率是 19.1%,到 2020 年将上调至 20%,到 2030 年将上调至 22%;政府将以各种税收优惠政策和直接补助家境贫困者等作为刺激手段,鼓励职工本人进行"退休储蓄",作为将来退休金的重要补充。德国公民只要同保险公司、银行或基金签订私人退休养老金合同,就可以得到国家的补助,并且补助金额每年都在逐渐增加。2007 年,每个成年德国公民可以从国家得到 114 欧元的补助,条件是雇员将其净工资的 3%(最少 60 欧元,最高 500 欧元)用于缴纳签约的里斯特退休金。此外,国家还为每个加入里斯特养老保险计划的雇员的子女支付 138 欧元。从 2008 年起,国家把对无子女的德国公民的里斯特退休金的补助金额提高到每年 185 欧元[1]。

2004 年也进行了一系列改革,一是将"可持续因子"(sustainability factor)纳入公式之内。可持续因子主要反映全社会养老保费缴纳人数与全社会养老金领取人数之间的相互关系和变化趋势,即整个社会养老保险系统的赡养比率,是决定养老金发放标准最为重要的长期指标。它不仅反映了人口寿命的变化趋势,也可以反映整个社会人口的多种动向(包括出生率、移民人口等)和劳动力市场的变化趋势。目前,当可持续因子的值为 0.25 时才能满足 2030 年缴费率低于 23%,养老金水平维持在总收入的 40%。二是提高退休年龄,在 2030 年以前将德国的法定退休年龄由 65 岁提高至 67 岁,以应对人均寿命延长的趋势。改革委员会认为,德国人均寿命的延长给养老保险系统造成了巨大的支付压力,增加退休年龄至少可以抵消 2/3 的支付压力。延长退休年龄的建议在获得立法机构批准后于 2011 年付诸实施[2]。

5. 未来发展趋势

作为世界上第一个建立社会保险的国家,德国社会养老保险制度在经历 100 多年的发展历程中几经风雨,始终保持了效能和偿付能力,并能随着经济发展和社会变化而不断完善,从中我们可以发现德国养老金的改革有如下趋势:降低过高的养老金水平;养老保险费率尽可能保持平中有降,以降低德国的工资附件成本;在筹资模式上更多地考虑人口老龄化趋势的挑战;加大基金积累模式的份额,更多地强调生育子女的义务,并在养老金的计算上或是税收和家庭政策上给予更多的优惠,不断扩大社会养老保险的覆盖面。

(二)制度构成

德国社会养老保险制度主要由法定养老保险体系、企业养老保险体系和私人养老保险体系三部分构成。法定养老保险体系主要包括一般法定养老保险、公务员和军人养老保险、农场主养老保险以及独立从业者养老保险/自由职业者养老保险等。这几部分的结构、目标以及功能各具特色。社会成员根据其所属的阶层、职业等特征,可以参加相应的社会保险体系。如表 6-4 所示,法定养老保险体系提供正常的保障功能,而企业和私人养老保险体系则承担了补充保障的功能。

---

[1] 王川、邢德玲:《德国的养老保险制度的运行模式及改革方向》,《经济纵横》,2007 年第 9 期,第 9 页。
[2] 张萱、朱善文:《德国养老保险体制的改革与启示》,《劳动保障世界》,2008 年第 7 期,第 87 页。

表 6-4　德国养老保险三支柱体系构成

法定养老保险体系	企业养老保险体系	私人养老保险体系
1. 一般法定养老保险	1. 直接保险	1. 保险产品
2. 公务员和军人养老保险	3. 退休基金	3. 不动产
3. 农场主养老保险	2. 退休储蓄	2. 银行产品
4. 独立从业者养老保险/自由职业者养老保险(医生、药剂师、牙医、建筑师、律师、公证员、心理医生等)	4. 互助基金	
	5. 直接承诺	
正常保障功能	补充保障功能	补充保障功能

目前，法定养老保险仍然是德国社会养老保险中的最重要的支柱，覆盖了最广泛的人群。

1. 覆盖范围

德国法定养老保险的覆盖范围经过了一个随着德国经济和社会发展逐步扩大的过程。19世纪末德国刚刚建立社会养老保险制度时，养老保险的对象仅为雇佣工人。1921年扩大到职员，1938年扩大到手工业者。目前，德国一般法定养老保险覆盖除公务员、军人、农场主、独立从业者之外的所有蓝领和白领人员。

2. 资金来源

法定养老保险为强制性保险，起源于俾斯麦时期的"自助与资助"模式，其资金来源是多元分责，主要是雇主、雇员缴费和国家补贴三部分。其中，雇主与雇员各承担50%，缴纳的数额取决于被保险人的收入，即所谓的缴费评估基础，费率根据实际需要随时调整。当雇员月收入低于某一限额时，则由雇主单独支付。近年来，德国社会养老保险缴费率呈现不断上升态势：1993年为17.5%，1994年为19.2%，1995年为18.6%，1996年为19.2%，1997年为20.3%。2008年，一般法定养老保险的费率为19.9%。国家补贴(资金主要来源于德国增值税税率提高后增加的税收收入)也是德国养老保险的重要来源。2006年用于社会养老保险支出的国家补贴约达560亿欧元，占当年社会养老保险总支出(2310亿欧元)的24.3%。

3. 筹集模式

德国在建立社会养老保险制度的初期是完全的基金积累制，但是由于战争及石油危机的影响，通货膨胀使基金实际价值降到了最低限度。因而在以后的制度改革中，将基金筹集模式逐步改为现行的现收现付方式。

4. 缴费期限

德国社会养老保险最低的投保时间为5年，未达到这一投保年限，投保人到退休时将领不到养老金。德国法定退休年龄为65岁，满65岁可领取通常的养老金。投保时间较长(35年以上)的残疾人可于60岁领取全额养老金。其他人员提前领取养老金，养老金都要打折。每提前一年，打折3.6%，提前5年打折18%。

关于投保缴费期限，《社会法典》对法定缴费时间、免除缴费时间以及照料孩子时间进行了区分。投保期限一般按日历月份计算。法定缴费时间又包括全额缴费时间和非全额缴费时间。非全额缴费时间是指投保者只需按一定比例缴纳保费的时间。全额缴纳保费时间是指投保者必须缴纳、即具有缴纳保费义务的期限。免除缴费时间是指按规定投保者可以不必缴纳保费的期限，一般需要提供相应的证明和申请材料。在法定投保期间不缴纳保费的原因有个人或社会之分，如因疾病使投保者丧失工作能力；怀孕或产假；在德国就业机构登记的求职；寻找职业培训；年满17周岁的社会成员在求学、参加专业培训或就业前期培训。1992年1月1日以前，由社会政治原因造成的保费未交情况可以算作免除缴费时间。例如，在部队服役或者类似军队机构服务、作为战俘关押等。这种免交保费具有补偿性质。照料孩子时间是指对未满10周岁孩子的照看时间。

5. 养老金的计算支付

投保者的养老金包括年老养老金、工作能力减退养老金和死亡养老金。只要满足每种养老金领取的条件并提出书面申请，保险机构审核后即可按规定发放养老金。养老金的领取数额是根据投保者领取养老金时的工资和缴纳养老金的时间（即工龄）计算的，贡献与收获成正比，最高限额为退休时工资的75%，其目的是确保受保人在工作期间的相对收入地位在退休后仍能继续。目前，退休雇员领取的法定养老金占工资的比例平均为53%。1992年起养老金的计算公式为①

个人收入分值(pEp)×养老金类别因子(Raf)×现在的养老金值(aRw)＝每月养老金

式中，个人收入分值(pEp)：投保人缴费期（包括免保期、减保期）内每年的工作收入与当年雇员平均收入之比的得数。

养老金类别因子(Raf)：把到法定退休年龄(65岁)领取养老金视作1.0，无工作能力养老金类别因子也为1.0，而无职业能力养老金类别因子为0.667。总之，提前领取法定养老金越早，养老金类别因子就越小。

现在的养老金值(aRw)：相对于一个收入分值的养老金月值。该值在每年的7月1日根据雇员净工资的增幅调整一次。

每月养老金：由个人的收入分值、养老金类别因子及现在的养老金值的乘积推算出的每月领取的养老金。

(三) 制度评估

1. 实施多层次、全覆盖的社会养老保险保障模式

德国现行的社会养老保险体系可以概括为三层次保障模式，即法定基础养老金、企业补充养老金及私人养老金。这三层次以法定基础养老金为主干，其他两个层次为补充。这一全覆盖的社会养老保险体系为1850万德国老年人提供了保障生活水平、抵御社会风险的屏障，体现了德国社会养老保险制度对社会公平、正义理念的追求和积极

---

① 刘跃斌、高颖：《德国的养老保险体制改革》，《武汉大学学报（哲学社会科学版）》，2005年第5期，第657页。

实践。

2. 体现权利与义务对等及多元分责、互助共济

德国社会养老保险制度体现了权利与义务的统一。劳动者享有的社会养老保险权利与其缴费义务相联系，享有的社会养老保险待遇水平与个人缴费记录及其收入状况相联系。此外，德国社会养老保险基金由国家统筹安排，确立了"保险费用部分由雇主、部分由雇员交纳，国家给予伤残和养老保险提供津贴的原则"，体现了制度多元分责，遵循互助互济、共担风险的设计与追求。

3. 立法先行统筹设计制度

德国的社会养老保险制度的设计与出台基本都是以法律法规形式颁布并落实，体现了制度设计中立法先行、高瞻远瞩、统筹规划的思想。这不仅赋予了制度的权威性、制度执行过程中的稳定性和可持续性，而且从法律上赋予了老年人的养老权。从总体上看，俾斯麦政府1889年颁布《老年和残障社会保险法》，在德国首次确立了社会养老保险制度。完善的法律是德国政府对社会养老保险承担责任的依据，任何一项政策的出台都伴随着一个新的法律制度的诞生，并通过立法规定统一的基本保险制度，以保证地区间的平衡和部门及制度结构的平衡。这是社会养老保险制度规范、高效运行的重要保证。此外，养老保险立法还体现了对法律稳定性和动态性保持在一个合理的限度上。例如，德国在2001年到2005年期间，政府曾对多项条款进行了几十次的微调，而整体的管理原则又得以保持。

4. 强调社会自治

德国社会养老保险管理体制实行政事分开的管理原则，社会养老保险事业主要由社会来承担，政府和慈善机构提供的各种资助占社会总支出的比例仅为1/3，而采取社会自治形式的具有法人地位的各种社会保险管理机构则承担社会总支出的2/3。每一个保险管理机构都必须成立一个代表大会和理事会作为自治管理机关，由投保人和雇主各推选半数代表组成。德国社会侧重民主自治，将更多的社会管理责任由国家转移给社会承担，政府不直接干预，只保留制定政策和规则的职能，将主要矛盾分散到各社会团体，政府仅仅通过立法、司法、协调等方式把握公平社会政策导向，创造公平环境，在不违背"社会自治"的前提下，推动社会各方力量协调行动[①]。

总而言之，德国社会养老保险属于典型的投保资助型保险制度体系，虽然近几年面临内外压力与加快系列改革要求，其仍以劳动者为主体、强调多元分责、公平与效率相结合、自助与互助相结合、权利与义务相结合等特点闻名于世，并成为诸多国家建立与完善社会养老保险制度的典范。

二、智利社会养老保险制度

(一)智利社会养老保险制度的变迁

智利的社会养老保险制度和世界其他国家的发展一样，也经历了一系列变革，而且

---

① 姚玲珍：《德国社会保障制度》，上海人民出版社，2011年，第40~46页。

还在该领域的改革中扮演了重要的角色。

1. 智利社会养老保险制度的建立及其弊端

19世纪早期,智利开始为军队养老设置了社会养老保险制度,并从1888年向公务员提供额外的退休福利,随后1911年这项福利覆盖了铁路工人。受1917年墨西哥革命和俄国十月革命的影响。1918年智利建立了一个为白领工人和蓝领工人提供退休金的养老计划。1919年,智利颁布了第一个老年、工伤伤残和死亡保险法[1]。

智利于1924年建立了第一个正规的社会保障制度,这一制度是在引进欧洲国家传统社会保险模式的基础上建立起来,在实践中逐步趋同为现收现付社会统筹分摊制。但是,当时仅仅在首都和主要城市建立了社会保障体系,首先受益的是一些职业群体,如政府公务员、军队等;特殊社会群体的保障通常与一般社会保障制度分开,整个社会保障体系变得像一座金字塔:上层是少数受到较多保护的特权集团;中层是成分广泛而受保护较少的中间阶层;下层是受保护最少及与保障无缘的广大穷苦人民。在50年代中期,种种迹象表明社会养老保险制度陷入危机,智利历届政府都相继尝试或者实施改革措施,试图改善社会养老保险制度的状况。

智利的旧社会养老保险制度主要有以下特征[2]:①政府通过多种社会养老保险经办机构进行管理;②根据工作类型的不同,强制要求工人成为其中一个机构的成员;③政府统一征税,对养老金统一管理,统筹发放,但不同类型机构的员工待遇不同;④以现收现付方式筹集资金,即国家、企业、职工个人分别按规定比例以现金方式明确付费,共同负担养老金来源,不足部分由国家负担,养老金不进行积累,只有代际的再分配;⑤政府是法规的制定者、执行者和监督者。20世纪70年代末以后,这种体制的弊端越来越明显:第一,由于人口结构因素和社会经济因素,财务收支严重不平衡,政府和企业负担沉重;第二,在官僚式的管理下,社会保障体制效率低下;第三,覆盖面窄并且待遇不平等。总之,在人口老龄化与经济危机的双重影响下,政府收支严重失衡,国家已无力出资弥补亏空,法定养老金已无力发放,制度缺陷造成人们对公立机构及"旧制"的信心危机,改革势在必行。

2. 智利社会养老保险私有化改革

1973年皮诺切特发动军事政变,推翻了阿连德左翼政府。1980年军政府公布《养老金制度改革法》(即3500号法令)。因此,从20世纪80年代初开始,举世瞩目的智利社会保障制度改革开始了。在养老保险领域,建立起以个人账户积累(基本个人账户和补充个人账户)为基础的完全基金制养老金制度,以私营化管理(由私人养老基金管理公司负责经营管理)、自由选择管理公司(每个参保的人都可以按自我意愿自由选择个人账户的管理公司,并可从一家公司转换到另一家公司。目的是将竞争机制引入养老金制度,让市场决定公司的生存,优胜劣汰)为基本内容。

迄今为止,世界上有三十多个国家借鉴智利的经验和做法对本国的养老金制度进行

---

[1] 中国保监会:《养老保险国别研究及对中国的启示》,中国财政经济出版社,2007年,第339~340页。
[2] 许海燕:《对我国社会养老保险的再思考:智利模式的启示》,《辽东学院学报(社会科学版)》,2011年第5期,第65~66页。

全面改革或部分调整,在拉美和东欧地区,有十多个国家已经参照智利模式建立了新的养老金制度,更多的国家正在考虑建立类似的制度。

(二)智利社会养老保险新制度特征

以3500号法令为基础的新养老保险制度,在筹集机制上个人基金制代替现收现付制,实行养老金的私人化。制度的突出特点就是个人缴费、个人所有、完全积累、私人机构运营的养老金私有化模式[①]。具体包括:①养老金制度从现收现付制变为完全基金制。②养老金支付由确定给付型(DB型)转变为确定缴费型(DC型),退休后养老金与缴费、基金投资回报和基金管理费相挂钩。③私营管理、自由选择。由专门的私营养老基金管理公司负责养老金的保值增值;养老基金管理公司多家并存,投保人可自由选择其中任何一家,各养老基金管理公司在管理、服务、收益、收费等方面展开竞争。按照规定,职工有权至多4次转换自己开户的养老基金管理公司。④监管法制化。养老金投资有严格的规定,在投资范围方面,养老金可以投资于本国政府债券、抵押贷款、银行债券、公司债券和股票,国外证券产品以及少量的风险投资产品;在投资工具方面,必须是经政府认可的私人风险评估公司进行风险分类后,才能成为养老基金管理公司的投资对象;在投资数量方面,对一种项目的投资不能超过养老金总额的30%,但对政府债券投资的限制相对较宽;在投资收益方面,养老基金管理公司每月的投资收益率不得低于过去12个月全部养老金平均实际收益率的2百分点。政府承担最后风险[②]。

(三)智利社会养老保险制度改革评析

1. 智利私有化改革给国际带来巨大的社会效应

近20年来,智利在社会养老保险制度方面的成功实践引起世界各国和有关组织的广泛关注。人们将智利首创的独特的社会养老保险制度称为"智利模式"。"智利模式"的核心是强制储蓄、私营机构经营、政府监管并承担一定的财政责任。一些基本国情与智利相近的发展中国家,如阿根廷、墨西哥、玻利维亚、秘鲁、哥伦比亚、萨尔瓦多、菲律宾、乌拉圭等纷纷仿效智利,相继进行社会养老保险制度的改革,从而使"私营化经营"养老保险模式成为一种在发展中国家流行的模式。受此启发,美国一些州把大量的福利事务交给私营公司管理,日本理论界和舆论界呼吁政府借鉴南美国家的私营化做法,解决日趋严重的社会保险支付困难的问题。世界银行也高度评价"智利模式",认为是社会养老保险制度改革的典范,并极力向世界其他国家推荐。

2. 改革给本国带来深刻影响:制度备受考量

社会保障私有化改革给智利带来的效应包括:基金收益率较高[③];国民储蓄和投资的增加为资本市场提供资金来源,促进资本市场的发育;私营养老保险基金管理公司之间的竞争提高养老保险基金的投资效益;养老基金的管理和运营交给私营公司,从而减少政府直接经营基金;政府成功解决隐性债务问题;等等。然而,任何事物都具有两面

[①] 郑功成:《智利模式——养老保险私有化改革述评》,《经济学动态》,2001年第2期,第74～78页。
[②] 翁枫:《智利的养老保险制度对我国社会保障模式的启示》,《现代商业》,2008年第23期,第108～109页。
[③] 胡舒:《智利养老保险模式探析》.武汉科技大学硕士学位论文,2008年。

性,智利社会保障私有化改革也不例外,其弊端体现为诸多方面:缺乏社会保障的互济功能;普及范围有限、管理成本非常高;易受经济危机的打击;等等。具体如下:一是缺乏社会保障应有的互济性和公平性。智利养老金实行完全的个人账户制,实际上不是一种社会养老保险制度,而是一种在法律强制下的个人储蓄加投资型养老模式。智利模式缺乏职工之间的互济,也延续着在职时的工资差别,扩大了老年人的收入差异,而且这种制度对于工龄较短的妇女和长寿老人实际上是一种政策歧视。二是智利模式的普及率在20世纪90年代后有所下降。智利模式在改革初期吸引了大量工人参与,1990年参加个人账户缴费的职工人数为264万人,达到了70.7%,而到了1994年比率下降为57.4%,约有40%的职工未参与。三是私营养老基金运行的成本较高。为了争取更多的客户,私营养老基金管理公司需要花费大量的营销费用和增加相应的管理人员。按照历史数据估算,到2004年年末,账户管理费用累计占养老金资产的比例大约为23.82%,也就是说,超过1/5的养老基金资产被管理佣金消耗掉。四是容易形成垄断,影响效率,且政府仍然承担了最后责任和风险。到2005年,市场上仅有6家养老基金管理公司,其中三家大型公司占据了市场份额的70%以上,呈现出高度垄断经营的格局,影响效率。养老基金管理公司破产后,政府仍然是最后的责任承担者。在1982年的经济危机中,掌握养老金管理的最有实力的两大集团——威尔和克鲁扎-洛蓝集团迅速破产,政府不得不暂时接管并将之重新私有化。五是投资回报率波动较大。尽管养老基金历史上取得了平均超过10%的投资回报率,但投资回报率的波动幅度很大,并在90年代有两个年份是负的回报率。研究也表明,历史上智利养老基金投资回报率的波动与经济增长呈现出很大的相关性,也就是说智利模式的投资收益主要取决于经济增长,而不是私营化管理[①]。

总之,智利养老金属于典型的储蓄保险型模式,其个人缴费、完全积累、私人机构运营等特点为国际及本国带来了深刻的影响和社会效应。任何事物都具有两面性,私有化改革对其他国家也不是一剂万能良药,该模式带来的一系列弊端致使其公平性、有效性备受世人质疑,制度的可持续性值得进一步考量。任何国家只能结合本国国情及制度发展的客观规律去建立与完善社会养老保险制度。

第六节 中国社会养老保险制度变迁与发展前瞻[②]

一、中国社会养老保险制度的变迁

(一)制度的创立时期:1951～1966年

新中国的社会养老保险制度是在20世纪50年代初期开始建立起来的。它是在城乡二元分割的背景下,针对城镇劳动者建立的一种制度。1951年2月26日政务院颁布的

---

① 翁枫:《智利的养老保险制度对我国社会保障模式的启示》,《现代商业》,2008年第23期,第108～109页。
② 本节节选自郑功成教授《中国社会保障30年》中第二章"养老保险制度的改革与发展";郑功成:《中国社会保障30年》,人民出版社,2008年,第52～96页。

《中华人民共和国劳动保险条例》及其后的修正案，使企业职工的社会养老保险制度得以确立；而 1955 年 12 月 29 日国务院《国家机关工作人员退休处理暂行办法》《国家机关工作人员退职处理暂行办法》《关于处理国家机关工作人员退职、退休时计算工作年限的暂行规定》等法规的颁布则标志着国家机关和事业单位工作人员退休制度的建立，它是有别于劳动保险制度中的企业职工退休待遇的单项养老保障制度。在这两种制度中，职工个人不需要缴纳养老保险费，国家机关、事业单位职工的退休养老经费完全来源于国家财政拨款，企业职工的退休养老经费则来源于企业生产收益并在企业营业外列支。在农村，大多数老年人的养老问题仍然沿袭着几千年来的历史传统，依靠家庭并主要是依靠子女解决，只是将孤寡老人的生活保障问题纳入农村建设与发展的整体规划之中，并由农业生产合作社负责提供资金的"五保"制度来解决。截至 1956 年，企业职工和国家机关、事业单位职工以及农村孤寡老人的养老制度全部确立。鉴于企业和机关、事业单位的退休养老制度不统一，国务院于 1958 年 2 月 9 日正式发布《关于工人、职员退休处理的暂行规定》，实际上将企业与机关、事业单位的工人、职员的退休养老保险统一化。同年，国务院还公布了《关于现役军官退休处理的暂行规定》，确立了由民政部门与军队政治机关共同负责的军官退休制度。

随着城镇集体经济的不断发展，在集体单位工作的职工的退休养老问题亦涌现出来。为此，1966 年 4 月 20 日，当时的国家第二轻工业部、全国手工业合作总社颁布了《关于轻、手工业集体所有制企业职工、社员退休统筹暂行办法》《关于轻、手工业集体所有制企业职工、社员退职暂行办法》，它首次尝试建立集体所有制单位职工的退休统筹制度。至此，在城镇企业职工之间形成了按照所有制区分退休制度的格局。

(二)制度遭遇破坏期：1966～1976 年

1966 年国家进入了"文化大革命"动乱年代，正常的退休制度亦遭到了严重破坏。具体而言，就是原有的退休养老制度因有法难依、有章不循而处于失控状态，大批具备退休、退职条件的企业职工和国家机关、事业单位工作人员得不到妥善处理，其后果便是企业单位人员不能更新，机关、事业单位人员老化，干部、职工实际上走向了终身制。1969 年 2 月，财政部颁发《关于国营企业财务工作中几项制度的改革意见（草案）》，规定"国营企业一律停止提取劳动保险金"，"企业的退休职工、长期病号工资和其他劳保开支，改在营业外列支"。这一文件正式决定了原有企业职工退休养老制度的蜕变，即劳动保险自此失去了统筹调剂的机能，职工退休养老事务由社会事务演变为职工所在单位的内部事务，使原本社会统筹比例不大、调剂功能有限的社会性劳动保险蜕变为各自为战的"企业保险"，并一直延续到改革开放时代。

(三)制度修复重建期：1976～1983 年

1976 年 10 月，长达 10 年之久的"文化大革命"结束，国家进入新的历史发展时期，党和国家的工作重心逐渐由以阶级斗争为纲转移到经济建设上来。"文化大革命"结束后，在实事求是的思想路线指导下，在全国各条战线及各个方面拨乱反正、清除"左"的错误的过程中，重新确立了包括社会养老保险制度在内的社会保障制度的地位和作用，被撤销的政府部门陆续恢复，工会也重新开始恢复活动，但是以企业为载体的社会养老保险模式却一时难以改变。由于"文化大革命"期间企业的退休、退职工作基本停顿,一大批年老体弱的人员没有退出工作岗位。因此,当时劳动部门的主要工作集中在恢复正常的退休、退职工作和劳动力新老更替秩序,并解决"文化大革命"期间没有正常办理退休手续的老职工养老待遇的问题,重点在于恢复被"文化大革命"扰乱的正常工作秩序,修复被"文化大革命"破坏了的原有退休养老制度。1978年6月2日,国务院颁布了《关于安置老弱病残干部的暂行办法》和《关于工人退休、退职的暂行办法》。这两个"办法"是对1958年颁布的《关于工人、职员退休处理的暂行规定》的全面修订,将原来企业和机关、事业单位实行的统一退休、退职制度再分别由两个法规来规范,并增加了一种较高的退休待遇——离休,是"文化大革命"结束后国家恢复重建退休养老制度的重要标志。随后,国家制定并颁布了若干政策法规,如国务院《关于老干部离职休养的暂行规定》(1980年10月7日)、国务院及中央军委《关于军队干部退休的暂行规定》(1981年10月13日)等,都是旨在恢复正常的退休制度,所做的主要仍是修复工作。

考察新中国成立后至80年代前期的退休养老制度,可以发现,它是一种面向城镇劳动者设立的,具有显著的国家包办、单位负责、现收现付、单一层次、封闭运行、分立并行等特征的国家—单位保障型退休养老制度。

(四)社会养老保险制度改革的初步探索——从企业保险到社会统筹:1984~1995年

自中国进入改革开放时代后,随着经济改革尤其是城镇国有企业改革的推进,原有的退休养老制度也进入了真正意义上的制度变革时期。这主要表现在以下几个方面。

一是开展城镇企业职工养老保险费用社会统筹试点,原有的"企业保险"型退休养老保险向社会统筹型的社会保险转变。1984年,广东江门市和东莞市、四川自贡市、江苏泰州市和辽宁黑山县率先进行"退休费用社会统筹"(是指由社会专门机构在一定范围内统一征集、统一管理、统一调剂退休费用的制度)试点;20世纪80年代后期,国务院陆续批准了铁路、邮电、电力、水利、建筑5个部门实行养老保险行业统筹。

二是实行城镇企业职工个人缴纳养老保险费用,使养老保险费用由企业完全负担向多方负担转变。1986年7月12日,国务院发布《国营企业实行劳动合同制暂行规定》(国发〔1986〕77号文),决定国营企业新招收的工人一律实行劳动合同制,并规定对劳动合同制工人退休费用实行社会统筹,退休养老基金的来源由企业和劳动合同制工人缴纳,退休金收不抵支时国家给予补贴。具体而言,企业按劳动合同制工人工资总额的15%左右,劳动合同制工人按不超过本人标准工资的3%缴纳退休养老费用。此后,个人缴费制度逐渐推广到企业全部职工。1986年的改革是实质性的重大变革,因为它打破了职工的铁饭碗、终身制,促成了用人单位与劳动者分担缴费机制的形成。

三是探索实行企业补充社会养老保险和个人储蓄性社会养老保险制度,使社会养老保险制度开始从单一层次向多层次转变。这一阶段的社会养老保险制度改革基本上是采取自下而上的方式,即先由各地结合自身实际,设计新制度或新办法来解决本地企业职工的养老问题,取得效果和经验后,再由中央主管部门总结推广。

鉴于传统退休社会养老保险制度的单位化特色和国际上对现收现付社会养老保险制度模式无法适应人口老龄化的评论,以及基金制社会养老保险制度在一些国家的兴起,中国在继续推进社会养老保险社会统筹单位化的改革的同时,亦在思考着如何吸收国外经验，实现制度创新。1993年11月14日，中共十四届三中全会通过了《关于建立社会主义市场经济体制若干问题的决定》，明确提出城镇企业职工基本养老保险制度"由企业和个人共同负担""实行社会统筹与个人账户相结合""社会保障管理和社会保险基金经营分开""发展商业性保险业，作为社会保险的补充"等制度性要求，并提出建立统一的社会保障管理机构，为后来社会养老保险制度的进一步深化改革指明了方向。

综上可见，20世纪80年代至90年代中期，以企业职工退休养老保险社会统筹为核心，在全国范围内自下而上地针对企业职工、机关事业单位工作人员、农村居民的养老保险问题进行了有益的探索，但由于整个改革事业的渐进性，加之缺乏全国有力的指导与政策法规规范，这一阶段的改革只能是明确社会化的方向，而对合理的制度安排与技术方案的选择还缺乏成熟的考虑。

(五)职工基本养老保险制度改革的深化——从社会统筹到统账结合：1995～2008年

1995年3月1日，国务院下发了《关于深化企业职工养老保险制度改革的通知》，标志着中国的社会养老保险从"单位保险"经社会统筹，进而发展到"统账结合"模式。这已经不是简单的社会化问题，而是增进了个人账户完全积累的成分，属于制度创新，从而被称为中国社会养老保险改革的第二个里程碑。在这种制度模式下，企业按照职工工资总额、个人以本人上年度月平均工资的一定比例承担社会养老保险缴费义务，两者缴费被分解为两个部分，分别计入社会保险经办机构的统筹基金账户和归职工所有的个人账户，职工的退休待遇由来源于社会统筹部分的基础养老金和个人账户部分养老金组成。但在实践中，却蜕变为部门或行业统筹制，全国统一的制度安排转变为行业分割。

1998年3月，结合中央政府机构改革，劳动和社会保障部成立。全国社会保险管理体制在经历了一个分割管理的较为混乱的局面后，实现了行政管理的统一化。但因为强调属地管理，这一制度又演变成了地区分割的制度安排。

2000年12月25日，国务院颁布了《关于完善城镇社会保障体系的试点方案》(国发〔2000〕42号文)，这一方案在总结评估以往各项社会保障制度改革的基础上，重点对正在确立中的城镇企业职工社会养老保险制度进行了改进，解决做实个人账户等问题。2000年还建立了全国社会保障基金，作为社会养老保险制度的战略后备基金。

进入2008年后，发生的重大事件是中央政府实行机构改革，原人事部、劳动和社会保障部合并组建人力资源和社会保障部，负责管理城镇企业职工养老保险事务的职能从原劳动和社会保障部并入新组建的人力资源和社会保障部。

可见，我国社会养老保险制度的变革是渐进的，也是复杂的。从企业保险到社会统筹，再从社会统筹到社会统筹与个人账户相结合，职工基本养老保险制度改革的方向无疑是正确的。与此同时，对机关事业单位与农民社会养老保险制度的探索虽然尚未最终成形，也是非常有益的。

(六)从职工社会养老保险走向全民社会养老保险：2009年至今

2009年，农保制度建设进入了突破性阶段。2009年9月，《国务院关于新型农村社会养老保险试点的指导意见》(国发〔2009〕32号)正式出台，农村居民社会养老保险在全国10%地区进行试点，以后逐步扩大试点，到2020年前基本实现全覆盖。中国农民60

岁以后都将享受到国家普惠式的养老金，参保后社会养老保险金每月至少可领取 55 元。由此，亿万农民将和城市居民一样享有基本社会保障，沿袭几千年的农民"养儿防老"传统，将逐渐被具有基本性、公平性、普惠性的新农保制度取代①。它标志着中国农民社会养老保险制度开始建立，具有划时代意义，也是走向全民社会养老保险的关键性一步。

2011 年 6 月 7 日，国务院发布《国务院关于开展城镇居民社会养老保险试点的指导意见》(国发〔2011〕18 号)，建立个人缴费、政府补贴相结合的城镇居民社会养老保险制度。2011 年 7 月 1 日启动城镇无业居民社会养老保险试点工作，在全国 60% 地区进行，2012 年基本实现城镇居民社会养老保险制度全覆盖。弥补了中国城乡居民社会养老保险的最后一个漏洞，标志着我国基本社会养老保险制度全覆盖。

2013～2015 年，国家相继公布了机关事业单位社会养老保险改革方案和相应的"职业年金"办法，奠定了机关事业单位人员社会养老保险制度的基础。

至此，机关事业单位社会养老保险制度、企业职工基本养老保险、农民社会养老保险、城镇无业居民社会养老保险构成了覆盖全民的社会养老保险制度体系。可见，中国的社会养老保险制度是渐进式发展的，是从补缺型走向制度型、从选择型迈向全民社会养老保险。

二、制度建设与发展成就

经过二十多年的制度变革，尽管我国社会养老保险制度的改革任务并未完成，制度定型还需要时日，但已经取得的成就无疑是巨大的。从传统的国家负责、单位包办、现收现付、单一层次、封闭运行的退休养老制度，到现行职工基本养老保险制度，以及未来的全面养老保障体系，这一制度建设与发展的成就主要表现在以下几个方面。

(一)从单位化社会养老保险向社会化社会养老保险转型

在计划经济时代，城镇企业职工社会养老保险制度主要的缺陷是单位化及封闭运行，致使资源分割、配置失衡，单位负担畸轻畸重。因此，二十多年来的制度变革，核心是促使单位化的社会养老保险制度走向社会化的社会养老保险制度，这方面的进展是有目共睹的。具体表现在基本社会保险统筹发展成效显著，城乡居民社会养老保险首次实现制度全覆盖。一是城镇居民社会养老保险和新型农村社会养老保险实现制度全覆盖，填补了社会养老保险的制度空白。截至 2013 年年底，全国新农保、城居保参保人数已达 4.98 亿人，其中领取待遇人数达 1.38 亿人，加上职工社会养老保险 3.22 亿人，合计覆盖 8.2 亿人。二是通过社会统筹与个人账户相结合的制度为国民提供普惠式的养老金，实现居民间的社会统筹与互助共济，使制度向社会化养老保险稳步转型。

(二)从单方负责制到责任共担

在传统社会养老保险体制下，职工个人不需要缴纳社会养老保险费，其养老责任由企业单方承担，不仅使企业负担过重，而且造成职工个人对企业的过度依赖。而在城镇

---

① 刘晓梅：《中国农村社会养老保险理论与实务研究》，科学出版社，2010 年，第 156 页。

企业职工社会养老保险制度中,"资金来源多元化"成为一项重要的制度建设目标,亦即奉行的是责任分担的原则。这种责任分担机制,不仅体现为职工和企业共同承担社会养老保险缴费责任,也体现为国家通过承担整个社会保险机构的运行与管理经费以及最终弥补基本养老保险基金缺口来分担着职工的社会养老保险责任,还体现为社会养老保险基金通过市场运作(资本市场)实现保值增值,从而使市场也分担了部分社会养老保险责任。

(三)从单一层次保障转变为多层次保障

根据世界银行提出的三个支柱式养老保障体系的建议,我国社会养老保险改革旨在建立"三支柱"的养老保障体系:由政府主导并负责管理的基本养老保险构成职工养老保障体系的第一层级或第一支柱;政府倡导并扶持但由企业自主发展的企业或职业年金构成职工养老保障体系的第二层级或第二支柱;团体或个人自愿购买的商业性人寿保险则构成职工养老保障体系的第三层级或第三支柱。

(四)基本养老保险实现"统账结合"的制度创新

为了实现社会养老保险的责任分担,并且有效地应对老龄化对社会养老保险制度构成的挑战,我国没有简单地照搬国外模式,而是在借鉴国外经验的基础上,将现收现付为基础的社会统筹制度和以完全积累为基础的个人账户制度相结合,形成了世界上第一个基本养老保险"统账结合"制度。这种全新的制度模式既非现收现付制,也非完全积累制,亦非传统的部分积累制,而是将现收现付制与基金积累制合二为一的独特制度模式,目的是在制度设计中实现互助共济与抵御老龄化风险的双重功能。尽管在"统账结合"模式创建初期出现了运行偏离,还需要做进一步调整才能走向完善,但这种制度框架又确实是一种制度创新。"统账结合"模式的社会养老保险制度的创立,不仅成为世界关注的一个焦点,而且为其他国家社会养老保险制度应对老龄化提供了新鲜经验,从而可以认为是对世界社会养老保险制度改革的一个贡献。

(五)双轨制改革取得成效:稳步推进机关事业单位社会养老保险制度改革

机关事业单位社会养老保险制度改革自20世纪90年代初开始,长期处在试点和酝酿阶段,尚未形成正式的、全国范围内推行的改革方案。2008年3月国务院出台了《事业单位工作人员养老保险制度改革试点方案》,决定在山西省、上海市、浙江省、广东省、重庆市先期开展试点,与事业单位分类改革试点配套推进,但总体进展缓慢,效果不佳。2015年1月14日国务院发布了《国务院关于机关事业单位工作人员养老保险制度改革的决定》(国发〔2015〕2号),规定改革现行机关事业单位工作人员退休保障制度,逐步建立独立于机关事业单位之外、资金来源多渠道、保障方式多层次、管理服务社会化的社会养老保险体系。它包括基本养老保险费由单位和个人共同负担。单位缴纳基本养老保险费的比例为本单位工资总额的20%,个人缴纳基本养老保险费的比例为本人缴费工资的8%,由单位代扣。按本人缴费工资8%的数额建立基本养老保险个人账户,全部由个人缴费形成。此外,机关事业单位在参加基本养老保险的基础上,应当为其工作人员建立职业年金。单位按本单位工资总额的8%缴费,个人按本人缴费工资的4%缴费。工作人员退休后,按月领取职业年金待遇。

随着我国社会保险覆盖面的扩大,各类社会群体逐步纳入社会保险体系。虽然过去曾经在多数地区开展机关事业单位人员社会养老保险制度改革试点,但改革并不到位。此次改革能够从制度层面上根本解决"双轨制"问题,有利于建立覆盖城乡居民的、公平可持续的社会保障体系,实现全民参保的发展目标。

(六)迈向城乡统筹的全民社会养老保险

随着2009年《国务院关于新型农村社会养老保险试点的指导意见》的出台和2011年城镇居民养老保险试点的快速推行,城镇无业居民和农村居民在年满60岁后都可领到一份养老金。尽管这是一种低水平的、普惠式的养老金,但是它毕竟使城镇无业居民和占人口多数的农村居民也能和城镇退休职工一样在年老的时候获得一份基本的养老金。2014年2月24日,人力资源和社会保障部、财政部印发《城乡养老保险制度衔接暂行办法》(人社部发〔2014〕17号),规定参加城镇职工养老保险和城乡居民养老保险人员,达到城镇职工养老保险法定退休年龄后,城镇职工养老保险缴费年限满15年(含延长缴费至15年)的,可以申请从城乡居民养老保险转入城镇职工养老保险,按照城镇职工养老保险办法计发相应待遇;城镇职工养老保险缴费年限不足15年的,可以申请从城镇职工养老保险转入城乡居民养老保险,待达到城乡居民养老保险规定的领取条件时,按照城乡居民养老保险办法计发相应待遇。2014年2月26日,国务院发布实施《国务院关于建立统一的城乡居民基本养老保险制度的意见》(国发〔2014〕8号),规定在试点经验基础上,将新农保和城居保两项制度合并实施,在全国范围内建立统一的城乡居民基本养老保险。这些措施和办法的出台,是我国社会养老保险制度迈向城乡统筹、走向全民社会养老保险的标志。至此,机关事业单位退休制度、企业职工基本养老保险、农民养老保险、城镇无业居民养老保险共同构筑了覆盖全民的社会养老保险制度体系。另外,2010年10月28日颁布、2011年7月1日开始实行的《社会保险法》,从立法层面上赋予并确立了所有国民养老的权利和利益,标志着全民社会养老保险迈向定型、稳定和可持续发展方向①。

三、社会养老保险改革面临的主要问题

在肯定社会养老保险制度建设取得成就的同时,毋庸讳言,这一制度离市场经济与社会发展要求还有很大的距离。整个社会养老保险制度的内在缺陷及不足,正在限制着这一制度正常功能的全面发挥。具体而言,社会养老保险制度改革过程中存在的主要问题包括制度体系残缺、权责模糊、核心制度不健全、待遇差距过大等。

第一,制度体系残缺,过度分割、杂乱无序、漏洞巨大。我国现行的社会养老保险体系,总体上处于过度分割、杂乱无序、漏洞巨大的残缺状态,这是现阶段这一制度建设面临的最紧迫问题。从各地的实践来看,我国不仅有城镇企业职工养老保险制度、机关事业单位退休养老制度,各地还有农民工养老保险、农村养老保险、计划生育夫妇养老保险、失地农民养老保险等,过度分割的现实格局造成了社会养老保险制度的碎片化现象。不仅如此,各种制度之间的边界也不清晰,无论是城市还是乡村,都存在着巨大

---

① 此段笔者受郑功成教授在韩国国民年金公团做的题为《中国养老保险制度的改革与发展》报告的启发,在其报告基础上扩展而成。

的漏洞，社会养老保险体系覆盖的人群很少，70%以上的公民没有被社会养老保险制度覆盖。在城市，非从业人员没有为国家设立的社会养老保险制度所覆盖，基本养老保险制度由于立法层次低、强制性不足，也未能覆盖所有职工；在农村，除部分计划生育户、双女户中年满60岁的老人享有一定程度的社会养老保险之外，绝大部分农村居民没有为国家设立的社会养老保险制度所覆盖。

第二，权责模糊，历史与现实责任模糊，各主体之间责任模糊。权责模糊是现阶段我国社会养老保险制度建设面临的一个关键性问题。它主要表现在三个方面：首先，社会养老保险制度的历史责任与现实责任迄今未划分清楚，这主要是针对传统的现收现付制向"统账结合"模式转变过程中所产生的转轨成本偿还机制尚未形成，直接导致了现阶段企业较高的缴费负担，严重影响了企业竞争力；与此同时，受到历史债务和现实制度分割的影响，不同地区的社会养老保险费率负担畸轻畸重，既破坏了市场竞争的公平性，也是基本养老保险制度处于地区分割而难以实现统筹层次提高的障碍。其次，政府、市场与个人的权责不清。政府对社会养老保险的财政补贴持续扩大，但却未法定化、比例化，政府责任处于非规则状态；政府责任边界不清，又导致市场在资金运营管理、养老服务供给以及发展补充性保障制度方面无法充分发挥作用；而参保者个人由于名义工资与实际工资的差别，所负责任亦不尽相同，参保人参与这一制度尤其是个人账户监督管理的权力缺乏制度性保障。最后，不同层级政府之间、政府职能部门之间的权责还未能够真正理顺。一方面，中央政府和地方政府的权责划分不清，中央政府承担了主要的财政补贴责任，而社会养老保险却一直处于地方统筹层次，社会养老保险制度的财权与事权无法统一。另一方面，政府不同职能部门之间的权责划分不清。主管部门、非主管部门的权责边界一直未能够理顺，决策权力被分散，不仅对我国社会养老保险制度建设构成了严重的负面影响，而且无法推进行政问责制，最终损害这一制度的健康发展。例如，20世纪80年代中国人民保险公司强势介入城镇企业职工养老保险，直接导致现阶段大量集体企业退休职工无法领取养老金的后果。

第三，核心制度不健全，处于地区分割、机制缺失、配套改革滞后状态。以受雇劳动者为主要对象的城镇企业职工基本养老保险制度，是整个基本养老保险体系中最重要的组成部分。但目前我国城镇企业职工基本养老保险制度还不健全，统一性、公平性与有效性严重不足，这是现阶段社会养老保险制度建设面临的最复杂问题。首先，基本养老保险制度停留在地区统筹层次，实质上被分割成数百个各自封闭的统筹单位，与全国统一劳动力市场的内在要求相悖，不仅严重损害了这一制度的统一性与地区之间的互济性，造成部分地区的基金大量积累与全国范围内的财政补贴同时存在，资金无法调剂使用，而且直接影响劳动力的流动。大量乡镇企业职工和进城务工人员不能有效地被纳入制度范围，即使被纳入制度覆盖范围，劳动力的流动也要以牺牲养老权益为代价。其次，基本养老保险制度的长效机制缺失。制度转轨成本的化解机制与现实财政补贴的分担机制尚未形成，由此造成了个人账户长期"空账"运行，统账结合模式的优势无法得到有效发挥。此外，合理、高效的个人账户基金投资管理体制、社会养老保险经办体制、养老金增长机制等重要机制也都尚未形成。体制障碍与机制缺失严重制约了基本养老保险制度的定型与可持续发展。最后，相关配套制度改革滞后。例如，户籍制度改革滞后，成为制约基本养老保险制度实现全民覆盖的重要障碍；收入分配制度改革滞后，劳动者实际收入与名义收入的巨大差距，造成未来养老金支出存在着巨大的潜在缺口；公共财政体制改革滞后，国家财政对社会养老保险基金缺口的补助具有随意性；公共投资管理体制改革滞后，日渐增加的个人资金账户积累面临着贬值的风险，"统账结合"模式的优势无法得到充分发挥。

第四，渐进改革与摸着石头过河的改革方式形成新的路径依赖，并阻碍着社会养老保险制度改革的深化。与其他转型国家或地区采取的激进式或"休克"式转型（即快速完成计划经济体制向市场经济体制的转变）不同，中国选择了独特的转型道路——典型的渐进改革、试点先行式转型，即经济体制与社会变革遵循"试点先行—逐渐推广—全面实施"的模式。整个社会转型期为避免无谓的意识形态之争影响到改革开放，采取了"摸着石头过河"的方式，通过各种改革方案在有限范围内的试验，让旧制度逐渐被摒弃或者逐渐被新制度替代，而新制度经过试点后逐渐扩展，基本上都经历了一个新、旧制度并存及此消彼长的转型过程。整体社会转型如此，处在微观层面的社会养老保险制度改革亦如此。渐进改革、试点先行，不仅是我国社会养老保险制度改革和发展的主要方式，更是其取得的一项特色经验。然而，迄今为止，在市场经济体制得到确立、社会发展格局逐渐明朗的背景下，社会养老保险制度改革却长期试而不定，许多社会养老保险政策均是在否定中改革，再在改革中否定，事实上形成了对"摸着石头过河"的改革方式的路径依赖。当不成熟、不理性的改革方案被允许与各地实际相结合而在各地试点后，这种不成熟、不理性就被继承并沉积下来，而且烙上地方特色的印记，久而久之就会形成新的地方利益和既得利益群体，既直接损害着该制度的稳定性、可靠性与权威性，也增加了该制度改革的成本与代价，进而极大地延缓制度改革的历史进程。中国城镇企业职工基本养老保险制度中存在的严重问题，就是1995年过早推出不成熟的"统账结合"改革方案所造成的后遗症。

第五，不同制度之间的待遇水平差距过大，容易引发社会阶层之间的矛盾。一方面，从社会养老保险的待遇水平来看，总体上仍然偏低。基本养老保险制度的实际替代率不足50%，加之补充养老保险发展滞后（截至2007年，我国建立企业年金的单位仅为3.2万家，并且大多集中在电力、银行等垄断行业），商业人寿保险也未获得应有发展，多层次的社会养老保险体系尚未形成，实际上单一层次的基本养老金难以保证老年人的基本生活，同时由于缺乏政策引导和资源支持，我国老年服务产业供给与老年人需求之间的矛盾日益突出，专业的老年服务严重滞后，部分老年人的生活质量明显下降。另一方面，不同的社会养老保险制度之间的待遇差距巨大。在城市，企业退休人员的养老金与机关事业单位退休人员的养老金差距在持续扩大，其中，机关事业单位退休人员养老金因与在职工作人员的工资增长直接挂钩，保持了持续的较高速度的增长，而企业退休人员的养老金却缺乏合理的增长机制，导致两者之间的差距越来越大，成为社会矛盾的重要来源。在农村，开始领取养老金的农村居民，其水平之低甚至只有象征意义。据中国人力资源和社会保障部公布的《2007年劳动和社会保障事业发展统计公报》显示，2007年全年共有392万农民领取了养老金，支付养老金40亿元，全年人均领取养老金约1020元，折合每人每月85元左右，甚至低于多数地区的农村最低生活保障标准。可见,制度分割及待遇增长机制的差异,确实造成了养老金待遇的悬殊,如果不能合理解决,制度造成的差异将极易引发严重的社会危机。

综上,我国社会养老保险制度改革事实上还面临着艰巨的任务,建设覆盖全民的社会养老保险制度将是一项需要付出巨大努力的工作。

四、社会养老保险改革发展方向与支撑性措施

(一)改革发展方向

社会养老保险制度是现代社会保障体系中最重要的制度安排,这一制度的成败甚至能够决定整个社会保障制度的成败。目前我国的社会养老保险制度覆盖范围窄、统筹层次低、制度分割、责任分担机制亦不明晰,不仅直接影响劳动力的流动和阻碍着全国统一劳动力市场的形成,而且损害了制度的公平性与财务可持续性。我国的社会养老保险制度改革和体系建设,既需要急切弥补现行制度的缺失,并对已有制度进行调整和完善,也需要根据客观环境的变化对未来制度框架进行总体设计。从宏观角度出发,我国社会养老保险制度未来发展可供选择的方向是:坚守公平、正义、共享的核心价值理念,以免除所有国民的老年后顾之忧、确保老年人生活质量为追求目标,采取"统筹兼顾、循序渐进、增量改革、新老分开"的改革策略,逐步建立以缴费型社会养老保险制度为核心的、具有中国特色的多层次养老保障体系。

(二)支撑性措施

1. 尽快实现基本养老保险全国统筹是基本前提

明确将全国统筹作为刻不容缓的既定目标。统筹城乡社会养老保险制度是一项极其庞大的系统工程,要想突破我国社会养老保险发展困境,实现农村人口社会养老保险的有效覆盖,解决新农保制度与其他制度有效衔接及社会养老保险关系跨地区转移问题,必须从社会养老保险城乡统筹的视角出发。社会养老保险实现全国统筹的目标已经写入了《社会保险法》(2011年7月1日实施)。在明确将全国统筹作为刻不容缓的既定目标后,选择实现全国统筹的路径即成为制度改革与完善的关键。郑功成教授提出了基本养老保险全国统筹的"一步走思路",即地市级统筹与省级统筹并不是必须经历的环节,而是从目前的地方分割统筹,一步跨越到实现全国统筹。而不是采取另外一种全国统筹三步走思路,即按现行思路,从目前的地市级统筹逐步上升到省级统筹,再从省级统筹逐步上升到全国统筹(这样的三步走统筹思路成本最大)[①]。实现全国统筹关键要破地方政府"小算盘",要破解社保关系转移接续困境,要诀就在于破除"各地为政"的格局,防治地方政府利己主义行为,建立全国统一的社保关系。

2. 建立养老金权益记账制度

《城镇企业职工基本养老保险关系转移接续暂行办法》已于2010年1月1日起开始施行。这使城镇企业职工基本养老保险人员在跨省区市流动时基本养老保险关系能够转

---

① 郑功成:《实现全国统筹是基本养老保险制度刻不容缓的既定目标》,《理论前沿》,2008年第18期,第12~15页。

移接续，在参保缴费年限、个人账户储存额、统筹基金计算转移上提供了相应的办法。但在具体转移基本养老保险关系过程中仍然存在地区差异、政府财政补贴难转移等问题。笔者以为应尽早实行参加基本养老保险者权益记账制度。个人跨省区市流动时，个人账户的转移办法不变，基础养老金部分采取"权益记账"的办法，对个人的缴费年限、缴费记录做统一的记账记录，以作为个人退休时领取养老金的一个权益依据。即借鉴欧盟的分段计算模式——工作地缴费—分段记录—退休地发放，保持社会统筹和个人账户相结合的管理模式不变，在不转移统筹基金的前提下，按各参保地规定分段计发，直到累计计算到60岁退休。要使"权益记账"式的社保转续方案实现，首先要使劳动者的社会保险关系同劳动关系彻底分离，实际上，就是把基金积累制和现收现付制彻底分离，此外还要分散户籍所承担的各种功能。个人账户部分可以随工作地点转移，也可以固定在某个地区。而与之相适应的，就是尽快提高统筹层次。统筹层次提高了，相互之间不频繁发生转移，才能解决统筹地区的博弈。而户籍承担的各种功能如果能够打破，转移也就不存在更多难题了。

3. 加快全国社会养老保险信息化工程建设

城乡社会养老保险实行信息化和网络化管理，不但能够提高管理效率，而且能够增强准确性。因此，社会保险信息化建设要在全国范围内开展，各地社会保险信息服务设施的软硬件平台建设和网络化管理迫在眉睫：通过"金保工程"的建设，让全国的参保人的社会保险缴费与待遇信息实现网络联通。为了有利于社会养老保险费的迁转，应与各地社会保险的开户行建立网络关系，对每位参保对象建立社会保障卡，卡随人，账户金额随卡，动态迁转，减少人工程序，节约资金、时间和人力成本。为此，应该出台一个关于社会保险管理的统一政策和办法，各地市都应该积极配合，使城乡社会养老保险制度衔接付诸实效[①]。

4. 消除体制障碍，推进城市化与农民市民化进程

城乡社会养老保险制度的衔接会涉及许多相关制度，如劳动就业制度、户籍制度等，它们的开放程度直接决定着城乡社会保险制度的接轨进程。因此，必须加大对劳动就业制度、户籍制度等的改革力度，为城乡社会养老保险制度创造良好的体制环境。

(1)加强劳动就业制度的改革。应在现有工作基础上继续加大城乡一体化的力度，使劳动就业培训制度向农村延伸发展并且覆盖到每一个有培训需要的农村劳动力，使他们能够得到像城镇劳动力一样的职业技能培训机会，提高他们的就业能力，创造城乡劳动力的公平竞争环境，从而为城市化与农民市民化进程做好铺垫。

(2)加快户籍制度的改革。户籍制度改革的目标，是要消除国民身上的户籍身份差异，以及寄托在这种身份差异之上的各种经济社会乃至政治权利不平等现象。户籍制度改革的基本思路：应继续放开城乡户口的限制和束缚，逐步取消城乡户籍制度；对于户口管理实行属地原则，即按照劳动者就业地进行户籍管理，这样可以促进城乡、地区间劳动力的流动和保险关系的转移；用统一的户口登记取代城乡分割的户籍管理(消除户籍登记

[①] 于清波：《淄博市城乡社会养老保险制度衔接问题的调查与思考》，《重庆科技学院学报》，2010年第10期，第103页。

中的城镇居民与农村居民符号，于后再逐渐消除寄托在户口登记簿上的特定附加权益），循序渐进地实现国民的自由迁徙权，并确保其相应的政治、经济、社会权益不受损害。

(3) 加快城镇化进程，提高城镇化水平。有必要改变以往对城镇化发展过分谨慎的思维定式，将城镇化水平的提高作为工业化、现代化进程的重要方面，积极、稳妥、有序地促进中小城市较快发展，有计划地建设一批新兴城镇。另外，要改变人口单向流动的现实格局，鼓励居民双向或多向自由流动。

▶ **思考题**

1. 何谓社会养老保险？简述社会养老保险的特征。
2. 谈谈世界上社会养老保险有哪些模式。
3. 谈谈社会养老保险的理论基础。
4. 简述社会养老保险基金的财务模式。
5. 简要评析德国社会养老保险制度的变迁与改革。
6. 简要评析智利社会养老保险私有化改革。
7. 试述中国社会养老保险的改革及其发展方向。

案例

延迟退休方案后年推出　你能轮上延迟退休吗？

人力资源和社会保障部部长尹蔚民、副部长胡晓义在十二届全国人大三次会议记者会上回答记者提问时透露，渐进式延迟退休方案争取后年正式推出，方案推出至少五年后，再渐进式实施，每年只会延长几个月。年内有望完成方案制订。尹蔚民称，人口老龄化使养老保险基金未来收支平衡面临巨大压力。我国从2013年开始，16～59岁劳动年龄人口已经开始下降，目前60岁以上的老年人口已经达到了14.9%，是3个人养1个人。而延迟退休政策可以一举数得，但还需要进一步凝聚社会共识。养老金缺口有多大，会不会出现收不抵支或账面亏空？目前，养老保险都收大于支，但未来面临巨大压力，因此要加大扩面征缴力度，符合条件的还有近2亿的人没有参保。为应对养老压力，将采取渐进式延迟退休年龄政策，延长交费年限，相应缩短领取养老金年限。希望今年能制订方案，明年报经中央同意后向社会征求意见，后年正式推出，但不会马上实施，会有至少五年过渡期。延迟退休政策将"小步徐趋、渐进到位"，每年只延长几个月的退休时间，经过相当长的时间再达到法定退休年龄。

一、三问延迟退休

1. 为什么要延迟退休？——老龄化加剧是主因，养老金缺口亦存在

我国现行职工退休年龄男60周岁、女干部55周岁、女工人50周岁。这是在20世纪50年代初《中华人民共和国劳动保险条例》和有关政策规定的。"新中国成立初期我国人口预期寿命只有40岁左右。"人力资源和社会保障部副部长胡晓义说："而目前，我国人口预期寿命达到74岁（城镇更高），企业职工男女平均实际退休年龄只有54岁，明显偏低。"

清华·布鲁金斯公共政策研究中心主任、人口学专家王丰认为，中国的人口老龄化不断加剧，法定的退休年龄早就不能适应目前的老龄化速度。

有关研究报告显示，至2030年左右，中国的老年人口比例将达到30%左右。王丰说，延迟退休年龄对整个社会都是有好处的，应该允许仍能工作又不占用社会行政资源的人继续工作。

养老金是否存在缺口，缺口有多大？这又是否为延迟退休的一大原因？

关于养老金缺口的估算最近一个数据是2012年发布的《化解国家资产负债中长期风险》报告，报告称，到2013年中国养老金的缺口达到18.3万亿元。

如果存在，养老金的缺口在哪里？原则上，个人所交纳的占工资基数8%的养老金全部进入个人账户，单位交的另外20%全部进入统筹账户，而缺口指的是个人账户里的钱去支付现在的退休人员的养老金了。

"从目前的各项数据来看，养老金的缺口肯定是存在的，但是应该说现在的数据都不准确。"中国劳动学会薪酬专业委员会秘书长孙群义说，目前存在的缺口主要是指养老金个人账户的"空账"，还有统筹账户收不抵支的"赤字"。

2. 为何要"渐进式"延退？——"给大家一个心理的预期"

尹蔚民表示，实施延迟退休之前，会先把方案公布，实施时间至少要在5年以后，给大家一个心理的预期。尹蔚民举例说："比如现在公布了这个方案，5年以后才可以实施。如果我是55岁退休，5年以后实施也就是55岁零两个月退休，明年的人可能就是55岁零6个月退休，就是这样一个心理预期，渐进式的。"

中央财经大学教授褚福灵认为，"小步渐进"是延迟退休较好的方式，既与国际接轨，又能获得更多的认可和接受，对社会造成的震动更小。国家行政学院教授汪玉凯也强调，国家不能刚性决定退休年龄，过去"一刀切"的形式过于简单，人力资源和社会保障部需要进行充分的调研，进一步测算养老金账目，有数据支撑，同时参考民意。

3. 延迟多少年？——几大方案均建议推迟至65岁，男女同龄

尹蔚民说，渐进式的退休年龄政策是世界各国特别是一些发达国家普遍采取的政策，有一些发达国家目前的退休年龄已经是65岁甚至67岁。党的十八届三中全会提出要实施"渐进式"延迟退休年龄的政策，目前社会上对这个问题没有形成共识，有各种各样的意见、建议。有一部分人赞成采取渐进式延迟退休年龄政策，但是也有一部分人是反对的。截至目前，中国社会科学院、中国人民大学、清华大学、武汉大学、浙江大学、国务院发展研究中心、世界银行等机构已陆续向人力资源和社会保障部提交了各种版本的养老保险改革方案。

中国社会科学院去年年底发布一份报告提出渐进式延迟退休年龄的方案和建议：从2018年开始，女性退休年龄每3年延迟1岁，男性退休年龄每6年延迟1岁，至2045年，男性、女性退休年龄同步达到65岁。清华大学的专家团队公布的方案，建议从2015年开始实施有步骤的延迟退休计划，2030年之前完成男、女职工和居民65岁领取养老金的目标。中国人民大学劳动人事学院郑功成教授提出，延迟退休应女先男后或女快男慢，用30年实现男女65岁同龄退休。同时，延迟退休者应在养老金水平上得到补偿。郑功成也强调，延迟退休应坚持小步渐进而不是大步急进，即每年延长2～6个月的工作时间，经过30年左右的推进，实现男女65岁同龄退休。

二、延迟退休四大理由

1. 劳动力供给总量逐步减少

2012年首次出现劳动力资源总量绝对下降的现象，比上年减少345万人，劳动年龄人口占总人口比重下降0.6百分点。

2. 老龄化高峰加速到来

截至2013年，60岁以上的老年人口占总人口比例已经达到14.9%，总数超过2亿人，65岁以上占总人口的比例已达到10%。到2020年，60岁以上占总人口比例将接近19.3%，2050年将达到38.6%。而在这个过程中，劳动年龄人口的绝对数在下降。劳动力资源与老年人口的比值，2007年为6.85∶1，2012年后急降至4.83∶1。

3. 养老金收支平衡压力大

目前,职工养老保险的抚养比是 3.04∶1,即 3 个在职人员养 1 个退休人员,到 2030 年这个比例将变为 2∶1。

4. 早退休是人力资源的巨大浪费

许多专业技术岗位(医生、教师、科研人员等),五六十岁时正是经验丰富、技艺纯熟的阶段,而且这种高端人力资源的替代弹性较低。

三、背景资料

1951 年:政务院颁发《中华人民共和国劳动保险条例》,规定男工人与男职员年满 60 周岁、女工人和女职员年满 50 周岁时退休。

1955 年:国务院颁布《关于国家机关工作人员退休暂行办法》,国家机关中女性工作人员的退休年龄由 50 周岁提高至 55 周岁。

1978 年:《国务院关于工人退休、退职的暂行办法》,严格限定了退休条件,除男工人年满 60 周岁、女工人年满 50 周岁外,本人连续工龄必须满 10 年。

2008 年 11 月,人力资源和社会保障部社会保障研究所负责人称,有关部门正在酝酿等待条件成熟时延长退休年龄。

2010 年 9 月,人力资源和社会保障部副部长王晓初表示,到 2035 年中国将面临两名纳税人供养一名养老金领取者,引发"是否应该推迟退休年龄"热议。

2014 年全国两会期间,人力资源和社会保障部部长尹蔚民表示,人力资源和社会保障部会在 2020 年前,推出延长退休年龄的方案,方案是渐进式的延迟退休年龄办法。

2015 年年初,中共中央组织部、人力资源和社会保障部联合发布通知,党政机关、人民团体和事业单位正、副处级女干部,具有高级职称的女性专业技术人员,将年满 60 周岁退休,3 月 1 日起执行。

四、渐进式延迟退休时间表

由人力资源和社会保障部提出的渐近式延迟退休时间表如表 1 所示。

表 1 渐进式延迟退休时间表

企业单位女职工		事业单位女职工、女公务员		企业单位男职工、男公务员	
实施年份	新退休年龄/岁	实施年份	新退休年龄/岁	实施年份	新退休年龄/岁
2016	50.5	2016	—	2016	—
2017	51	2017	—	2017	—
2018	51.5	2018	—	2018	—
2019	52	2019	—	2019	—
2020	52.5	2020	—	2020	—
2021	53	2021	—	2021	—
2022	53.5	2022	—	2022	—
2023	54	2023	—	2023	—
2024	54.5	2024	—	2024	—
2025	55	2025	—	2025	—
2026	55.5	2026	55.5	2026	—
2027	56	2027	56	2027	—
2028	56.5	2028	56.5	2028	—

续表

企业单位女职工		事业单位女职工、女公务员		企业单位男职工、男公务员	
实施年份	新退休年龄/岁	实施年份	新退休年龄/岁	实施年份	新退休年龄/岁
2029	57	2029	57	2029	—
2030	57.5	2030	57.5	2030	—
2031	58	2031	58	2031	—
2032	58.5	2032	58.5	2032	—
2033	59	2033	59	2033	—
2034	59.5	2034	59.5	2034	—
2035	60	2035	60	2035	—
2036	60.5	2036	60.5	2036	60.5
2037	61	2037	61	2037	61
2038	61.5	2038	61.5	2038	61.5
2039	62	2039	62	2039	62
2040	62.5	2040	62.5	2040	62.5
2041	63	2041	63	2041	63
2042	63.5	2042	63.5	2042	63.5
2043	64	2043	64	2043	64
2044	64.5	2044	64.5	2044	64.5
2045	65	2045	65	2045	65

资料来源：商西、葛倩、刘佳、等：《人社部：延迟退休方案后年推出——至少有5年过渡期，最早2022年实施，每年延退几个月》，《南方都市报》，2015年3月11日，第AA01版。有改动

思考：为什么要延迟退休？什么是"渐进式"延退？你如何看待该问题？

延伸阅读

养老保险全国统筹与政府责任分担

在基本养老保险省级统筹实践过程中，市、县级政府道德风险严重、过度依赖省级政府，致使省级政府压力巨大而市县政府责任弱化，这些教训在推进基本养老保险实现全国统筹过程中应当记取。

由于我国中央政府和地方政府的责任不明确，在推进基本养老保险全国统筹过程中，必须明确各级政府承担的责任及政府间责任的最优分担。这样才能使地方政府有所作为，促使各级政府在基本养老保险发展过程中能够发挥出各自的积极性和能动性，将对基本养老保险全国统筹的顺利推进产生很大的促进作用。

（一）划定分担比例的原则

——统筹协调、综合平衡原则。由于我国的政策和战略不均衡，造成区域经济发展不平衡，东西

部差距越拉越大。全国大部分的贫困人口集中在中西部地区，这些地区社会积累能力弱、个人支付能力低、养老金水平较低，再加上自然灾害的频频威胁，造成当地政府财政困难，社会负担过重。与东部沿海发达地区相比，中央政府必须承担对中西部地区基本养老保险资金更多的补贴责任，同时需要制定相关制度特殊照顾这些地区，尽力弥补地区间的差距，这已成为一项无可非议的政府选择。因此，基本养老保险全国统筹走向中划分各级政府职能和责任时，需要对各地政府和各级政府的能力进行统筹协调和综合平衡，从基本养老保险制度运行效率最大化角度出发，摒弃不公平、不对称的安排。

——责任、权利、义务对等原则。根据责权利对等理论，划分责任时应遵循责任、权利、义务对等原则。事实上，世界各国的各级政府在责任分担上都坚持了这一原则。然而，现阶段我国中央政府存在决策权过多、管理和支出责任承担较少的现象，地方政府存在决策权较少、承担与其决策权相比过多的管理和支出重任的问题。这些问题在基本养老保险中表现为各级政府在基本养老保险的决策、筹资责任、支出管理、监督的权利与责任等方面安排得不甚对称。因此，按照责权利对等理论，应适当增加上级政府的责任和下级政府的权利。

——基本养老保险单独预算原则。基本养老保险单独预算制，即根据参保人数和工资水平，各地养老保险政府部门预算出年度内应该征收的基本养老保险总额；再根据退休人员人数和待遇发放标准，各地社会保障主管部门预算出年度内应该支付的基本养老保险总额。将预算征收额下达给地方养老保险经办机构，其根据预算确定的征收额进行养老保险费征缴工作，最终将征缴的养老保险费自觉、如实上缴至中央养老保险经办机构。同时将预算支出额汇报给中央养老保险经办机构，其根据预算额给各地分配资金。

——激励约束原则。划分基本养老保险政府间责任的激励约束原则，就是中央政府将每年基本养老保险扩面、基本养老保险费征缴和新增退休人数等作为对地方政府工作考核的重要指标，根据考核结果做出奖励或惩罚的决定。达到约束地方政府、避免其过分依赖中央政府的行为发生，同时又要激励地方政府向中央政府按时按比例缴费，合作联动促进基本养老保险走向全国统筹的目标。

(二) 划定分担比例的影响因素

基本养老保险制度中的政府责任划分不仅是一个经济问题，还是一个公共决策问题。对一项具体公共事务的决策问题的研究，必须将其放到特定的政治经济环境中来分析。

其一，老龄化程度。我国老龄化速度加快、程度加深，意味着基本养老保险制度内的缴费人数相对于制度内享受养老保险待遇的人数在减少，政府在养老金方面的支出将增加，"老龄化成本"将成为影响基本养老保险制度可持续发展的一个重要诱因。

其二，基本养老保险制度实施情况。全国各省份在基本养老保险制度的覆盖率、替代率、抚养比及基金结余状况等方面存在显著差异，越是经济发达的省份，其覆盖率越高，替代率和抚养比往往越低，基金累计结余量越多，地方政府的养老保险财政压力轻；而经济欠发达地区刚好相反，其覆盖率较低，替代率和抚养比较高，基金累计结余量较少，地方政府的养老保险财政负担重。基本养老保险制度实施情况在各地区之间的不平衡成为影响划分政府间责任分担的一个重要因素。

其三，全国统筹后基础养老金的给付标准测算。基本养老保险全国统筹后，政府和民众最关心的问题之一就是基础养老金的给付标准问题。基于已有的一些研究成果，基础养老金可考虑采用两种方式进行发放：一是基于全国社会平均工资的全国均一的基础养老金。计算公式为全国均一的月基础养老金＝全国社会平均工资×20%÷12。二是基于各地居民的消费水平的全国均一的基础养老金。计算公式为全国均一的月基础养老金＝全国各地区城镇居民家庭平均每人全年消费性支出×60%÷12。基本养老保险全国统筹后，基础养老金的发放标准会直接决定中央政府财政支出的意愿大小，这是影响划分基本养老保险政府间责任问题的因素之一。

(三) 划定分担比例的设想

中央政府与地方政府间的责任分担关系是维系基本养老保险制度良好运行的神经系统。如果再不解决政府责任合理分担问题,那么基本养老保险制度很有可能面临运转不良的风险。

1. 基金支付缺口的分担比例

随着人口老龄化程度加深以及各地经济发展水平等因素的影响,一些地区当年征缴的养老保险费不够支付当年的养老保险支出,因此出现"收不抵支"现象,造成基金缺口。政府需要在当期对社会统筹基金缺口进行现实补足,补足缺口与否直接关系到养老金给付实现与否及制度是否能够持续下去。因此,要想实现基本养老保险制度收支平衡及可持续发展,必须对各级政府弥补缺口的责任进行明确分担。首先,应对基本养老保险基金实行预算管理;其次,应综合考虑各地经济发展水平、老龄化程度、参保人数、离退休人数等因素的变化,科学预算基金收入规模和支出规模。

当预算内基金出现缺口时,应根据是否完成征缴目标任务来处理:对于完成任务而又出现缺口的,首先考虑动用上年基本养老保险全国统筹基金结余解决,若结余不足以弥补缺口的,由中央财政收入弥补;对未完成征缴计划或超预算支出而形成的基金缺口,由各地方政府自行负担,同样是首先考虑动用基本养老保险基金财政专户中的结余基金来补缺,若结余不足以补缺的,由各省级财政收入负责补齐缺口。

若出现地方财政困难以及各级政府间社会保障支出效率低下、中央财政与地方财政之间养老保障资金的纵向不平衡等问题,可由上下级政府之间的纵向转移支付(包括中央下拨全国调剂金和中央对地方的财政补贴)实现,同级政府之间养老保障能力的差异可以通过地区间同级政府之间的横向养老保障转移支付制度来完善。总之,无论是完成任务还是未完成任务出现的养老金收支缺口,财政(包括中央财政和地方财政)都承担了最后出场人的角色,全额弥补收支缺口。

2. 化解隐性债务的责任分担

在化解隐性债务的责任分担上,应考虑到转轨时期"老人"和"中人"的地区分布差异,由各地人力资源社会保障行政部门对当地"老人"和"中人"的人数进行认定、登记,并上报给人力资源和社会保障部进行核准。对"老人"和"中人"人数较多、比重较高、发放养老金负担较重的地区,可考虑按照中央财政资金承担隐性债务额的70%、省级财政资金承担隐性债务额的30%的比例进行分担;对"老人"和"中人"人数少、占比低、养老金发放任务较轻的地区,可考虑按照中央财政资金负担60%、省级财政资金负担40%的比例化解隐性债务。对财政确有困难的省份,由转轨前"老人"和"中人"所在企业对化解隐性债务给予适当补助,具体补助额度由各地政府确定。

3. 做实个人账户的责任分担

对于弥补个人账户的资金,首先,可以考虑提高做实个人账户的中央财政补助比例,并且要把补助比例相对稳定下来,这样有利于调动地方政府的积极性。其次,中央财政对东部地区、中西部地区及东北老工业基地分别实施不同的补助政策,对中西部地区和东北老工业基地按照比东部地区较高的水平进行补助,这样有利于调动中西部地区和东北老工业基地的积极性。

目前,东北老工业基地是按照中央政府提供75%实实在在的补助、地方政府承担25%的做实责任执行。其他地区做实基本养老保险个人账户可采取动态做实、静态补助的措施。动态做实是指随着缴费工资基数的变化,个人账户做实的数额也应随之变化;静态补助则是相对固定的补助办法。首先,从个人缴费工资的5%起步来做实个人账户,中央财政可以对这5%的部分实行全额补助;其次,每做实1%,东部各省可考虑由中央财政与地方财政按各50%的补助比例分担这1%的部分,中西部地区的中央政府占比应相对高些,可考虑按8∶2的比例与地方政府进行分担。

4. 地方政府上缴全国统筹基金的比例

目前,一些地区对全国统筹的积极性不高,一个很重要的原因就是担心全国统筹后,本地的基金结余全部上缴到全国统筹基金中去。因此,为合理衔接新、旧体制,全国统筹前各地的结余基金应归当地所有;全国统筹后,各省、自治区、直辖市须按照一定比例上解本地的社会统筹资金,以及同中央财政出资共同形成全国统筹基金。基于已有的研究成果,按照前文所说两种基础养老金给付标准,依据"十一五"时期相关数据,分别测算出地方政府的上缴比例。

第一种计发标准——基于全国社会平均工资计发基础养老金。地方政府上缴全国统筹基金的比例为31%~34%。中央政府可以根据各地完成征缴任务的情况,对超额完成任务的地区进行奖励,将上缴比例减少1百分点,但最低不要少于31%;对严重未完成任务的地区进行惩罚,将上缴比例提高,但最高不要超过34%。

第二种计发标准——基于各地居民消费水平计发基础养老金。地方政府将社会统筹基金的35%~37%上缴给中央政府作为全国统筹基金。中央政府可以根据各地完成征缴任务的情况,对超额完成任务的地区进行奖励,将上缴比例减少1百分点,但最低不要少于35%;对严重未完成任务的地区进行惩罚,将上缴比例提高,但最高不要超过37%。这样既对地方政府起到激励约束作用,对中央政府也有一定的激励作用,最终获益的是参保人员。

资料来源:雷晓康、张楠:《养老保险全国统筹与政府责任分担》,《中国社会保障》,2012年第10期,第31~33页。文章略有删改

 小资料

名义账户制

名义账户制(notional defined contribution),即NDC模式,属于不存在基金积累的DC模式,且精算相关度较高。在基金积累度上,NDC模式类似于现收现付制,养老保险基金用于当期的养老金给付,不存在基金积累,养老基金没有进行"实际"积累,而个人账户积累制和总账积累制则属于基金完全积累型,养老保险基金全部积累起来,用于未来的养老金给付。在缴费收益模式上,NDC模式存在名义上的个人账户,个人账户只是按照职工在职期间的缴费情况,并在退休时依照账面积累的资金规模来确定养老金水平,但是账户中不存在实际资金,养老基金仅以一定的名义积累利率进行账面累计。在精算相关度上,NDC模式显然是一种缴费与养老金水平紧密挂钩的模式,类似于个人账户积累制。但区别在于,NDC模式不存在实际意义上的资金积累,名义账户收益率为人为设定的而非资本市场投资收益率,因而在以市场利率折算资本价值时,个人缴费与养老金价值并不能完全相等。

资料来源:郑伟、袁新钊:《名义账户制与中国养老保险改革:路径选择和挑战》,《经济社会体制比较》,2010年第2期,第99页

经典阅读与参考文献

董克用.2000.养老保险.北京:中国人民大学出版社

霍尔茨曼R,斯蒂格利茨J E.2004.21世纪可持续发展的养老金制度.胡劲松,等译.北京:中国劳动社会保障出版社

吉列恩C,特纳J,贝雷C,等.2002.全球养老保障——改革与发展.杨燕绥,等译.北京:中国劳动社会保障出版社

米尔丝K.2003.社会保障经济学.郑秉文译.北京:法律出版社

威廉姆森J B,帕姆佩尔F C.2002.养老保险比较分析.马胜杰,刘艳红,赵陵译.北京:法律出版社

尹志宏，张慧莲，等.2009.养老金投资与资本市场：国际经验及中国的选择.北京：中国人民大学出版社

袁志刚.2005.养老保险经济学.上海：上海人民出版社

郑功成.2000.社会保障学——理念、制度、实践与思辨.北京：商务印书馆

郑功成.2008.中国社会保障30年.北京：人民出版社

第七章

社会医疗保险

本章摘要

本章先介绍了医疗保险的相关背景知识，包括健康与疾病风险、风险分担与医疗保险、医疗服务市场的特殊性；然后介绍了社会医疗保险的定义、特点及作用，并比较了其与商业医疗保险的区别。接下来，本章重点分析了社会医疗保险的运行机制，主要包括社会医疗保险对医疗服务需求方的控制，以及对医疗服务提供方的控制。在此基础上，本章介绍了中国社会医疗保险制度体系的框架和基本政策，并总结分析了中国社会医疗保险制度改革的成就和主要问题。最后，本章阐述了中国社会医疗保险发展的一些前瞻问题。

第一节 医疗保险背景概念认知

一、健康与疾病风险

人的生命和健康是无价的。健康是人类生存和发展的基本条件，人人都应该享有基本的健康权。国际上，衡量一个国家或地区的社会发展水平，居民健康水平是重要指标之一。传统的健康观念强调"无病即健康"，而现代健康的含义并不仅仅是传统所指的身体没有病。根据世界卫生组织的解释，健康不仅是指一个人身体没有出现疾病或虚弱现象，而是指一个人在生理上、心理上和社会上的完好状态。影响健康的因素有很多，如生活环境、饮食结构、工作压力、公共卫生服务等。疾病会给个人健康带来损害，影响个人工作效率和生活质量。疾病风险既可以指每个人患病的不确定性，也可以指个人因患疾病而遭受痛苦、承担经济损失的一种不确定性状态(通常我们指后者)。相对于其他风险，疾病风险具有以下特点。

(1)普遍性。每个人不论出身、年龄、贫富，都无法回避疾病风险。在人生的每一个阶段，疾病风险都普遍存在。这与生育、老年、失业、工伤等风险不一样，它们只存在于某个特殊群体或某个特殊时期。

(2)严重性。疾病风险不仅会给人们带来经济上的损失，更严重的是会直接损害人们的健康水平。疾病风险危害的对象是人的健康或生命，而人的健康在某种程度上存在不可逆性；疾病风险可能造成暂时或永久性劳动能力的丧失，甚至死亡，远非金钱所能补偿。因此，疾病风险所带来的危害更加严重。

(3) 复杂性。人类已知的疾病有成千上万种，并且疾病谱正经历着深刻变化。许多疾病还无法得到彻底有效的治疗，如艾滋病。每一种疾病对个体的影响又因性别、年龄、体质等因素的不同而呈现出较大的差异，治疗效果也难以预测。

(4) 外部性。某些疾病具有外部性，极易扩散，容易传染给身边的其他人。因此，疾病风险不仅会直接危害个人健康，也会给整个地区、社会带来明显的负效应。如果不及时加以预防和控制，必然会影响社会安定。

二、风险分担与医疗保险

试想一下，如果没有医疗保险，也没有公共医疗服务，而你又面临着严重的疾病风险，你就必须动用你的储蓄，甚至是出售固定资产来支付医疗费用。你的生活质量立刻会受到较大影响。而你的邻居们在这段时期内没有发生疾病，因此，他们的生活没有受到影响。但是，也许过一段时间你的邻居也会同样面临疾病风险问题。

许多疾病的出现是无法预测的，所有人都会面临疾病风险。如果医疗费用太高，许多家庭就会看不起病，或者因为看病而使生活陷入困境。为了解决这个问题，我们可以将面临相似风险的人集中起来，形成一个风险池子；当风险发生时，将风险在这个池子里面的每个成员中进行分散。这就是所谓的风险分担，它是社会保护的一种有效机制。风险分担最典型的形式就是保险。在大多数国家，医疗保险是最常见的疾病风险分担形式。医疗保险，有的也称为健康保险或疾病保险，是投保人为了应付无法预测的医疗服务需求及财务风险，通过预先缴纳保险费，而对被保险人患病后的损失提供补偿的一种风险分担形式。医疗保险有狭义和广义之分，两者的区别在于补偿范围的大小。狭义的医疗保险仅补偿被保险人的医药费用支出，而广义的医疗保险的补偿范围不仅包括被保险人的医药费用支出，还包括被保险人因疾病所带来的收入损失，以及卫生保健、康复服务等内容。

三、医疗服务市场的特殊性

个人生病以后，一般都会寻求医疗服务。医疗服务市场距离完美市场相去甚远，具有明显的特殊性。表 7-1 列举了医疗服务市场上的市场失灵情形。

表 7-1 医疗服务市场上的市场失灵

完美市场的特征	市场失灵的表现	医疗服务市场上的具体表现
存在许多买家和卖家	存在完全垄断或寡头垄断	成立医院的门槛较高；合格的医生需要长期严格的训练
所有的买家和卖家具有完美信息	买卖双方存在不完美信息	患者对医学知识了解不多，很难做出合适的治疗决定，需要依靠医生的建议
产品不具有外部性	产品具有外部性或公共产品属性	肺结核等传染性疾病的预防和治疗；健康知识的提供

作为一种财务风险分担手段，医疗保险的介入会使医疗服务市场变得更加复杂。不仅医疗保险本身就存在逆向选择（adverse selection）的问题，而且它改变了医疗服务需求方（患者）和医疗服务供给方（医院和医生）的关系，道德风险（moral hazard）问题比较严重。

在信息不对称情形下，容易出现逆向选择问题。在医疗保险中，由于投保人或被保险人比保险公司更清楚自己的健康状况，双方之间存在严重的信息不对称，逆向选择问题很难完全避免。理论上，如果保险公司根据平均疾病风险设定费率，那么面对这个费率，许多低风险者不愿意投保，却会引来大批高风险者投保。保险公司不得以提高费率，这样就导致更多的低风险者退出市场，留下来的是风险更高的那部分人。如此恶性循环，最终导致保险公司亏本退出市场。所以，为了解决逆向选择问题，保险公司会想方设法来识别高风险者和低风险者。

个人购买医疗保险后，其寻求医疗服务的行为就会发生改变，即存在所谓的道德风险。道德风险是指当合同一方不完全承担风险后果时所采取的自身效用最大化的自私行为。从需求方来看，如果没有医疗保险，个人必须承担所有医疗费用支出。购买医疗保险以后，由于存在医疗费用报销，意味着医疗服务价格相对下降，因此个人可能会增加许多不必要的医疗费用。从供给方来看，在医疗服务市场上，医生会凭借信息优势，倾向于过度提供医疗服务，以获取更多的收益。消费者会因为购买了医疗保险而降低价格敏感度，因此医生的诱导需求行为很难得到有效遏制。

第二节　社会医疗保险的内涵与特征

根据实施主体的不同，医疗保险可以分为社会医疗保险和商业医疗保险两大类。本章的内容重点分析社会医疗保险。社会医疗保险起源于19世纪的德国。1883年，德国政府颁布了《疾病保险法》，宣告了社会医疗保险制度的诞生。社会医疗保险制度在稳定社会和缓和阶级矛盾方面发挥了积极作用。因此，欧洲许多国家纷纷效仿德国的做法，在欧洲形成了社会保险发展的一个高潮。本节将介绍社会医疗保险的定义、特点与作用，并阐述其与商业医疗保险的区别。

一、社会医疗保险的定义与特点

社会医疗保险是国家通过立法形式强制实施，由国家、单位（雇主）和个人按一定比例缴纳保险费，建立社会医疗保险基金，当个人因患病接受医疗服务时，由社会医疗保险机构对其提供医药费用补偿的一种社会保险制度。社会医疗保险属于社会保险的重要组成部分，一般由政府承办，政府会借助经济手段、行政手段、法律手段强制实行以及进行组织管理。其具有以下特点。

（1）覆盖面广。社会医疗保险的覆盖对象原则上应是全体公民，因为每一个人在人生的任一阶段都会面临疾病风险，这是无法回避的。而养老、失业、工伤、生育风险的对象主要是劳动者，或者只出现于某一特殊时期。因此，社会医疗保险是社会保险体系中覆盖面最广的险种，对保障居民的基本健康权利，防止因病致贫、因病返贫起到了重要作用。

(2)强制性。一般来说,社会医疗保险是一种依法实行的强制性保险。所有符合条件的个人都必须依法参加,履行缴费义务,同时按规定享受医疗保险待遇。国家会对社会医疗保险的筹资渠道、筹资比例、待遇标准、基金管理方式等做出明确规定,体现公平、效率和控制医疗卫生费用等目标。

(3)高度复杂性。社会医疗保险除了补偿参保人医药费用以外,还会影响到医疗服务的需求和供给。为了确保社会医疗保险基金的合理使用,控制道德风险和诱导性需求,社会医疗保险还引入了各种必要的技术手段,如起付线、共付比例、封顶线、各种费用结算办法等,以便对医疗服务需求方和供给方的行为进行合理引导和控制。所以,医疗保险不仅和参保人、医疗机构和经办机构有关,还和药店、医患关系、政府医疗管理机构等密切相关,体现出社会医疗保险制度的复杂性。

(4)具有收入再分配作用。从原理上看,社会医疗保险是在不同收入水平和健康风险水平的人群中分担风险。通常来说,社会医疗保险按照个人收入的一定比例征缴,收入越高,缴费越多。但是医疗服务的提供却主要是按照病情需要进行确定,不受其他社会经济因素的影响。这样就有可能促使资金从收入高、健康状况好的人群向收入低、健康状况差的人群转移,从而实现收入再分配。

(5)量入为出、自负盈亏。由于资源具有稀缺性以及人们对医疗服务需求的无止境,社会医疗保险不可能满足个体所有的医疗服务需求,而只能根据国家经济发展水平和医疗保险基金筹措情况,对一部分医疗费用支出进行补偿。通常,社会医疗保险制度在实施过程中要以收定支,力求收支平衡,并且自负盈亏。管理部门可以通过扩大或缩小报销范围、提高或降低报销比率来调节社会医疗保险基金的收支状况。

二、社会医疗保险的作用

(1)提高国民健康水平。健康水平是衡量一个国家或地区社会发展程度高低的关键指标。常用的健康指标包括人均预期寿命、新生人口死亡率、孕妇死亡率等。研究表明,实行社会医疗保险制度对提高人们的健康水平有十分积极的作用。

(2)调节收入差别,减轻个人医疗费用负担,体现社会公平性,防止因病致贫。社会医疗保险通过征收医疗保险费和偿付医疗保险服务费用来调节收入差别,是政府一种重要的收入再分配的手段,体现社会公平。社会医疗保险是常用的疾病风险分担机制,通过医疗费用补偿,可以有效减轻个人医疗费用负担,防止个人或家庭因为看病而陷入贫困,能够有效地降低贫困率。

(3)有利于提高劳动生产率,促进生产力发展。社会医疗保险制度的建立和完善,一方面解除了劳动者的后顾之忧,使其安心工作,从而可以提高劳动生产率;另一方面可以提高人们的健康水平,保证劳动力正常再生产,而健康水平又是人力资本的重要组成部分,从而可以促进生产力的发展。

(4)有利于维护社会安定,促进社会和谐和文明进步。社会医疗保险有助于消除因疾病带来的社会不安定因素,可以使资金从收入高、健康状况好的人群向收入低、健康状况差的人群转移,调节收入差距,有利于维护社会安定。社会医疗保险通过建立社会医疗保险基金，在参保人之间分摊疾病费用风险，真正体现了"我为人人，人人为我"的精神，有利于促进社会和谐和社会文明进步。

三、社会医疗保险与商业医疗保险的区别

商业医疗保险作为社会医疗保险的重要补充，在分散风险、减轻个人医疗费用负担、维护社会安定、促进社会和谐等方面也发挥了积极作用。但是，商业医疗保险与社会医疗保险还是存在明显的区别。

(1) 性质不同。在商业医疗保险中，保险人与被保险人之间完全是一种自愿的契约关系，纯属商业行为。社会医疗保险通常由国家立法强制实施，属于政府行为。

(2) 目标取向不同。保险公司经营商业医疗保险，通常以营利为目的，并追求利润最大化。社会医疗保险不以营利为目的，其目的主要是构建社会的健康安全网，保障居民的基本健康权利，防止因病致贫、因病返贫的现象出现，维护社会稳定和社会公平。

(3) 保险费用筹集来源不同。社会医疗保险费用一般由国家、单位、个人三方面共同负担。商业医疗保险费用则完全由参保人承担。

(4) 参保条件不一样。保险公司经营商业医疗保险，通常会进行风险选择(risk selection)，偏好健康风险较低的参保人。年龄大、健康状况差的个体通常无法买到商业医疗保险产品。而在社会医疗保险中不存在风险选择的情况。无论健康状况好坏，个人都可以参加社会医疗保险。只要按时缴费，其就可以按照制度规定享受社会医疗保险待遇。

(5) 权利与义务关系不一样。在商业医疗保险中，保险人与参保人之间的权利与义务关系是对等的，具体表现为"多缴多保，少缴少保，不缴不保"。任何一个有完全行为能力的个人，只要与保险公司自愿签订保险合同并按合同规定缴纳了保险费，其就能获得相应的保险金给付的请求权，保险金额的多少取决于所缴保险费数额的多少。而社会医疗保险中的权利与义务关系并不对等，具体表现在：参保人的医疗费用补偿标准与其缴费多少没有关系，只与疾病状况和就医等级有关系。

在实践中，由于社会医疗保险不可能补偿参保人全部的医疗费用，因此商业医疗保险就可作为社会医疗保险的有益补充，弥补参保人差额部分的损失。根据保险的费用补偿原理，医疗费用的补偿是以实际医疗费用支出为最高限额的，对社会医疗保险做出补偿后的剩余部分，商业保险公司将按照保险条款理赔。

第三节 社会医疗保险的运行机制

由于患者和医疗服务提供方(医院和医生)之间存在严重的信息不对称，为了保障患者权益，许多国家都引入了社会医疗保险制度。社会医疗保险机构作为第三方，代表参保人的利益，向医疗服务提供方购买服务，约束其诱导需求行为。简单来讲，社会医疗保险的运行机制可以用图7-1来表示。

参保人通过缴纳保险费，参加社会医疗保险，形成社会医疗保险基金。当参保人患有疾病并寻求医疗服务时，医院和医生为其提供医疗服务，社会医疗保险机构负责和医

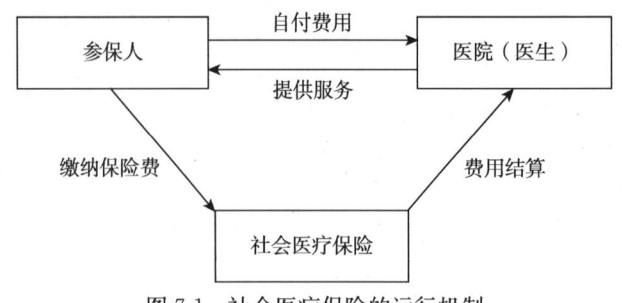

图 7-1 社会医疗保险的运行机制

院按照规定进行费用结算。很显然，社会医疗保险不可能补偿所有医疗费用支出，剩余部分由参保人自付。

前面已经提到，保险作为第三方介入医疗服务市场，会改变患者与医疗服务提供方之间的关系，并影响患者的就医行为和医疗服务提供方的行为。患者会因为有了保险而增加不必要的医疗服务；医疗服务提供方会利用信息优势地位，诱导消费者增加需求。这两方面原因都会推动医疗费用不合理上涨。为了控制双方的道德风险以及医疗费用不合理上涨，社会医疗保险对医疗服务的需求方和供给方都进行了约束。

一、社会医疗保险对医疗服务需求方的控制

在社会医疗保险中，控制需求方道德风险的方法主要有三种，即起付线（deductible）、共付比例（coinsurance rate）和封顶线（ceiling）。

(1) 起付线。通常在社会医疗保险中，参保人发生医疗费用后，在一定额度以下的费用需要自付，超过此额度的医疗费用才由社会医疗保险经办机构负责报销补偿。这个自付额度的标准就称为"起付线"，也叫"免赔额"。在实践中，起付线法又可分为两种类型，即年度费用起付线法和单次就诊费用起付线法。年度费用起付线法采取医疗费用年度累计计算，在一个年度内累计医疗费用在一定额度内由参保人自付，年度累计费用超过此额度后由医疗保险经办机构支付。单次就诊费用起付线法是指参保人每次就诊均需自付一定额度的费用，每次就诊费用超过此额度的由医疗保险经办机构支付。起付线法可以制约或限制一部分非必需的医疗需求，并大大减少社会医疗保险经办机构的工作量，降低管理成本。

(2) 共付比例。共付比例是指医疗费用发生后，由社会医疗保险机构和参保人按一定比例共同分担费用。通常，共付比例指的是参保人负担的比例。共付比例可以随医疗费用额度、医院等级而变化。由于参保人每次就诊均需自付一定比例的医疗费用，自付费用的绝对值将随医疗费用的增加而增加，因此，只要比例适当，此方法能够有效地增强被保险人的费用意识，起到良好的费用控制作用。采用此办法的技术关键是如何制定适当的分担比例。

(3) 封顶线。由于医疗资源的稀缺性，社会医疗保险经办机构为参保人支付医疗费用达到一个上限之后就不再支付。这个上限就是所谓的"封顶线"。这种方法的好处在于可以控制医疗费用，主要缺点是对发生大额医疗费用的人群不能发挥减轻医疗负担的作

用，对低收入人群影响较大。

在实践中，社会医疗保险经办机构通常综合采用多种费用分担方式。最常见的做法是：参保人首先自付一定数额的医疗费用，达到起付线之后，由社会医疗保险与参保人共同负担，社会医疗保险机构的最高补偿限额不超过封顶线。除了起付线、共付比例、封顶线以外，社会医疗保险机构还对报销范围进行了严格限制，只有符合基本诊疗项目要求，在基本病种目录和基本药品目录之内的医疗费用支出才予以报销。

二、社会医疗保险对医疗服务供给方的控制

作为付费的第三方，社会医疗保险机构通常采用各种费用结算办法与医疗服务供给方进行结算，以控制医疗服务供给方的道德风险和医疗费用增长。费用结算办法一般分为后付制和预付制。后付制的典型方式是按服务项目付费（fee for service），预付制主要包括总额预付制（globe budget）、按人头付费（capitation）、按服务单元付费（service unit）、按病种付费（diagnostic related groups，DRGs）等。

(1) 按服务项目付费。按服务项目付费是指社会医疗保险机构根据医疗服务机构提供的服务量和每项服务的价格，与医疗服务机构进行结算。总费用＝服务项目×各项目的价格。该办法的优点在于操作方便、管理费用低、适用范围较广，但缺点也十分明显。由于医疗服务机构的收入与其提供的服务量直接相关，在价格给定的前提下，医疗服务机构往往倾向于向患者提供过度医疗服务来增加收入。因此，该结算办法不利于控制供给方的道德风险，容易刺激医疗需求，导致医疗费用迅速上涨。这已经被国内外大量实践证明，许多国家开始逐渐放弃这种结算方式。

(2) 总额预付制。总额预付制是指社会医疗保险机构在考虑医疗机构的服务情况基础上，按照某种标准，如机构规模、医院等级、服务人数等，确定某一医疗机构在一定时期内的预算总额，并在费用结算时以此为最高限额。这相当于给医疗服务供给方设立了一个"封顶线"。总额预付制的优点在于能够较好地控制医疗费用总量，促使医院提高效率，并且结算方式简单，管理成本低，但也可能影响医疗服务供给方的积极性，降低服务质量和服务强度。实行总额预付制的关键在于如何合理确定预算总额。社会医疗保险机构要通过加强监督检查，防止医疗机构为降低医疗成本而减少必需的医疗服务，确保参保人员获得基本医疗保险规定的、诊疗疾病所必需的、合理的医疗服务。

(3) 按人头付费。按人头付费是指社会医疗保险经办机构在一定期限内根据医疗机构签约服务的参保人数和预先确定的付费标准，预付给医疗机构的医疗费用开支（不管参保人是否利用了医疗服务）。在此期间，医疗机构必须为参保人提供合同规定范围内的一切医疗服务，不再另外收取费用。门诊费用结算经常采用按人头付费的办法。该办法的优点在于费用控制能力较强，管理成本低，操作简便，但可能导致服务量不足、服务质量下降、服务积极性不高等问题出现。

(4) 按服务单元付费。服务单元是指将医疗服务的过程按照一个特定的参数划分为相同的部分，每一个部分成为一个服务单元，如一个门诊人次、一个住院人次和一个住院床位。医疗保险机构根据过去的历史资料以及其他因素制定出平均服务单元费用标准，然后根据医疗机构提供的服务单元数量进行偿付，这种办法称为按服务单元付费。

其总费用公式为：总费用＝平均服务单元费用×服务单元量。此种付费方式管理方便，操作比较简单，能够激励医疗服务供给方控制成本，但同时也容易刺激医生通过分解服务次数来增加服务单元量，或者通过选择病人来减少自身服务单元的费用。

(5)按病种付费。按病种付费，又称按疾病诊断相关分类付费。按病种付费根据病人的年龄、性别、住院天数、临床诊断、疾病严重程度、有无并发症等因素把病人分入不同的诊断相关组，依病情的不同、病人的不同、治疗手段的不同会有不同的DRGs编码相对应，医疗保险机构根据各诊断相关组所对应的价格补偿标准进行支付。按病种付费的基本考虑是：医疗保险机构不能按服务项目付费，而应根据病人疾病种类、严重程度、治疗手段等因素来付费。按病种付费有助于激励医院加强医疗质量管理，促使医院主动降低成本，缩短住院天数，减少诱导性医疗需求，有利于费用控制。实行按病种付费还可以为医疗质量的评估提供一个科学可比的方法。但是，按病种付费对技术水平和管理能力要求较高，目前在低收入发展中国家运用还不广泛。

在实践中，社会医疗保险机构与医疗服务供给方之间的结算办法还有很多种。每种结算办法都有自己的优缺点，没有哪一种结算办法是完美的。不同的结算办法都会形成一定的经济诱因，影响医疗服务供给方的行为。具体采用何种结算办法，应根据社会医疗保险经办机构的管理能力以及定点医疗机构的不同、医疗服务形式的不同而确定。在很多情形下，社会医疗保险机构通常采用混合式的结算办法。

第四节 中国社会医疗保险制度体系的框架和基本政策

目前，从国家层面来看，中国已经建立了比较完整的社会医疗保险体系。现行体系主要由四种制度构成，分别是城镇职工基本医疗保险制度、新型农村合作医疗制度、城镇居民基本医疗保险制度、城乡居民大病保险制度。不难看出，现行体系是高度分割的。不同人群根据是否就业、户籍情况而参加不同的社会医疗保险制度，所享受的社会医疗保险待遇也存在差别。这种局面的形成与中国长期以来实行的城乡分割政策有很大关系。接下来，本节将简述我国社会医疗保险制度的改革历程，并重点介绍现行四种社会医疗保险制度。

一、城镇职工基本医疗保险制度

现行城镇职工基本医疗保险制度的前身是公费劳保医疗制度。1951年2月政务院颁布了《中华人民共和国劳动保险条例》。该条例规定了企业职工在疾病、伤残、死亡、生育及年老时五个方面的劳动保险待遇。劳动医疗保险制度的覆盖人群包括国营企业和城镇集体所有制企业的职工、离休人员及其直系家属。资金来源主要是劳动医疗卫生费，在企业生产成本中列支，按照企业工资总额的一定比例计提留存。企业员工生病产生的门诊、住院、手术费和普通药费均由企业承担，其家属产生的医疗费由企业负责50%，贵重药品和住院交通费、伙食费由个人承担。1952年，政务院颁布了《中央人民政府政务院关于全国各级人民政府、党派、团体及所属单位的国家工作人员实行公费医疗预防的指示》，建立了公费医疗制度。享受对象主要是机关事业单位职工，经费来源为财政拨款。职工医疗费用由财政按定额拨付给用人单位，职工凭公费医疗证在合同医院就医。

公费劳保医疗在当时计划经济体制下，在保障职工身体健康、促进经济建设等方面发挥了重要作用。但是，随着社会主义市场经济体制的确立和国有企业改革的不断深化，公费劳保医疗制度开始暴露出一些不容忽视的弊端。这些弊端主要在于该制度缺乏有效的费用控制机制，从而导致个人过度使用医疗服务，造成医疗资源的极大浪费，医疗费用开支增长迅猛，给国家和企业带来了沉重的负担，已不能适应社会主义市场经济发展的需要，亟须改革。

1989年，国务院与国家经济体制改革委员会（简称国家体改委）确定了四平市、丹东市、黄石市、株洲市作为医疗保险制度改革的试点城市，海南省和深圳市作为社会保障制度综合改革的试点地区。1992年，深圳市在全国率先开展了职工医疗保险制度改革。随后，1993年中共十四届三中全会通过《关于建立社会主义市场经济体制若干问题的决议》，决议明确指出"城镇职工养老和医疗保险由单位和个人共同负担，实行社会统筹和个人账户相结合"。与此同时，各地也进行了一些改革探索。1994年，国家体改委、财政部、劳动部、卫生部共同制定了《关于职工医疗制度改革的试点意见》，经国务院批准，决定在江苏省镇江市和江西省九江市进行统账结合的医疗保险制度的改革试点。在"两江"试点取得初步经验的基础上，1996年4月，国务院办公厅转发了国家体改委、财政部、劳动部、卫生部四部委《关于职工医疗保障制度改革扩大试点的意见》，在全国选择38个城市进行扩大试点。最终，在1998年，国务院颁布了《国务院关于建立城镇职工基本医疗保险制度的决定》（国发〔1998〕44号文），明确了我国医疗保险制度改革的目标任务、基本原则和政策框架。从此，我国城镇职工基本医疗保险制度进入一个新的发展阶段。根据国发〔1998〕44号文，我国城镇职工基本医疗保险制度具有以下特点。

(1) 明确了参保人群的范围。城镇所有用人单位，包括企业（国有企业、集体企业、外商投资企业、私营企业等）、机关、事业单位、社会团体、民办非企业单位及其职工，都要参加基本医疗保险。乡镇企业及其职工、城镇个体经济组织业主及其从业人员是否参加基本医疗保险，由各省、自治区、直辖市人民政府决定。

(2) 建立由用人单位和职工共同负担的筹资办法。基本医疗保险制度改变了过去由财政或企业包揽缴费的做法，基本医疗保险费由用人单位和职工共同缴纳。用人单位缴费率控制在职工工资总额的6%左右，职工缴费率一般为本人工资收入的2%。

(3) 建立基本医疗保险统筹基金和个人账户。基本医疗保险基金由统筹基金和个人账户构成。职工个人缴纳的基本医疗保险费，全部计入个人账户。用人单位缴纳的基本医疗保险费分为两部分，一部分用于建立统筹基金，一部分划入个人账户。划入个人账户的比例一般为用人单位缴费的30%左右，具体比例由统筹地区根据个人账户的支付范围和职工年龄等因素确定。

(4) 明确统筹基金和个人账户各自的支付范围和支付办法。统筹基金主要用于支付大额和住院医疗费用，个人账户主要用于支付小额和门诊医疗费用。统筹基金支付时，要按照"以收定支，收支平衡"的原则，根据各地的实际情况和基金的承受能力，确定起付标准和最高支付限额。起付标准原则上控制在当地职工年平均工资的 10% 左右,最高支付限额原则上控制在当地职工年平均工资的 4 倍左右。统筹基金起付标准以下的医疗费用由个人账户支付,不足部分由个人自付;起付标准以上、最高支付限额以下的医疗费用,主要从统筹基金中支付,但个人也要负担一定的比例。

(5) 基本医疗保险管理和服务实现社会化。基本医疗保险原则上以地级以上行政区(包括地、市、州、盟)为统筹单位,也可以县(市)为统筹单位,北京、天津、上海 3 个直辖市原则上在全市范围内实行统筹。所有用人单位及其职工都要按照属地管理原则参加所在统筹地区的基本医疗保险,执行统一政策,实行基本医疗保险基金的统一筹集、使用和管理。这种做法打破了过去不同所有制单位之间、不同职工身份之间的界限,扩大了医疗保险的覆盖范围,更有效地分担了医疗疾病风险。

(6) 强化对医疗服务的控制与管理。基本医疗保险实行定点医疗机构和定点零售药店管理,并制定科学合理的医疗费用结算办法。职工可在定点医疗机构就医、购药,也可持处方到定点零售药店购药;制定基本医疗保险的药品目录、诊疗项目和医疗服务设施标准及相应的管理办法,不符合药品目录、诊疗项目和医疗服务设施标准范围的医疗费用,不在基本医疗保险的支付之列;实行医、药分开核算,分别管理。

二、新型农村合作医疗制度

我国传统农村合作医疗制度在 1955 年建立农村公社和生产队时就开始初步建立,并逐步推广至全国。由于缴费低、可及性高,传统农村合作医疗制度在农村地区经济发展水平较低的情况下,基本解决了农村居民看病就医的问题,大大改善了农村居民的健康状况,并因此得到世界卫生组织和世界银行的赞赏。但是,自 20 世纪 80 年代以来,随着家庭联产承包责任制的推广,农村集体经济结构开始瓦解,农村合作医疗制度所依附的基础在很多地区也不复存在。全国农村参加合作医疗的人口比例由 1980 年的 68.8% 骤降到 1983 年的 20% 以下,到 1986 年锐减至 5% 左右。到 1993 年,只有不足 10% 的农村人口拥有医疗保险[1]。由于缺乏财务风险分担机制,大量农村人口有病不去就医,或者因病致贫,导致农村健康水平下降和贫困人口增加。这些问题引起了国家相关部门的高度重视。2003 年 1 月 23 日,国务院办公厅转发了卫生部、财政部和农业部《关于建立新型农村合作医疗制度的意见》,明确提出了新型农村合作医疗制度是由政府组织、引导和支持,农村居民自愿参加,个人、集体和政府多方筹资,以大病统筹为主的农民医疗互助共济制度;到 2010 年,实现在全国建立基本覆盖农村居民的新型农村合作医疗制度的目标,减轻农民因疾病带来的经济负担,提高农民健康水平。新型农村合作医疗制度在实施原则、筹资标准、资金管理、医疗服务管理、组织管理等方面有以下规定。

(1) 实施原则。新型农村合作医疗实行自愿参加,多方筹资。农民以家庭为单位自愿参加新型农村合作医疗,按时足额缴纳合作医疗经费;乡(镇)、村集体要给予资金扶持;中央和地方各级财政每年要安排一定专项资金予以支持。新型农村合作医疗制度坚

---

[1] 于淑波:《农村三大社会保障制度探析》,《中共中央党校学报》,2006 年第 3 期,第 51~56 页。

持以收定支、收支平衡的原则,既保证这项制度持续有效运行,又使农民能够享有最基本的医疗服务。

(2)筹资标准。新型农村合作医疗制度实行个人缴费、集体扶持和政府资助相结合的筹资机制。农民个人每年的缴费标准不应低于10元,经济条件好的地区可相应提高缴费标准。有条件的乡村集体经济组织应对本地新型农村合作医疗制度给予适当扶持。鼓励社会团体和个人资助新型农村合作医疗制度。地方财政每年对参加新型农村合作医疗农民的资助不低于人均10元,具体补助标准和分级负担比例由省级人民政府确定。经济较发达的东部地区,地方各级财政可适当增加投入。从2003年起,中央财政每年通过专项转移支付对中西部地区除市区以外的参加新型农村合作医疗的农民按人均10元安排补助资金。

(3)资金管理。农村合作医疗基金是由农民自愿缴纳、集体扶持、政府资助的民办公助社会性资金,要按照以定支、收支平衡以及公开、公平、公正的原则进行管理,必须专款专用,专户储存,不得挤占挪用。农村合作医疗基金主要补助参加新型农村合作医疗农民的大额医疗费用或住院医疗费用。有条件的地方,可实行大额医疗费用补助与小额医疗费用补助相结合的办法,既提高抗风险能力又兼顾农民受益面。对参加新型农村合作医疗的农民,年内没有动用农村合作医疗基金的,要安排进行一次常规性体检。各省、自治区、直辖市要制定农村合作医疗报销基本药物目录。各县(市)要根据筹资总额,结合当地实际,科学合理地确定农村合作医疗基金的支付范围、支付标准和额度,确定常规性体检的具体检查项目和方式,防止农村合作医疗基金超支或过多结余。

(4)医疗服务管理。加强农村卫生服务网络建设,强化对农村医疗卫生机构的行业管理,积极推进农村医疗卫生体制改革,不断提高医疗卫生服务能力和水平,使农民得到较好的医疗服务。各地区要根据情况,在农村卫生机构中择优选择农村合作医疗的服务机构,并加强监管力度,实行动态管理。要完善并落实各种诊疗规范和管理制度,保证服务质量,提高服务效率,控制医疗费用。

(5)组织管理。新型农村合作医疗制度一般采取以县(市)为单位进行统筹,条件不具备的地方,在起步阶段也可采取以乡(镇)为单位进行统筹,逐步向县(市)统筹过渡。县级人民政府成立由有关部门和参加合作医疗的农民代表组成的农村合作医疗管理委员会,负责有关组织、协调、管理和指导工作。

三、城镇居民基本医疗保险制度

为实现基本建立覆盖城乡全体居民的医疗保障体系的目标,我国在建立城镇职工和农村居民的医疗保险制度之后,开始着手城镇非就业居民的医疗保险制度建设。2007年7月,国务院颁布了《国务院关于开展城镇居民基本医疗保险试点的指导意见》。该意见提出:

(1)试点目标。2007年在有条件的省份选择2至3个城市启动试点,2008年扩大试点,争取2009年试点城市达到80%以上,2010年在全国全面推开,逐步覆盖全体城镇非从业居民。

(2)试点原则。试点工作要坚持低水平起步,根据经济发展水平和各方面承受能力,合理确定筹资水平和保障标准，重点保障城镇非从业居民的大病医疗需求，逐步提高保障水平；坚持自愿原则，充分尊重群众意愿；明确中央和地方政府的责任，中央确定基本原则和主要政策，地方制定具体办法，对参保居民实行属地管理；坚持统筹协调，做好各类医疗保障制度之间基本政策、标准和管理措施等的衔接。

(3)参保范围。不属于城镇职工基本医疗保险制度覆盖范围的中小学阶段的学生(包括职业高中、中专、技校学生)、少年儿童和其他非从业城镇居民都可自愿参加城镇居民基本医疗保险。

(4)筹资水平。指导意见并未明确规定城镇居民基本医疗保险的筹资水平。试点城市应根据当地的经济发展水平以及成年人和未成年人等不同人群的基本医疗消费需求，并考虑当地居民家庭和财政的负担能力，恰当确定筹资水平；探索建立筹资水平、缴费年限和待遇水平相挂钩的机制。

(5)缴费和补助。城镇居民基本医疗保险以家庭缴费为主，政府给予适当补助。参保居民按规定缴纳基本医疗保险费，享受相应的医疗保险待遇，有条件的用人单位可以对职工家属参保缴费给予补助。国家对个人缴费和单位补助资金制定税收鼓励政策。对试点城市的参保居民，政府每年按不低于人均40元给予补助，其中，中央财政从2007年起每年通过专项转移支付，对中西部地区按人均20元给予补助。在此基础上，对属于低保对象的或重度残疾的学生和儿童参保所需的家庭缴费部分，政府原则上每年再按不低于人均10元给予补助，其中，中央财政对中西部地区按人均5元给予补助；对其他低保对象、丧失劳动能力的重度残疾人、低收入家庭60周岁以上的老年人等困难居民参保所需家庭缴费部分，政府每年再按不低于人均60元给予补助，其中，中央财政对中西部地区按人均30元给予补助。中央财政对东部地区参照新型农村合作医疗的补助办法给予适当补助。

(6)费用支付。城镇居民基本医疗保险基金重点用于参保居民的住院和门诊大病医疗支出，有条件的地区可以逐步试行门诊医疗费用统筹。城镇居民基本医疗保险基金的使用要坚持以收定支、收支平衡、略有结余的原则。要合理制定城镇居民基本医疗保险基金起付标准、支付比例和最高支付限额，完善支付办法，合理控制医疗费用。探索适合困难城镇非从业居民经济承受能力的医疗服务和费用支付办法，减轻他们的医疗费用负担。城镇居民基本医疗保险基金用于支付规定范围内的医疗费用，其他费用可以通过补充医疗保险、商业健康保险、医疗救助和社会慈善捐助等方式解决。

此外，对城镇居民基本医疗保险的组织管理和医疗服务管理，原则上参照城镇职工基本医疗保险的有关规定执行。

四、城乡居民大病保险制度

近年来，随着全民医保体系的初步建立，人民群众看病就医有了基本保障。但由于我国的基本医疗保险制度，特别是城镇居民基本医疗保险、新型农村合作医疗的保障水平还比较低，人民群众对大病医疗费用负担重反映仍较强烈。为进一步完善城乡居民医疗保险制度，健全多层次医疗保险体系，有效提高重特大疾病保障水平，国家发展改革委、卫生部等六部委于2012年8月出台了《关于开展城乡居民大病保险工作的指导意见》。城乡居民大病保险，是在基本医疗保险的基础上，对大病患者发生的高额医疗费用给予进一步保障的一项制度性安排，可进一步放大保障效用，是基本医疗保险制度的拓展和延伸，是对基本医疗保险的有益补充。根据《关于开展城乡居民大病保险工作的指导意见》，大病保险制度在保障对象、筹资标准、资金来源、保障范围、保障水平、承办方式等方面有以下特点。

(1)保障对象。大病保险保障对象为城镇居民基本医疗保险、新型农村合作医疗的参保(合)人。

(2)筹资标准。各地结合当地经济社会发展水平、医疗保险筹资能力、患大病发生高额医疗费用的情况、基本医疗保险补偿水平，以及大病保险保障水平等因素，精细测算、科学合理确定大病保险的筹资标准。

(3)资金来源。从城镇居民基本医疗保险基金、新型农村合作医疗基金中划出一定比例或额度作为大病保险资金。城镇居民基本医疗保险基金和新型农村合作医疗基金有结余的地区，利用结余筹集大病保险资金；结余不足或没有结余的地区，在城镇居民基本医疗保险、新型农村合作医疗年度提高筹资时统筹解决资金来源，逐步完善城镇居民基本医疗保险、新型农村合作医疗多渠道筹资机制。

(4)保障范围。大病保险的保障范围要与城镇居民基本医疗保险、新型农村合作医疗相衔接。城镇居民基本医疗保险、新型农村合作医疗应按政策规定提供基本医疗保障。在此基础上，大病保险主要在参保(合)人患大病发生高额医疗费用的情况下，对城镇居民基本医疗保险、新型农村合作医疗补偿后需个人负担的合规医疗费用给予保障。高额医疗费用，可以个人年度累计负担的合规医疗费用超过当地统计部门公布的上一年度城镇居民年人均可支配收入、农村居民年人均纯收入为判定标准，具体金额由地方政府确定。合规医疗费用，是指实际发生的、合理的医疗费用(可规定不予支付的事项)，具体由地方政府确定。各地也可以从个人负担较重的疾病病种起步开展大病保险。

(5)保障水平。以力争避免城乡居民发生家庭灾难性医疗支出为目标，合理确定大病保险补偿政策，实际支付比例不低于50%；按医疗费用高低分段制定支付比例，原则上医疗费用越高支付比例越高。随着筹资、管理和保障水平的不断提高，逐步提高大病报销比例，最大限度地减轻个人医疗费用负担。

(6)承办方式。采取向商业保险机构购买大病保险的方式。地方政府卫生、人力资源和社会保障、财政、发展改革部门制定大病保险的筹资、报销范围、最低补偿比例，以及就医、结算管理等基本政策要求，并通过政府招标选定承办大病保险的商业保险机构。

第五节 中国社会医疗保险制度改革的成就和主要问题

中国政府历来重视医疗保险制度建设，尤其是 20 世纪 90 年代以来，城镇职工基本医疗保险制度、新型农村合作医疗制度、城镇居民基本医疗保险制度相继建立与完善。从国家政策层面上看，在我国目前的社会医疗保险制度框架下，几乎所有的人都可以找到自己所对应的医疗保险制度，全民医保的基本制度框架已经初步建立。我国的社会医疗保险制度改革成效显著，主要体现在以下方面。

(1) 社会医疗保险覆盖面不断扩大。2009年3月17日实施的《中共中央 国务院关于深化医药卫生体制改革的意见》明确提出，由三大公立医疗保险组成的基本医疗保障制度，到2011年要全面覆盖城乡居民。根据《中国卫生统计年鉴》（2010年）提供的数据，截至2009年，城镇职工基本医疗保险、新型农村合作医疗、城镇居民基本医疗保险参保人数分别为2.2亿人、8.3亿人、1.8亿人，总参保人数达到12.3亿人，占总人口比重达到92.4%。中国已经建立起全世界规模最大的社会基本医疗保险安全网。

(2) 建立了医疗费用分担机制，有效减轻了个人就医负担。医疗保障制度改革以来，我国医疗费用的分担机制逐渐得到确立。这不仅有利于控制医疗费用上涨，还减轻了个人就医负担。根据《中国卫生统计年鉴》（2013年）提供的数据，我国个人卫生支出占卫生总费用的比例从2001年的60%下降到2012年的34.3%，有效减轻了个人就医负担，在一定程度上缓解了"因病致贫"和"因病返贫"的现象。详细数据可以参考表7-2。

表7-2 我国卫生总费用构成比例　　　　　　　　　　　　单位：%

年份	政府卫生支出	社会卫生支出	个人卫生支出
2001	15.9	24.1	60.0
2002	15.7	26.6	57.7
2003	17.0	27.2	55.9
2004	17.0	29.3	53.6
2005	17.9	29.9	52.2
2006	18.1	32.6	49.3
2007	22.3	33.6	44.1
2008	24.7	34.9	40.4
2009	27.5	35.1	37.5
2010	28.7	36.0	35.3
2011	30.7	34.6	34.8
2012	30.0	35.7	34.3

注：由于计算中的四舍五入，2003年、2004年、2009年、2011年三项卫生支出比例之和不为100%
资料来源：《中国卫生统计年鉴》（2013年）

(3) 明确了政府在社会医疗保险中的责任。随着我国社会主义市场经济体制的不断完善以及公共财政体系的基本建立，政府、企业（集体）、个人在社会医疗保险中的责任逐步清晰。政府加大了对社会医疗保险，尤其是新型农村合作医疗和城镇居民基本医疗保险的补贴力度。公共财政的作用不断加强，真正让农民以及许多低收入者得到了实惠。

(4) 促进了医药卫生体制的相关改革。随着社会医疗保险覆盖面的不断扩大、医疗保险基金实力的不断增强，社会医疗保险机构在医疗服务管理方面发挥着越来越重要的作用。通过建立三个目录（基本药品、基本诊疗项目、基本医疗服务设施），利用各种结算方法对定点医院、定点药店加强管理，规范了医疗服务行为，满足了参保人员基本医疗需求，医疗费用过快增长的势头得到了一定遏制，为进一步推动医药卫生体制改革创造了条件。

尽管我国社会医疗保险制度改革取得了不错的成效，但由于我国长期的二元经济结构和特殊国情，加上统筹层次不高，目前我国社会医疗保险体系是高度分割的，呈碎片化的状态。这就难免造成一系列的问题，必须引起重视，需要在以后的实践中不断加以完善。这些问题主要体现在以下几个方面。

(1) 现行社会医疗保险体系的公平性不足。城镇职工基本医疗保险、新型农村合作医疗、城镇居民基本医疗保险三种制度的筹资标准、支付范围、待遇标准等存在较大差异，加上我国医疗卫生资源在城乡之间、区域之间分布很不平衡，优质的医疗资源更多地集中在发达地区，进一步加剧了卫生服务利用方面的不公平，不发达地区和农村地区居民无法及时、方便地获得优质的医疗服务。

(2) 现行社会医疗保险体系在适应劳动力流动性方面的不足。这些问题主要集中在两方面：一是农民工医疗保险问题。因为新型农村合作医疗要求以家庭为单位参保，许多农民工在农村参加了新型农村合作医疗，在城镇就业时，又参加了城镇职工基本医疗保险，造成了农民工双重参保。二是异地就医问题，主要是异地就医审批手续烦琐，费用报销周期长，报销比例偏低，等等。

(3) 现行社会医疗保险体系的运行效率不高。大部分地区尚未建立科学高效的医疗费用结算办法，按服务项目付费仍占支配地位，不利于遏制医疗服务机构诱导需求的行为，造成医疗资源的巨大浪费。新型农村合作医疗和城镇居民基本医疗保险实行自愿参保、偏重住院和门诊大病报销，容易导致逆向选择，直接威胁到制度的财务可持续性。此外，当前社会医疗保险管理机构过分强调医疗保险基金的结余及偿付能力，忽视了社会医疗保险最根本的目的是提高人们的健康水平，从而影响了社会医疗保险体系的运行效率。

综上所述，近年来，我国社会医疗保险制度改革虽然取得了重大突破，基本建立了全民医保的制度框架，但现行制度框架及其运行均存在着内在缺陷。尤其是多元分割与碎片化现象，既不利于实现人员的社会流动，影响社会融合，又不利于分散风险，实现医疗保险基金的财务稳健，从而直接影响制度运行效率。因此，我国社会医疗保险制度还需要在实践中不断加以完善。

第六节 中国社会医疗保险改革发展前瞻

由于我国地域辽阔，城乡和区域间发展不平衡，加上户籍制度的分割，我国的社会政策一直存在着地方化的特色，导致各地社会保障具体制度和实际福利水平存在着明显的差异。不仅从全国层面看，存在着城乡之间、地区之间、劳动力内部与劳动力外部的差异，而且这种差异也在城市或区县层面得以小规模的复制。改革开放以后，随着中央政府在社会保障和社会福利中角色的弱化甚至退出，以及地方社会政策创新的强化，各地社会保障制度安排和福利水平的差距进一步加大，福利的地方化趋势更加明显。

在社会医疗保险制度改革方面，一些地方政府（如东莞市）大胆探索，结合地方实际，积极推动本区域内的社会医疗保险制度一体化建设，在全国范围内产生了广泛影响。它们的经验表明：各地区应该根据自身经济发展状况，选择合适的时机，彻底打破城乡二元结构，首先要消除制度间存在的明显不平等，其次通过完善制度设计，提高医疗筹资和服务利用方面的公平性，最后要逐渐提高医疗保障水平，促进居民健康水平的提高，增进居民福祉。各级政府可以考虑从以下几方面来改进和完善现行社会医疗保险制度。

(1)继续扩大医疗保险覆盖面，坚持强制性原则与政府补贴相结合。考虑到我国非正规就业人口数量庞大，农民缴费能力有限，而恰恰这部分人群是最缺乏保障的人群，如果不坚持强制性原则和政府补贴相结合，医疗保险的扩面工作将很难继续向前推进。这样不仅不能实现全民医保，而且参保人的逆向选择问题也会严重影响医疗保险基金的财务可持续性。所以，国家应该从政策层面规定所有人都要参加社会医疗保险制度，而不是任其自由选择，同时，要加大对低收入人群的补贴力度。

(2)打破城乡和户籍界限，建立统一的社会医疗保险制度。现阶段，我国还有很多地区的医疗保险制度"碎片化"程度比较高，不同类型人群享受的医疗保险待遇差别很大。社会医疗保险之所以存在的一个基础就是要让不同风险的群体能够在一个风险池里共担风险，实现社会公平。"碎片化"的医疗保险制度显然不利于在不同风险群体之间分散风险，有违社会医疗保险的初衷，所以，整合不同的社会医疗保险制度是大势所趋。建立统一的社会医疗保险制度是我国未来医改的一个重要方向。考虑到我国不同地区人口结构、城镇化水平、城乡经济差距存在明显不同，户籍制度改革进展也不一样，各地区要因地制宜选择改革路径。从已有经验来看，由于城镇居民基本医疗保险和新型农村合作医疗制度的缴费办法和医疗待遇比较接近，城乡经济差距不大的地区应该优先考虑将这两种制度合并，然后逐渐与城镇职工基本医疗保险制度接轨；条件不具备的地区，目前则要认真考虑不同制度间的衔接问题，待时机成熟时，再将不同制度整合。

(3)扩大医疗保障范围，实现从"重治疗、轻预防"和"保大病，轻小病"到"重预防、大小病兼保"的转变。长期以来，我国有关政策过分强调分散大病风险，而轻视预防和小病风险。一个典型的事实是：很多大病都是因为预防措施不到位或由小病引发的。治疗大病的费用远比预防和治疗小病的费用高得多，而且小病的发病率远比大病要高。对于绝大多数人，特别是中低收入阶层的人来说，门诊费用的分担更能给他们带来实惠。政府需要转变观念，重视预防工作，不仅保大病住院，还要保小病门诊，在更广泛的层面上分散风险。对小病门诊的保障可以有效降低小病向大病转变的概率，使医疗保险基金运行更有效率，更能满足群众的实际需要。

(4)打破公立医院垄断，形成竞争性的医疗服务市场。要让对医疗服务需求方的补贴发挥实际作用，必须要对医疗服务供给方加以改革，否则对需求方的补贴就会打水漂。目前，我国在社会医疗保险制度方面的改革推进得比较快，但在医疗服务体系方面的改革一直进展缓慢，其中最大的难题就是公立医院改革，核心问题就是"管办不分"。目前，全国大部分地区都是公立医院占据了绝大部分医疗服务市场份额，处于垄断地位，而且卫生部门既办医院，又管医院，形成了强有力的利益集团。这种现状不打破，我国社会医疗保险制度改革很难取得实际成效。

（5）优化医疗资源配置，加大对基层社区医院、农村医疗卫生体系的投入。我国目前医疗卫生资源大部分集中在城市中的大医院，分布极度不平衡。绝大多数高新技术、优秀人才集中在城市的三级医院，而农村和城市社区的基层医疗机构却相当薄弱，缺乏优秀的全科医生，甚至缺少最基本的医疗设备。这在客观上造成了有支付能力的人即使是普通的小感冒都去大医院看病，造成大医院超负荷运作，而基层医疗机构却门可罗雀，发展举步维艰。同时，一部分收入偏低的群众因为消费不起大医院的医疗服务，在基层医疗机构又得不到有效治疗，造成健康水平持续下降。这种现状直接体现了我国医疗卫生资源配置的低效率甚至无效率，而且，长此下去，国民的健康水平也会出现严重的两极分化。建议国家加大对基层社区医院、农村医疗卫生体系的投入。一方面要从硬件设施上改善基层医疗机构的诊疗环境，给基层医疗机构配备最基本的医疗设备，最起码要能够解决当地群众的多发病、常见病；另一方面要运用财政补贴等办法鼓励优秀的医科毕业生到基层医疗卫生机构工作，并对城市社区和农村基层医务人员进行定期培训，提高他们的业务技能。如果不改变医疗资源分配不合理的现状，社会医疗保险制度的实施效果将大打折扣。社会医疗保险的主管部门要更加积极地发挥影响医疗资源配置的作用。

▶思考题

1. 社会医疗保险具有什么特点及作用？
2. 社会医疗保险与商业医疗保险的区别在哪里？
3. 社会医疗保险对需求方的控制主要有哪些手段？
4. 社会医疗保险中的费用结算办法主要有哪几种？有何优缺点？
5. 中国城镇职工基本医疗保险制度、新型农村合作医疗制度、城镇居民基本医疗保险制度、城乡居民大病保险制度的主要内容有哪些？

案例 7-1

总额预付制：河北某市多家公办医院推诿限收职工医保患者

近期，北京一些医院比较集中出现某市患者住院治疗现象。医生称，这些患者病情并不复杂，有的只是常规住院治疗，根本无须来京求医。记者发现，他们多是某市当地职工基本医疗保险患者，来京却是自费住院，"说出来都没人信，我们某市的医院，一听是职工基本医疗保险，住院都不收。"多名患者家属说，反正都是自费，经济条件允许，还不如选疗条件更好的北京医院。

记者赴某市调查，在一种名为"总额预付制"医疗保险新政下，出现医疗保险管理中心给医院定指标，医院给科室定指标，医生限收职工基本医疗保险病人，"超额得医生垫付"等情况。意在"减少医疗保险基金流失"的政策，却出现公办医院限收职工基本医疗保险病人，医患关系紧张；小型医院、民营医院放开收治，存在过度医疗，甚至是套保的嫌疑。

（一）"交医保还交出了祸害"

2012年3月，某市传染病医院，67岁的父亲确诊肝癌中期。

"花多少钱都得治。"何健说,父亲是退休干部,有职工基本医疗保险,所以并没担心钱的问题,提出尽快住院治疗。

"住院可以,但得自费。"面对焦急的何健,医生很平静地说。

何健掏出父亲的医保卡,医生的回答更让他诧异,"医院不收职工基本医疗保险病人"。

跑到医院门口,何健确认挂着"某市医保试点单位"的铜匾。

医生态度明确,除新型农村合作医疗和城镇居民医疗保险的患者外,其他患者住院均须自费。

这家医院不行,何健想去其他公办医院试试。河北大学附属医院、某市第一医院、某市第一中心医院,他自己去或是托人联系了几乎所有某市公办医院,答复都是"不收职工基本医疗保险病人住院"。

一位好心医生给他们出主意,职工基本医疗保险的事归某市医疗保险管理中心管,可以雇"医闹"去医疗保险管理中心,"闹一闹没准管事"。

赵有德比何健有经验,经历过两次"医保的祸害"。

2012年大年初五,赵有德父亲突发心脏病,送到河北大学附属医院住院,因为老人有职工基本医疗保险被拒收。

开始赵有德不信邪,"发狠地找遍了某市所有的公办医院",结果没有一家肯收。老人最后在家里打了两天点滴,去世了。

2012年4月初,赵有德岳父也突发心脏病,"长了见识"的赵有德直接把人送到公办医院的急诊,"急诊总不能不收吧,那直接就出人命。"医院果真收治,仅住了4天院,医院告知已花费6000余元,"说已度过危险期,催我们出院。"

(二)自费就有床,医保就没床

4月初,记者连日探访某市多家公办医院。

河北大学附属医院、某市第一医院、252医院、某市第一中心医院,各家缴费窗口前都摆放着"就诊者可用医保"的牌子。

4月15日,河北大学附属医院泌尿外科,记者询问是否有病床住院,值班医生爽快回答"有"。听说是职工基本医疗保险,医生立刻改口,"要是自费住院,就有病床,职工基本医疗保险住院,就没床"。记者询问原因,医生说"这是医院的规定"。

记者连续多日在某市多家公办医院病房统计,109名住院患者中,新型农村合作医疗患者61人、城镇居民基本医疗保险患者41人、职工基本医疗保险患者7人。

据某市多家公办医院的医生称,实行限收政策前,职工基本医疗保险患者住院比例是最高的。

新型农村合作医疗住院患者普遍反映,国家的医疗政策好,"住院很容易"。他们不相信职工基本医疗保险住院难,"怎么也比我们村里人强吧"。

医院为何针对职工基本医疗保险限额,而对新型农村合作医疗和城镇居民基本医疗保险患者不设限?

某市多家公办医院人士透露,这三种医疗保险中,职工基本医疗保险患者住院需要医院先行垫付医疗保险报销费用,之后某市医疗保险管理中心结账返款给医院。

"关键是医疗保险管理中心不支付全部的垫付款。"一家公办医院人士透露,医院一年垫付的职工基本医疗保险费用为5800万元,医疗保险管理中心只给3800万元,剩下2000万元医院要自己承担,"医院背不动,只能给各科室定指标"。

对此,记者采访某市多家公办医院,医院负责人都不愿透露医疗保险管理中心未给医院结算的金额。

"医疗保险管理中心没给医院结算全部垫付金的事肯定有。"4月20日,某市第一医院主管医疗保险负责人说,这种情况不会只有某市第一医院。

某市第一医院医保科人士称，医疗保险管理中心最近找各家医院开会，要求禁止拒绝医疗保险病人合理入院要求，"的确是有的医院出现拒收职工医疗保险病人，否则不会专门开会"。

医保科出示一份该医院3月的通知，要求各科室不得拒绝医疗保险病人的合理治疗要求。

一份2011年7月至9月，某市第一医院各科室收治职工医疗保险病人产生费用清单上显示，每个科室排了名次，"医院要求各科室在原有排名的基础上下降，只是想让医生更好控制医疗保险基金使用情况，这样能杜绝医生乱治滥治"。医保科人士说。

（三）人力资源和社会保障局严禁拒收医保病人

对于某市出现的职工基本医疗保险患者住院难，4月20日，某市人力资源和社会保障局表示，近期连续约谈河北大学附属医院、某市第一中心医院、某市第一医院、252医院等重点医院主要负责人，明确必须保证医疗保险患者正常就医。

某市人力资源和社会保障局相关负责人称，目前某市职工基本医疗保险患者住院实行的是"总额预付制"，即在前一年就把所有医疗保险所用的资金给各医院分配下去。医院按照总额预付要求，合理使用这些资金。但是有的医院在治疗过程中，并没有考虑到病人的实际情况，存在滥检查、滥用药、过度治疗的现象，从而导致医疗保险资金不能得到合理利用，出现了资金的空缺，个别医院遂以此原因，拒收基本医疗保险病人。

某市医疗保险管理中心主任田卫东说，某市是人力资源和社会保障部医疗保险付费方式试点城市，各医院分配到的"预付总额"，是按前3年每家医院收治职工基本医疗保险病人产生费用的均值，再综合各医院医生和病床数量，算出的一个权重，按照权重不同给出相应的医疗保险基金使用指标。"打个比方，一家医院指标是1000万元，如果花超10%，医疗保险管理中心和医院各自承担50%，再花超，医院只能自己想办法。"田卫东说，之所以改变以前"医疗保险病人花多少，医疗保险管理中心据实结算多少"，就是要抵制可能造成的套保、过度医疗等。

对于目前一些医保定点民营医院套保现象，田卫东表示医疗保险管理中心未接到相关情况报告，"若一经发现会严惩"。

某市人力资源和社会保障局表示，对于各种违规行为，一经查实，将取消或暂停"问题"医院的医保定点资格，对相关个人将进行严肃处理，坚决杜绝侵犯参保人员权益的行为。

何健最后没有雇"医闹"，他把父亲送到北京住院，瞒着说"回去能走医保"。

得知某市公办医院拒收职工基本医疗保险患者的原因，何健苦笑道："我不知道什么方案科学不科学，我就认一个理，得让老百姓能看病吧。"

资料来源：《新京报》，2012年4月23日

 案例 7-2

东莞市社会医疗保险制度改革

东莞是广东省内一座历史文化名城，凭借改革开放的有利时机，以及毗邻港澳的区位优势，大力发展加工制造业，在促进经济增长方面取得了令人瞩目的成绩。20世纪80年代以来，东莞市年均GDP增长保持在两位数以上。经济的快速增长吸引了大批外来人员进入东莞工作和生活。据统计，截至2013年年底，东莞市常住人口831.7万人，其中本地户籍人口188.9万人，外来常住人口642.8万人。外来常住人口远远超过本地户籍人口是东莞人口结构的一个显著特点。并且，由于外来常住人口以中青年为主，所以东莞市常住人口年龄结构比较轻，这对开展社会保险制度改革是一个重要的利好因素。

根据东莞社会保障局有关负责人介绍，东莞市医疗保险制度改革可以分为四个阶段。第一阶

段:改革公费医疗制度。早在1992年,东莞市就率先打破计划经济时代下公费医疗的桎梏,在国有和集体企业中推行大病住院医保试点。第二阶段:打破职工户籍界限。东莞市在2000年将非本市户籍的外来务工人员纳入基本医疗保险体系中,享有与本市户籍的企业职工同等的医疗保障待遇。第三阶段:打破城乡居民户籍界限。2004年,东莞建立了统一的城乡居民基本医疗保险制度,采取"分层次、低水平、保基本、广覆盖、可持续"的原则进行医疗保险筹资,逐步加大财政对农村居民的补贴力度,最终实现农村户籍居民和城市户籍居民在医疗保障上的无差异。第四阶段:实现企业职工基本医疗保险与居民基本医疗保险制度的并轨。根据东府〔2008〕51号文件,从2008年7月1日起,东莞市按照统一制度、统一标准、统一基金调剂使用的原则将全市职工、按月领取养老金或失业金人员、全市灵活就业人员、城乡居民及大中专院校在校学生纳入统一的医疗保险体系。至此,东莞市建立了真正意义上的全市统一的社会基本医疗保险制度,这在全国尚属首次。2013年9月12日,东莞市政府发布了《东莞市社会基本医疗保险规定》,并于2013年10月1日起实施。《东莞市社会基本医疗保险规定》明确了东莞市实行多层次的社会医疗保险制度,政府建立社会基本医疗保险制度和补充医疗保险制度,并且非东莞市户籍参保职工在东莞市中(小)学校(含托幼机构)就读的子女可参加基本医疗保险。

延伸阅读

人民日报论免费医疗可行性:完全免费致资源浪费

本报记者 李红梅 李文云 裴广江 丁大伟 王磊

- 看病用药必然产生费用,这笔费用不是个人承担,就是财政埋单。
- 即使是财政埋单的"免费医疗",财政的钱也是来自针对国民的税收。
- 探讨医疗模式的核心不在于是否免费,而是如何兼顾公平和效率。

本报"求证"栏目3月26日刊登文章《哪些国家提供免费医疗》,本报驻外记者对70多个国家医疗体系和医疗保险制度进行调查发现:只有极少数国家完全免费医疗,通常人们提到的免费医疗国家在看病时仍需支付一定的费用(如药费等)。

文章引起热议。中国医疗保险体系建设在短时间内取得了巨大成就,但是,看病难、看病贵仍是需要迫切解决的问题,对免费医疗模式的关心,凸显了公众对看病贵的焦虑。那么,免费医疗可行吗?中国如何破解看病贵难题?

疑问一:医保制度怎样更合理?

【回应】与经济社会发展相适应,兼顾公平、效率与可持续性。

世界银行政策研究报告指出,低收入国家饱受疾病困扰,更需要强有力的公共政策来优先配置有限的医疗卫生资源;而富裕国家也不可能为医疗卫生部门提供无限制的公共预算。无论在发达国家还是在发展中国家,当务之急都是进行成本控制以及更有效地利用资金。

"公平和效率是社会保障制度的根本性问题。基本医疗保障制度强调政府的供给责任,坚持公平、普遍、公益、与社会经济发展相适应的原则,但同时强调组织和个人的责任。"华中科技大学同济医学院教授姚岚说,为了提高医疗卫生机构的效率和避免过度使用医疗卫生服务,很多国家的医疗保障制度都注意政府主导与市场机制的结合。

2012年两会时,有代表委员认为,我国国情决定了医改不可能靠政府全包,国家、地方、单位、个人乃至全社会应共同发力,攻克难题。医疗卫生服务单靠市场机制调节无法保证医疗服务的公平性,全靠政府调控也不能满足百姓的多样化需求,因此必须引入市场机制并坚持政府的主导作用,实现双方的效益最大化；同时，应区分基本与非基本需求，基本医疗卫生的保障责任应由政府承担，非基本医疗则主要交给社会去办，适应患者多层次的医疗需求。

世界银行从事公共卫生研究的专家张硕认为，看一个国家医疗服务保障水平是否与国力相适应，应该看人均卫生保健支出与该国人均 GDP 的水平。中国人均 GDP 已达到中等收入国家水平，人均卫生保健支出基本上与其他中等收入国家平均水平一致。张硕建议，中国医疗服务保障应该制定政策，保障那些最贫困的弱势群体，通过二次补偿等方式，给他们提供基本的医疗卫生公共产品。

南非的医疗体系由两部分组成，即免费医疗和医保。到公立医院看病基本免费，但排队时间长、医疗环境较差，因此不少中等以上收入者会自己上医疗保险，到私立医院看病。据统计，南非只使用公费医疗的人占 68％；16％的人只使用医疗保险到私立医院看病；另有 16％的人既到私立医院看病，又到公立医院看病。

疑问二：免费医疗可行吗？

【回应】"完全免费医疗"只能是一种理想状态。

张硕说，不存在完全不花钱的免费医疗，讨论免费医疗服务时应对其免费的范围、内涵、空间做出一些界定。目前实行全民基本免费医疗的国家分为两类：一类是花钱少但能享受到非常低端的医疗服务，如非洲一些国家以及老挝、柬埔寨、印度等发展中国家。这些国家建立了公共诊所，提供一些基本免费的医疗服务，但是保障水平很低，经常缺医少药，是用于该国贫困人口的最低层次的保障，远远满足不了一般居民的需求。另一类为发达国家，一般都发展了医疗保险，看病花费相对较少，但为了享受保险，居民的税负很高。

专家认为，实行全民完全免费医疗，只能是一种理想状态。医疗服务如果完全免费，人们付出的边际成本几乎为零，医疗需求将大量释放，势必造成资源浪费、医疗费用高速增长，造成巨大财政压力。

中山大学社会保障研究中心主任申曙光教授说，在体制上可以考虑免费医疗，但是完全免费可能导致效率低下，医疗服务质量难以改善。

姚岚介绍，医疗卫生属于"市场失灵"领域，"如果是免费供给医疗服务，参保人不用自付一定比例，或是比例过低，都可能产生过度使用医疗服务的行为。这种过度使用，对医疗资源也是一种巨大的浪费"。

本报驻外记者的调查也印证了专家的说法。

在英国，病人到公立医院看病转诊、预约等待时间太长，有的手术可能要等几个月、一年甚至更长时间。记者曾因为牙龈发炎去诊所看病，在预约处一问，已经约到两个星期以后。很多病人为了及时治疗只得选择高价私立医院，造成个人医疗开支增加。

在西班牙，截至 2009 年年底，医疗赤字高达 630 亿欧元，并且还在继续增长。为了削减赤字，一些地方政府削减了在公共医疗系统的财政支出，此举遭到了部分公民和医疗机构的反对。由于西班牙的公共医疗系统主要依靠政府税收进行支撑，在经济不景气的情况下，医疗系统的可持续性正在遭受挑战。

疑问三：如何破解看病贵？

【回应】提升保障标准，扩大受惠人群；加快公立医院改革，实行医药分开。

2010 年，我国卫生总费用占 GDP 百分比为 5.15％，医疗机构诊疗人次达到 58.2 亿，比 2005 年增加 17.2 亿，增加了 42％。2011 年，政策范围内报销比例提高到 70％左右，基本药物价格平均下降 30％左右。可以说，随着医疗保障体系的不断完善，基本医疗这一公共产品已开始为全民所享。但是，由于人口众多、经济发展水平不高等原因，医疗保障水平还比较低，在不同地区、不同人群和城乡之间，医保报销政策不太一样，人们享受到的基本医疗服务也不一样。

看病时，过度用药、药价虚高也导致了医疗费用的上涨。而在英国、印度等国，在"医药分家"体系下，医生只负责诊断、开处方，病人可以拿着处方到任何药店去买药，医生不存在为吃回扣而乱开药的情况。

"医保体系讲究三维的效果，即覆盖面、报销水平、服务的覆盖。我国的体系目前实现了全民基本覆盖，但报销比例不高，医疗机构、医疗卫生服务也没有达到全覆盖。"姚岚说。

中国人民大学中国社会保障研究中心主任郑功成说："当前医保实际报销水平仍然偏低，保障范围也还有扩张空间，加之医疗过程中的重复检验、大处方等现象的存在，不少人依然感到医疗负担沉重。"

因此，要解决"看病贵"，一方面需要提升保障标准，扩大受惠人群；另一方面要加快公立医院改革，实行医药分开。

实际上，我国也正在朝这些方向努力。《政府工作报告》提出，加快健全全民医保体系，推进公立医院改革，破除以药补医机制。时任卫生部部长陈竺也表示，新版基本药物目录有望覆盖医疗机构包括一些大型医院的必需用药，300 个县级医院和 17 个国家联系的公立医院改革试点城市也将试水医药分离；到 2015 年，个人支付比例要低于 30%。

医疗保障被认为是世界性难题，考验着政府的经济承受能力、制度创新能力。希望随着公立医院改革、基本药物制度和大病救助体系的完善，老百姓的看病负担能进一步减轻。

资料来源：新浪网，http://www.sina.com.cn，2012 年 3 月 27 日

 小资料

国家基本医疗保险、工伤保险和生育保险药品目录(2009 年版)

《国家基本医疗保险、工伤保险和生育保险药品目录(2009 年版)》(简称《药品目录》)是基本医疗保险、工伤保险和生育保险基金支付药品费用的标准。临床医师根据病情开具处方和参保人员购买与使用药品不受《药品目录》的限制。

一、目录构成

(一)《药品目录》分西药、中成药和中药饮片 3 部分。

西药部分和中成药部分所列药品为基本医疗保险、工伤保险和生育保险基金准予支付费用的药品。其中，基本医疗保险、工伤保险和生育保险基金均准予支付费用的西药品种 1140 个，中成药 987 个，民族药 45 个；仅限工伤保险基金准予支付费用的西药品种 20 个；仅限生育保险基金准予支付费用的西药品种 4 个。

中药饮片部分所列中药饮片为基本医疗保险、工伤保险和生育保险基金不予支付费用的中药饮片，包括中药饮片 127 种及 1 个类别。其中，单方不予支付的有 99 种；单、复方均不予支付的有 28 种和 1 个类别。

(二)西药部分和中成药部分基本医疗保险药品分甲、乙类。西药部分甲类药品品种 349 个，乙类药品品种 791 个；中成药部分甲类药品品种 154 个，乙类药品品种 833 个。

工伤保险和生育保险在药品费用支付时不分甲、乙类。

二、编排与分类

(三)西药、中成药、民族药分别按药品品种编号，同一品种只编一个号，重复出现

时标注"★",并在括号内标注该品种编号。药品编号的先后次序无特别含义。

(四)西药主要依据临床药理学和临床科室用药分类,中成药主要依据临床科室用药和功能主治分类。临床各科医师依据病情用药,不受《药品目录》分类的限制。

资料来源:中华人民共和国人力资源和社会保障部官网,http://www.mohrss.gov.cn/

经典阅读与参考文献

邓大松.2009.社会保险.第二版.北京:中国劳动社会保障出版社
侯文若.2005.社会保险.北京:中国劳动社会保障出版社
刘岚.2007.医疗保障:制度模式与改革方向.北京:中国社会出版社
毛正中,胡德伟.2004.卫生经济学.北京:中国统计出版社
王东进.2008.回顾与前瞻:中国医疗保险制度改革.北京:中国社会科学出版社
赵曼.2003.社会保障学.北京:中国财政经济出版社
Saltman R B, Busse R, Figueras J. 2009. 社会医疗保险体制国际比较.张晓译.北京:中国劳动社会保障出版社
Arrow K J. 1963. Uncertainty and the welfare economics of medical care. American Economic Review,(5):941-973
Cutler D M. 2002. Equality, efficiency, and market fundamentals: the dynamics of international medical-care reform. Journal of Economic Literature, 40(3):881-906
Gertler P J. 1998. On the road to social health insurance: the Asian experience. World Development, 26(4):717-732
Hsiao W C. 1995. Abnormal Economics in the health sector. Health Policy, 32:125-139

第八章

工伤保险

本章摘要

工伤保险，也称职业伤害保险，是指劳动者在工作或在规定的某些特殊情况下因遭受意外伤害或患职业病，暂时或永久丧失劳动能力以及死亡时，劳动者或者其遗属从国家和社会获得物质帮助的一种社会保险制度。本章首先对工伤保险的概念、特征、功能进行界定；其次，从工伤保险保障对象、保险费率、保险待遇、工伤认定与劳动能力鉴定等方面详细阐述工伤保险的内容；再次，通过对德国、美国、阿根廷、日本等国工伤保险制度的介绍，总结各国工伤保险制度发展的规律；最后，论述《社会保险法》及新《工伤保险条例》的颁布实施为我国工伤保险制度带来的重大变革。

第一节 工伤保险的概念、特征与功能

一、工伤保险的产生

18世纪工业革命后，工厂制度兴起，机械生产逐渐代替家庭工业与传统手工业。工业化带来生产高速发展之外，也产生了种种与机器与工作环境相关的伤害与职业病痛。正如马克思在《资本论》中所说，在工业生产过程中，"人为的高温、充满原料碎屑的空气、震耳欲聋的喧嚣等等，都同样地损害人的一切感官，更不用说在密集的机器中间所冒的生命危险了。这些机器像四季更迭那样规则地发布自己的工业伤亡报告"[①]。职业伤害结果均会造成劳工谋生能力减损乃至丧失，导致依靠工资赚取生活费用的劳工个人及其家属经济来源中断，生活陷入困境，生存受到威胁。

那么，谁应该为工伤负责呢？在工业化的初期，工伤被认为是劳动者自己疏忽大意所致，工厂提供的风险工资中包含了对劳动者工伤的补偿，所以工伤的后果由劳动者承担。以工业革命的发源地英国为例，19世纪30年代之前，英国对工伤事故没有任何预防与补偿的相关立法。后来，由于工人力量的壮大与工人抗争，雇主是否在合理情况下

---

① 马克思：《资本论（第1卷）》，人民出版社，中共中央马克思恩格斯列宁斯大林著作编译局译，1975年，第466~467页。

尽了必要的预防义务，成为其能否免责的必要条件，即雇主承担造成劳工伤害的过失责任。将职业伤害预防责任部分转移到雇主身上，是归责原则的进步。然而，雇主很容易使用三条抗辩理由[1]来推脱责任。19 世纪末 20 世纪初，各国开始制定雇主责任法，在铁路与矿山等高危行业实行雇主严格责任原则，即将工伤的责任主要归于雇主。

正是雇主责任法实施后，开始出现雇主责任保险，以分散雇主因工伤发生后需要赔付而引起的财务风险。然而，雇主投保的保费，并非全部用于补偿，其中 25% 左右用于保险销售的运营成本。同时，雇主责任保险并没有减少因诉讼而花费的成本，雇主责任保险只是将职业伤害的劳资关系转变为劳工与保险公司的关系，但并没有减少诉讼。为了减少补偿待遇在诉讼环节的损耗，缓和劳资关系，各国纷纷否定工伤中的过失责任原则，采用雇主无过失责任原则，工伤后由雇主定额补偿。雇主以定额缴费来交换工伤诉讼赔偿的不确定性，而工人也以定额补偿来交换诉讼结果的不确定性。这样，工伤保险由雇主责任保险走向工伤社会保险。德国是最早实行工伤社会保险的国家，通过对工伤者的定额补偿化解了德国当时尖锐的劳资矛盾，因此，工伤社会保险本质上是雇主与工人矛盾妥协的产物。从国家的角度看，通过工伤社会保险分散了劳资冲突的风险，因此，工伤保险作为解决劳资双方矛盾与冲突的手段，继德国之后，其他国家纷纷仿效。20 世纪初，各国工伤保险立法出现高潮，并在短短的三四十年内实现了工伤保险在绝大部分国家的覆盖。

所以，社会在如何界定、规范雇主与劳动者工伤责任的归属方面走过了"劳动者自身责任""雇主过失责任""雇主责任"三个阶段。随着时代的发展，人们逐步加深了对工伤的风险性质认识。国际劳工组织的专家认为，雇主责任制已经不能适应时代发展的需要，应该向工伤保险过渡。而工伤保险要求政府承担工伤保险基金的统一筹集、发放、管理的责任，是政府责任的体现。

二、工伤保险的概念

工伤一般是指由工作直接或间接引起的事故，它包括显性工伤和隐性工伤两种。显性工伤即在职业活动所涉及的区域内，工作中工作环境恶劣、条件不良、任务过重或突发性事故导致的对劳动者身体的伤害；隐性工伤即因职业特有的工作环境危害造成的疾病，即职业病。职业病也有广义和狭义之分，广义的职业病就是指隐性工伤；狭义的职业病是指劳动者在工作中接触到职业性有毒、有害因素而导致的疾病[2]。

工伤保险，也称职业伤害保险，是指劳动者在工作或在规定的某些特殊情况下因遭受意外伤害或患职业病，暂时或永久丧失劳动能力以及死亡时，劳动者或者其遗属从国家和社会获得物质帮助的一种社会保险制度。从这一定义能够看出，它包含了两层意

---

[1] 三条抗辩理由如下："共同过失"(contributory negligence)：对于造成的职业伤害，如果受伤工人本身存在过失，除非能证明雇主有故意行为，否则雇主可免除该部分的民事责任；"自愿承担风险"(assumption of risk)：劳工在工作契约签订时即已预先知道工作的危险性，且已默认自愿承担该风险，只要雇主在契约签订时没有恶意行为，那么由工伤危险所引起的伤害，其可免除责任；"共同雇佣"(common employment)或"同伴责任"(fellow servant)：如果职业伤害是因工伤者同伴的过失造成的，工伤者只能向肇事的同伴求偿或提起诉讼，不能归责于雇主。

[2] 孙树菡：《工伤保险》，中国人民大学出版社，2000 年，第 12 页。

思：一是劳动者本人因工伤失去劳动能力的，可以从国家和社会获得的医疗救治、职业康复、经济补偿等物质帮助；二是劳动者因工伤死亡的，其遗属可以从国家和社会获得相应的物质补偿。

三、工伤保险的特征[①]

(一)工伤保险的强制性

工伤保险属于强制性保险，不具有商业保险的自主性。用人单位如果不按法律规定参加工伤保险，劳动行政与社会保障部门可以依法对用人单位进行强制征缴保险费，还应当对用人单位进行法律制裁。如果劳动行政和社会保障部门不对用人单位进行强制征缴，单位职工可以提起申诉和行政诉讼。

(二)工伤保险的社会福利性

工伤保险待遇的支付除用人单位缴纳保险费外，如保险基金不足以支付工伤保险待遇，则由国家财政进行补贴。因此，在工伤保险中，职工个人不需要交纳任何费用，具有社会福利性。

(三)工伤保险的"无过错责任"原则

只要劳动者在劳动过程中或者与工作有关的行为不是故意造成的伤害，就应当认定为工伤，即在劳动过程中或者与工作有关的行为中故意自伤或醉酒属于免赔责任；由于工伤是法定保险，天生就具有保险法律关系的特征，因此在因工作受伤中，不存在一般意义上过错责任分担问题，而是讲免责范围，不属于免责条款的都属于赔偿范围。

(四)工伤保险的责任具有赔偿性

工伤即职业伤害所造成的直接后果是伤害到职工生命健康，并由此造成职工及家庭成员的精神痛苦和经济损失，也就是说劳动者的生命健康权、生存权和劳动权受到影响、损害甚至被剥夺了。因此工伤保险是基于对工伤职工的赔偿责任而设立的一种社会保险制度，其他社会保险是基于对职工生活困难的帮助和补偿责任而设立的。

四、工伤保险的功能[①]

(一)有利于保障职工利益

工伤保险实行用人单位无过错责任，并且原则上不考虑劳动者是否有过错，只要发生工伤，工伤保险经办机构就应给予全额赔款，工伤补偿的前提不是对义务的违反，而是基于工伤事故发生的事实；侵权损害赔偿考虑受害人自身是否存在过失，实行过失相抵。因此，依工伤保险，受害人更容易获得全额赔偿。此外，工伤保险实行社会统筹，并且往往有国家财政的支持，补偿资金有保障，不受企业资金能力影响，有利于受害人及时获得充分救济。由于避免了诉讼的拖延和侵权赔偿的不确定性，工伤事故的受害人一般均能迅速、确定地获得补偿。因此，工伤保险制度更有利于保护受害人。正如有学

---

① 本部分参考资料：郭学军：《试论我国工伤保险制度的完善》，兰州大学硕士学位论文，2008年。

者所言，工伤保险制度突破了传统侵权法的法律逻辑，充满了人文关怀和社会温情，使受害人感受到的是受害威胁与社会补偿安全的有机统一，通过社会保障使受害人获得生存和发展的权利。

(二)有利于企业分散风险，提高企业承担风险的能力

从企业角度来说，工伤事故的发生具有不确定性，而事故发生后的赔款金额多少或赔偿期限长短，更无法预料。而工伤保险制度实现了侵权责任的社会化，用人单位只需依法缴纳工伤保险费用，便可完全免除或部分免除发生工伤事故时的民事赔偿责任，从而分散了企业的赔偿责任，有利于企业摆脱高额给付造成的困境，有效地缓解了无过失责任主义的推行带来的由于经营者负担过重而影响社会生产发展的问题。

(三)有利于缓解劳资矛盾，促进劳资关系和谐，维护社会稳定

从社会方面而言，用人单位因保险制度的办理，赔偿责任仅限于一定限度内，而职工因为有保险制度，则确保了应有的赔偿请求权。因此，在发生工伤时，劳资双方均有保障，避免了用人单位由于经营不善或主观上懈怠支付等原因造成损害工伤职工利益现象的发生，大大减少了诉讼的发生，有效地缓解了二者的矛盾，有利于社会和谐。

第二节 工伤保险的内容

一、工伤保险保障对象

工伤保险制度建立初期，受保人的范围仅仅包括那些靠工资收入、从事有危险工作的工人。从整个劳动者群体看，这部分收入有限、工作环境危险性大的工人群体确实最需要受到社会的保护。目前世界各国都有扩大工伤保险范围的趋势。在发展中国家，工伤保险的限制在减少，能够享受待遇的人在增加。一些工业化国家，现已把从事经济活动的人和从事非经济活动的人同样包括在一个工伤保险制度中，如奥地利、德国、丹麦、芬兰、日本、突尼斯、挪威、瑞典已把个体经营者也包括进来。奥地利、法国、德国、卢森堡、挪威和瑞典在法规中还包括学生和教师。有些国家还把红十字救援和其他救援人员、义务消防人员、家庭雇工、家庭教师甚至保姆等因工作受到伤害均包括在工伤保险的范围之列。

我国工伤保险参保的对象是境内的所有企业、事业单位、社会团体、民办非企业单位、基金会、律师事务所、会计师事务所等组织和有雇工的个体工商户。

二、工伤保险费率

由于工伤实行无过失雇主责任制，因此，工人不需要缴费，保费由雇主缴纳。保费的费率厘定有两种，一种是实行统一费率，另一种是实行可变费率。1987年136个实行工人补偿制度的国家中，有60个实行统一费率，76个实行可变费率。

(1)统一费率(flat rating)。统一费率即对每个雇主课以同样比率的保费。统一费率制就是按照法定统筹范围内的预测开支需求与相同范围内企业的工资总额的比例，求出一个总的工伤保险费率,所有企业都按照这一比例缴费。这种方式是在最大可能的范围内平均分散工伤风险,不考虑行业与企业工伤实际风险的类别。对单个雇主来说,统一费率意味着固定的成本支出。统一费率的理念,是社会风险与赔付成本在全社会分摊,体现社会保险的理念。奥地利、丹麦、爱尔兰、瑞典、挪威、英国等国都实行统一费率。

(2)可变费率(variable rating)。可变费率可分为三种情况:第一类是分类费率(classified),依据不同行业的风险等级进行费率调整。由于分类费率法的各种费率都印刷在费率手册上,所以分类费率法又叫手册费率(manual rates)。第二类是经验费率(experience rating),基于企业的工伤历史或经历而对分类费率做出调整的费率。费率根据雇主的事故记录变化而变化,一般使用以往三年的赔款数据来决定其下一个保期的保费。第三类是处罚费率(penalty rating),对那些安全记录差的雇主额外征收保费。

一般说来,实行可变费率的国家更能激励雇主预防伤害的发生,因此,可变费率也是不少国家费率厘定制度改革的方向。

我国采取差别费率与浮动费率相结合的保费厘定方式。根据不同行业的工伤风险程度确定行业的差别费率,并根据工伤保险费使用、工伤发生率等情况在每个行业内确定若干浮动费率档次。用人单位缴纳工伤保险费的数额为本单位职工工资总额乘以单位缴费费率之积。

三、工伤保险待遇

工伤保险待遇根据工伤情况分为工伤医疗待遇、医疗期间暂时失能待遇、伤残待遇和死亡待遇。

(一)医疗待遇

工伤医疗是指致残后的一系列治疗过程和措施。1952年,第35届国际劳工大会通过的《社会保障(最低标准)公约》(第102号)规定:应向受伤人员提供各种类型的医疗照顾,包括矫形器具的供给和维修、配镜和牙科治疗;对受伤人员提供的照顾不应受时间限制,并且不向个人收取费用。1964年,第48届国际劳工大会通过《工伤事故和职业病津贴公约》(第121号),考虑到有些国家的医疗保险制度中个人负担费用的情况,认为在一定情况下可以由个人负担部分费用。不过,从各国工伤保险实施现状看,绝大部分国家的工伤医疗费用均由雇主承担(购买保险则由保险基金承担),少数国家有政府补贴。

(二)暂时失能待遇

暂时失能待遇是指工伤者正处在医疗期,尚未鉴定劳动能力丧失程度,支付给受伤人员的保险费用。补助标准在所有国家都是按照发生事故前若干时间内本人平均工资的一定比例发放。1952年,国际劳工大会第102号公约规定的补助金标准为工伤者原工资的50%。1964年,第121号公约规定为60%。大多数国家的比例为本人平均工资的60%、65%或75%。有些国家,如德国、比利时、英国规定,在劳动者丧失劳动能力的最初几个星期内，由雇主支付待遇，然后才由工伤保险的专门机构支付。德国规定工伤者休息治疗6周内，由雇主继续支付工资，6周后进入医疗康复阶段，雇主不提供工资时，由工伤保险机构发给伤残过渡津贴直至工伤治疗的第13周，标准相当于原工资的80%；从工伤治疗的第13周开始，且伤残程度在20%以上的，由工伤保险机构根据其伤残程度支付工伤保险金。许多国家还规定了在支付暂时失能补助金前，要有几天的等待期。1952年，国际劳工大会第102号公约还规定，等待期不能超过3天。1964年，第121号公约修改了这项规定，要求从丧失劳动能力的第一天起就支付暂时失能补助金。目前，大多数国家的做法与国际劳工大会的主张基本一致。日本虽然规定了3天的等待期，但同时又规定这3天的暂时失能补助金由雇主直接支付给本人。

我国工伤职工医疗期内，工伤保险基金支付治疗工伤的医疗费用和康复费用、住院伙食补助费、到统筹地区以外就医的交通食宿费、安装配置伤残辅助器具所需费用；而治疗工伤期间的工资福利和护理费用则由用人单位负担。

（三）伤残待遇

工伤者在伤情稳定、医疗终结后，经过劳动能力鉴定环节，如果存在劳动能力永久性丧失的情况，就可领取伤残待遇。根据伤残的等级划分为永久性完全失能待遇与永久性部分失能待遇。

完全丧失劳动能力者，如双目失明、截瘫等，发给永久性伤残待遇，以年金形式定期支付。国际公约规定的待遇标准为原工资的60%，多数国家规定为本人过去收入的66%~75%。部分丧失劳动能力者，视伤残等级等因素发给长期的或一次性的伤残补助金。在有些国家，不论是全部丧失劳动能力还是部分丧失劳动能力，都发给一次性待遇，一次性待遇标准一般不少于本人5年工资的总和。对全部丧失劳动能力和丧失大部分劳动能力需要人照顾者，大多数国家都支付一定数额的护理费。

我国将职工伤残程度分为一到十级，工伤保险基金支付一至十级的一次性伤残补助金；一至四级伤残职工按月领取的伤残津贴；五至十级伤残职工终止或者解除劳动合同时，应当享受的一次性医疗补助金。而用人单位还得负担五级、六级留在原来单位的伤残职工按月领取的伤残津贴；五至十级伤残职工终止或者解除劳动合同时，应当享受的一次性伤残就业补助金。

（四）死亡待遇

工伤职工的死亡待遇主要是对家庭因劳动力所有者死亡后收入丧失的补偿。家庭成员因工伤死亡，特别是那些作为家庭主要收入来源的成员死亡，对其遗属无疑是一个巨大的灾难，带来精神及经济上的巨大损失。因此，大多数国家都有向遗属支付津贴的规定。因工死亡者的遗属比非因工死亡者的遗属待遇高，条件也比较宽。一般来说，遗孀获得遗属补助金是没有什么条件的，也不管她是否有工作能力和需要抚养子女，也不管她的年龄多大，都可以获得遗属补助。鳏夫要想得到此项待遇则必须是残疾人，缺乏完整的工作能力。给孩子津贴的条件是他们必须不满16岁或不满18岁，如果18岁后他们继续接受教育或本人是残疾人，年龄也可适当延长。除此之外，遗属津贴还可以支付给过去一直由死者赡养的父母。在有些国家，死者未成年的兄弟姐妹也可享受遗属津贴。遗属津贴大多是以年金形式定期支付的。1952年国际劳工大会第102号公约规定的遗属补助金为死者工资的40%，1964年又将这个标准修改为50%。目前的一般规定是：遗孀抚恤金为死者工资的30%～50%，子女为15%～20%（如子女在1个以上时，每个子女为15%；孤儿为20%）。遗孀和子女的待遇之和不超过死者生前工资的75%。

我国工伤死亡职工的遗属待遇由三大块组成，即丧葬补助金、供养亲属抚恤金和一次性工亡补助金。丧葬补助金为6个月的统筹地区上年度职工月平均工资；供养亲属抚恤金按照职工本人工资的一定比例发给由因工死亡职工生前提供主要生活来源、无劳动能力的亲属。标准为：配偶每月40%，其他亲属每人每月30%，孤寡老人或者孤儿每人每月在上述标准的基础上增加10%。核定的各供养亲属的抚恤金之和不应高于因工死亡职工生前的工资。供养亲属的具体范围由国务院社会保险行政部门规定；一次性工亡补助金标准为上一年度全国城镇居民人均可支配收入的20倍。

四、工伤认定与劳动能力鉴定

参加工伤保险的劳动者要获得上述工伤待遇，必须经过工伤认定与劳动能力鉴定两个环节。工伤认定是为了区分工伤与非工伤，决定是否能够享受工伤保险待遇，而劳动能力鉴定是为了确定伤残的等级，以计算最终待遇的金额。

(一) 工伤认定

工伤一词较规范的界定，最初见于1921年的国际劳工大会"工伤公约"，工伤是"由于工作直接或间接引起的伤害事故"。根据定义，工伤事故的概念应包括三个因素：首先要有事故的发生，其次要有伤害的结果，再次事故和工作之间要有因果关系。所谓事故，是以突发性和引起人身损害为标准的，因此有无事故的发生可区别工伤事故和职业病。事故和工作有无因果关系可区分工伤事故和非工伤事故。

国际劳工标准对事故与工作的因果关系是逐步做出扩大的解释的。1964年《工伤事故和职业病津贴建议书》作为对公约的补充，进一步明确了工伤事故的范围，将下列事故均视为工伤事故：①不管什么原因，凡工作时间内在工作地点或工作地点附近，或在工人因工作需要而去的其他任何地方发生的事故；②上班前和下班后的一段合理时间内，当事人在搬运、清洗、准备、整理、维修、堆放或收拾其工具和工作服时发生的事故；③工人往返于工作地点和主要住宅或别墅或通常用餐的地方或通常领取工资的地方的直接途中发生的事故。

《工伤事故和职业病津贴建议书》对职业病范围规定为，确实因工作时暴露在有害物质或工序的、职业活动中的其他危害引起的疾病为职业病。职业病的外延经历一个客观层面与主观认识层面不断发展的过程。1925年国际劳工大会同意把三种疾病列入职业病的范围，即铅中毒、汞中毒和炭疽病感染。1964年国际劳工大会第121号公约将15种疾病列入职业病范围，并要求会员国制定至少包括这15种疾病的职业病名单。1980年，国际劳工大会公布了新的国际职业病名录，将职业病扩大到29种。

目前，各国对职业病范围的划分有三种形式。第一种形式是列表，大多数国家采用这种办法。列表又分为"开放式列表办法"和"封闭式列表办法"。在"开放式列表办法"中，有些国家的职业病管理机构可以随时把那些虽没有被列入但已证明是职业导致的疾病列入职业病范围。"封闭式列表办法"只承认那些过去已列入范围的职业病,其不足之处在于,有些职业病被发现后不能及时列入该范围。第二种形式是,一些国家只在法律中原则规定那些看来可能导致职业病的疾病。这种办法具有不将职业病限制过死的优点,其缺点是实际操作中余地太大。第三种形式是第一、二种形式的结合,近似开放式列表办法,具有灵活性特点,同时又有点像第二种形式,即不论是否列出职业病,只要确实因工作造成的疾病均为职业病。

我国工伤认定列举了七种应当认定为工伤的情况:①在工作时间和工作场所内,因工作原因受到事故伤害的;②工作时间前后在工作场所内,从事与工作有关的预备性或者收尾性工作受到事故伤害的;③在工作时间和工作场所内,因履行工作职责受到暴力等意外伤害的;④患职业病的;⑤因工外出期间,由于工作原因受到伤害或者发生事故下落不明的;⑥在上下班途中,受到非本人主要责任的交通事故或者城市轨道交通、客运轮渡、火车事故伤害的;⑦法律、行政法规规定应当认定为工伤的其他情形。三种视同工伤的情况:①在工作时间和工作岗位,突发疾病死亡或者在48小时之内经抢救无效死亡的;②在抢险救灾等维护国家利益、公共利益活动中受到伤害的;③职工原在军队服役,因战、因公负伤致残,已取得革命伤残军人证,到用人单位后旧伤复发的。另外还排除了三种情况下的伤害:①故意犯罪的;②醉酒或者吸毒的;③自残或者自杀的。

我国职业病的诊断与鉴定主要采用"开放式列表办法",制定了职业病目录名单,同时在职业病诊断时综合分析下列因素:病人的职业史;职业病危害接触史和工作场所职业病危害因素情况;临床表现及辅助检查结果等;没有证据否定职业病危害因素与病人临床表现之间的必然联系的,应当诊断为职业病。

(二)劳动能力鉴定

工伤保险待遇是对工伤者因伤残丧失劳动能力的补偿,也就是因丧失劳动能力可能导致的收入损失,而不是身体伤残的价格。为了科学地、公正合理地对劳动者因工或因职业病的致残程度和丧失劳动能力程度进行评定,一般均要借助工伤评残标准(残废等级表)来进行评定。

对劳动能力的鉴定,目前国际上有两种评价体系,一种是劳动能力测试,按年龄、同性别健康人群平均劳动能力作为对照标准,评价工伤职工伤残后所具有的劳动能力大小。这一评价标准的优点是比较客观、可比性强,缺点是评价指标多,操作复杂。另一种是致残程度测试。伤残程度鉴定标准,是按器官损伤、功能障碍、医疗依赖三个方面将工伤、职业病伤残程度分解为相应等级。这种分类方式不是直接评价伤残职工劳动能力,而是通过致残程度的相对严重性,来反映劳动能力损害程度的相对指标。这一办法的优点是不直接测试伤残职工的劳动能力,操作较为简单,缺点是不能准确反映伤残职工劳动能力损失程度大小。

国际劳工组织1964年第121号公约及其第121号建议书,对工伤鉴定规定十分详细。事实上,各国关于工伤评残的标准并不统一。日本的工伤保险的工伤残废等级表共有4个等级,分眼、耳、鼻、口、神经系统等10个部位。英国则把残废程度从1‰~100%排列,分55个等级。还有些国家只以评残标准作为指导原则,并不具体规定残废等级表，而是在劳动者发生工伤事故后，由专家组成评残小组，根据一定的评残原则，通过考察劳动者丧失劳动能力的程度，结合其所从事的职业工种、目前的培训情况和康复的可能性以及今后的发展前景等，由专家讨论评定。

我国过去没有全国统一的评残标准，直到1992年3月9日由劳动部、卫生部、中华全国总工会联合颁布了《职工工伤与职业病致残程度鉴定标准（试行）》（劳险字〔1992〕6号），试行标准是在国家科学技术委员会（简称国家科委）支持下，由劳动部和卫生部共同委托中国预防医学科学院劳动卫生与职业病研究所共同起草的。经过4年的试行和修订，1996年3月14日，国家技术监督局以GB/T16180—1996颁布实行该国家标准，于1996年10月1日正式实施。该标准是第一部评定工伤残废等级的国家标准。该标准将伤残程度划分为10个等级，其主要依据是器官缺损、功能障碍、医疗依赖和护理依赖四个方面，同时适当考虑一些特殊残情造成的心理障碍或生活质量的损失，通过这四个方面进行综合评定。另外，对职业病的评残还应与职业病的分级诊断保持一致。工伤与职业病致残程度鉴定的标准具体划分为：①完全丧失劳动能力，生活不能自理或部分不能自理或能够自理的，视残情划入1～4级。②大部分丧失劳动能力的，视残情划入5～6级。③部分丧失劳动能力的，视残情划入7～10级。

第三节 工伤保险制度的国际比较①

一、主要国家的工伤保险制度

(一)德国

德国工伤保险制度作为世界上最早的职业伤害赔偿制度，经过一百多年的发展和演变，一直都处于较为稳定的、良性的运行状态，从而被认为是工伤保险成功的典范。德国工伤保险制度的成功之处不仅在于其完善协调的管理，而且在于其先进的管理理念。

德国工伤保险制度的典型特征当属其自治管理模式和先进的管理理念。在德国，工伤保险由同业公会组织管理，所有行业工伤保险分为三大部分，即工商业部门、农业部门和公共部门的工伤保险制度。2007年德国同业公会包括9家农业同业公会、26家工商业同业公会，另外还有33个公共系统的工伤保险经办机构。其中，26家工商业同业公会为300万家企业的4217万名劳动者提供了工伤保障。德国的同业公会管理工伤保险的权限职责与义务由国家法律规定，并依法强制企业缴费和采用安全措施，德国联邦劳动和社会保障部对工伤保险实施监督。德国的工伤赔偿主要包括6周的停工留薪期、伤残待遇、临时性伤残补贴、终生伤残者年金，以及寡妇、鳏夫和孤儿年金、父母年金等。纵观德国工伤保险制度的发展历史，之所以能够历经上百年的考验仍然运行基本完好，主要源于其自身独特的经营思想和指导理念。除独特的自治管理模式外，社会保险专家将制度的成功归于三个方面，即预防、康复和赔偿。在德国工伤保险制度中，工伤预防是放在首位的工作。预防优先可以从根本上减少工伤保险基金用于工伤赔偿和康复

---

① 乔庆梅：《从个性到共性：基于对工伤保险的国际比较》，《社会保障研究》，2007年第2期，第202～210页。

的经费支出，减少年复一年的伤残待遇支出，这是降低制度运行成本的治本之策。其次是康复，帮助工伤劳动者重返工作岗位，减少赔偿成本。工伤康复包括职业康复、社会康复和心理康复，这三种康复基本上是同时进行的，需要康复的工伤者基本上都能得到其需要的康复，并建立有严密的工伤者服务系统，由案例经理人(case manager)和伤残经理人(disability manager)为工伤者的医疗和康复需求提供专门的服务。最后是赔偿，为伤残者提供随经济发展和物价水平而指数化调节的待遇保障，保证了工伤者及其遗属平等分享社会发展成果的权利。

2007年，德国工伤保险制度进入了改革讨论期，如将同业公会由35家合并为29家，还有人讨论是否将通勤事故剔除出保险责任范围，但对于后者，政府的态度是明确的，即通勤事故不会被列为工伤保险的除外责任。所以，无论怎样改革，劳动者权益保护的宗旨是不会改变的。

(二) 美国

在发达国家，美国的工伤保险制度起步较晚，其工伤保险的立法经历了工伤事故普通法、雇主责任法和劳工伤害赔偿法阶段。作为典型的联邦制国家，美国没有全国统一的工伤保险制度，联邦政府只负责造船工人、铁路工人、港口工人、公务员以及矽肺病人的工伤赔偿，其他工伤赔偿由各州负责。1911年，威斯康星州成为美国第一个颁布工伤保险法律的州，迄今也是美国工伤保险制度比较发达的州。美国作为自由的市场经济国家，工伤保险由各州政府劳工局管理，主要负责确定工伤保险费率，审查工伤保险基金收支情况，处理工伤申请、申诉、仲裁等。除俄亥俄、西弗吉尼亚等6个州由州政府所属的工伤保险基金经办外，其他各州均由私人保险公司经办，个别大企业经州政府批准，也可自己经办工伤保险。美国的工伤赔偿包括医疗费用、收入损失赔偿、伤残赔偿、遗属抚恤金等。为了保护劳动者的合法权益，美国和世界上大多数国家一样颁布了《工伤保险法》，确立了无过错补偿原则。虽然美国没有统一的工伤保险制度，各州可以自行立法实行不同的制度，但任何州的法律均不得与联邦政府立法相抵触，这就在保证全国统一的基础上赋予了州政府相对的工伤保险政策自主权，但都必须明确按照法律要求，以保障效果的实现为前提和目标。

在美国，按照国家标准分类体系，所有职业约分为600类，各州在国家标准体系的基础上进行调整，工伤保险按照不同职业分类的风险水平高低，实行行业分类费率。显著的工伤保险费率的行业差别，不但体现了风险相关的保险费率的科学性，而且使费率机制在激励雇主实行安全生产中发挥着重要的作用，有利于刺激雇主降低职业风险，减少工伤事故率。职业安全和劳动卫生监督是美国劳工赔偿制度的重要方面，由联邦政府和州政府共同负责。美国联邦和州共管的职业安全卫生制度正式建立于1971年，以职业安全卫生管理局的成立为标志。美国职业安全与卫生署作为联邦政府负责职业安全卫生监督的机构，担任着全美1.5亿工人的职业安全与健康保障执法监察工作和对全国企业进行安全评估的工作，通过评估和执法监督，能够保证劳动者处于相对安全的劳动环境中。除联邦对职业安全卫生的监管外，美国一半以上的州政府有自己的职业安全卫生监督机构，它可以根据本州的具体情况制定适用于本州的职业安全和卫生标准，并负责对这些标准的实施进行监督。通过对工作环境和雇主行为的监督，保证了较好的安全工作条件和较高的工伤保险参保率。

(三) 阿根廷

阿根廷工伤保险制度最早建立于1915年，实行的是自愿参保的过错责任制度。当时的工伤保险制度强制性低导致参保率低、对安全生产激励作用弱、保险待遇低以及基于过错原则的司法制度造成高时间和经济成本，工伤保险制度逐渐引起了人们的普遍不满。1991年，阿根廷政府对工伤保险制度进行调整，颁布了第24028号法律，这部法律增加了参保范围和工伤待遇方面的规定，与1915年工伤保险法律制度相比，并没有太大的差别，原来制度的弊端没有克服，工伤保险制度仍存在成本高而效率低的弊端，企业和劳动者对工伤保险制度都产生了强烈的不满。在各种力量的推动下，1996年阿根廷工伤保险制度进入了真正的改革时期。1996年，阿根廷第24557号法令诞生，规定根据企业以往工伤事故发生情况、当前的职业危险状况、劳动者培训情况、劳动者劳动技能的高低以及企业遵守劳动安全法规的情况，将所有企业行业分为572个门类，根据风险程度的高低，企业被分为不同的风险等级，据此实行行业差别费率。与之前的工伤保险制度相比，详细的职业分类和差别弹性的费率等级，对企业的安全生产激励显然有了很大的提高。为了加强工伤预防，1996年，阿根廷成立了工伤保险局，编制了职业病目录，为保险公司的合理定价提供了重要依据。2005年年底，阿根廷工伤保险制度平均缴费率为劳动者工资总额的2.41%。2007年，阿根廷全国有26家保险公司，它们共同承保各类企业劳动者的职业风险。企业可以自由选择任何一家保险公司进行投保，且保险公司不能以风险程度高等为借口拒绝承保，但可以根据企业风险状况进行保险费率的调整。

通过1996年改革，阿根廷工伤保险取得了显著的成效，工伤保险制度重点由原来单纯的补偿转向更加注重劳动者的工作安全和职业伤害预防，严格的职业伤害报告制度使保险公司和监管机构能够获得更加准确和及时的工伤事故信息，从而为合理厘定工伤保险费率、更好地监管提供了基础。

(四) 日本

日本的工伤保险通常称为劳动灾害保险，最早建立于1919年，参保范围仅局限于部分工厂的工人，制度功能是为受到职业伤害的劳工或其遗属发放保险金。日本工伤保险制度建立之后，工伤保险法律历经修改，如从1954年开始，日本实行浮动费率制度，即对职业伤害程度低的企业，给予降低费率的奖励，反之则惩罚性地提高费率；1960年，日本劳动灾害保险制度导入了伤残年金制度，将矽肺、外伤性脊髓、事故伤残程度达到1~3级而丧失劳动能力者的长期待遇给付，纳入了劳动灾害保险的给付范围，并扩大了工伤保险的范围，强化了用人单位的义务；1969年，日本将所有用人单位都纳入了劳动灾害保险制度；1973年，立法改革又将通勤事故列入劳动灾害保险的赔付范围。与此同时，日本公务员工伤保险制度也逐步建立，1951年制定的《国家公务员劳动灾害保险法》规定，国家公务员在公务中遭遇意外事故，将得到包括疗养给付、伤病假工资、伤病或残疾补偿年金、护理给付、遗属给付和丧葬费用等内容的工伤给付，并为其提供各种护理与康复的福利服务。1967年，日本颁布了《地方公务员劳动灾害保险法》,设立了地方公务员劳动灾害保险基金,地方公务员在执行公务或上下班途中所遭遇的意外事故,将从劳动灾害保险基金得到赔付,其内容大体与国家公务员劳动灾害保险相同。

日本的工伤保险,包括保险待遇的支付、工伤康复、职业安全和卫生标准的执行以及劳动争议的解决,都统一由厚生省来管理。在日本,工伤保险制度建立之初只为一部分工厂工人提供保障,参保范围非常窄,而日本现行的《劳动灾害保险法》规定,凡雇佣超过一人以上的企业,必须参加工伤保险,且具有强制性。当前,日本的劳动灾害保险制度已经覆盖了几乎所有的劳动者,在职业安全、职业伤害保障和伤残康复中发挥了良好的作用,成为少有的劳动灾害保险较完善的亚洲国家。

二、国际工伤保险制度的规律总结

从上述分析中可以看出,各国工伤保险制度千差万别,各有其特色。然而,虽然具体制度环节各不相同,但各国工伤保险制度的共同性也可见一斑。

(一)明显的技术相通性

首先,工伤保险制度都实行无过错责任原则,遭受职业伤害的劳动者无须举证雇主的过错,即可得到工伤保险的保障,这是各国工伤保险制度最根本的共同点。其次,无论实行商业保险的国家还是实行社会保险的国家,为确保劳动者享受到工伤保障,都通过法律法规的相关规定,体现了工伤保险制度的法律强制性,成为劳动者风险保障的第一需要。再次,都实行了风险关联的费率制度,企业缴费与其安全状况挂钩,不但能促使企业为节约工伤保险缴费成本而采取安全生产措施,而且又进一步促进了工伤保险制度成本的节约。最后,与一般伤害相比较,职业伤害是劳动者在劳动过程中付出的除体力和智力之外的额外代价,有特殊性,这就决定了工伤保险待遇都较高,不但包括劳动者本人的医疗费用、伤残补偿,而且包括丧葬费用和劳动者家属津贴。除此之外,劳动者不缴费、差别费率制、工伤保障待遇劳动者收入关联等也是各国普遍的做法。

(二)预防、康复和赔偿并重的系统化发展

虽然在理论上,工伤保险制度应当是三位一体的有机体,但现实中要真正实现三位一体的有效结合并非一蹴而就的事。从世界各国的工伤保险制度发展轨迹来看,这经历了漫长的调整和完善的过程。例如,阿根廷工伤保险制度改革的重要原因之一,就是其原来的工伤保险制度在工伤预防方面的能力不足。1996年改革中,为克服工伤预防不力的弊病,新的工伤保险法建立了严格的工伤预防制度,规定保险机构必须对投保企业进行安全生产方面的检查和指导,严格了职业伤害申报制度,以便政府机构及时掌握工伤信息。日本规定,工伤职工除享受工伤保险赔偿外,还可以起诉对职业伤害存在过失的雇主,增加企业忽视安全生产的成本,对就工伤事故隐瞒不报的企业罚以重金等。利用费率手段刺激企业进行工伤预防也是各国在改革中要逐渐实现的目标,如在美国、阿根廷和澳大利亚等国家,它们的行业分类都达500多个,工伤保险费率等级也达500多个,奖惩分明,从而发挥了良好的企业安全激励作用;德国工伤保险同业公会更有非常积极的工伤预防计划,不但花重金开展安全生产研究,而且法律规定同业公会可以对有

不良生产记录的企业处以罚款,并赋予其随时随地进入企业进行安全生产检查的权力,对工伤和职业病患者,则尽可能实现其全面的康复,等等。由此可以看出,各国工伤保险制度在调整和改革的过程中,逐渐实现由赔偿的单一功能向预防、赔偿和康复等多重功能的迈进,制度的目标效应有趋同性。

(三)保障对象和责任范围由小及大

同其他社会保障制度一样,工伤保险制度在世界各国建立之初都仅局限在较小的范围内,随着制度的改革和发展,受保障对象才逐渐扩大到各类劳动者。例如,日本工伤保险制度建立之初,只为一部分工厂工人提供职业伤害保障,到现在,其制度覆盖了包括农业从业者在内的几乎所有劳动者,其保障水平、待遇项目也远远超过了制度设立之初的水平;美国工伤保险制度建立伊始,保障对象仅为一部分铁路工人、海员,而其当前各州的工伤保险制度也覆盖了绝大多数受雇者。从保障责任范围看,各国都有一个责任扩大的过程,如日本,从制度建立到1973年的调整,终于将通勤事故列入保障责任范围;从归责原则的演进看,从雇员自我承担责任到过错责任,再到无过错责任的发展,从雇员承担完全的职业伤害损失,到雇员承担一部分职业伤害损失,再到雇员完全不承担职业伤害损失,说明工伤保险制度或雇主对雇员责任的扩大和工人权益的扩张(没有形成社会化的工伤保险制度之前,雇主承担因其过错而导致的雇员职业伤害的赔偿责任)。

(四)寻求和建立适合本国国情的制度

如前面的分析,美国、阿根廷、德国、日本等国之所以选择了不同的工伤保险制度模式,不但受制于其经济发展水平和发展模式,而且与该国社会背景、文化传统等密切相关。美国作为典型的移民国家,又是自由主义盛行的国家,各种不同的文化观念和行为方式碰撞和交织在一起,加之联邦制的政治体制,为其各州工伤保险制度的多样性提供了社会文化及思想的基础。而在德国,虽然其政治体制同美国一样是一个联邦制国家,但日耳曼民族文化的严谨、缜密在其社会经济活动中表现得淋漓尽致,这也为德国自治管理的、运行稳定的工伤保险制度提供了哲学上的指导。再如阿根廷,虽然作为联邦制国家,但其工伤保险制度与同为联邦制的美国、德国等国截然不同,阿根廷工伤保险不但实行商业化的保险形式,而且有企业自保形式的存在。因此,各国工伤保险制度不单单是一个制度,而且是经济、社会、文化等多种因素的综合反映。各国的工伤保险制度都在不断的调整中使其更加适应本国国情,在调整和完善中实现对劳动者更高程度的保障。

第四节 中国工伤保险的重大发展

1951年,我国颁布了《中华人民共和国劳动保险条例》,对企业职工因工负伤的治疗和补偿做了规定,并开始在中国企业内实施。改革开放后,原劳动部在试点的基础上,于1996年颁布了《企业职工工伤保险试行办法》,第一次把工伤保险作为独立的制度进行规定,初步确立了新型工伤保险制度的基本框架,提出我国职工工伤保险制度的内容和任务是工伤预防、工伤康复和工伤补偿相结合。2003年4月27日，国务院颁布了《工伤保险条例》（以下称原《工伤保险条例》），于2004年1月1日起开始施行。该条例以行政法规的形式规范了工伤保险制度，成为完善工伤保险制度、进一步维护劳动者权益的重要举措，标志着与社会主义市场经济体制相适应的工伤保险制度的基本确立。原《工伤保险条例》出台后，工伤保险各项政策不断完善，相继出台了《工伤认定办法》《职业病诊断与鉴定管理办法》《因工死亡职工供养亲属范围的规定》等一系列政策措施，进一步推进了工伤保险工作的开展。2010年10月28日，第十一届全国人民代表大会常务委员会第十七次会议通过了《社会保险法》，自2011年7月1日起施行。《社会保险法》以专章的形式对工伤保险的基本问题做了规定，开始实现工伤保险制度的法律化。2010年12月8日，国务院第136次常务会议通过《国务院关于修改〈工伤保险条例〉的决定》，12月20日温家宝签署中华人民共和国国务院令，公布该条例，自2011年1月1日起施行。《社会保险法》及新《工伤保险条例》对我国工伤保险制度做了重大变革，主要体现在以下几个方面[1]。

（一）扩大了工伤保险适用范围

原《工伤保险条例》规定，中华人民共和国境内的各类企业、有雇工的个体工商户应当依照本条例规定参加工伤保险，为本单位全部职工或者雇工缴纳工伤保险费。可见，原《工伤保险条例》的参保主体主要是各类企业和有雇工的个体工商户。新《工伤保险条例》规定，中华人民共和国境内的企业、事业单位、社会团体、民办非企业单位、基金会、律师事务所、会计师事务所等组织和有雇工的个体工商户应当依照本条例规定参加工伤保险，为本单位全部职工或者雇工缴纳工伤保险费。这样，在原《工伤保险条例》规定的企业和个体工商户两类参保人群的基础上，新增了事业单位、社会团体、民办非企业单位、基金会、律师事务所、会计事务所六类组织，工伤保险的适用范围扩大了，强化了对所有职工的保护，提高了工伤保险基金的抗风险能力，突出了工伤保险的普遍性和公平性。

（二）调整扩大了工伤认定的范围

原《工伤保险条例》对应当认定为工伤、视同工伤以及不属于工伤的情形做了列举，明确了工伤认定的范围。《社会保险法》对原《工伤保险条例》中关于不应当认定为工伤的情形做了重大变动。第一，原《工伤保险条例》规定犯罪不得认定为工伤。《社会保险法》区分了故意犯罪和过失犯罪，规定故意犯罪的不认定为工伤，实际上是扩大了应当认定为工伤的范围。第二，删除了"违反治安管理伤亡的"（吸毒除外）不属于工伤的规定。违反治安管理行为与犯罪相比，社会危害性较小，不宜将这种行为导致的事故伤害排除在工伤认定范围之外。《社会保险法》和新《工伤保险条例》的修改，总的来说，扩大了工伤认定的范围，扩大了对工伤职工的保护，从工伤保险的角度肯定了劳动者为职业劳动付出的健康甚至生命代价是对社会的贡献。

---

[1] 本部分参考资料：杨思斌：《我国工伤保险制度的重大发展与理念创新》，《中国劳动关系学院学报》，2011年第8期，第77~81页。

(三)简化了工伤处理程序

工伤认定直接关系到受伤职工能否享受工伤保险待遇和伤残待遇,其程序的繁简决定了工伤职工能否得到及时、有效的救济。劳动者依靠劳动为其主要生活来源,欠缺纠纷解决的时间、精力及能力,与劳动者有关的纠纷解决的程序应该简捷、方便。新《工伤保险条例》对简化程序问题做了几处修改:第一,增加了工伤认定简易程序,规定对事实清楚、权利义务明确的工伤认定申请,应当在15日内做出工伤认定决定,实际上是由原来规定的60天缩短为15天;第二,明确了再次鉴定和复查鉴定的时限按照初次鉴定的时限执行;第三,规定了工伤认定的时限中止制度,即做出工伤认定决定需要以司法机关或者有关行政主管部门的结论为依据的,在司法机关或者有关行政主管部门尚未做出结论期间,做出工伤认定决定的时限中止;第四,取消了行政复议前置程序,规定发生工伤争议的,有关单位或者个人可以依法申请行政复议,也可以直接依法向人民法院提起行政诉讼。

(四)提高了工伤保险待遇标准

原《工伤保险条例》规定,一次性伤残补助金标准:一级伤残为24个月的本人工资,二级伤残为22个月的本人工资,三级伤残为20个月的本人工资,四级伤残为18个月的本人工资。新《工伤保险条例》规定,从工伤保险基金按伤残等级支付一次性伤残补助金,标准为:一级伤残为27个月的本人工资,二级伤残为25个月的本人工资,三级伤残为23个月的本人工资,四级伤残为21个月的本人工资。此外,五级至六级伤残职工增加两个月的本人工资,七级至十级伤残职工增加1个月的本人工资。原《工伤保险条例》规定,一次性工亡补助金标准为48个月至60个月的统筹地区上年度职工月平均工资。一次性工亡补助金标准过低,不仅难以保障工伤职工及其供养亲属的基本生活,也影响了用人单位的参保积极性。新《工伤保险条例》规定,一次性工亡补助金标准为上一年度全国城镇居民人均可支配收入的20倍。

(五)规定了工伤保险基金先行支付和追偿

原《工伤保险条例》规定,未参加工伤保险期限用人单位职工发生工伤的,由该用人单位按照规定的工伤保险待遇项目和标准支付费用。由用人单位按照规定的工伤保险待遇支付费用的责任设定使工伤职工的工伤保险待遇的享受取决于用人单位的情况,当用人单位拒不支付或无力支付工伤保险待遇时,工伤职工无法获得赔偿。《社会保险法》第41条规定,职工所在用人单位未依法缴纳工伤保险费,发生工伤事故的,由用人单位支付工伤保险待遇。用人单位不支付的,从工伤保险基金中先行支付。从工伤保险基金中先行支付的工伤保险待遇应当由用人单位偿还。用人单位不偿还的,社会保险经办机构可以依法追偿。

(六)明确了工伤保险基金逐步实现省级统筹

社会保险基金的统筹层次关系到在多大范围内调剂使用社会保险基金,统筹层次越高,参加社会保险的人数越多、保障效率越高、分散基金风险的能力越强。原《工伤保险条例》规定:"工伤保险基金在直辖市和设区的市实行全市统筹,其他地区的统筹层次由省、自治区人民政府确定。"目前,我国工伤保险以中心城市或者地级市为主实行工伤保险费用统筹，有的地方实行县级统筹。《社会保险法》规定，基本养老保险基金逐步实行全国统筹，其他社会保险基金逐步实行省级统筹，具体时间、步骤由国务院规定。新《工伤保险条例》规定，工伤保险基金逐步实行省级统筹，这就明确了工伤保险的法定统筹层次是省级统筹，为工伤保险统筹层次的提高提供了法律依据，指明了法律目标。

> 思考题

1. 简述工伤保险的发展历程。
2. 简述工伤保险的特征。
3. 简述工伤保险的功能。
4. 简单归纳国际工伤保险制度发展的规律。
5. 论述我国工伤保险的重大发展。

案例 8-1

17 岁农民工重度中暑，49 个小时后死亡，最终被认定为工伤

2013 年 6 月 19 日，网络上出现一篇题为《未成年民工晚死 1 小时不算工亡 逼人早死?》的网帖。该网帖称，湖南娄底籍 17 岁民工陈果，在东莞市石碣镇打工时重度中暑死亡。由于陈果在发病后第 49 小时去世，其家属时隔 20 天仍未能得到赔偿。

笔者查证后发现，未成年人陈果确为中暑而死，广东省东莞市社保部门已认定其为工伤。

7 月 3 日，陈果生前工作单位和死者家属达成赔偿协议，陈果家人获赔 50.2 万元。

历经 1 个月，这起赔偿纠纷终于画上句号，但由此引起的"48 小时"工伤认定争议令人思考。

17 岁少年中暑死亡

陈果的堂叔和母亲向笔者回忆了事件的经过：5 月 29 日 10 时左右，陈果因发高烧向单位请假，到石碣医院打点滴。第二天，他因为身体状况不好没回单位上班。30 日下午 4 时左右，陈果因为病情严重被转入东莞市东华医院 ICU 病房。

5 月 31 日 11 时 56 分，陈果在东华医院去世。这距离他离开单位，已经过去了约 49 个小时。

笔者看到，在东华医院出具的"疾病证明书"里，对于陈果的诊断是"重度中暑、多脏器功能衰竭、电解质紊乱、双肺感染、多发浆膜腔积液"。

陈果家属提供的"死亡医学证明书"上载明，陈果的死因系"重度中暑"。

陈果的死亡，是否与其所在单位有关呢？

陈果的堂叔说，陈果生于 1995 年，出事前未满 18 周岁。2012 年 6 月，他进入东莞市前锋电子有限公司（简称"前锋电子"）工作，于 2013 年 2 月 28 日转为正式工。

前锋电子的主营业务是电磁炉生产，陈果所在的车间主要负责测试电磁炉高温断电性能。测试电磁炉性能时，需将水放至电磁炉上连续加热 1 小时，因此车间温度很高。

对于环境的具体温度，双方一直存有争议。笔者多次联系前锋电子，但其电话始终处于无人接听状态。

此前，《东莞时报》记者曾前往前锋电子采访报道称，中午 12 时左右，在陈果原岗位位置测得温度为 30.2 摄氏度，并称车间内风扇、空调均处于工作状态，车间的窗户也都是打开的。

但陈果的堂叔说，陈果工作环境的温度有 37～38 摄氏度，该媒体所称的"30.2 摄氏度"是前锋电子"在陈果出事后改变了车间工作环境"，还称陈果之前工作的车间由原来的二楼改到了现在的一楼。

陈果生前所在车间出勤表显示，5月20日到5月27日，也就是陈果去世前的一周左右，他每天的加班时间均在7小时左右。

"48小时"规定是否合理？

死者家属称，陈果死后，他们多次和前锋电子、派出所、社会保障局和劳动局交涉，希望为陈果的死"讨一个说法"，但始终未能得到结果。他们被告知，我国《工伤保险条例》第15条规定，在工作时间和工作岗位，突发疾病死亡或者在48小时之内经抢救无效死亡的，视同工伤。陈果是发病后第49小时死的，不算工伤。

针对这一问题，笔者联系到深圳市春风劳动争议咨询服务部主任张治儒，他曾接到陈果的父亲陈明献的电话，并为陈家提供法律咨询。

张治儒认为，"48小时"工伤认定存在误解。在他看来，陈果中暑不是本身身体原因造成的，和其工作环境的高温存在直接的因果关系，属于因工死亡的范畴。

据张治儒了解，东莞市社会保障局石碣镇分局曾要求死者家属提供陈果职业病鉴定。"按《中华人民共和国职业病防治法》等相关规定，职业病鉴定应该由企业进行申请，因为劳动者的健康档案和职业病既往史都由企业保管。让家属鉴定基本是不可能实现的，因为家属没有死者档案、检查资料。"

"5月东莞的气温不高，所以我认为陈果之死受工作环境影响是很大的。除非可以证明陈果所在宿舍温度也很高，企业才能规避自己的责任。"张治儒说，对于职业病的鉴定，他建议家属和企业协商，由企业提起鉴定申请，或者提供死者的相关材料。"因为鉴定机构会对死者死亡跟工作环境的关系做一个鉴定，判定是否为工伤，是下一步确认赔偿的前提。"

针对"48小时"工伤认定是否合理，多位接受《中国青年报》采访的劳动法研究专家均表示"这一规定有不合理之处"。

安徽大学法学院教授李坤刚说，目前我国的工伤标准采取的"列举法"，并没有关于工伤的定义，这会导致部分工伤难以纳入工伤范畴。而"48小时"的规定，对于突发的疾病，只考虑时间，不考虑原因，那么，工作原因引起的伤害和死亡难以纳入工伤范畴，不是工作导致的死亡也可能会被认定为工伤。

北京化工大学文法学院教授、法律系主任薛长礼也对"48小时"的规定"持保留态度"。他说，这一规定不合理之处很多，问题之一是诱导患者家属放弃治疗。现实中，由于"48小时"的限制性规定而由患病一方独自承担职业伤害的情形带有一定普遍性。

"因为个人的身体状况不一致，或者死亡标准、道德风险、实施操作等原因，不论是界定为48小时、72小时或是96小时都不科学，这一规定应该废除。"薛长礼说，根本问题在于怎样认定工伤和怎样界定工伤的认定范围、认定标准。如果能证明因果关系存在，也就是说，在工作时间和工作场所，由于工作原因突发疾病造成死亡，或者经抢救无效死亡或完全、部分丧失劳动能力的情形，推定为工伤，相对来说是一种比较好的方式。

薛长礼指出，在2010年修订的《工伤保险条例》中，关于工伤保险认定的"视同"的部分，与2004年施行的版本相比，没有解决备受争议的"48小时"等争议问题。事实上，2010年修订的《工伤保险条例》虽有进步，但还有很多不合理之处，需要进一步完善。

李坤刚建议借鉴美国的规定。美国对于工伤定义是"*injuries in the process of work or resulting from work*"，即工作过程中的伤害或者工作原因导致的伤害。

工伤保险由社会保险部门管理，也由社会保险部门认定，薛长礼称"这个多年来备受质疑"的规定也"不太合理"。按照现行规定，工伤保险基金，包括基金筹集和待遇支付由社会保险部门管理，工伤的认定由统筹地区社会保险行政部门负责，实际上是一个典型的缺少第三方监督的操作过程。实际操作中，很多时候要通过仲裁和诉讼，但是即使通过仲裁和诉讼，由于耗时较长，增加了受伤害员工或其家属的负担，对社会保险行政部门的工伤认定也很难构成有效制约。

李坤刚也同意这一观点。他表示，目前工伤认定程序太长，一方面增加了成本，另一方面也造成部分劳动者为了早日解决问题而"闹事"的情况。

薛长礼说，目前我国职业病体系中有十大类，"中暑"在《职业病分类和目录》中已明确规定为职业病，可以作为工伤的一个项目。但必须要经过职业病认定之后，确定为职业中暑，才能享受相应的工伤保险待遇。但职业病的认定及其程序和《工伤保险条例》规定的非职业病工伤也有不同，前提条件是被有资质的职业病防治部门诊断为职业病，获得职业病诊断证明书或职业病诊断鉴定书，这个过程很复杂。前几年河南张海涛"开胸验肺"事件发生之后，社会上对职业病的诊断质疑声比较大，主要问题还是缺少第三方的监督。

对于此次事件中，死者陈果工伤认定难的问题，薛长礼认为，首先要看前锋电子是否参加了工伤保险，如果没有参加工伤保险，相关费用由单位支付；如果参加了工伤保险，其中很大一部分是由工伤保险基金来支付的。但单位也不是完全没有责任，有的项目还是需要单位承担，这也是一些单位不愿意去认定的原因。

最终被认定为工伤

几经周折，陈果的家属在6月25日下午得到了盖有东莞市社会保障局工伤认定公章的《认定工伤决定书》。社会保障局最终认定："陈果于2013年5月28日受到的事故伤害（或患职业病），符合《广东省工伤保险条例》第十条第一款第一项之规定，属于工伤认定范围，现予以认定（或视同）为工伤。"

陈果家属向前锋电子提出70万元左右的赔偿，但是双方没能达成一致。"前锋电子厂跟我们说他们只能赔50万元不到，他们说这是按照规定标准来的。医疗费还有我们十多个人在这边的开销都要我们自己承担。"

张治儒告诉笔者，工亡的赔付由三部分组成，分别是丧葬补助金、一次性工亡补助金和供养亲属抚恤金。他说，前两者是法定赔偿，但抚恤金的部分可能需要通过谈判解决。

张治儒说："一般的工伤事故中，工伤劳动者存在过错。而在本案中，用人单位的违法行为直接导致了陈果的死亡，所以，用人单位不仅仅要承担工伤死亡的赔偿金，还需要承担一定的民事责任，所以，在赔偿金方面应该高于法定标准，我想这样也是合理合法的。"

7月3日，双方达成协议，厂方除支付陈果家属在东莞的几万元开销外，另赔付50多万元。

资料来源：《中国青年报》

案例 8-2

男子离职三年查出尘肺病，向"老东家"索赔获支持

王先生离职三年后被查出患有尘肺病，于是向"老东家"佛山某洁具公司要求工伤赔偿。但洁具公司在调查后发现，这三年间王先生还在其他公司工作过，尘肺病究竟是在哪一家公司患上的，一时间悬疑丛生。而后高明区人力资源和社会保障局认定王先生属工伤后，洁具公司将高明区人力资源和社会保障局告上了法庭。此后，佛山中院向媒体通报称，经一审、二审，法院最终维持了高明区人力资源和社会保障局的工伤认定书。

案情：离职三年查出尘肺病

2004年，王先生进入涉案洁具公司从事注浆工作，至2008年12月辞职，在离职前没有做体检。

离职3年后的2011年11月30日，王先生经重庆市疾病预防控制中心诊断为陶工尘肺一期。关键是，王先生在发病前还在潮州某陶瓷制品有限公司短暂工作过，而且事隔三年，洁具公司不承认王先生的尘肺病与其有关。

2012年3月8日，王先生向洁具公司所在地高明区人力资源和社会保障局申请工伤认定。高明区人力资源和社会保障局受理后,于同年8月31日做出工伤认定决定书,确认王先生患陶工尘肺病是工伤。洁具公司不服,向高明区人民政府申请复议。高明区人民政府于2012年12月20日做出行政复议决定书,维持了被告的工伤认定。洁具公司仍旧不满认定结果,于是一纸诉状将高明区人力资源和社会保障局告上了法庭,请求法院撤销工伤认定决定书。

焦点1:离职三年是否还能起诉?

洁具公司认为,《工伤保险条例》规定患职业病应当认定为工伤,但对于离职后被诊断为职业病的是否应认定为工伤并没有明文规定。而且按照广东省劳动和社会保障厅《关于进一步完善广东省工伤保险制度有关问题的通知》的规定,职工在离开职业病发生单位两年内被诊断、鉴定为职业病的,劳动保障行政部门应当受理。反言之,超过两年的,应当不予受理。

法院认为,《工伤保险条例》第17条规定,工伤职工或者其近亲属、工会组织在事故发生之日或者被诊断、鉴定为职业病之日起1年内,可以直接向用人单位所在地统筹地区社会保险行政部门提出工伤认定申请。洁具公司所提出的通知只是规范性文件,《工伤保险条例》是行政法规,在法律法规的适用上,行政法规优先于规范性文件。

法院进一步解释称,职业病是指用人单位的劳动者在职业活动中,因接触粉尘、放射性物质和其他有毒、有害物质等因素而引起的疾病。慢性职业病特别是尘肺病潜伏期长,具有明显的隐匿性和迟发性特点。如果对劳动者离开用人单位后一定期限内发病,其工伤申请才能受理进行一个限定,无疑会将很大一部分的职业病患者挡在工伤保险的大门外,势必使其本人及家庭今后的生活陷入巨大的困境中,不符合《工伤保险条例》的立法原意。

焦点2:是在哪家公司患上的病?

作为原告的洁具公司还认为,王先生在申请工伤认定时故意隐瞒了其离开原告后到另一家公司工作的事实,以致高明区人力资源和社会保障局做出认定时未能查清案件的事实。为了证明王先生曾在另一家公司工作过,洁具公司在诉讼中申请法院向银行调查第三人王先生与潮州某陶瓷制品有限公司是否存在工资发放的情况,银行后提供协助查询回执,显示王先生的银行卡从2010年11月到2011年3月有固定的金额存入。

法院认为,从法院依原告的申请所调取的证据来看,王先生在离开洁具公司后确实到另一家公司工作过,但工作时间较短,而王先生在洁具公司处工作将近5年时间,并且在离职时洁具公司并没有为王先生进行离岗前的体检,因此在没有证据表明王先生所患的职业病与洁具公司无关的情况下,高明区人力资源和社会保障局以洁具公司作为被申请人做出工伤认定决定,并无不妥。

综上理由,经佛山市高明区法院和佛山市中级人民法院一、二审判决,维持了高明区人力资源和社会保障局的工伤认定书。

资料来源:《广州日报》

延伸阅读

工伤保险保障主体理论反思及其重构

(一)我国工伤保险保障主体范围的变迁

我国工伤保险立法及司法实践一直将劳动关系的建立作为适用工伤保险的刚性标准。例如,1994年《中华人民共和国劳动法》确定该法的适用范围为"在中华人民共和国境内的企业、个体经济组织(以下统称用人单位)和与之形成劳动关系的劳动者,适用本法"。2003年发布的《工伤保险条例》将工伤保险的适用范围从单一的国有企业扩大到各类企业和个体工商户。《中华人民共和国劳动合同法》第2

条以法律的形式明确了劳动关系的主体范围:"中华人民共和国境内的企业、个体经济组织、民办非企业单位等组织(以下称用人单位)与劳动者建立劳动关系,……适用本法。"《中华人民共和国劳动合同法实施条例》第 3 条补充"依法成立的会计师事务所、律师事务所等合伙组织和基金会,属于劳动合同法规定的用人单位"。2010 年修改后的《工伤保险条例》进一步明确:中华人民共和国境内的企业、事业单位、社会团体、民办非企业单位、基金会、律师事务所、会计师事务所等组织和有雇工的个体工商户(以下称用人单位)应当依照本条例规定参加工伤保险,为本单位全部职工或者雇工(以下称职工)缴纳工伤保险费。《社会保险法》也专章规定了工伤保险,但对工伤保险的保障范围没有另外的规定。

尽管通过不断扩大"用人单位"范围进而扩大工伤保险保障主体范围的方式有待商榷,但让更多的劳动者享有工伤保险保障,无疑是我国劳动与社会保障立法的努力方向,也是我国劳动立法保障劳动者权益、构建和谐劳动关系的重要体现。

(二)"劳动关系理论"对工伤保险保障主体范围的制约

我国劳动与社会保障法调整的对象主要是劳动关系,但并不调整所有与劳动有关的社会关系,而只调整其中一部分关系,即在实现集体劳动过程中劳动者与用人单位之间发生的关系。长期以此种狭隘的劳动关系理论作为能否参加和享有工伤保险保障的认定依据,其弊端已经逐步显露。随着社会经济组织、社会组织形态的多样化,一味坚持以法律限定"用人单位"范围的方式确定劳动关系的建立及工伤保险的参保条件,其结果只能是将越来越多的事实上的劳动者(受雇佣者)排除在工伤保险保障范围之外,如参加实习(社会实习、顶岗实习)及打工的学生、退休务工人员、保姆、家教等个人雇佣人员、志愿者等。我国目前是以民事侵权责任体系中涵盖的雇主责任制度为上述领域的从业人员提供侵权损害赔偿救济的,不但救济方式及实现程度与工伤保险保障相距甚远,最重要的问题在于商业保险,尤其是雇主责任商业保险对个人投保也持禁止态度,这就使雇佣双方实际上都处于保险保障的真空状态。

管理学家彼得·德鲁克(Peter Drucker)曾经这样分析劳动者的社会风险问题,即如果将单一劳动者一年的工作量视为他对社会的贡献的话,那么他应该获得的不仅仅是他现实的工资和奖金,还有一部分是间接的和隐形的,那就是由社会应该为他所承担的风险。基于这样的理论,劳动者,无论其受雇于谁,社会为他承担的风险不应该有所不同,法律为他提供的保护不应该有所不同,仅通过列举的方式不断扩大"用人单位"的范围只能使法律日益捉襟见肘、漏洞百出。

(三)"雇佣关系理论"对工伤保险保障主体范围的突破

雇佣关系理论对工伤保险保障主体范围的理论价值。在过去的著作和案例中,通常将雇佣关系界定为主仆之间的合同关系,其显著特点为合同一方(即雇员)在一段时间内按约定的劳动强度为另一方当事人(即雇主)提供服务,且在履行合同义务时必须接受雇主的控制和指导;作为回报,雇主通常按小时、天、星期、月份或年向雇员支付工资或薪水。笔者建议采用与劳动关系近似,但内涵更为清晰、外延更为广泛的"雇佣关系"标准作为工伤保险保障范围的认定依据,理由在于:

一是雇佣关系的主体宽泛,适合工伤保险扩展投保及参保范围的需要。与劳动关系中的用人单位相比,雇佣关系中的雇主概念更为开放,一切具有民事权利能力和民事行为能力的自然人、法人、其他组织都可以成为雇主。两大法系国家的学说和司法判例认为,决定一个人是不是雇主和另外一个人是不是雇员的标准是控制标准。当一个人对另一个人进行控制时,控制者就是雇主,被控制的人就是雇员。雇佣关系中的雇员对比劳动者而言,其在劳动契约所包含的人格与经济上的从属性地位上并没有发生本质改变,只是在其身份的认定、工作的方式等方面更为灵活,也更加顺应工伤保险保障人群不断扩大的需要。

二是将雇主概念引入工伤保险可以有效地分散日益加重的雇主责任。目前我国建立在劳动关系基础上的工伤保险并不能使所有雇主获得同等分散风险的机会,"用人单位"以外的其他雇主不仅不能投保工伤保险，通常也被排除在商业雇主责任保险的投保人范围之外，只能按照无过错责任原则承担雇主责任，这在工伤事故日益频发的今天，对雇主而言无疑是一种制度上的灾难。

雇佣关系理论对工伤保险保障主体范围的现实影响。以雇佣关系理论作为新的认定依据，至少能将以下几种特殊人群纳入工伤保险的保障范畴。

实习及打工学生。实习及打工学生具有双重身份，既是尚未毕业的在校学生又是用人单位的劳动人员，但按照劳动关系标准，学生不是劳动关系主体，更无法享受工伤保险保障，只能作为一般的民事主体按照过错责任原则寻求侵权人（雇主或者学校）的相应责任。这样的责任体系设置对于学生来讲无疑是不公正的，学生的双重身份不但没有为其带来双重保护，反而可能成为双方相互推诿扯皮的砝码。

退休务工人员。随着我国人口老龄化趋势的发展，退休人员二次就业的情形会越来越普遍。从劳动法的规定上看，只有禁止使用童工的规定，对达到法定退休年龄仍然从事劳动的人员，法律未作禁止性规定；从法律关系上看，退休人员与原所在单位的劳动关系已经终止，退休人员与新雇主的雇佣关系事实上已经建立，退休务工人员与其他劳动者应该受到同样的劳动法律及工伤保险保障。关于超过法定退休年龄的进城务工农民在工作时间内受伤是否适用《工伤保险条例》，最高人民法院（〔2010〕行他字第10号）明确给予肯定；关于离退休人员与现单位之间是否构成劳动关系以及工作时间内受伤是否适用《工伤保险条例》，最高院的答复则以"现工作单位已经为其缴纳了工伤保险费"作为适用《工伤保险条例》的必要条件。鉴于退休人员与原劳动单位劳动关系已经终止，不存在双重劳动关系额外保障问题，法律又对劳动者的年龄上限没有限制性规定，因此建议将退休人员与超过法定退休年龄的进城务工农民给予同等待遇，将两者一同纳入工伤保险保障范围。

家庭佣工。由于个人或家庭不属于现行工伤保险投保主体的"用人单位"，保姆、家教、护理人员等家庭佣工仅能依靠侵权法寻求雇主责任救济，只是其无利润的特性使之与传统雇主雇佣适用不同的归责原则。但是从雇佣关系的角度，两者并没有本质区别，劳动者一方通过提供劳务获得报酬，雇佣者一方通过支付对价享受服务，劳动者发生事故的风险与雇佣者承担责任的风险同时存在，既然无论是劳动法还是工伤保险法都将保护劳动者的合法权益作为立法宗旨，家庭佣工作为雇佣法律关系的一方主体也应被视为劳动者的一员，获得应有的工伤保险制度保障。还有一种常见的情况是个人或家庭与家政服务公司订立书面或口头合同，从事具体劳务的保姆、家教、护理人员受家政服务公司的指派为个人或家庭提供劳务，此时家政服务公司可以作为雇主投保工伤保险或自行承担不投保情况下的工伤赔偿责任。

志愿者。志愿者一般是通过特定公益组织提供相对稳定的义务服务，也有临时、自发的自愿性服务。志愿者的无偿奉献为社会做出了积极贡献，但如果受到伤害该由谁来负责呢？我国《最高人民法院关于审理人身损害赔偿案件适用法律若干问题的解释》第15条规定：为维护国家、集体或者他人的合法权益而使自己受到人身损害，因没有侵权人、不能确定侵权人或者侵权人没有赔偿能力，赔偿权利人请求受益人在受益范围内予以适当补偿的，人民法院应予支持。这样看来，志愿者的人身损害赔偿由国家承担最为合适。笔者认为，运用工伤保险制度救济志愿者具有合理性及可行性，首先，工伤保险作为社会保险本身就具有公益性和政策性属性，承担国家应当承担的风险及责任再恰当不过；其次，志愿者登记组织（团组织、基金会或是其他社会团体）本身具备投保条件，考虑到非登记及临时志愿者的存在，志愿者投保的被保险人范围可以采取相对灵活的认定和鉴别方式，这样才能更好地体现工伤保险的优越性所在。

资料来源：杨慧：《工伤保险保障主体理论反思及其重构》，《人民论坛》，2013年第5期，第138～139页

 小资料

工伤保险浮动费率

工伤保险浮动费率,是指社保经办机构在用人单位按基础费率缴纳工伤保险费的基础上,根据用人单位当年度的工伤保险支缴率,核定其在下一年度应当浮动的工伤保险费比例。

工伤保险支缴率,是指当年度内工伤保险基金支付用人单位工伤保险待遇的费用,占该单位按基础费率缴纳工伤保险费的比例。

一般而言,工伤保险根据参保单位行业风险程度分为三个缴费类别。初始缴费,风险最低的行业按单位工资总额的0.5%左右的费率缴费,第二档为1%左右,第三档为2%左右。第一档单位费率不实行浮动,第二档、第三档单位费率根据单位使用工伤保险基金和事故发生率,支缴率高的向上浮动费率,最高为150%,支缴率低的向下浮动费率,最高为50%。由经办机构测算,报经社会保险行政部门批准后执行。

经典阅读与参考文献

冯英,康蕊.2009.外国的工伤保险.北京:中国社会出版社
郭晓宏.2010.中国工伤保险制度研究.北京:首都经济贸易大学出版社
李朝晖.2011.农民工工伤风险保障问题研究:以湖南湘中五城为例.北京:中国经济出版社
刘吉欣.2006.德国工伤保险制度及启示.山东社会保障,10:26-29
刘臻荣.2012.工伤保险赔付与侵权损害赔偿的冲突与协调.山西大学学报(哲学社会科学版),(2):77-81
乔庆梅.2010.中国职业风险与工伤保障:演变与转型.北京:商务印书馆
孙树菡.2007.工伤保险.北京:中国劳动社会保障出版社
于欣华.2011.工伤保险法论.北京:中国民主法制出版社有限公司
余飞跃.2011.工伤保险预防制度研究目标、机制与条件.北京:光明日报出版社
张新宝.2007.工伤保险赔偿请求权与普通人身损害赔偿请求权的关系.中国法学,(2):52-66
郑尚元.2004.工伤保险法律制度研究.北京:北京大学出版社
周慧文.2005.工伤保险风险分类及风险分类表研究.中国安全科学学报,(7):26-30
周子旋,潘伶俐.2009.对我国工伤保险制度建设的思考.中国商界,2:259

第九章

其他社会保险

本章摘要

失业是市场竞争的必然产物，指的是劳动者处于劳动年龄、具有劳动能力、有劳动愿望并确实在寻找工作的情况下，不能得到适宜职业而失去收入的状态。失业保险是国家通过立法强制实施，由政府负责建立基金、对非因本人意愿中断就业而失去工资收入的劳动者提供一定时期的物质帮助及再就业服务的一项社会保险制度。生育风险是现代女性劳动者因生育而出现的母婴生命、疾病风险及与此相关的收入丧失风险，生育保险是在妇女劳动者由于生育子女而暂时丧失劳动能力时，从社会和国家得到必要的物质帮助的一项社会保险制度。

第一节 失业保险

一、什么是就业

一般认为，就业是指达到法定劳动年龄、具有劳动能力的劳动者，运用生产资料依法从事某种社会劳动，并获得赖以为生的报酬收入或经营收入的经济活动。达到法定劳动年龄、具有劳动能力、有从事劳动的意愿、与生产资料相结合创造社会价值并获得收入，被称为就业的四个要素。抛开就业的社会性规定，从本质上看，就业是劳动力与资本两种生产要素的结合，当然，资本如果找不到劳动力匹配，拥有资本的人也照样可以在市场交换的条件下生存下去，而拥有劳动力的人却会因为没有收入而交换不到必要的生存资料，因此，就业的主体一般是指劳动力的拥有者而非资本的拥有者。

二、为什么会失业

与就业相对应的就是失业，一般认为，失业就是达到了法定劳动年龄、具有劳动能力、有从事劳动的意愿、与生产资料相分离不能创造社会价值且不能获得收入的状态。从本质上看，失业就是劳动力与资本要素无法匹配导致劳动力无法交换到工资收入。由于劳动力与资本的大规模匹配主要发生在工业革命之后，因此，失业是工业化的产物。

为什么劳动力在与资本结合之后会出现不再匹配的现象呢？究其原因，一方面是资本对劳动力的替代。由于在生产过程中引进先进的科学技术，包括先进的机器设备、先进的生产方法以及先进的经营管理方式等，能够提高劳动生产率，取代一部分劳动力。另一方面是资本在竞争中失败。企业产品或服务在市场竞争中被淘汰，资本与劳动力匹配结果失败。

从长期经济与社会发展来看，失业是企业变革、经济发展和社会进步的不可避免的代价。正是通过失业这种淘汰劣势的机制，优势企业击败劣势企业、更为适应的劳动力得以脱颖而出，社会总财富得以积累与扩张。并且在较长的时期内，先进的科学技术会促进劳动生产率的极大提高，促进生产力的发展，促进新兴产业部门的产生和发展，为扩大就业提供雄厚的物质基础，又会创造出大量的就业机会。因此，失业是工业化的必然产物。

三、失业者的出路

当劳动力与资本匹配失败之后，劳动力所有者会设法获得必要的收入以交换所需的生存资料，主要的路径有自行创业或者转他业。然而，这些路径需要失业者具备能够获得优势的劳动力或资本，当这些要素不足或缺乏时，劳动者还可以选择乞讨或自给自足，然而，这些路径并不能解决大量失业者的生存来源问题。也会有部分失业者会选择损人利己的方式来获得生存，只不过最终总会受到法律的制裁。当上述路径都无法走通时，失业者就会陷入贫困，需要外部力量施以援手才能摆脱收入中断而带来的贫困。

四、为什么要保障失业者

自然界的优胜劣汰法则随时会将失败者抛弃，人类社会为什么会对在社会竞争中的暂时失败者施以援手呢？原因有两个方面。

一方面，当失业者走投无路时，极有可能采取损人利己的方式来获得生活所需，这样失业者就成了影响社会安全与稳定的客观因素之一。而且随着失业者人数的迅猛增多和失业时间的不断延长，失业者极可能由不满、抱怨、失望、沮丧发展到对其所处的社会制度、经济制度和政治制度丧失信心，极可能由失业者的个体行为逐渐扩大为失业者的群体行为，从而可能把潜在的社会不稳定变成现实的社会不稳定。

另一方面，竞争本身就是一种试错机制，成功与失败都是人类的宝贵经验。人类社会发展到今天，在情感与人性方面已经远远超越了自然动物世界，对弱者的天然同情与怜悯也会促进人类社会设计种种机制来保障失业者及其家属维持一个最低限度的生活水平。

五、如何保障失业者

如何将失业者从丧失收入后的贫困中拉出来，纵观各国的经验，主要有以下方法。

一是国家创造工作，来促进失业者的劳动力与资本相结合。创造工作的方式无法打破经济需求定律，一般来说，该种帮助失业的方式难以增加社会总福利，本质上是以一种迂回的方式来救助失业者。

二是失业救助，以保障失业者的基本生活。将因失业而贫困者纳入救助体系同其他救助对象一样，一般都需要进行家计调查以确定家庭收入或个人收入达到救助的标准。

三是失业保险。失业保险制度的目的是为那些遭遇失业风险、收入暂时中断的失业者提供的一种收入保障，其本质是强制性从一部分人手中将收入转移支付给另一部分人。自愿的保险方式会因为逆向选择的问题而使保险市场瓦解，因为有购买保险需求的往往是失业风险高而收入低的人群。从现实来看，从1911年英国颁布国民保险法开创了强制性失业保险制度的先河后，其他国家纷纷效法，强制性失业保险构成了世界失业保险制度的主流。到1997年年初，世界上已有68个国家和地区建立了失业保险制度，其中大多数国家和地区实行强制性保险，自愿性保险的范围只限于工会已建立失业保险基金的产业。

由于失业保险并不是每位劳动者都必定面临的风险，因此，相较于养老、医疗保险，失业保险的要求更难达成一致。综观各国失业保险制度的发展过程，可以发现，相对于社会保险制度其他项目而言，失业保险起步较晚。最早建立社会保险制度的德国于1883年就制定了世界上第一部社会保险法案——《疾病保险法》。此后分别于1884年和1889年颁布了《工伤事故保险法》和《老年和残障社会保险法》，但失业保险制度却直到1927年才建立。同样，法国、挪威、丹麦、英国等在建立失业保险制度之前，均已在工伤、老年、医疗等保险项目上先行一步，而失业保险在这些国家的社会保险制度发展过程中处于相对滞后状态。失业保险发展滞后除表现在落后于其他社会保险项目外，还表现在建立社会保险制度的国家中建立失业保险制度的国家较少。根据美国社会保障署1995年的统计，在全球建立社会保障制度的165个国家和地区中，只有61个国家和地区建立了不同形式的失业保险制度，而与此相对照，建立老年保险或保障的国家或地区有158个，建立工伤保险项目的有159个，建立疾病与生育社会保险项目的有105个。两相对照，可以看出，建立失业保险的国家和地区最少，仅占36%左右。

六、失业保险的内容

(一)失业保险筹资方式

从失业保险基金的来源可以看出，约有一半左右的国家失业保险是实行用人单位、职工个人、政府三方负担的筹资模式。除此之外，还有部分国家由政府一方负担全部费用，用人单位和职工个人无须缴费，这种筹资模式大多数是财力较为充裕的国家，如澳大利亚、新西兰；部分国家实行用人单位一方负担，职工个人不缴纳保险费，政府亦不予补贴的模式，如加纳、印度尼西亚；部分国家实行由用人单位和职工个人双方负担，政府不负担费用，如在塞浦路斯，职工个人缴纳工资的6%，用人单位缴纳职工工资总额的6%；部分国家由用人单位负担，政府补贴，职工个人不缴纳保险费，实行这种方式筹集基金的国家有美国、埃及、保加利亚等国，如埃及用人单位缴纳职工工资总额的1%，政府补贴亏空部分；极个别的国家由职工个人负担全部费用，用人单位和政府均不负担任何费用。我国由用人单位和职工按照国家规定共同缴纳失业保险费。

(二)保险待遇领取条件

为了防范道德风险，各国对领取失业保险金的条件都做了明确且严格的规定。一般说来，失业者必须处于法定劳动年龄，必须是非自愿失业、用人单位和职工个人必须按规定参加了失业保险并履行了缴费义务、到失业保险管理机构登记失业并有求职意向。

(三)失业保险待遇

1. 失业保险待遇给付的等待期

实施失业保险制度的国家都设置了失业保险金领取的等待期，劳动者失业后一般不会立刻领到失业保险金。这是因为一方面要排除期限很短的失业保险给付，免去失业保险管理机构处理短期、小额失业津贴申请的负担，节约管理费用；另一方面有助于防止冒领失业津贴的行为和有意制造非自愿失业等逆选择行为，使失业保险管理机构有时间确认失业的真实性。

2. 失业保险待遇的给付标准

失业保险待遇的给付水平应当坚持公平和效率相结合的原则，一方面使失业者的收入损失得到部分补偿，同时避免阻碍在职者和创业者。1988年第75届国际劳工组织会议"促进就业社会保障"就失业保险的给付标准做了较为详细的说明：当津贴数额以受保护人所缴的费用或以其名义缴纳的费用或以前的收入为依据时，其数额应定为以前收入的50%以上。对津贴的数额和所考虑的收入可事实上高出最高限额。

计算失业津贴的主要方法有薪资比例制、均一制、薪资比例制和均一制混合使用三种。多数国家支付失业津贴时按失业工人最近一个时期平均工资的一定百分比计算；另有一些国家采取失业津贴一律按同一数额给付，而不考虑失业者过去工资的多少；有些国家把两种确定方法结合使用。几乎所有国家都规定失业金最高不超过最低工资，最低不能低于社会的最低生活水平。

我国失业保险金的标准，不得低于城市居民最低生活保障标准，同时不得高于最低工资标准。失业期间，除了领取失业保险金之外，还享受以下待遇：一是医疗待遇。失业人员在领取失业保险金期间，参加职工基本医疗保险，享受基本医疗保险待遇。失业人员应当缴纳的基本医疗保险费从失业保险基金中支付，个人不缴纳基本医疗保险费。二是丧葬抚恤待遇。失业人员在领取失业保险金期间死亡的，参照当地对在职职工死亡的规定，向其遗属发给一次性丧葬补助金和抚恤金。有些地方还提供再就业培训补助费。

3. 失业保险待遇的给付期

国际劳工组织发布的《失业补贴公约》(第44号)规定：失业津贴的支付期应为每年至少156个工作日，在任何情况下也不能少于78个工作日。同时国际劳工组织第102号公约又进行补充规定失业津贴的支付期限不应少于26周，目前各国的失业保险待遇给付期多在90天至1年的时间范围内。从理论上分析，投保年限、雇员年龄及失业率等因素都会在一定程度上影响失业保险待遇的给付期限。一般来说，出于权责对等的原则，投保期限越长，给付期限就越长；失业者越接近退休年龄，相应的就业难度也越大，因此，各国普遍对高龄失业者规定了较长的给付期。此外，当失业率很高时，部分国家也会适当延长失业保险待遇给付期以缓解本国的就业压力。

我国规定：失业人员失业前用人单位和本人累计缴费满一年不足五年的，领取失业保险金的期限最长为12个月；累计缴费满五年不足十年的，领取失业保险金的期限最长为18个月；累计缴费十年以上的，领取失业保险金的期限最长为24个月。重新就业后，再次失业的，缴费时间重新计算，领取失业保险金的期限与前次失业应当领取而尚未领取的失业保险金的期限合并计算，最长不超过24个月。

七、失业保险的发展趋势

较早建立失业保险制度的西方国家，较多地强调保障失业人员的基本生活，且保护水平越来越高，以致在不少国家都出现了所谓保护过度甚至"养懒汉"问题。20世纪70年代中期以后，发达国家经济增长缓慢、失业率攀升，在此背景下，失业保险开始更多地强调效率，强调"激活失业者"，制度改革主要有以下方面。

(1)严格给付条件，促使失业者积极找工作，尽快实现再就业。几乎所有的OECD国家都明确规定，失业者在领取失业救济之前，必须到职业介绍机构进行登记，表示愿意接受职业介绍机构提供的就业机会。在领取失业救济期间，必须定期报告求职情况，并且要按照当地失业保险机构约定的时间面谈或面试，否则将被取消领取资格。这项措施对于从制度上消除失业者对救济的过度依赖，促使其积极寻找新的就业机会，起到了明显的作用。

(2)缩短失业救济给付期，并实行递减的给付标准。多数国家都对失业救济给付期做了严格限制，一般在90天至360天之间，只有少数国家在1年以上。同时，将失业救济金标准与领取期限挂钩，逐步递减，以促使失业人员重新就业。例如，法国规定，失业救济金初始标准为日基准工资的57.4%，其后则每4个月调低一次。

(3)实行失业保险浮动费率，鼓励雇主尽量减少解雇行为。所谓浮动费率，就是根据企业解雇员工的数量决定其缴纳失业保险费的比例。美国联邦政府规定，失业保险税率为应税工资总额的5.4%。但为鼓励企业尽量保留雇员和限制企业的解雇行为，一些州实行了按企业员工就业稳定的记录情况，或根据企业解雇人数确定其缴纳失业保险税率的办法。企业在上一时期解雇员工越多，企业缴纳的失业保险税率就越高，最高可达职工工资总额的10.5%。

(4)调整失业保险基金支出结构，加大用于促进就业的比例。主要包括：①职业培训。对失业人员进行培训以提高其再就业能力，这是促进失业人员重新回归劳动力市场的最有效途径。因此，各国几乎无一例外地将职业培训作为失业保险基金投入的一个重点，如英国对参加培训并取得资格证书的失业人员，分别按资格等级增加失业保险给付标准。②职业介绍。法国通过全国700多所职业介绍机构为失业人员提供再就业服务帮助，并规定其26%的工作经费由失业保险基金提供。③就业补贴。为鼓励企业招聘失业人员，对企业提供补贴，也是一种比较通行的办法。这方面日本的做法比较典型，其就业补贴项目包括：对因经营不景气而被迫缩小经营规模的企业给予为期1年的工资补贴，以鼓励安置内部富余人员；对转产、重组企业提供一次性就业稳定特别补贴；对在就业特别困难地区开办的企业给予奖励性补贴；对创造出大规模就业岗位的企业给予岗位开发补贴。④鼓励创业。例如，西班牙规定，失业者如果参加生产合作社或自谋职业，可以一次性领取其全部失业津贴作为创业本金。⑤鼓励提前就业或从事临时性工作。例如，日本规定，失业保险金支付期限为300天，但如果提前重新就业，其剩余支付期限在200~300天者，可以继续领取120天的再就业补助金；剩余支付期限在150~200天者，可领取70天的再就业补助金；如果失业者在其失业津贴领取期结束前100天或还剩一半的时间就找到合同在1年以上的相对稳定的工作，则可领取30~120天再就业补助金。

从各国的社会保险制度的建设经验来看，一个较为完善的失业保险制度除了具有为失业人员提供基本生活保障的功能外，还应能够针对性地帮助失业人员再就业和预防失业。从过去一般的单一目标的失业保险、失业救助扩大到了就业援助，失业保险制度的外延不断扩展。

第二节 生育保险

一、生育的意义

生育对于个人来说，其生物学上的意义是基因的本性促成的，实现基因的生存与繁殖。而作为处于社会之中的个人来说，其社会学上的意义是传宗接代。当然，在一个男权主导的社会中，生育对于女性的意义可能还有通过生育获得某种依附的生存价值。生育对于由个体组成的社会来说，通过个体的繁衍与延续实现了劳动力的再生产，构成了社会发展的基础。

二、现代生育的风险

(1)生育行为本身存在的母婴生命风险。这包括生育过程中的生命风险、孕育过程中的疾病风险、生育之后的并发症等疾病风险。例如，女性妊娠疾病，如弥漫性脉管凝血症、宫外孕、绒毛膜癌及恶性葡萄胎、分娩时期的羊水栓塞等，因妊娠、流产、分娩、不孕症、节育、绝育手术、不孕不育治疗、人工授精等原因引起的并发症等。

(2)生育带来的财务风险。财务风险主要体现在两个方面，一方面是与生育相关的医疗费用引起的收入损失。医院的建立、西医的普及、医疗服务市场化与医疗行为科学化带来两个结果：一是生育费用增加，二是费用的计算可以预期，从而具有可保性。另一方面是生育期间的收入中断。工业革命后，越来越多的女性成为劳动力市场不可或缺的组成部分，由生育这一天然职责带来的女性就业风险也相应不可避免。妇女劳动者在产前产后的一段时间内，由于暂时丧失了劳动能力，无法通过劳动取得报酬以维持其基本生活。在市场经济的社会条件下，女性通过劳动交换收入的方式就会因为生育行为而风险提高。

(3)生育行为的生命风险与生育带来的财务风险是结合在一起的。现代医疗技术可以确保孕产妇安全和婴幼儿基本健康，但如果没有收入或不足以购买这些医疗服务，则无法分散这些生命风险。部分孕产妇可能去不了正规医院，冒险使用原始接生办法，或求助街头游医，进一步增加了风险发生的概率。

三、生育保险的本质与条件

生育保险的本质是分散女性劳动者与生育相关的财务风险。由此定义可知生育保险的出现有三个前提条件：条件之一是医院的规模化与普及，住院分娩成为可能。住院分娩一方面能最大限度地保障生育期间的母婴安全，另一方面也使生育所需医疗服务费用上升。

条件之二是妇女就业带来的女性对工资收入的依赖。从历史上看，建立生育保险是因为越来越多的女性成为产业工人。如今，随着劳动工具和劳动环境的改善，产业结构的变化，第三产业的崛起，女性劳动力早已成为世界经济发展中不可缺少的人力资源。根国际劳工组织世纪之交的统计，在全部领取报酬的劳动者（非农业）中，女性有酬劳动者占30%以上的国家至少已达70个（中国为39%），其中，冰岛、瑞典、挪威、英国、芬兰、乌克兰、匈牙利等11国，其比例已经达到50%或以上。

条件之三是与女性经济独立相联系的女性对自身权利的捍卫与争取。随着各国相继完成工业革命，妇女越来越多地走出家门参与到社会化大生产中来，在此过程中，妇女的受教育水平也逐渐提高，促使其维权意识兴起，妇女认识到可以通过组成固定的组织来争取更多的权益。妇女对权利的要求从政治权利逐渐过渡到经济权利，从要求实现政治上的平等到要求经济上的平等。19世纪中叶的女权运动组织就首次提出了生育权的要求，要求享有"自愿成为母亲"的权利，即当事人对生育控制的自我决定和自由选择的权利。而这种自由是需要以经济上的独立为基础的，因此，争取在生育期间的收入保障也就成为女权运动的目标之一。因此，纵观各国，生育保险总是与女工劳动保护及就业保障相联系，共同构成对职业女性的保护。许多国家制定了一系列妇女怀孕、哺乳的劳动保护措施，旨在减少和解决女职工在劳动和工作中由于生理变化而造成的特殊困难，以保护女职工和新生儿的身体健康。例如，对女职工在月经期、孕期、哺乳期内劳动强度与工种的保护性限制。为了保障女性就业的平等权，各国都规定不得在女职工怀孕期、产期、哺乳期降低女职工工资或者解除劳动合同。根据国际劳工组织公约的规定，雇主在妇女产假缺勤期间，提出解雇生育妇女的，属于非法行为。

四、生育保险的目标

（1）为了使妇女享有与男子平等的就业权利。职工生育保险使企业不必担心本企业女职工的生育给本企业造成经济上的损失，使想就业和已就业的女性不必担心今后因生育而遭到雇主的拒绝。

（2）为了保护女性劳动力，保障女性劳动力的恢复与再生。职工生育保险一般规定带薪休假，如果没有生育保险，女工或者有病不医，或者在身体复原以前就急于找工作，劳动力的恢复与再生就会受影响。

（3）为了避免女工因承担生育责任而导致本人及其家庭的生活水平的突然下降，维护社会稳定。由于女性已经大规模地参与经济活动，女工的经济收入对于大多数家庭来说已经不再是无足轻重。国际劳工组织1998年的统计显示：全球约30%的家庭经济收入主要依靠妇女，在欧洲和美国分别有59%和55%的女工带回家去的工资报酬占全家收入的50%，在印度估计有6000万人靠妇女的收入养活。

五、生育保险的意义

生育保险作为国家的一项社会制度，无论妇女劳动者本人，还是对社会发展与社会进步都有着重要的意义。对于妇女劳动者来说，首先，生育保险为她们提供孕期检查、医疗服务、生育津贴和带薪假期，保证妇女劳动者的身体健康和劳动能力的恢复。妇女劳动者在怀孕期间以及生育前后体力消耗很大，需要一段时间的休养，需要足够的营养。生育社会保险能够保证妇女劳动者在生育期间得到及时治疗和保健，及早地恢复身体健康。其次，妇女劳动者在产前产后的一段时间内，由于暂时丧失了劳动能力，无法通过劳动取得报酬以维持其基本生活，生育社会保险可以使其获得基本生活保障，促进劳动力再生产的正常进行。最后，由于行业特点和社会分工不同，一些企业女职工比例较高，另一些企业则比例较低，实行生育保险有利于均衡用人单位的生育费用负担，促进企业公平竞争。同时，其也有利于男女平等就业、同工同酬目标的实现，促进社会进步。

对于社会来说，生育保险有利于后代的延续，保证劳动力的再生产连续不断。社会再生产需要新一代的劳动力，而新一代的劳动力的成长需要有健康的身体和正常的智力，生育保险可以使新一代的儿童得到正常的孕育、出生和哺育条件，有利于保护下一代，为新一代的劳动力提供必要的成长条件。

六、生育保险的内容

由于生育保险与女性劳动者的就业保护、劳动保护联系在一起，因此，立法规定法定的生育假期、生育期的工资待遇保持不变且由企业负担，因而生育保险主要分散的是生育医疗费。生育医疗服务的供给与其他医疗服务的供给并没有本质的区别，都属于短期支付的社会保险项目。为了节省资源、方便管理，大多数国家在立法和管理上将生育保险制度与疾病保险制度合二为一。也有不少国家将对女性劳动者的劳动保护内容纳入保险的范畴，生育保险待遇支付范围广泛，相应生育保险也就与医疗保险并列，成为独立险种。

(一)生育保险的享受条件

大多数国家规定受保的女职工领取生育补助的条件是产妇在领取补助金时，已不从事有报酬的工作，其雇主也已停止支付工资，没有工资收入。除了这个基本条件外，世界各国享受生育保险条件的规定主要有三类：一是以缴纳保险费达到规定最低界限为条件。英国政府规定，被保险人曾经缴足26周保险费，方可享受生育补助金。二是以投保年限和工作时间为条件。法国政府规定，被保险人在分娩前投保10个月，并在生育的最近1年内最后3个月受雇工作满200小时，方可享受生育保险。德国的制度规定，参加保险12个月，或产前第4个月与第10个月曾存在雇佣关系，并在预产期前6周还在工作或特许停产者，方可享受生育补贴。三是以投保年限和缴纳保险费为条件。葡萄牙的制度规定，被保险人在分娩前必须投保满6个月，并在最近3个月中实际缴纳保险费8周以上，方可享受生育补贴。

少数国家不以投保作为享受的前提条件,而是以具备公民资格或者财产调查合乎条件者作为享受生育保险的条件。例如,澳大利亚政府规定,凡符合居住条件者,均可领取生育津贴。瑞典政府则规定,新生婴儿的母亲恢复了工作,如果父亲停止工作在家照顾婴儿,也可以领取生育补助金。在这些国家生育津贴或补助金本质上是社会救助与福利的范畴。

(二)生育保险待遇

生育保险待遇属于短期性给付,主要有生育假期、生育津贴、医疗保健服务、子女补助四个方面的内容。

(1)生育假期:不但包括生育期间的假期,还包括怀孕假期和产后照料婴儿的假期。产假的长短目前还没有科学的界定,按照1952年国际劳工组织通过的《生育保护公约》的建议,生育假期至少为12周,并且还建议产前和产后均应有假期。

我国在20世纪80年代以前,把怀孕、生育和产后照料的假期规定为56天。1988年国家颁发的《女职工劳动保护规定》,对原规定做了很大的修改。目前法定正常产假为90天,其中产前假期为15天,产后假期为75天。难产的,增加产假15天;多胞胎生育的,每多生育一胎婴儿,增加产假15天;流产产假以4个月划界,其中不满4个月流产的,根据医务部门的证明给予15~30天的产假;满4个月以上流产的,产假为52天。很多地区对晚婚、晚育的职工实施奖励政策,假期延长到180天。

(2)生育津贴:对于劳动者来说,生育津贴可以看做生育期间应得的工资,因为在生育期间,劳动者是不能工作的,所以生育津贴和工资不能同时领取。对于所有享受生育津贴的人来说,生育津贴可以看做生育保险的收入补偿,它在一切社会保险险种中是最高的,大多数国家为原工资收入的100%。1952年国际劳动组织通过的《生育保护公约》建议生育津贴为原工资的2/3,目前绝大多数国家都超过了这个标准。

我国生育津贴的支付方式和支付标准分两种情况:一是在实行生育保险社会统筹的地区,支付标准一般是按本企业上年度职工月平均工资的标准进行支付,期限不少于90天;二是在没有开展生育保险社会统筹的地区,生育津贴由本企业或单位支付,支付标准为女职工生育前的基本工资和物价补贴,期限一般为90天。部分地区对晚婚、晚育的职业妇女实行适当延长生育津贴支付期限的鼓励政策,还有的地区对参加生育保险的企业中男职工的配偶,给予一次性津贴补助。

(3)医疗保健服务:医疗保健服务是指由医院、开业医生或合格的助产士为生育妇女提供的妊娠、分娩和产后的医疗照顾,以及必需的住院治疗。各国生育保险为怀孕妇女提供的医疗服务项目因经济实力和社会基金的承受能力不同而有所差异,但大多数国家都为女职工提供从怀孕到产后的医疗保健及治疗。我国生育保险医疗服务项目主要包括检查、接生、手术、住院、药品、计划生育手术费用等。《社会保险法》规定,职工未就业配偶按照国家规定享受生育医疗费用待遇。

(4)子女补助:在许多国家,生育妇女除了享有收入补偿的生育津贴外,还给予新出生的婴儿一定金额的补助,如我国的独生子女费。子女补助带有一定的社会福利性质,但由于它往往同生育保险的给付联系在一起,故常被视为生育保险的待遇之一。子女补助分一次性补助和固定补助,前者表现为对每个符合人口政策要求出生的子女给予一次性补助，主要适用于实施鼓励性生育政策的国家；后者一般都持续到一定时期，如我国规定独生子女费发到 14 岁。

思考题

1. 简述为什么会失业及为什么要保障失业者。
2. 失业保险的本质是保险吗？
3. 大学生毕业后找不到工作的现象越来越普遍，有人提议将大学生纳入失业保险的范畴，你对此持什么观点呢？请陈述理由。
4. 简述失业保险的发展趋势。
5. 生育保险能从根本上解决女性就业歧视吗？为什么？
6. 简述生育保险的目标及意义。

案例

社保所长编造虚假信息骗领 257 万失业保险

45 岁的北京北新桥社保所所长张智勇在任职期间伙同下属高翔、沈涛及东城区职业介绍服务一中心职员要奇光，编造提前退休人员或低保人员信息，先后骗领 207 人次共计 257 万余元的失业保险金，因贪污及挪用公款获刑 12 年 6 个月。

记者上午获悉，东城区法院一审以贪污罪和挪用公款罪，判处张智勇有期徒刑 12 年 6 个月。

案情：5 年骗领 207 人次失业保险 257 万

法院审理查明，2006~2011 年，张智勇担任北京市东城区北新桥街道社会保障事务所（简称社保所）副所长、所长，高翔在北新桥社保所工作，要奇光在北京市东城区职业介绍服务一中心工作。

在此期间，张智勇伙同高翔等，利用职务便利，由要奇光在职业介绍服务一中心将编造的人员信息录入失业管理系统，核定为可以领取 24 个月的失业保险金。

高翔在此过程中填写失业人员情况表，制作失业人员的营业执照等虚假档案材料并移转档案。

该信息转至北新桥社保所后，张智勇亲自或安排他人进行相关操作，为编造的人员发放失业保险金。

3 人共办理 132 人次的失业保险金领取手续，骗取失业保险金共计 152 万余元。

此外，张智勇于 2007~2010 年，单独或伙同沈涛（案发前在职业介绍服务一中心负责修改录入信息，已判刑），由沈涛将不符合失业保险金申领条件人员的信息录入失业管理系统，并擅自进行失业保险待遇核定及失业档案移转等操作，张智勇在社保所办理失业保险金领取手续，骗取 75 人次的失业保险金 105 万余元。

沈涛分得赃款 25 万余元。

违规操作被举报 挪公款"铲事"

除骗领失业保险金外，法院还查明，张智勇、赫某于 2013 年 1 月间，分别利用张智勇担任北新桥社保所所长、赫某担任该所会计的职务便利，挪用北新桥社保所公款 5 万元，用于请托关系、平息张智勇被举报一事。

案发后，赫某家属退缴 5 万元。

50 岁的女被告人赫某原系北京市东城区北新桥社保所会计，她称 2013 年 1 月 28 日张智勇被有关

部门带走,在张智勇被检察机关带走前的最后一个周五,张智勇和她去某服务公司借钱。

张智勇提出要借50万元,但该公司说只能借10万元。

张智勇当时说那就算了,并让她打电话向高翔借钱。高翔同意借钱,但称要等到下周一。

于是张智勇让她第二天上午去焦庄国际酒店开一间房,借10万元交给他。她从单位保险箱里拿了5万元,又向卖水果的邵某借了5万元给了张智勇。

赫某说,周一上午,焦庄国际酒店给赫某打电话说张智勇被抓了。

张智勇则称,他跟赫某说,借钱是为了"铲事"。

据了解,按照规定,提前退休人员和低保人员是不能领取失业保险金的,也正是因为张智勇的违规操作被其他工作人员发现后举报,导致张智勇落网。

利用提前退休人员信息冒领

3人停止冒领后没多久,张智勇又找到了新的冒领方式。

张智勇称,2008年,职介工作人员沈涛找他说小舅子失业了,问他能不能帮忙一次性领取24个月的失业保险金,按规定,该人不符合领取条件,张智勇称可以试试。

此后,两人发现可以利用提前退休人员或者低保人员的信息来冒领失业保险金。

张智勇说,退休人员系统与失业人员系统以及低保系统等社保系统由三家网络运营公司设计,相互独立,相互之间不能进行监督。他在社保所找到一些低保人员的信息和近期办理提前退休手续的人员信息,沈涛在职介管理网络信息系统找一些在职介办理提前退休手续的人员信息。二人把这些信息汇总,用这些人的身份证复印件去银行开立存折。

张智勇说,他一般在下班时间录入这些信息,有时用别的工作人员的密钥录入,有时用他的密钥录入。这些人的营业执照是沈涛办理的,失业金拨放到这些人的账户后,他们就据为己有。他和沈涛冒领了几十个人的失业金。沈涛2010年离开职介所后,两人也停止了冒领。

而沈涛到案后供述,他录入的人员信息中还包括父亲及岳父。

张智勇称,2011年,他又和高翔、要奇光一起参与利用提前退休人员冒领失业金。

张智勇说他的3个朋友在北新桥社保所交保险,3人都是外地户籍。他们三人想到利用外地人身份信息冒领失业金更不容易被发现,要奇光将他3个朋友的信息录入系统,并核定为领取24个月的失业金。

顺利领到3人的失业金后,他们3人又冒领了9个提前退休人员的失业金。

资料来源:http://shbx.southcn.com/s/2015-02/09/content_118060833.htm

 **延伸阅读**

调查失业率将成我国失业率统计趋势

国务院总理李克强在达沃斯论坛致辞中公布,2014年1~8月我国31个大中城市的调查失业率为5%左右。在此次公布调查失业率之前,中国一直采用的是登记失业率这个指标。根据国家统计局公布的数据显示,2013年我国城镇登记失业率为4.1%,而2014年第一季度城镇登记失业率为4.08%。

对于调查失业率高于登记失业率的现象,接受《中国经济时报》采访的专家表示,登记失业率的统计依赖于就业者失业后到相关劳动部门的登记或者办理失业状态,而调查失业率调查范围更大,统计口径更广,所以会略高一些。未来我国会逐步完善对于就业状况的统计,但在现阶段,创造更多的就业机会更加重要。

(一)调查失业率高于登记失业率

就业者失业后到政府或者劳动行政主管部门登记,然后以此为依据来计算的失业率是为登记失业率。登记失业率有两个作用,一是可以据此取得失业救济金或失业保险金,二是可以享受政府的服务,如再就业培训等。2010年至2013年这四年,我国登记失业率始终保持在4.1%的水平没有任何变化。

此次公布的调查失业率为5%,高于同期的登记失业率。对于这种现象,国家行政学院教授竹立家表示,登记失业率的统计依赖于就业者失业后到相关劳动部门的登记或者办理失业状态,而事实上,中国的传统习惯和不到位的认识导致很多失业者不倾向于去劳动部门登记失业,造成流动就业较多。而调查失业率是采取抽样调查的统计方法来计算,并不局限于固定的对象和流程,因而更准确、更真实。

中国人民大学公共管理学院院长董克用分析认为,登记失业率所调查统计的对象往往是其所在城市的户籍人口,对流动的劳动力(如农民工)的关注并不够。由于流动劳动力多数在其工作的城市里没有户籍,失业后通常采取回老家或者转移到另一个城市再就业的措施,因此登记起来分外麻烦,所以各地政府在过去主要关注的都是所在城市的户籍人口。

虽然根据现有的规定,在城市就业的农民工愿意登记,或者工作满足一定年限,参加失业保险并登记过,政府还是会将其纳入统计目标,但是各级政府在登记失业率上还是以城市户籍人口为主,所以登记失业率不够真实。它忽略了进城务工农民,在某种程度上不把他们当做需要关注的救济者。

董克用表示,调查失业率则不然,它是国际上比较通行的办法,关注的是城市中非农业劳动力的就业情况。调查失业率是通过调查问卷或者抽样调查等形式去调查失业人数,因此它关注的对象不再仅限于有户籍的人口,而是扩大为常住人口。调查的面积大、范围广,能发现因各种原因未登记的失业者,这种种因素形成了调查失业率高于登记失业率的现象。

(二)调查失业率或将替代登记失业率

对于失业率,目前不仅要将调查失业率和登记失业率结合起来分析,还要持续看动态、看趋势,才能更好地反映经济政策的实施状况,但是调查失业率因其更真实、更准确的特点,在未来或将替代登记失业率。

"这几年来登记失业率和调查失业率的差距已经在逐步缩小。"董克用分析认为,只要劳动人员进入城镇工作,按照《社会保险法》就会上相应的保险,其中就包括失业保险。所以今后的路不是要如何去缩小登记失业率和调查失业率的差距,而是要用调查失业率来替代登记失业率,因为调查失业率更准确一点,不会出现如"失业登记后,再就业也不去撤销,造成登记失业率失真"的现象。

竹立家表示,任何统计数字都是有水分的,尽管现今的信息技术很发达,统计数字和实际数字还是有差距的,我们的目标是要缩小统计数字与实际数字的差距,如在采用调查失业率时,对于失业率的调查要完善其调查方法、抽样对象、实施流程等。对于国家的政策发布来说,建立大数据是宏观政策发布的一个重要依据,是考察中国就业状况的一个重要方法。随着社会的进步,新的统计方法或许会创造出来,使数据更准确,更接近实际数值。

(三)创造就业机会比完善失业率统计更重要

就业率和失业率是全球非常重要的经济参考数据,是反映各国经济发展状况和国家政策发布的重要依据,现在还没有任何一种数据能将其替代。随着我国的经济发展,失业率徘徊在一个相对稳定的水平,然而仅仅满足于此则远远不够,创造就业机会比完善失业率的统计更重要。

董克用表示,因就业标准在学术上争议很大,国家调查失业率的首要任务就是重新定义什么叫就业。如果完全按照国际标准来评判,就业标准并非完全符合中国国情。例如,国际上的就业标准是在被调查前的一周内,工作一小时以上者即被认为是就业者,而在中国显然不行。

竹立家认为,现阶段中国政府面临的最大问题并不是如何完善调查失业率和登记失业率,而是创造就业机会,这才是最根本的问题。他认为,政府要扩大就业,就业政策是中国政策里面的一个重要成分,是现今任何国家在政策发布方面的主要方向。就业人数、就业状况、失业人数、失业状况对我们今后的宏观经济政策、经济社会发展导向方面的政策制定有很大关系。

资料来源:胡畔:《调查失业率将成我国失业率统计趋势》,《中国经济时报》,2014年9月24日

 小资料

生育保险中的男性权益比较——以15个副省级城市为例

谈到生育,传统观念就是女人的事情,但事实是生产行为由女性完成,生育责任是男女共有的,因此,生育保险不仅与女性有关,也与男性有着密切联系。我国《企业职工生育保险试行办法》规定,"由企业按照其工资总额的一定比例向社会保险经办机构缴纳生育保险费,建立生育保险基金"。这里的"工资总额"就是指男女职工工资总额,男性同样是生育保险费的承担者。那么,男性在承担缴费义务的同时,是否享有相应的权益呢?笔者选取15个副省级城市(哈尔滨、长春、沈阳、大连、济南、青岛、南京、杭州、宁波、武汉、成都、西安、厦门、广州、深圳)的生育保险办法作为研究对象,讨论和比较男性在生育保险中的权益。

一、护理假和护理假津贴

联合国《消除对妇女一切形式歧视公约》的序言指出:"养育子女是男女和整个社会的共同责任。"从世界范围看,已有法国、英国、瑞典等36个国家在法律中明文规定了男性分担生育事务的权利和义务,男性护理假的假期少则十几天多则数月。但在我国,男性享受护理假还是个"稀罕事儿",不管是1995年就开始实施的《企业职工生育保险试行办法》,还是2011年7月才开始实施的《社会保险法》,均在此方面未着笔墨。

在15个副省级城市中,只有大连、沈阳、长春、武汉和广州5个城市对男性护理假或护理假津贴做了明文规定。其中明确规定护理假并且是带薪休假的是大连、广州,分别享受7天和10天。在沈阳、武汉和长春的生育保险办法中虽然看不到"护理假"的字样,但明确规定有护理假津贴,分别是15天护理假工资、10天护理假津贴和15天生育护理补贴。"工资""津贴""补贴",不同的用词也表明各地对护理假津贴的理解不尽相同,有的认为是福利而有的则认为是基本权利待遇工资。护理假津贴的计发基数也存在很大的差异:长春和沈阳是上年度全市职工月平均工资,大连是职工本人上月实得工资、武汉是其配偶生育的上一个月用人单位为其缴纳生育保险费的基数、广州是本单位上年度职工月人均缴纳工资。

从上述规定来看,15个副省级城市生育办法关于男性护理假和津贴全部都算上,也不过只有5个城市的男性比较幸福,还可以拥有其特别的"假期"。由于该项护理假津贴支出由生育保险基金支付,经过比较发现,根据长春和沈阳的生育办法规定计算护理假津贴,就使得高于平均收入的男性实际福利减少,而低于平均收入的男性实际福利增加;大连的规定使得缴纳与享受待遇一致;广州是本单位上年度职工月人均缴纳工资,这个不公平是在单位内部之间,从生育保险支付来说是公平的;比较特殊的是武汉市的

男性，有可能因为其配偶未就业而得不到任何补贴。

二、未就业配偶生育医疗和生育补贴

《社会保险法》第54条第1款规定："用人单位已经缴纳生育保险费的，其职工享受生育保险待遇；职工未就业配偶按照国家规定享受生育医疗费用待遇。所需资金从生育保险基金中支付。"这一规定改写了只有女职工可以享受生育保险待遇的历史。与《企业职工生育保险试行办法》中强调"更好地保障企业女职工的合法权益"相比，以法律形式赋予男职工的未就业配偶享受生育保险待遇的权利，进一步体现生育保险制度的公平性，强调男性在生育保险中享有的权益以及衍生出来男性配偶的权益。

在15个城市中，只有哈尔滨、长春、青岛、南京和成都5个城市的生育保险办法对男职工未就业配偶待遇有明确规定。其中，在享受"配偶待遇"的资格条件和"配偶待遇"资金来源方面有着一些共同特征。

其一，享受"配偶待遇"的前提、基本条件是合法配偶和符合国家计划生育政策规定。这体现了地方生育保险办法的合法性，符合《中华人民共和国婚姻法》和《中华人民共和国人口与计划生育法》的基本内容，同时也有助于计划生育这一基本国策的推行与落实。

其二，男职工所在单位需按时足额缴纳生育保险费并达到规定的缴费期限。即使男职工所在单位参加了生育保险但没有达到规定期限，其未就业配偶也是不能享受生育保险待遇的。这主要是为了防止用人单位逆向选择突击参保套取地区生育保险基金。

其三，男职工未就业配偶生育保险待遇是生育保险的一部分，由地区生育保险基金支付。地区生育保险基金则主要通过用人单位缴纳生育保险费建立，职工本人不需缴费，实行社会统筹。这是生育保险办法在实施中遵循社会性和互济性原则的体现。

然而，由于历史条件、人文条件、经济社会发展水平等的不同，5个城市生育保险办法在男职工未就业配偶待遇的具体条件上也存在着较多差异。

首先，对男职工配偶的就业状态表述略有不同。哈尔滨、长春和青岛要求男职工配偶无工作单位，南京的表述则是男职工配偶为无业人员。相对而言，成都的规定稍显宽松：其配偶属于未参加生育保险的非城镇人口、城镇无业人员或已参加生育保险但缴费不满12个月的人员。

其次，对男职工的参保期限规定有所不同。哈尔滨、成都和青岛要求男职工连续参保满12个月，南京则要求10个月，长春对男职工的参保期限没有做出明确要求。享受待遇等待期的长短各有利弊，等待期短，有利于提高享受生育保险待遇的人数，但同时可能会导致有些用人单位为套取生育保险待遇，在女职工生育前1个月才参加生育保险，待生育保险各项待遇支付后又立即停保，从而造成单位实际参加生育保险的职工人数寥寥无几。

最后，对"配偶"生育保险待遇的支付范围不同。青岛、南京、成都是按当地生育医疗费用标准的50%支付；哈尔滨则是按当地办法规定全额支付生育医疗费外，并按男职工所在企业上年月平均工资再给予一个月的生育补助金；长春按当地生育保险办法规定标准的50%支付女性生育医疗费用及新生儿医疗费用。

资料来源：刘娟、黄柳梅：《生育保险中的男性权益比较——以15个副省级城市为

例》,《中国社会保障》,2011年第10期,第26~28页。有改动

经典阅读与参考文献

哈耶克 F A. 1998. 通往奴役之路. 王明毅,冯兴元,等译. 北京:中国社会科学出版社
弗里德曼 M,弗里德曼 R. 2008. 自由选择. 张琦译. 北京:机械工业出版社
葛兵,陈念群,罗成. 2011. 生育保险制度的缺陷及完善对策. 中国医疗保险,(6):61-62
李建民,王正柱. 2006. 日本失业保险制度及启示. 山东劳动保障,(6):37-39
罗尔斯 J. 2001. 正义论. 何怀宏,何包钢,廖申白译. 北京:中国社会科学出版社出版
马永堂. 2006. 比较研究:完善失业保险促进就业功能. 中国劳动,(1):29-37
潘锦棠. 2010. 生育保障全覆盖的两种设想. 中国社会保障,(8):20-21
起建凌,孙江丽,陈蕊. 2011. 社会性别视角下的我国生育保险制度研究. 中国集体经济,(4):124-125
杨伟民,罗桂芬. 2000. 失业保险. 北京:中国人民大学出版社
杨文俊. 2007. 美德日社会保险制度比较研究. 中国社会科学院博士学位论文
岳经纶. 2009. 中国的社会保障建设回顾与前瞻. 上海:东方出版中心
郑秉文. 2011. 中国失业保险制度存在的问题及其改革方向——国际比较的角度. 中国经贸导刊,(5):12-16
中国失业问题与财政政策研究课题组. 2005. 中国失业问题与财政政策研究. 管理世界,(6):4-26

第十章

军人社会保障

本章摘要

军人社会保障的内容都是直接关系到广大军人的切身利益。确保军人保障权益有效落实,对于减轻军人后顾之忧,促进军心稳定,激励官兵履职尽责具有十分重要的意义。世界各国的军人社会保障制度,都是在军队建设和社会发展过程中不断建立和完善的。军人社会保障主要包括军人保险、军人救济、军人福利和军人社会优抚四个方面的内容。

第一节 军人社会保障概述

一、军人社会保障界定

军人社会保障是国家通过立法的形式,筹集社会保险基金,对军人因年老、疾病、致残、病故、牺牲以及退役安置等因素所导致的损失,给予军人及其家属经济补偿的一种社会保障制度。其实质是国家有目的地通过再分配的形式保障军人在履行特殊职业、承担特殊义务时,给予权益保护的一种经济补偿制度。

目前为止,我国现行法律、法规中尚未对军人社会保障概念进行正式界定,但有关军人社会保障体系的阐述却多次在党的重要文件中出现。军人社会保障是从国家和社会根本利益出发制定的重大社会政策,是国家社会保障体系的重要组成部分,是对特殊对象提供的特殊保障,它的产生和发展与国家社会保障的产生和发展紧密联系。对军人社会保障概念的界定,必须把握它与国家社会保障、军人工资、军人保险等概念的关系,区分它们之间的异同,才能做出准确的定位。

(1)军人社会保障与国家社会保障。军人社会保障与国家社会保障是局部与整体的关系。在概念上,军人社会保障与国家社会保障有明显区别。国家社会保障的目标是全体社会成员的生存和安全等较低层次的基本生活需求。军人社会保障的目标不仅是要满足军人的生存和安全需求,还要保证军人的生活维持在一定水平和标准之上。国家社会保障是以国家或政府为实施主体,依照法律法规,依托国家社会保障制度,通过强制手段实施的一种基本制度。军人社会保障制度是以国家社会保障制度为基础的，它是国家社会保障的特殊组成部分，是国家社会保障制度在军事领域的延伸。

(2)军人社会保障与军人工资。军人社会保障与军人工资都是军人待遇的重要组成部分，二者相辅相成，互为补充，形成军人生活必需的物质基础。但是，这两个概念不能互相替代，它们不论在保障的目的、对象、内容、方式上，还是保障的资金来源、制度运行上，都有很大的不同。"军人工资是国家以货币形式定期给予军人的一种报酬，是军人物质文化生活保障的主要来源，是军人待遇中最重要的组成部分。"它是军人收入的主要形式，来源于社会成员缴纳的税款，通过军事预算和财政拨款，由军队财务部门逐级拨付给军人个人。军人社会保障则是国家和社会对军人所从事的军事劳动在工资以外的一种重要补充形式。其在职能上包含了国家的褒扬、激励、补偿、风险分担及对其家庭生活的最低生活保障等多个层面的内容，项目设置上有军人保险、军人福利、军人优抚、军人退役安置等项目，其资金来源主要有财政拨款、军队补助和个人集资三个渠道，结合货币保障、实物保障和服务等多种方式进行。

(3)军人社会保障与军人保险。军人保险是军人社会保障的一项重要内容，它们的关系是局部与整体的关系。军人社会保障的范围比军人保险的范围更广泛，保障职能更全面，保障方式更多。军人社会保障的内容不是固定不变的，而要随着国家经济发展和客观需要的变化而不断充实。军人保险则是国家通过立法，设立专项基金，在军人遇到死亡、伤残、退役、失业等风险时，给予军人及其家属一定经济补偿的特殊社会保障制度。因此，不能简单地用军人保险替代军人社会保障的概念。

二、军人社会保障的特征

军人社会保障作为国家社会保障体系的重要组成部分，除了具有国家社会保障的社会性、强制性、互济性、保证性等共性特征外，还具有自身的特殊性。

(一)责任主体的特定性

企业、公司等单位能直接产生经济效益，有能力成为社会保障的责任主体，而军队是执行国家政治任务的特殊武装集团，其劳动产品是国家安全与社会稳定，属于社会公共产品，军队无法、也不应该承担对其成员的社会保障任务。这就需要由国家和社会作为特定责任主体，承担起对军人应尽的社会责任。

(二)保障对象的特殊性

军人社会保障以军人及其家庭成员为保障对象，这是一个特殊的社会群体，具有特殊荣誉或光荣身份。军人既是社会成员的一部分，又是国家安全的捍卫者，承担着比普通社会成员更多的责任与风险，也为社会做出了更多的奉献与牺牲，理应得到社会的尊重和合理的补偿。在军人社会保障制度的制定和实施过程中，不仅要充分保障军人的基本生活待遇，还应体现国家对军人及其家庭的特殊关注和优待，以更好地保障军人的合法权益。

(三)保障待遇的优厚性

由于军人对国家的特殊贡献，各国政府都给予军人较高的社会地位和优厚的经济待遇。一般而言，军人社会保障的水平与标准要普遍高于一般社会成员的社会保障水平与标准，这是由被保障对象为国家所付出的牺牲、做出的贡献比一般社会成员大所决定的。国家和军队有关部门应在安排社会保障支出时，向军人做适度倾斜，并在国家经济许可的范围内，适当提高军人社会保障各项目的给付标准，为烈属提供精神与经济补偿，为军人及其家庭提供较为优厚的生活待遇，实际上是对军人的一种褒扬，是对军人为社会额外付出的一种补偿。

(四)保障功效的激励性

军人社会保障对于提高军队的吸引力、凝聚力、战斗力具有很强的激励作用。军人的社会保障问题解决得好，不仅有利于把社会上的优秀青年吸引到军队，以适应军队现代化建设的要求，也有利于解决军人的后顾之忧，使广大官兵安心建功立业，还可以减轻军队的非军事工作压力，以便集中精力抓好军队建设和发展。

(五)保障管理的相对独立性

军人社会保障对象和保障内容的特殊性决定了军人社会保障体系和管理的相对独立性。一方面，在体系的设计上，军人社会保障不同于一般国民的社会保障，它涉及军队、地方和国家等方面，需要建立一种上下沟通的行政隶属关系，组织专门的业务部门和常设机构来统一协调与管理。另一方面，军人社会保障是一项经常性的工作，加上军事职业的特殊性、保密性，更加大了军队社会保障部门的自主性和管理的相对独立性。

三、军人社会保障内容框架

军人社会保障包括军人保险、军人救济、军人福利、军人社会优抚，其体系构成如图 10-1 所示。

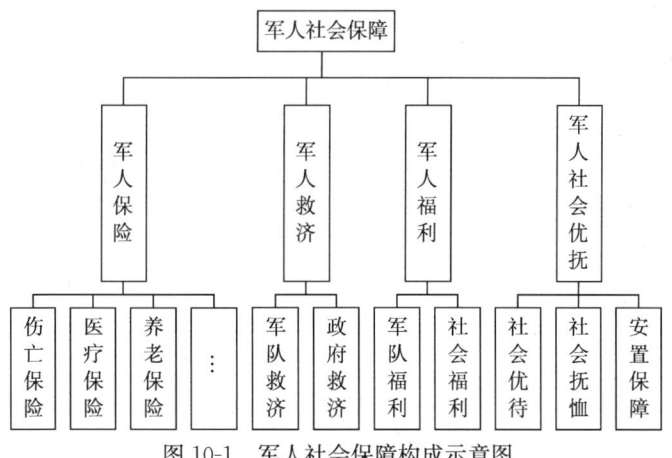

图 10-1 军人社会保障构成示意图

(一)军人保险

军人社会保险是指国家或军队依法建立专项后备基金，用于对军人遇到职业特殊风险或因年老、伤残、疾病丧失工作能力，按规定给予一定经济补偿或赔偿的一种特殊的社会保险制度。军人社会保险大体上可分为现役军人保险和退役军人保险两类。现役军人保险是着眼战争风险设置的军人人身保险，包括军人人寿保险（军人人生命保险）、军人人身意外伤害保险等，主要项目是军人的伤亡保险。退役军人保险则与现役军人保险有连续性，有些项目的资金筹集在服役期间就开始了，有的则要归并到地方国民社会保险体系中。退役军人保险项目主要是养老保险、医疗保险、伤残保险、失业保险等，如美国现行的《军人团体人寿保险计划》《退伍军人人寿保险计划》《伤残退伍军人抵押保险计划》《退伍军人抵押保险计划》等都是美国国会批准颁布的法规。俄罗斯的《军人地位法》《军人强制国家保险法》明确规定要对军人进行强制国家个人保险。我国在20世纪90年代中后期也颁布了有关"军人伤亡保险""军人退役医疗保险"的法规。

（二）军人救济

军人社会救助是国家和社会对因各种原因陷入生活困境的军队成员及其家属，给予财物接济或生活扶助，以使其最低生活得到保障的一种社会保障制度。军人社会救助同其他社会救助一样，是无偿援助。按保障主体的不同，军人救济可分为军队救济和政府救济。军队救济的对象是现役军人及其家属，其所需经费来源于国防费分配；政府救济的对象是退役军人及其家属，其所需经费来源于财政资金的再分配。国外对军人的救济多采用津贴形式，如日本的退役军人在患病就医期间可领取生活津贴，美国对已满18周岁但在校读书或生活不能自立的军人遗属发给一定的补助费，军人遗属父母收入较低的发给一定的抚养补助金等。

（三）军人福利

军人社会福利是指国家、社会和军队在军人基本薪酬的基础上，为改善和不断提高军队成员的物质文化水平而采取的各种社会政策和措施的总称。它是社会保障体系的组成部分，是社会福利工作和军队工作的一项重要内容。它的职责是满足军人在劳作和生活中产生的共同需要，通过为军人提供保障，帮助军人解决困难，保证军人正常和有效地从事各项工作。外国军队的福利按其性质可分为社会优待性福利和生活性福利两类。社会优待性福利是由国家或地方政府给军人的各种优待和照顾，如美、英、法等国对军人的税收优待、人身保险优待、用地优待等。此类福利既具有经济性，又带有一定的政治性，其目的不仅在于使军人在经济上得到一定好处，更重要的是通过这一措施，提高军人的社会地位。生活性福利是指军人在住房、伙食、医疗、休假、旅游、交通等方面所享受的照顾。外国军队的这类福利，有的是以货币形式保障的，有的是以免费或给其他经济性权益的方式进行保障的。

（四）军人社会优抚

军人社会优抚是军人社会优待、社会抚恤和安置保障的统称。社会优待包括政治的、经济的优待，通常是指对军人家庭成员和退役军人提供的物质帮助和服务。社会抚恤包括抚慰和赈恤，抚慰即给予政治荣誉和精神上的安慰，赈恤即给予钱款或物质帮助，社会抚恤对象通一般是因公受伤、致残人员或殉职、病故人员的家属。安置保障是国家和社会对退役军人面临的就业、养老等问题所做的安排，可分为退役安置和退休安置。所谓退役，就是退出现役或预备役。军人退役是指现役军官、士兵服役期满或由于别的原因退出军队。退出现役的军人称"退伍军人"。退役安置就是国家和社会向退出现役的军人提供的经济和服务保障。经济保障包括发给退役者安置费、各种临时性生活津贴和生产性贷款；服务保障包括就业安置、就学安置、落户安置、职业培训、技术培训等。所谓退休，是指军人因年老或因病残丧失工作能力而退出现役，交政府安置，按月发给一定生活费用，赡养其终身。

四、军人社会保障资金的来源与运行

从原则上说，军人社会保障资金来源于国民收入的分配和再分配。具体地说，它来源于国防费的分配再分配、社会保障基金的分配再分配和社会各种形式的资助等。我国军人社会保障资金的来源和运行如图10-2所示。

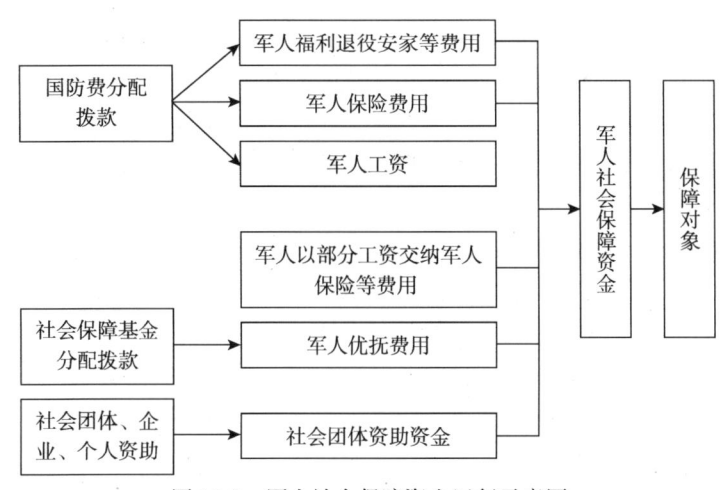

图 10-2 军人社会保障资金运行示意图

国防费分配形成生活费、装备费、事业费三大项费用，生活费的分配和再分配形成了由军队管理和支配使用的那部分军人社会保障资金，它主要由退役费、福利费和救济等费用构成。退役费主要用于现役军人的转业复员和由军队管理的退休等人员的开支；福利费和救济费等主要用于现役军人。

社会保障基金分配形成的军人优抚费主要由军人牺牲病故抚恤费、残废抚恤费、烈军属及复员退伍军人生活补助费、优抚事业单位经费、烈士纪念建筑物管理及维修费等构成。

社会资助是由社会集团、企业以及个人捐助的优抚资金。例如，我国各级福利企业创收留利中用于补贴优抚事业的经费，城镇街道、居民委员会创办"第三产业"收益中用于开展拥军优属活动的支出，社会福利基金或各界直接捐献的钱物用于优抚事业的支出或补贴。

优抚保障资金的来源筹集是多渠道和多层次的。随着社会经济的发展，国家法定的财政拨款方式将不断改革和完善，社会筹集资金的规模将不断增加。

第二节　中国军人社会保障的发展历程

我国现行的军人社会保障制度是随着人民军队的诞生和发展建立起来的,大体上经历了以下三个阶段。

(一)战争时期的创立阶段

我国军人社会保障起源于中国共产党领导下的革命根据地的优抚工作。1931年,中国共产党在江西瑞金成立了中央政权,建立了民政机构。在同年11月全国苏维埃第一次代表大会上,制定、通过了《中国工农红军优待条令》。此后,还颁布了《红军抚恤条令》《优待红军家属耕田条令》等法规。这批法规的出现,把军人的权益置于法律的保护之下,为新中国军人抚恤优待法律制度的形成和发展奠定了基础并积累了丰富的经验。

抗日战争和解放战争时期,各革命根据地的民主政府,先后颁布了一些抚恤优待的地方性的政府规章。例如,晋察冀边区政府的《优待抗日军人家属暂行办法》,苏南行政区的《优待抗属暂行条例》,晋冀豫区的《优待抗战军人家属条例》,陕甘宁边区的《优待革命军人、烈士家属条例》《抗日军人优待条例》《抚恤暂行办法》,等等。这些法律制度的建立,为保障抗日战争和解放战争的胜利发挥了重要作用。由于受战争环境影响,在没有取得全国政权的条件下,这一时期能对军人实施的保障项目有限,主要内容是优待和抚恤,并且,那时不可能对退休军人的安置形成统一、系统的制度。

(二)建设时期的发展阶段

新中国成立后,一方面完善了优抚工作,另一方面又增加和完善了退役军人的安置与退休军官和离休军官的安置、养老等内容。军人抚恤优待工作在中央人民政府的统一领导下也开始走向法制的轨道。1950年,中央人民革命军事委员会和政务院发布了《关于人民解放军1950年的复员工作决定》。此后,国家和军队先后制定、发布了《复员建设军人安置暂行办法》《国务院关于安置复员建设军人的决议》《关于处理义务兵退役的暂行规定》《关于现役军官退休处理的暂行规定》《总政治部关于高级干部在军队离职休养的待遇和管理问题的规定》。同期颁布的《革命烈士家属、革命军人家属优待暂行条例》《革命残废军人优待抚恤暂行条例》《革命军人牺牲病故褒恤暂行条例》等行政法规,还统一了烈士条件、军人家属的优待办法、军人评残等级和抚恤标准以及优抚证件。这些法规的发布,初步形成了安置、保障的体系,标志着我国军人社会保障进入了新的历史阶段。

在1954年我国的第一部《中华人民共和国宪法》中,对抚恤优待烈士家属、保障残废军人的生活和优待军人家属做出原则规定。1955年的《中华人民共和国兵役法》对优抚对象应当受到社会的尊重、受到国家和人民的优待做出了明确的规定。上述使我国的抚恤优待在全国范围内有了统一的法律规范,这项工作也有了统一的法律依据。应当说,新中国成立后的第一部宪法和兵役法关于军人抚恤优待的规定,以及国务院颁布的一系列相关的行政法规,是新中国军人抚恤优待法制化进程中的第一个里程碑,是真正意义上的国家建立的军人抚恤优待的法律制度,也在真正意义上确立了优抚工作的法律地位。

(三)新时期的改革阶段

在优待方面,从 1980 年开始,为了适应农村实行家庭联产承包责任制的新形势,在全国范围内实行了农村义务兵家属的普遍优待。这是从战争年代的"代耕帮收"、20 世纪 50 年代实行合作化后的"优待工分"到实行优待金的第三次大变革。在抚恤方面,国务院于 1980 年和 1988 年先后颁布了《革命烈士褒扬条例》和《军人抚恤优待条例》。1985 年,经国务院批准,由中央拨出专款,将烈属、因公牺牲军人家属、病故军人家属的生活困难补助改为由国家实行定期抚恤,并且标准随城乡人民生活水平的提高逐步增长,从此确立了由国家抚恤"三属"的制度。在军队退休、离休干部安置方面,从 20 世纪 80 年代开始,离、退休干部逐步移交地方民政部门安置,减轻了军队的社会工作负担。1998 年,开始实行军人保险制度,现在的离、退休制度将逐步过渡到军人退役养老保险制度。1999 年,制定了士官退役安置办法。2001 年,对转业干部安置增设了自主择业的安置方式,这是安置制度的重大突破。

2012 年,制定出台《中华人民共和国军人保险法》(简称《军人保险法》),该法是新中国成立以来国家专门就军人生活待遇所立的第一部法律,《军人保险法》以法律形式明确和规范军人保险,增强军人保险制度的强制力和权威性,确保军人保险权益有效落实,对于减轻军人后顾之忧,激励官兵履职尽责,具有十分重要的意义。《军人保险法》的出台也使军人的抚恤优待走向制度化、规范化、法制化的轨道,有力地推动了抚恤优待法制化进程,也使这项工作又迈上了一个新台阶。

第三节 中国军人社会保障的现行政策

我国现行的军人社会保障制度,是在长期的社会主义革命和建设的历史实践中形成的,它综合了国家社会保障主要子系统的基本内涵,构建了对军人及其家属保障责任的项目体系。其主要由军人保险、军人福利、军人优抚、安置保障等方面组成。

一、军人保险

我国 2012 年出台的《军人保险法》规定了军人保险的四种基本险种,即军人伤亡保险、退役养老保险、退役医疗保险和随军未就业的军人配偶保险。

(一)军人伤亡保险

伤亡是军人面临的主要风险之一。依据《军人保险法》和现行军人保险制度,确定设立军人伤亡保险基金,对因战、因公死亡或者致残的军人以及因病致残的义务兵和初级士官,给予一次性经济补偿。军人伤亡保险所需资金由国家承担,个人不缴纳保险费。

军人伤亡保险由军人死亡保险和军人伤残保险两项内容构成。其中,军人死亡保险受益人为军人的配偶、子女、父母、兄弟姐妹、祖父母、外祖父母。军人可以在前款规定的受益人中,指定特定的受益人及其受益份额,未指定特定受益人的依照《中华人民共和国继承法》的有关规定执行。军人伤残保险受益人为军人本人。

目前军人伤亡保险金标准为：烈士 30 万元，因公牺牲 15 万元，一级至十级残疾从 9.5 万元到 1.5 万元不等。从 2010 年起，在军人伤亡保险的基础上，军队统一为现役军人购买人身意外伤害保险，两项保险合计，烈士 60 万元，因公牺牲 30 万元，一级至十残疾从 14.5 万元到 1.75 万元不等，具体见表 10-1。同时，为了使伤残军人退役后能继续得到保障，明确已经评定残疾等级的因战、因公致残的军人退役参加工作旧伤复发的，依法享受相应的工伤待遇。军人死亡和残疾性质认定，以及残疾等级评定，按照《军人抚恤优待条例》和《军人残疾等级评定标准》等有关规定执行。

表 10-1　军人伤亡保险金标准　　　　　　　　　　　单位：万元

等级	因战致残	因公致残	因病致残	烈士	因公牺牲	病故
一级	14.50	14.00	13.50	60.00	30.00	5.00
二级	13.50	13.00	12.50			
三级	12.50	12.00	11.50			
四级	11.50	11.00	10.50			
五级	9.00	8.50	8.00			
六级	8.00	7.50	7.00			
七级	5.00	4.50				
八级	4.00	3.50				
九级	3.00	2.50				
十级	2.25	1.75				

(二) 退役养老保险

退役养老保险是通过建立军人退役养老保险基金，对军人退出现役参加基本养老保险的，国家给予退役养老保险补助的一种社会保障制度。

为保障军人退役后"老有所养"，《军人保险法》规定，军人退役后参加基本养老保险的，国家给予退役养老保险补助，所需经费由中央财政解决，减轻了地方政府负担，保证了军人养老保险待遇的有效落实。对转业安置到公务员岗位或参照公务员法管理的工作人员岗位的，以及在军队退休的，按照国家和军队有关规定实行退休制度；对军队干部自主择业的，仍按国家现行规定实行退役金保障制度。

《军人保险制度实施方案》规定，为军人建立个人账户，保障其退役后享受养老保险待遇。虽然该方案没有具体规定此项保险的细则，但其内容包括以下几个方面：保险对象为现役军人中的军官、文职干部、士官、义务兵及已离、退休但未列入移交的干部。军人退役养老保险实行国家统筹与个人账户相结合的部分积累模式，即将国家财政拨入、军队专项拨付的一部分资金用于承担已离、退休且无个人账户人员的保险金支付，以及补充有个人账户但不够支付者的平衡调剂量；国家财政拨入、军队专项拨付的另一部分资金则与个人缴费相结合，计入个人账户，形成基金积累，用于有个人账户现役人员退役后的退役养老保险金支付。个人缴纳部分参照地方人员和国家公务员的缴费标准,并考虑与军人承受能力相适应来确定。军人退役养老保险金由基本养老金(即国家统一的基本养老保险制度规定的地方企业职工和国家公务员所享有的基础养老金)和退役年金两部分组成。保险金的给付标准应坚持干部要略高于地方同职级公务员、士兵要略高于地方企业职工平均水平的原则。另外,退伍军人的服役年限(军龄)还可以作为"视同缴费年限",一并计入缴费年限。

(三)退役医疗保险

退役医疗保险是通过设立军人退役医疗保险基金,对军人退出现役后的医疗费用给予补助的保险制度。军人退出现役后,没有条件享受免费医疗或不能完全享受免费医疗的国家,需要设立此项保险制度。

《中国人民解放军军人退役医疗保险暂行办法》确定建立军人退役医疗保险制度,为军人建立退役医疗保险个人账户。保险的对象是指师职以下现役军官,以及局级和专业技术四级以下文职干部、士官、义务兵和具有军籍的学员。鉴于军职以上干部离休后,仍由军队供养,享受免费医疗待遇,因此,军职以上干部不参加退役医疗保险。军人退役医疗保险基金由国家财政拨款和军人缴纳的退役医疗保险费组成,保险对象每人每月按照本人工资收入的1%缴纳退役医疗保险费。

国家按照军人缴纳的退役医疗保险费的同等数额,给予军人退役医疗补助。军人缴纳的退役医疗保险费和国家给予的军人退役医疗补助,由其所在单位的后勤(联勤)机关财务部门逐月计入本人的退役医疗保险个人账户。义务兵、供给制学员不缴纳退役医疗保险费,服役期间不建立退役医疗保险个人账户。义务兵退出现役时,按照上一年度全国城镇职工平均工资收入的1.6%乘以服役年数的计算公式,计付军人退役医疗保险金。各级后勤(联勤)机关负责军人退役医疗保险个人账户的建立和基金的筹集、管理、支付,城镇职工基本医疗保险统筹地区人民政府的劳动和社会保障部门负责军人退役后的医疗保险管理工作。

(四)随军未就业的军人配偶保险

随军未就业的军人配偶保险是在原来施行的无工作随军配偶生活困难补助基础上,新创建的一项面向军人配偶的特殊社会保险制度,包括基本生活补贴、养老保险和医疗保险等。按照现行规定,随军未就业的军人配偶参加保险,应当缴纳养老保险费和医疗保险费,国家给予相应的补助。

按照现行标准,随军未就业的军人配偶每月领取基本生活补贴,按照所在地区艰苦程度不同,划分为三个档次,标准分别为600元、700元、800元;个人按照享受基本生活补贴1%的比例缴纳医疗保险费,军队给予同等数额补助;个人按照缴费基数8%的比例,缴费基数为1500元,每人每月缴纳120元养老保险费,军队按12%的比例,每月给予180元的补助。在其就业或者军人退役随迁,以及达到退休年龄时,将保险关系及相应资金转移到地方社会保险经办机构。

二、军人福利

我国军人福利的涵盖面比较宽。政府兴办的军人福利除由政府对死亡军人家属或伤残军人提供抚恤金之外，包括对优抚对象减免税收，减免交通费，实行免费医疗，优先就业、就学和就业前的职业培训；对伤残军人实行福利性收养，如政府兴办的复员军人光荣院、疗养院等。

军队兴办的军人福利这里主要是指生活福利，它的任务是满足军人劳作过程中产生的共同需要和特殊需要，为军人提供生活方便，帮助军人解决生活上发生的困难，以保障军人正常和有效地从事各项工作。军人生活福利依据社会互助原则，军人享受福利的高低不是直接取决于军人劳动的数量和质量，而是取决于军人的实际需要。

军队办的军人福利一般包括三类：①为减轻军人生活负担和家务劳动而开展的集体物质生活福利事业，如军人食堂、军人住宅、军人医疗卫生设施和军人就业服务等。②为活跃和丰富军人文化精神生活而兴办的精神生活福利事业，如文艺体育团体、战士文化活动中心、部队图书馆和俱乐部等。③为照顾部分军人生活上的特殊开支、减轻其个人负担所建立的补助等制度，如文化生活补贴、夫妻两地分居补助、探亲休假制度、干部家属随军制度等。军人生活福利所需经费在军费中列支。其在军人个人消费中所占比例，必须以不影响按劳分配为界限，否则就会挫伤军人积极性，阻碍军队建设事业的发展。

三、军人优抚

我国目前的军人优抚政策主要有社会优待和社会抚恤两种。

(一)社会优待

在我国，优待对象是现役军人、革命伤残军人、复员退伍军人、革命烈士家属、因公牺牲军人家属、病故军人家属、现役军人家属。对优抚对象发放优待金是我国拥军优属的传统形式之一。优待金的发放遵循下列原则：烈士家属、伤残军人和带病回乡复员、退伍军人在享受国家抚恤或定期定量补助的基础上，生活水平尚未达到当地一般群众水平的，实行普遍优待。有的地方对享受定期抚恤的烈士家属也实行了普遍优待，这体现了优厚照顾的精神和国家、社会、群众三结合的优待抚恤原则。除了经济补助外，国家和社会还在就医、升学、就业、子女入托入学、工作调动、住房、交通、购物、邮政、困难补助、救济、贷款、供应及生产等方面给优抚对象提供一系列优惠和照顾。对退役军人创业，从资金、物资、技术等方面进行综合扶持，突出智力扶持和优待，多途径地为扶持对象送技术、送信息、送管理知识等。烈属、军属在享受政府贷款、救济款方面享有优先权；贫苦军烈属到国家医疗机构看病，酌情减免医疗费；烈士子女入公立学校，免交学杂费等。我国政府对伤残军人减收火车、轮船、长途汽车票价的50%，减收飞机票价的20%；对伤残军人报考中学和大学，录取标准适当放宽；伤残军人在就业、贷款、入学等方面，也享有优先权。

(二)社会抚恤

社会抚恤按照抚恤的性质可分为死亡抚恤和伤残抚恤两种。

1. 死亡抚恤

死亡抚恤是指国家对革命烈士、因公牺牲和病故军人家属以发放抚恤金的形式实行的抚慰保障。根据有关规定,因公牺牲和病故的国家机关(包括民主党派、人民团体)工作人员、人民警察也参照执行。死亡抚恤包括一次性抚恤和定期抚恤。上述人员因战、因公、因病死亡,其家属均可享受规定的一次性抚恤金待遇。革命烈士和因公牺牲、病故军人家属按照规定的条件,可享受定期抚恤金;因公牺牲、病故的国家机关工作人员家属按规定的条件,可享受遗属生活补助。

死亡抚恤金中的一次性抚恤金发放标准与死者死亡性质(烈士、因公或因病)及其生前表现(立功等级、次数)和收入标准有关。2011年新修订的《军人抚恤优待条例》规定:现役军人死亡,根据其死亡性质和死亡时的月工资标准,由县级人民政府民政部门发给其遗属一次性抚恤金,标准是:烈士和因公牺牲的,为上一年度全国城镇居民人均可支配收入的20倍加本人40个月的工资;病故的,为上一年度全国城镇居民人均可支配收入的2倍加本人40个月的工资。月工资或者津贴低于排职少尉军官工资标准的,按照排职少尉军官工资标准计算。

获得荣誉称号或者立功的烈士、因公牺牲军人、病故军人,其遗属在应当享受的一次性抚恤金的基础上,由县级人民政府民政部门按照下列比例增发一次性抚恤金。

(1)获得中央军事委员会授予荣誉称号的,增发35%;
(2)获得军队军区级单位授予荣誉称号的,增发30%;
(3)立一等功的,增发25%;
(4)立二等功的,增发15%;
(5)立三等功的,增发5%。

多次获得荣誉称号或者立功的烈士、因公牺牲军人、病故军人,其遗属由县级人民政府民政部门按照其中最高等级奖励的增发比例,增发一次性抚恤金。

对生前做出特殊贡献的烈士、因公牺牲军人、病故军人,除按照本条例规定发给其遗属一次性抚恤金外,军队可以按照有关规定发给其遗属一次性特别抚恤金。

一次性抚恤金发给烈士、因公牺牲军人、病故军人的父母(抚养人)、配偶、子女;没有父母(抚养人)、配偶、子女的,发给未满18周岁的兄弟姐妹和已满18周岁但无生活费来源且由该军人生前供养的兄弟姐妹。

对符合下列条件之一的烈士遗属、因公牺牲军人遗属、病故军人遗属,发给定期抚恤金。

(1)父母(抚养人)、配偶无劳动能力、无生活费来源,或者收入水平低于当地居民平均生活水平的;
(2)子女未满18周岁或者已满18周岁但因上学或者残疾无生活费来源的;
(3)兄弟姐妹未满18周岁或者已满18周岁但因上学无生活费来源且由该军人生前供养的。

对符合享受定期抚恤金条件的遗属,由县级人民政府民政部门发给"定期抚恤金领取证"。

定期抚恤金标准应当参照全国城乡居民家庭人均收入水平确定。定期抚恤金的标准及其调整办法,由国务院民政部门会同国务院财政部门规定。

县级以上地方人民政府对依靠定期抚恤金生活仍有困难的烈士遗属、因公牺牲军人遗属、病故军人遗属，可以增发抚恤金或者采取其他方式予以补助，保障其生活不低于当地的平均生活水平。

2. 伤残抚恤

伤残抚恤是国家对按规定取得革命伤残人员身份（包括伤残军人、伤残机关工作人员、伤残人民警察、伤残民兵民工）的人员，根据其伤残性质和丧失劳动能力及影响生活能力的程度，以现金津贴形式给予的抚慰保障。伤残按照性质区分为"因战""因公""因病"三种。因战致残，一般是指对战负伤致残；因公致残，一般是指在执行公务中致残；因病致残，一般是指患精神病以外的疾病。按照劳动功能障碍程度和生活自理障碍程度，伤残的等级由重到轻分为一级至十级。

伤残性质和等级不同的人员，享受不同标准的抚恤金待遇。伤残抚恤分为两种，国家对革命伤残人员中无工作的，发给伤残抚恤金；对参加工作的革命伤残人员，发给伤残保健金。伤残抚恤金，是对没有参加工作的革命伤残人员具有生活保障性质的一种补偿费。由民政部门发放给退出现役后回乡务农或安排在休养所休养的残废军人等革命伤残人员。在乡特等革命伤残军人的抚恤标准（包括按规定发给副食品价格补贴和生活补贴），参照全国一般职工的工资收入为基础确定。其他各个伤残等级根据丧失劳动能力的程序，依次按一定比例计发。同一等级因战、因公和因病致残的抚恤标准，拉开档次，体现差别。各个等级的伤残抚恤金，随着国家经济的发展，其标准都不断有所提高。

伤残保健金，是对参加工作的革命伤残人员具有保健性质的一种补助费。由民政部门发放给退出现役后参加工作或者享受离、退休待遇的伤残军人等革命伤残人员。继续留在部队服役的伤残军人，由所在部队发给伤残保健金。考虑到领取伤残保健金（在职残废金）的革命伤残人员在生活和医疗等方面均有保障，但他们的工资收入一般较低，为适当增加营养补助，其保健金标准参照在乡伤残人员抚恤金标准，近年来都有所调整，各个伤残等级之间的抚恤比例也适当拉开，以趋于合理。

四、安置保障

安置保障包括军人安置和军属安置。军人安置的主要对象包括退伍义务兵、转业志愿兵、军队转业和离退休干部等。安置保障的目标是使退役军人获得必要的就业、生活保障和政治优待，以维护军队的战斗力，实现退役军人与社会的最优结合。

我国的安置也有多种情况。一是退役义务兵安置。1987年制定的《退伍义务兵安置条例》规定，义务兵退伍后，一律回原籍就业。二是退役士官安置。士官在性质上属于志愿兵，从服满义务兵年限的义务兵中选取，或者从有专业技术的公民中招收。服役年限第一期、第二期为3年，第三期、第四期为4年。士官服现役满第一期或者第二期年限的，作复员安置；满10年的，作转业安置；服现役满30年或年满55岁的，作退休安置。三是转业干部安置。2001年制定的《军队转业干部安置暂行办法》规定，对军队转业到地方工作的军官和文职干部，实行计划分配和自主择业相结合的方式安置。计划分配的干部由党委、政府负责安排工作和职务；自主择业的干部由政府协助就业，发给退役金。到目前为止，一直实行这一安置原则。2008年的《关于2006年度及以后计划分配军队转业干部工资待遇确定办法的通知》以及部队《关于做好 2009 年干部复员计划工作的通知》仍然体现了这个原则。对安置过程中出现的突出问题，国家采取了一系列属于改革过程中过渡性的"暂时"办法。对计划分配，2007 年的《关于进一步做好军队转业干部安置工作的意见》规定，党政机关接受转业干部确有困难的，可按规定增加一定比例的行政编制，有关事业单位也可参照执行。四是离退休安置。军队的现役干部凡在新中国成立前入伍的，或在新中国成立后入伍、新中国成立前在解放区参加革命工作并脱产享受供给制待遇的，或者在新中国成立后入伍、新中国成立前在敌占区从事地下革命工作的，达到军队干部的离休年龄，均离职休养。军队现役干部，男年满 55 周岁，女年满 50 周岁，或因战、因公致残，积劳成疾，基本丧失工作能力的，可以办理退休手续。现在，一般担任师级以上职务和高级专业技术职务的军官，在退出现役后作离休安置。军队离休干部移交给地方后暂时保留军籍（不发军服），其生活待遇原则上保持军队离休干部的标准，包括离休干部的工资、副食品价格补贴等一系列生活补贴；军队退休干部退休后，逐步移交给地方，其生活待遇根据国家经济状况，结合军龄、职务以及因公、因战致残、致病的情况来确定。

除了做好军人安置工作，军队随军家属就业安置工作也是新时期拥军工作的重要内容，是构建社会主义和谐社会的重要组成部分，是关系到国防建设和社会稳定的一件大事。统计显示，2012 年全军有近 17 万随军家属未就业，每年随军家属常量约 2.3 万人，随军家属就业安置一直存在不少困难。为解决这一难题，2013 年 10 月，《军人随军家属就业安置办法》出台。该办法规定：公务员身份随军家属对口安置；事业编身份随军家属划岗定向招聘；烈士遗属、因公牺牲军人遗属和战时荣立二等功以上奖励军人的随军家属政府优先安置；国有大中型企业按比例安置；就业困难随军家属扶持就业。

第四节 国外军人社会保障制度经验及启示

一、美国军人社会保障

美国主要通过制定和执行一系列相关法律条文，规范军人社会保障体系，对军人权益加以保护。美国的军人社会保障主要有以下几种，即福利待遇、退役安置、军人家庭援助体制和军人保险。

(1) 福利待遇。美国军人的福利待遇分为官兵福利待遇、文职人员福利待遇、退役人员福利待遇等几种。其福利待遇主要由伙食补贴、住房补贴、生活补贴和其他福利待遇等组成。一是伙食补贴和住房补贴。美国规定所有现役军官不分等级，每人每月享受 154.16 美元的伙食补贴；有眷属的军官每月住房补贴为 500 美元至 1000 美元不等，无眷属的军官每月住房补贴为 400～800 美元。二是美国官兵的生活补贴共有 30 余种，主要包括浮动住房补贴、差旅补贴、交通费、安家费、家庭分居补助、海外驻扎补助、服装费、特殊服装费等。如因公出差，美国官兵可享受丰厚的差旅补助，最高可达每天约 220 美元，最低也有 80 美元。三是其他福利待遇。美国官兵享受免费医疗、军内超级市场和军人服务社廉价购物、军人俱乐部免费娱乐、教育资助，以及休假期间优惠搭乘地方飞机、火车、汽车等其他福利待遇。退役军人享受的福利待遇主要有退役金、教育补助金和住房贷款等。

(2)退役安置。美国政府和军队针对退役军人的生活和安置问题相继出台了一系列政策措施。美国政府设立的"退伍军人事务部",在全国各地有57个办事机构,共有工作人员24万人,主要负责退役军人、家属和遗属的管理工作。美国政府劳工部下设"退役军人职业与训练处",专门负责退役军人职业技能培训。国会武装部队委员会中的"老兵事务委员会"负责有关退役军人待遇的立法,并监督政府部门执行有关退役军人法律的情况。通过《退役军人优先权法》和《双重补偿法》,规定退役军人和符合一定条件的军人配偶或遗属在政府部门和私有企业就业方面享有优先权;退役军人可优先回到服役前的工作岗位。裁减职员时,退役军人有保留工作的权利,雇主不得以任何理由辞退。美国1983年通过了《退伍军人紧急职业培训法》,1991年通过《国防授权法》等,为退役军人安置工作的顺利进行提供了法律保证。

(3)军人家庭援助体制。美国通过多年努力,已经建成和完善了一整套由政府、军方及地方等多方合作的军人家庭援助体系,为军人及军人家庭提供日常生活、教育发展、医疗等全方位的服务和援助。美国全国500多处"军人家庭支援中心"为退役军人提供大量的就业、医疗、住房、生活待遇、子女入学入托等方面的信息和帮助。1958年和1965年的《国防教育法案》规定为靠军人赡养的大学适龄人员提供低息教育贷款。美国还制定了《家庭支援、儿童保护及父子关系》《建立家庭支援队指南》等多项相关的条令条例,较好地规范和保障了对军人家庭的支援行为。

(4)军人保险。军人的社会保险是军人社会保障计划的重要组成部分。军人保险主要由政府经办,以人寿(人身伤害)保险为主体,分现役军人团体人寿保险和退役军人集体人寿保险两类。一般来说,美国军人的保险金总额应该是其年收入的5倍,其保险项目繁多,仅人寿保险最基本的险种有7种,此外还设有战争风险保险、航空保险、伤残保险、红利选择保险、双倍赔偿保险、结算保险、教育捐赠保险、退保金额保险和贷款金额保险等。

二、俄罗斯军人社会保障

俄罗斯军人的社会保障内容全面具体,包括医疗、住房、退休、就业等各个方面,每项内容均十分详细,尽量量化,具有很强的可操作性。

医疗保障:军人及其家属有权在任何军队医院接受免费医疗。如果当地没有军队医院或缺少相应的科室及设备,地方医院则应无条件地免费收治军队病人。

住房保障:合同制军人及与其同住的家庭成员,应在到达新的服役地点或退役后3个月内获得标准住房;若没有标准住房,有关部门应向其提供临时住房或集体宿舍;无房军人也可租房,房租由单位支付。"20年以上军龄的应征军人,其住房归私人所有,退役后只交50%的房租和50%的市政设施费。10年以上军龄的合同制军人可获得所住房的土地所有权,或无偿得到一份可继承的土地。国家和军队对军龄为10至25年的自购(建)房的军人,分别给予所买或自建住房费用75%~100%的无偿资金援助。"

军人保险:由国家拨款为每个军人设立强制性人身保险。军人因公牺牲或在服役期间受伤、患病而退役，可分别领取相当于 120 个月或 60 个月工资额的保险赔偿金。军人还可根据本人意愿自由选择其他险种。

退休金保障：服役 20 年以上的军人享受退休金待遇。20 年军龄以上的退役军人的退休金为其原薪金的 50%，军龄每多一年，增加 1%，但最多不超过 85%。正常退役的军人，服役 20 年的，可领取金额为其月薪金 20 倍的一次性安家费。

抚恤金保障：服役期间牺牲的军人，其没有劳动能力的每个家庭成员可领取该军人薪金 30%～40% 的抚恤金。家庭免交自然人财产税、土地税、私人交通工具税，并保留住房、公共设施、煤、电、气、暖、电话等方面优惠待遇。战时牺牲的军人除领取 120 个月工资额的人身保险赔偿金外，还可另外得到 25 个月的补助。伤残军人除抚恤金外，还享受相当于 5～75 个月工资不等的补助金。

就业保障：军人有权自选退役后的落户地点。对不享受退休金待遇的军人，应在其退役后的 1 个月内优先安排在国家机关或企事业单位工作。接收单位应优先选派退役军人学习深造，并发给相当于其工资额 75% 的助学金；正常退役的军人可免费、免试到地方院校学习。

各种优待：一是军人免交个人所得税、土地税、自然人财产税及其他税款和集资。二是应征军人可免费乘坐除出租车以外的任何市内交通工具；合同制军人可免费乘坐除飞机以外的任何交通工具。三是军人享受有优先购票权、免费邮递信件和包裹权。普京上台后大力倡导并推进军人社会保障制度改革，一是彻底解决现役和退役军人的住房问题。俄罗斯政府保证在 2010 年前让所有军人住上标准房。二是增加军龄补助。按照新的军人薪金计划，从 2002 年 7 月开始，增加后的军龄补助将占到基本工资的 10%～60%。三是提高初级军官的薪金和各项补贴标准。考虑到俄罗斯初级军官的生活状况相对于中级和高级军官来讲更艰难，俄罗斯为野战部队团以下指挥军官增加岗位津贴，从司务长到团长每月增加 300～500 卢布的额外补助。四是各种军人优待政策货币化。俄罗斯政府决定在军人薪金大幅度提高之后，用"现金补贴"代替现行的"实物补贴"，确保军人能享受到"实实在在的优惠待遇"。

三、英国军人社会保障

英国军人社会保障种类有退休保障、物资保障、住房保障、医疗保障，以及退役军人的就业安置。军人的退休金数额由议会确定，并根据通货膨胀和物价上涨情况定期调整。退休金数额根据军衔、服役年限和健康状况确定。在武装力量服役期间丧失劳动能力的人员，根据丧失劳动能力的程度发给补贴。

物资保障和住房保障。"军官和军士只在军校毕业后无偿领取一次服装，以后自己买军服（服装费包括在军人的年薪内）。士兵根据规定年限无偿领取服装，以及每日免费供应三餐。国防部每年要为退役军人的住房保障计划拨出约 5000 万英镑。"英国还有一些积极活动的社会团体以优惠条件向现役和退役军人提供住房，尤其重视在提供膳食的公寓和医疗机构安置高龄和残疾军人。

医疗保障。服役期间，英国军人及其家属均享受免费医疗。服役期满退休后，军人及其配偶有权享受免费医疗。

退役军人的就业安置。英国国防部目前还没有负责退役军人职业培训的机关。为搞好退役军人的再就业培训,组建了隶属教育部的国家干部培训学院。此外,英国还有一些社会组织参与安置退役军人,如"退役军人就业安置协会",在45个城市设有自己的办事处。

四、国外军人社会保障制度的启示

发达国家军人社会保障模式的实践,给了我国许多有益的启示。我国应该积极借鉴其有效的做法和成熟的经验,结合国情和军情,不断优化我国军人社会保障制度和提高军人社会保障能力。

(一)加强军人社会保障理论研究

理论是改革的先导,发达国家军人社会保障的成功经验得益于其完善的社会保障理论。对我们来说,社会主义市场经济条件下的军人社会保障,是一个全新的课题。在计划经济条件下,我国军人的社会保障主要以优抚为主,保障主体是国家,实施的方式是行政强制手段。随着市场经济的不断发展,国家经济结构日益多元化,居民收入差距扩大,行政管理手段弱化和市场调控作用强化,军人社会保障面临了一系列的新矛盾和新问题。原有的保障体制的保障效益和力度大大削弱,部分体制已明显不能适应市场经济条件下保障军人权益的需要。因此,必须结合新形势下军人社会保障的历史背景、经济条件、法律基础、保障内容、管理方式、运行机制、资金来源等,加强理论研究,为完善有中国特色的军人社会保障体系提供理论指导。

(二)加快军人社会保障的法制化进程

发达国家成功的军人社会保障实践经验表明,必须建立起与军人社会保障和社会福利相配套的法律体系,从总体上保障军人待遇各方面有法可依。当前,无论是典型的市场经济国家,还是由计划经济转向市场经济的国家,在建立军人社会保障体系方面均有一个共同点,即军人社会保障的任何一项制度的建立和改革,都以相关法律的制定和修订为先导。美国为保障军人的社会地位和生活待遇水平制定了《美国政府人寿保险计划》《军人薪金条例》《国防授权法》;俄罗斯专门制定了《军人地位法》,对军人在社会保障制度中应享有的各方面权益做出了法律规定,并先后实施了《保险法》和《2001—2005年军人和退役军人社会保障国家纲要》等一系列法律法规,有力地促进了其军人社会保障制度的建设。我国在军人社会保障方面,尽管也积累了许多的经验教训,颁发过许多标准、制度、规定、通知,但是这些大都是在计划经济体制下形成的,而且大都是通过行政手段来落实,与发达国家相比,我国在军人社会保障法制建设方面既缺乏立法的完整性,也缺乏执法的力度。只有建立和完善法律法规体系,加强执法力度,我国军人的社会保障才能有法律依据,才能走上规范化的道路。

(三)加大军人社会保障经费投入

军人社会保障必须有充足的经费作保证,否则所有保障内容都无法落实。发达国家军人社会保障所需经费,主要来自于政府预算拨款。俄罗斯政府制定了"军人社会保障计划",并决定每年为此拨出占国民生产总值1%的经费。美国国会通过的国防预算拨款中，有一部分专门用于军人的社会保障。此外，负责军人社会保障工作的非军事机构还得到大量拨款，其余经费主要向各基金会、社会组织、企业和个人筹集。

我国军队的经费不足，是导致我国军人社会保障水平偏低的主要原因之一。正是受财力所限，我国军队社会保障在具体工作中能够落到实处的保障项目只有军人保险、军人优抚等个别项目，而对军人社会保障的另一些重要职能，如军人救济，不论在制度建设还是具体实施上，都存在落实起来困难的问题。因此，在当前新的形势下，为了有效保障军人权益，国家应当根据国民经济发展状况，从实际需要和国家财力出发，加大社会保障资金的投入，把军人社会保障项目与地方商业性的社会保障项目有机结合起来，积极采用国家财政为资金主要来源，结合社会筹措和个人缴付的多种渠道广泛筹集资金，确保充足的军人社会保障的资金来源。

（四）实现军人社会保障的社会化

军人社会保障体系的构建，必须体现与社会接轨的原则，走社会化保障的路子。在社会主义市场经济大环境中，市场是军队后勤保障的源泉，只有走向市场、运用市场，才能获得更大的保障力。

在我国国家社会保障体系尚未健全的情况下，只有加快军人社会保障的社会化进程，才能彻底跳出长期以来军队办社会的怪圈，实现国家、社会与军队的多重保障，进一步拓宽军队社会保障的渠道，确保军人社会保障水平。就当前而言，我国可将军人社会保障经费分成两部分，一部分直接拨给各省、自治区、直辖市的有关机构，专款专用，由地方承担部分军人社会保障；另一部分随国防费一起拨给军队，由军队自己承担一部分军人社会保障。凡能纳入地方社会保障体系的，尽量由地方负责；不能纳入地方社会保障体系的，由部队自己负责。这种模式不仅能调动军地双方的积极性，而且不会给地方造成很大压力，还减轻了军队的负担，具有可行性。等到国家社会保障体系不断完善之后，国家可以将军人社会保障经费全部拨给各省、自治区、直辖市的有关机构，由地方政府全权负责军人的社会保障工作，完全走社会化的路子。这样，既理顺了管理体制，避免了军地矛盾，又可以拓宽保障渠道，提高军人社会保障水平。

▶思考题

1. 什么是军人社会保障？
2. 军人社会保障包括哪些内容？
3. 外国军人社会保障对我国建立军人社会保障体系有什么启示？

 案例

美国的军营超市

美国军人军营超市购物不仅方便快捷，而且价格也非常诱人。商品都是以成本价出售，比地方大型超市平均便宜30%左右。因此，美国军人不需要逛大街捡打折商品，军营超市的商品不仅种类繁多，而且质优价廉。

1867年美国陆军成立第一家现代意义上的军营超市，并将服务人群由军官扩大至全体现役军人，允许士兵也可以在军营超市购买食品和日用品。1879年，陆军将顾客群体进一步扩大至退役人员、预备役人员和国民警卫队成员，同时规定军人配偶及其未成年的子女也可以在军营超市购物。

1899~1900年，陆军军营超市开始在菲律宾和中国建立。随后，军营超市在加勒比地区和巴拿马等地区建立。在两次世界大战中，美国军营超市进一步在全球扩张，形成"军营超市随着部队走"的保障模式，为美国军队夺取战争胜利立下了汗马功劳。

到20世纪70年代中期，各军种都有其各自的军营超市管理机构，有着不同的操作流程和管理规章：陆军是陆军部队援助处，海军是海军分售系统援助办公室，海军陆战队是陆战队援助司令部军营超市处，空军是空军军营超市服务处。

1990年5月15日，美国国防部成立了国防部给养局，统一管理美军各军种军营超市。其任务是通过以成本价销售商品为军队薪酬系统提供关键性福利，以此来提高军人生活质量和战备水平。

目前，国防部给养局直接管理遍及全球美国军队248家军营超市，以军人及其家庭为主体的顾客群体达1200万人。2011年军营超市营业额高达上亿美元，雇佣员工超过1.7万名，其经营规模和商品数量丝毫不亚于地方大型超市，在美国零售业中具有较高知名度。其不断发展的内在核心理念是：提高军人生活质量，使军人能够集中精力专注于岗位职责，从而使军队保持较高的战备能力。

作为军人福利的重要组成部分，美国军队加大军营超市建设力度，使其在军队建设中发挥出独特作用。军营超市对于军队建设具有四个重要作用，包括：通过使执行任务的军人集中精力于所承担的任务来加强军队战备，通过增强军人及其家庭的"社区感"来提高军队吸引力，为驻扎在国内外的军人及其家庭提供安全可靠的购物环境，以及为其提供美国产品以确保食品安全。而近期国防部总审计办公室报告再次明确指出，军营超市是"吸引优秀军人服役的主要因素"。

当军人执行海外部署任务时，军人家属要依靠包括军营超市在内的社区服务，使她们能够应对由于军人配偶执行任务所带来的孤独、烦恼和无助。可见，美国军队并没有简单地把军营超市看做解决军人购买日用品的应急之策，而是将其视为关系到提高战备能力、增加军队吸引力的重要举措。

为了使军人购买到物美价廉的商品，国防部给养局一方面通过减少流通环节来提高运营效率，降低人力成本和运输成本。例如，顾客通过网络完成选购和支付程序后，可以到指定销售网点提货。另一方面实行统一采购和配送，从源头上严把质量关。例如，国防部给养局在全球建立了10个商品配送中心和1个肉类加工厂，使遍及全球的美军官兵都能购买到健康安全的食品和日用品。

因此，在军营超市购物非常实惠放心，可以说是物美价廉。根据给养局价格比较研究结果显示，一家四口经常在军营超市购物，一年可平均节省4400美元。此外，由于军营超市还经常推出大量特价商品和优惠券，所以军人家庭购物消费实际节省资金还要多于这个数字。

2004年国防授权法案明确规定，国民警卫队和预备役军人、符合条件的家庭成员以及60岁以下的退役军人都可以无限制条件地在军营超市购物。

军营超市在为军人家庭提供质优价廉商品的同时，还注重协助军队解决军人家庭面临的实际困难，以此来增进军人与军营超市之间的感情。

一是为军人子女提供奖学金。这解决了部分军人子女教育资金短缺的问题，其资金主要来源于军营超市的零售商、承包商、供应商和顾客的捐款。截至2012年5月，该项目为6742名军人子女提供了超过1000万美元的奖学金，用于其支付大学4年的学费。

二是为军人家庭提供就业岗位。军营超市发挥网点分布广、岗位类型多的优势，与超市零售商、承包商、供应商等进行广泛合作，优先招聘军人家庭成员，以解决其就业问题。据统计，目前美军军营超市雇员中，与军队有关的人员比例高达63%。其中，军人配偶占28%，军人家庭成员占14%，退役军人占10%，国民警卫队和预备役占2%，其他退役老兵占9%。这一举措不仅在一定程度上解决了军人家庭成员就业问题，而且增强了军人家庭对军营超市的归属感和认同感，达到了合作"双赢"

的效果。

资料来源：周殷夏、白文杰：《美国军人福利大揭秘》，中国警察网，http://www.cpd.com.cn/，2013年1月8日

延伸阅读

退役条件决定退役后安置方式

我国军队现在的退役形式有退休、指令性计划分配、自主择业、复员四种表现形式，且各有相应的条件限制，并非所有退役军官都可以退休，退休型退役是有条件的，世界各国军队都规定了一定的退休服役年限，我国军官退休的条件是服役30年以上和年龄满50岁。自主择业型退役是自从2001年以后出现的，其条件限制是军龄满20年的营以上军官。而转业和复员型退役，并没有设置职务或年限的"上档"。

军官退役，从退出现役部队这一结果来看，很简单，退出了现役，退役的过程就结束了。但退役并非如此简单，退役安置绝大多数内容和重心在于退役后怎么安置。与退役条件相联系的退役后如何安置的主要区别在于是以提供就业岗位为主，还是以提供待遇保障为主。从内容决定形式这一简单的道理来看，我国军官退役后的安置方式主要有两类，即岗位安置和待遇安置。在实际安置过程中，与退休和自主择业类退役形式相联系的安置方式是国家发月退役金、提供就业帮助的安置。尽管部分退休军官怀有再就业意愿，但就业的需求并非很强烈。

军官自主择业退役后，仍需要参加各种社会性劳动，二次就业的自我需求和社会需求都较强烈，需要采取个人为主和政府扶助就业相结合的办法解决就业问题。复员是发一次性退役金、辅助就业的安置。

指令性计划分配是岗位安置和待遇安置一并实现，国家为退役军官找到一个合适的就业岗位，其待遇等生活保障都在安置单位实现。

尽管退休、自主择业、复员和指令性计划分配这四种退役形式，在岗位安置和待遇安置这两种安置内容的实现方式、程度方面有所不同，却都体现着国家对军官退役后的生活安全所做的制度性安排。尽管我们在退役安置工作中习惯将自主择业和指令性计划分配都归转业安置，但从安置内容的重心来看应该将两个称谓加以区分。严格地说单从工作岗位的变动来看，指令性计划分配是一种由政府主导的、退役军官的劳动岗位从军事领域转换到非军事领域的安置过程；自主择业主要是政策性待遇安置以及提供就业帮助。

小资料

烈士、因公牺牲的认定

现役军人死亡，符合下列情形之一的，批准为烈士：

（一）对敌作战死亡，或者对敌作战负伤在医疗终结前因伤死亡的；

（二）因执行任务遭敌人或者犯罪分子杀害，或者被俘、被捕后不屈遭敌人杀害或者被折磨致死的；

（三）为抢救和保护国家财产、人民生命财产或者执行反恐怖任务和处置突发事件死

亡的;

(四)因执行军事演习、战备航行飞行、空降和导弹发射训练、试航试飞任务以及参加武器装备科研试验死亡的;

(五)在执行外交任务或者国家派遣的对外援助、维持国际和平任务中牺牲的;

(六)其他死难情节特别突出,堪为楷模的。

现役军人在执行对敌作战、边海防执勤或者抢险救灾任务中失踪,经法定程序宣告死亡的,按照烈士对待。

批准烈士,属于因战死亡的,由军队团级以上单位政治机关批准;属于非因战死亡的,由军队军级以上单位政治机关批准;属于本条第一款第六项规定情形的,由中国人民解放军总政治部批准。

现役军人死亡,符合下列情形之一的,确认为因公牺牲:

(一)在执行任务中或者在上下班途中,由于意外事件死亡的;

(二)被认定为因战、因公致残后因旧伤复发死亡的;

(三)因患职业病死亡的;

(四)在执行任务中或者在工作岗位上因病猝然死亡,或者因医疗事故死亡的;

(五)其他因公死亡的。

现役军人在执行对敌作战、边海防执勤或者抢险救灾以外的其他任务中失踪,经法定程序宣告死亡的,按照因公牺牲对待。现役军人因公牺牲,由军队团级以上单位政治机关确认;属于本条第一款第五项规定情形的,由军队军级以上单位政治机关确认。

资料来源:《军人抚恤优待条例》(中华人民共和国国务院　中华人民共和国中央军事委员会令第602号)

经典阅读与参考文献

本丛书编辑组.2003.军人社会保障专辑.北京:中国劳动社会保障出版社
丛文胜.2011.士兵优抚与退役安置法律问题.北京:中国人民解放军出版社
张东江,聂和兴.2001.当代军人社会保障制度——当代社会保障制度研究丛书.北京:法律出版社
邹军誉.2003.国外优抚安置制度精选.北京:中国社会出版社

第十一章

补充社会保障

本章摘要

补充社会保障是基本社会保障的有机组成部分和有益补充。补充社会保障的理论基础包括社会保障多支柱和风险分散化理论、混合福利经济理论和福利社会分工理论。补充社会保障的主要内容包括员工福利、企业年金、职业年金、慈善事业和家庭保障。员工福利是企业基于雇佣关系,依据国家的强制性法令及相关规定,以企业自身的支付能力为依托,向员工提供的、用以改善其本人和家庭生活质量的各种以非货币工资和延期支付形式为主的补充性报酬与服务。企业年金是指企业及其职工在依法参加基本养老保险的基础上,自愿建立的补充养老保险制度。职业年金是我国机关事业单位为其工作人员建立的补充养老保险,在性质上和企业年金类似。慈善事业是在政府的倡导或帮助、扶持下,由民间团体和个人自愿组织与开展活动的、对社会中遇到灾难或不幸的人,不求回报地实施救助的一种无私的支持与奉献的事业。家庭保障是指由家庭提供的对家庭成员的生活保障,它包括经济保障、服务保障和精神慰藉等内容。随着社会经济的发展和人口老龄化的不断加速,补充保障在社会生活中的作用越来越显著。

　　社会保障是指国家立法强制规定的、由国家和社会出面举办,对公民在老年、疾病、伤残、失业、生育、遭遇灾害、面临生活贫困时给予物质帮助,旨在保障公民个人和家庭生活需要并提高其生活水平、实现公平和社会进步的制度。补充社会保障制度是在国家社会保障制度基础之上,由企业、个人、家庭和其他社会组织出面举办,对基本社会保障予以补充,其根本目的仍然是保障公民个人和家庭生活需要并提高其生活水平、实现公平和社会进步。具体目的可以是在国家社会保障的基础上提高保障水平,如各类补充养老保险;也可以是弥补国家社会保障的不足、满足特殊人群的个性化需求,如针对特殊人群的救助。从内容上看,补充社会保障主要包括员工福利、企业年金、职业年金、慈善事业和家庭保障等。

　　因此,补充社会保障制度有以下几点不同于国家社会保障制度。首先是举办主体不同,补充社会保障的举办主体是企业、个人、家庭和其他社会组织,而国家社会保障制度的举办主体主要是国家。其次是保障水平和形式不同,补充社会保障制度提供的待遇水平具有弹性、可高可低、内容更丰富、条件更灵活,而国家社会保障制度提供的待遇水平和内容由相关法律规定。

第一节 补充社会保障理论

一、社会保障多支柱和风险分散化理论

社会保障制度本质上是应对风险的一种制度安排。由于个人和社会面临风险的多样性，因此有必要建立不同层次的社会保障制度以分别应对之。从风险管理的角度分析，补充社会保障是分散风险的重要手段。

霍尔茨曼和欣茨在《21世纪的老年收入保障：养老金制度改革国际比较》一书中提出了社会保障体系改革的五种模式，即参数式改革、完全市场化改革、名义账户制改革、公共预筹积累制改革和多支柱改革。其中，多支柱改革就是多管齐下，建立相互衔接而侧重点又有所不同的多个保障支柱，全面应对老龄风险，提供多层次、全方位的保障服务。从本质上讲，社会保障体系是应对风险的一种制度安排。由于人们面临不同类型的风险，如终生贫困风险、流动性约束风险、个人短视风险、政治风险以及长寿风险，因此需要建立多支柱的社会保障体系以分别应对不同类型的风险。一方面多支柱改革能够扩大社会保障制度的覆盖面，使尽可能多的人得不同形式的保障；另一方面多支柱改革能够在保障养老金待遇充足性的同时实现可负担、可持续的目标，促进社会保障制度的稳健发展。

霍尔茨曼和欣茨在《21世纪的老年收入保障：养老金制度改革国际比较》一书中提出五支柱模式，即零支柱、第一支柱、第二支柱、第三支柱和第四支柱。具体而言，非缴费型的"零支柱"或基本支柱，是指提供最低保障水平的非缴费型制度，以全民养老金或者社会养老金的形式提供。该支柱主要用于应对终身贫困和流动性约束的风险，这就防范了必须参与正规经济部门，并通过劳动工资来积累微薄的个人储蓄的风险，从而更有效地为终身贫困者以及那些到了老年时没有资格领取正式养老金的非正规或正规部门的工人提供基本生活保障。该支柱旨在消除老年贫困，是任何完备的退休养老制度的重要组成部分。

缴费型的"第一支柱"，是指与不同工资收入水平相关联，旨在发挥某种收入替代作用的缴费型制度，最显著的特征是通过代际转移筹资来为老年人提供最低水平的长寿保险。该支柱主要应对个人短视的风险、低收入的风险（即在经济部门中寿命预期不确定性和金融市场导致的计划目标不当的风险），但这种典型的现收现付制容易受到老龄化和政治风险的影响。

强制性的"第二支柱"，是指强制性的个人储蓄账户式的制度，在其设计中应有明确的收入替代目标，并且积累资金的管理和投资应该是以市场为基础的，但建立形式可以各有不同。该支柱主要应对短视风险，而且设计合理与运行有效的第二支柱可以使个人免受政治风险的影响。但如果强制性地将其年金化，其就会面临金融市场波动和较高交易费用的风险及长寿风险。

自愿性的"第三支柱"，是指由个人和雇主发起的养老保障制度，性质上比较灵活，

个人可自主决定是否参加以及缴费多少，可以采取多种形式，如完全个人缴费型、雇主资助型、缴费确定型或待遇确定型。该支柱可以补偿其他支柱设计的僵化缺陷，也可以鼓励个人和企业为了更高的待遇或为了提前退休而进行储蓄，但它可能产生私人管理资产导致的财务风险和代理风险。

非正规保障的"第四支柱"，是附加的非正式养老保障形式，是指向老年人提供的非正式的家庭内部或者代际的资金或非资金支持的制度，包括医疗和住房方面的资助。

由此可见，每个支柱在解决和应对一些风险的同时，还面临其他风险，因此各个支柱应该相互配合、相互协调，才能更好地应对社会风险（表11-1）。因此，从风险分散化的角度分析，补充保障计划能够应对基本社会保障所无法应对的风险，国家社会保障和补充社会保障相互搭配，有利于分散整个社会面临的风险。

表11-1 不同支柱主要应对的风险和面临的风险

五支柱	主要应对的风险	面临的风险
零支柱：提供最低保障水平的非缴费型制度	终身贫困和流动性约束的风险	充足性风险、羞辱感
第一支柱：发挥某种收入替代作用的缴费型制度	短视的风险、低收入的风险	老龄化、政治风险
第二支柱：强制性的个人储蓄账户式的制度	短视风险、政治风险的影响	金融市场波动和较高交易费用的风险及长寿风险
第三支柱：自愿性积累支柱	短视风险、政治风险的影响	财务风险和代理风险
第四支柱：非正式养老保障形式	正规制度设计的僵化缺陷	充足性风险

资料来源：罗伯特·霍尔茨曼、理查德·欣茨：《21世纪的老年收入保障：养老金制度改革国际比较》，郑秉文，等译，中国劳动社会保障出版社，2006年

二、福利混合经济理论和福利社会分工理论

福利混合经济理论认为，福利应该由国家福利、市场福利、志愿性福利和非正式福利组成。国家福利是指由国家亲自提供的津贴或服务。国家提供公共服务或公共产品主要是为了应对市场失灵，实现社会公平目标。这里的国家既包括中央政府，也包括地方政府。政府提供的方式包括政府亲自组织生产相关物品或服务，政府提供融资，政府对产品和服务的总产量有直接影响，政府对个人消费决策有直接影响等。市场福利是指由私人市场直接提供的各项福利。该观点认为市场比国家更有效率，很多由国家提供的福利都可以外包给私人部门。志愿性福利是指由非营利部门、非政府组织等部门提供的各项福利。非正式福利是指由家庭、朋友和街坊邻居提供的各项福利。

根据福利混合经济理论，国家福利类似中国语境下的基本社会保障，而市场福利、志愿性福利和非正式福利类似中国语境下的补充社会保障。

除了福利混合经济理论外，福利社会分工理论也可以很好地解释补充社会保障的存在。福利社会分工最早由理查德·蒂特马斯（Richard Titmuss）提出，他认为福利应该由法定福利、职业福利（occupational welfare）和财税福利（fiscal welfare）组成。法定福利是由国家或政府提供的公共福利物资和服务。职业福利是指与雇佣职位有关的额外津

贴和福利，如针对退休金、医疗保险、贷款的补贴和提供公司班车。财税福利是指由财税体系提供的福利津贴，如免征贷款利息税、私人退休金税和医疗保险税。蒂特马斯认为，财税福利和职业福利具有很明显的累退性，因为这些福利的大部分受益者都是收入较高的人群。相对而言，如果设计得当，法定福利具有累进性，能够实现纵向的再分配。

根据福利社会分工理论，法定福利类似中国语境下的基本的社会保障，而财税福利和职业福利类似中国语境下的补充社会保障。

第二节　员工福利

一、员工福利计划的概念和作用

员工福利包括广义的概念和狭义的概念。广义的员工福利是企业基于雇佣关系，依据国家的强制性法令及相关规定，以企业自身的支付能力为依托，向员工提供的、用以改善其本人和家庭生活质量的各种以非货币工资和延期支付形式为主的补充性报酬与服务。

根据国家是否立法强制实施，员工福利计划分为法定福利和非法定福利。法定福利是国家通过立法强制实施的对员工的福利保护政策，包括社会保险、法定假期和住房公积金。非法定福利是指企业自主建立的，为满足职工的生活和工作需要，在工资收入之外，向雇员本人及其家属提供的一系列福利项目，包括货币津贴、实物和服务等形式。

狭义的员工福利是指当员工遇到死亡、意外伤害、疾病和失业等不幸，或退休时，雇主为其提供的各项补偿计划。狭义的员工福利计划排除了政府直接的承保或给付。因此，在概念上，狭义的员工福利和非法定福利非常接近。本章所说的员工福利主要是指狭义的员工福利。

员工福利计划在完善国家社会保障制度、丰富企业人力资源管理等方面具有重要的作用。首先，员工福利计划是对国家社会保障制度的补充，有利于国家社会保障制度。一般而言，受制于经济发展水平和国家财力，社会保障制度提供的待遇水平属于基本待遇，只能满足大部分职工的平均需求，难以满足一些职工更高的需求。因此，有必要在国家基本社会保障水平之上，建立员工福利计划予以补充。以养老金替代率为例，目前我国基本养老保险的替代率在50%左右，能够保障退休职工的基本生活，但是如果要进一步提高职工退休后的生活质量，就需要其他养老金计划予以补充，因此目前越来越多的企业开始建立企业年金计划，满足职工退职退休后更高的需求。

其次，员工福利计划是企业人力资源管理的有效手段。员工福利计划有利于吸引和留住人才、降低离职率，有利于发挥员工工作的积极性和创造性。员工福利作为企业整体薪酬的一部分，日益受到企业员工的重视。员工在选择工作时不仅仅考虑工资等当期支付，而且还会综合考虑其他员工福利，如各类保险、带薪休假、实物补贴等。在其他条件一样的情况下，员工福利水平越高，越能吸引人才和留住人才，降低离职成本。此外，设计良好的员工福利计划能够创造轻松亲切的工作环境，提高职工满意度，提高工作效率，缓和劳资关系，降低摩擦成本。

二、员工福利计划的内容和项目

员工福利计划的内容和项目丰富多彩，随着生活经济的发展和时代的变迁，其内容和项目还在不断发生变化。但总体而言，员工福利计划的内容和项目主要包括团体人寿保险、团体健康保险、退休计划以及其他福利项目。很多员工福利项目大都以团体保险的形式提供。团体保险是指以雇主为投保人、雇员为被保险人，并且以一张保单为众多被保险人提供保障的保险形式。团体保险的一个显著优势是有利于节省成本，如有利于减少体检费用、有利于减少逆向选择的可能性和有利于减少关联费用。

(一)团体人寿保险

任何职工都可能面临死亡、伤残、收入锐减等风险，团体人寿保险能够为职工工作期间和退休后提供生活保障。

团体人寿保险是以团体为保险对象，由保险公司签发一张总的保险单，为该团体的成员提供保障的保险。团体定期人寿保险是最常见、最简单的寿险。团体定期人寿保险是指在一定期限内(通常是一年)当被保险人死亡时，保险人给付保险金的保险。团体定期人寿保险一般都带有续保条款，而且没有储蓄成分，没有现金价值的积累，因此是单纯的保障性保险产品。

团体人寿保险具有以下特点。第一，要求投保团体必须是依法成立的组织，要有自身专业活动，投保团体人寿保险只是该组织的附带活动；投保团体中参加保险的人数必须达到规定的标准。第二，团体人寿保险免于体检。第三，保险金额分等级制定。一般而言，团体人寿保险的被保险人不能自由选择投保金额。这样做是为了防止体质差、危险大的人选择较高的保险金额。第四，保险费率较低和保障范围比较广泛。

(二)团体健康保险

随着医疗技术的进步和生活水平的提高，团体健康保险日益受到员工和企业的重视。团体健康保险是以各种社会团体为投保人，以其所属员工为被保险人(包含团体中的退休员工)，当被保险人因疾病或分娩住院时，由保险人负责对其住院期间的治疗费用、住院费用、看护费用，以及在被保险人由于疾病或分娩致残疾时，由保险人负责给付残疾保险金的一种团体保险。团体健康保险所承担的范围包括各类促进身体健康和心理健康的服务成本，包括体检、诊断检查、手术、住院、口腔护理和视力矫正等项目。

与个人的医疗健康保险相比，团体健康保险有三大优势。第一，费率相对较低。团体健康保险承保的是一个企业的全部或者部分员工，不仅人数多，而且风险分散，此外团险在业务开拓与维护费用上比较低，因此保费也比个险便宜；与此同时，对于投保时间长的客户，还可根据理赔数据制定准确的经验费率，费率更加优惠。

第二，保障范围相对广泛。团体健康保险中的某些保障是个险不具备的；有的团体健康保险不仅员工可以享受到保障，员工配偶及子女也可以作为团体成员的一部分享受同样的保险利益。

第三，投保方式相对灵活。团体健康保险投保时不像个险那样严格，一般情况下团险投保不需要体检，对投保年龄限制也较为宽松，承保期间可随时增减被保险人，非常便于单位的人事、财务管理。

(三)退休计划

一般而言,雇员的退休收入主要来自三个部分,一是政府举办的基本养老保险计划;二是企业举办的补充养老保险计划;三是个人自愿购买的商业养老保险。对于很多国家而言,企业提供的各类退休计划在保障退休员工的生活中发挥着重要作用。

雇主举办的各类退休计划在不同的国家有不同的称呼,如中国最常见的雇主退休计划是企业年金,有的国家称之为职业年金。美国最著名的退休计划是"401K 计划",其名称来源于美国《国内税收法》第401(k)节。

根据支付方式的差异,退休计划主要可以分为给付确定型计划、缴费确定型计划和混合计划(hybrids)三大类。

给付确定型计划是指养老金计划的发起人雇主向计划参与者做出承诺,保证其养老金收益按照事先约定好的标准发放的一种养老保险制度。在这种制度中受益人将来得到的退休金由一个特定公式决定,退休金收入主要与在职工作年限和在职期间的工资收入水平挂钩。

缴费确定型计划是指由企业设立,为雇员建立个人账户,并按个人账户积累额支付退休金的一种退休金计划。在缴费确定型计划下,参与者即雇员到退休年龄为止,向养老金计划的缴费数量是确定的,但该参与者在其退休后可以领取到多少养老金是不确定的,因为养老金收益是缴费和投资收益的总和,而投资收益是不确定的,并且由雇员来承担。

混合计划是试图将给付确定型计划和缴费确定型计划的优势集于一身的计划类型,它像缴费确定型计划一样为某一个账户指定供款额,但是像给付确定型计划一样保证最终收益。混合计划的账户价值在雇员的整个职业生涯中不断增长,并且允许雇员通过账户平衡表看到这种增长。

此外,根据资金来源的不同,退休计划的典型形式是利润分享计划和员工持股计划。利润分享计划是指从雇主的当期利润中支付分担额而建立计划基金的一种退休储蓄计划。员工持股计划是一种使员工成为企业股东的福利制度。

(四)其他福利项目

员工福利计划不限于上述保险计划,而且还包括其他各类内容丰富、给付方式灵活的福利计划,如教育培训计划、带薪休假计划、家庭成员帮助计划、弹性工作时间等项目。

员工的教育培训既是提高员工工作效率的重要手段,又是员工福利计划的重要内容。教育培训的学费报销计划使员工在参加学习或培训时所发生的费用能够获得全部或者部分的报销,企业全部承担或者与员工共同分担培训成本。此外,企业还可以举办各种各样的在职培训、短期培训、技能培训等项目。

带薪休假是指当员工不履行其基本工作职责时,仍然可以获得雇主支付的薪水。随着社会经济的发展,休闲休假日益受到雇主和员工的欢迎。其具体内容包括假日、节日、病假、丧假等内容。

家庭成员帮助计划是指雇主为雇员的家庭成员提供照顾、护理等服务的一项福利制度。家庭成员帮助计划常见的项目是幼儿照顾计划、老人照管计划等。家庭成员计划有助于解决雇员的后顾之忧,提高员工生产率,增强企业吸引力。

弹性工作时间是指公司通过各种方式,为员工提供工作时间上的便利,以帮助员工在工作和休闲之间取得平衡。弹性工作时间包括弹性工时,即上班和下班时间可以在一定范围内自由掌握。压缩周工作时间也是弹性工作时间的重要内容,如周五可以在家上班。此外,随着通信技术的发展,很多工作不需要到办公室处理,在家办公越来越流行。

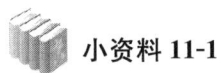小资料 11-1

冯新:给带薪"心情假"点个赞

新年伊始,环球塑化网为员工设立了带薪"心情假",员工心情不好、情绪不稳定时,可申请休"心情假",为员工带来了意想不到的新年福利。

病了可以请"病假",有事可以请"事假"。心情不好时,能否休个"心情假"?在环球塑化网,员工心情不好、情绪不稳定时,不仅可以休"心情假",而且还是带薪的"心情假"。

这一让上班族心动的规定,无论出于安全考虑还是出于工作效率的权衡,都是值得称道的。

心情是指无特定、普遍及能够广泛影响认知和行为的一种情感状态。心理学上有个著名的"踢猫效应":父亲在公司受到了老板的批评,回到家就对正在做饭的妻子没有好脸色;妻子莫名其妙心中委屈,就把在沙发上跳来跳去的孩子臭骂了一顿;孩子心里窝火,狠狠去踹身边的猫;猫逃到街上,正好一辆卡车开过来,司机赶紧避让,却把路边的孩子撞伤了。

现在社会发展迅猛,人们在高负荷的工作压力下,免不了受糟糕情绪的困扰。经常就有员工说:"今天我心情不好,别惹我。"心理研究证明,受生物钟规律的支配,生理活动会存在高潮和低潮,高潮时情绪饱满,工作效率高;低潮时效率就低,而且这种不好的心情可能影响其他职工,容易给企业带来"次生危害"。与其让他坚守岗位,倒不如让他回家休息,重新调整心情,使其保持最佳的工作状态,这样对自己、对企业都有好处。

其实,心情也是一种生产力。有压力就需要释放,有心理困惑就需要时间来化解。给员工放带薪"心情假"重要的不在于休假,而在于员工有一种被重视的感觉,这种感觉其实在工作中特别重要,因为每个人都渴望被尊重、都会觉得自己对企业是有贡献的,这种感觉一旦被给予,他能在以后的工作中焕发出更大的激情。有调查发现,员工在心情不好时,其产品的次品、废品率会高达 10%~15%,在实施"心情假"后,产品合格率达 97% 以上。

在"以人为本"理念深入人心时,与其强行要求员工加班,不如借鉴环球塑化网的做法,关注员工情绪。在他们心情不好、情绪不稳定时,放个"心情假",这不是可有可无的，而是体恤员工的一种方式。及时消解各种负面情绪，不仅能给员工一份快乐的工作，而且能为企业本身赢得更长远的发展，何乐不为？

资料来源：荆楚网

第三节 企业年金和职业年金

企业年金是指企业及其职工在依法参加基本养老保险的基础上，自愿建立的补充养老保险制度。企业年金，又称企业补充养老保险、职业养老金、私人退休金等，是企业为员工提供的养老金福利，是员工退休后获得的收入。在我国，职业年金是指机关事业单位为其员工建立的补充养老保险，在性质上上和企业年金较为类似。由于我国尚未大规模建立职业年金，并且在管理模式上和企业年金较为类似，因此本节主要讲解企业年金。

一、企业年金的性质和功能

企业年金的性质和功能可以从三个层次来理解。首先，企业年金是"三支柱养老体系中"的第二支柱。根据世界银行对于各国社会保障体系发展的指引，一国社会保障体系的最佳构成是"三支柱的养老体系"——第一支柱是指由政府管理同时享有税收优惠政策的社会基本养老保险；第二支柱是指由政府推行的强制性的或由政府通过税收优惠政策鼓励倡导的、由非政府机构管理的退休金计划；第三支柱是指个人的自愿性储蓄或保险计划。我国的企业年金制度，采取由雇主自愿发起、享有国家税收优惠政策支持的做法，其性质同"三支柱"养老保障体系中的第二支柱一致。

其次，企业年金是员工报酬或企业剩余的一部分。企业年金的资金来源不外乎两个渠道，即员工报酬和企业剩余。对于前者，企业年金的实质是员工在职期间应得报酬的一种延期支付形式，对于后者则是员工分享企业利润或企业发展成果的一种方式。

最后，企业年金是人力资源管理的一种手段。企业通过建立企业年金计划，可以吸引、留住人才，可以提高员工工作的积极性，提高企业的凝聚力，因此企业年金也是企业人力资源管理的一种有效手段。

企业年金与基本养老保险相比有其自身的特点。

(1)建立的目的不同。政府建立基本养老保险的目的在于在被保险人退休之后向其提供一定的经济补偿，为退休人员提供最基本的生活保障；而企业年金的目的则是在此基础上提供补充给付，使退休人员退休后的收入水平不至于过多下降，保障的层次显然不一样。

(2)经营的方式不同。基本养老保险的主体是国家，由政府指定专门职能部门主办，并以法令法规作后盾，具有强制性、垄断性和统一性，制度覆盖范围内的企业和个人必须无条件参加，其保障方式和程度都是标准化的；而企业年金则是企业根据自身的经营业绩、劳动力市场的竞争等情况自愿设立的，经营的主体可以是企业自身、企业集团、商业保险公司或共同基金，它们互相竞争，由企业选择，保险计划呈现多样性和差异性。

(3)保障的程度不同。基本养老保险是政府对国民应尽的责任，享受它是国民的权利，所以政府对保险的财产负有责任，被保险人的利益具有较大程度的保障；而企业年金虽然政府一般在保险费的缴纳和基金投资方面将给予税收优惠政策，以支持其发展，但不会对其财产提供担保，所以被保险人的保障程度具有较大的风险性，它取决于企业经营状况的好坏和企业年金经营主体经营状况的好坏。

(4)强制性不同。基本养老保险一般是由政府强制实施的；而企业年金计划一般是由企业自愿发起建立的，只有极少数国家采取强制性的方式。

对于企业年金的功能，可以从三个角度分析。首先，对员工个人而言，企业年金是职工退休生活的重要机制。现代经济理论表明，企业年金本质上是一种延期支付手段，是职工薪酬的重要组成部分，是对职工人力资本损耗的一种补偿。因此，企业年金对保障职工安度晚年意义重大。其次，对于企业而言，企业年金是企业人力资源管理的重要手段。建立企业年金有利于吸引优秀的职工、有序安排适龄职工退休。因此建立富有吸引力的企业年金是吸引人才、留住人才的重要手段。最后，对于整个国家而言，企业年金是完善多层次养老保障制度的关键一环。多层次的养老保障制度能够有效应对退休者面临的不同风险，有利于减轻国家财政负担，有利于提高养老金的充足性，从而有利于养老保障制度的可持续发展。

二、企业年金的运作模式和治理结构

我国企业年金采用信托管理模式，年金计划的运营涉及委托人、受益人、受托人、账户管理人、托管人和投资管理人等多方主体，其中，受托人在企业年金治理结构中始终处于核心地位。

委托人是设立企业年金的企业及其职工；受益人是企业退休职工。

受托人是指受托管理企业年金基金的符合国家规定的养老金管理公司等法人受托机构或者企业年金理事会。受托人的主要职责是：选择、监督、更换账户管理人、托管人、投资管理人；制定企业年金基金战略资产配置策略；根据合同对企业年金基金管理进行监督；根据合同收取企业和职工缴费，向受益人支付企业年金待遇，并在合同中约定具体的履行方式；接受委托人查询，定期向委托人提交企业年金基金管理和财务会计报告；发生重大事件时，及时向委托人和有关监管部门报告；定期向有关监管部门提交开展企业年金基金受托管理业务情况的报告。

在企业年金的不同运作阶段，受托人的管理内容有所不同。在企业年金基金受托管理的准备阶段，受托人的主要工作内容包括两方面：一是制定投资政策和进行战略资产配置；二是选择账户管理人、托管人、投资管理人等运作当事人。在企业年金基金受托管理的运营阶段，受托人的主要工作内容包括三方面：第一，监督企业年金基金运作当事人；第二，调整战略资产配置；第三，负责收集缴费、支付待遇和个人账户的转移。在企业年金基金受托管理的反馈阶段，受托人的主要工作包括三方面：第一，对投资绩效进行评估；第二，制作运作报告；第三，在某些特殊情况出现时更换相关当事人。

账户管理人是受托人委托管理企业年金基金账户的专业机构。账户管理人应当履行下列职责：建立企业年金基金企业账户和个人账户；记录企业、职工缴费以及企业年金基金投资收益；定期与托管人核对缴费数据以及企业年金基金账户财产变化状况，及时将核对结果提交受托人；计算企业年金待遇；向企业和受益人提供企业年金基金企业账户和个人账户信息查询服务；向受益人提供年度权益报告；定期向受托人提交账户管理数据等信息以及企业年金基金账户管理报告；定期向有关监管部门提交开展企业年金基金账户管理业务情况的报告。

托管人是受托人委托保管企业年金基金财产的商业银行或专业机构。托管人应当履行下列职责：安全保管企业年金基金财产；以企业年金基金名义开设基金财产的资金账户和证券账户等；对所托管的不同企业年金基金财产分别设置账户，确保基金财产的完整和独立；根据受托人指令，向投资管理人分配企业年金基金财产；及时办理清算、交割事宜；负责企业年金基金会计核算和估值，复核、审查和确认投资管理人计算的基金财产净值；根据受托人指令，向受益人发放企业年金待遇；定期与账户管理人、投资管理人核对有关数据；按照规定监督投资管理人的投资运作，并定期向受托人报告投资监督情况；定期向受托人提交企业年金基金托管和财务会计报告；定期向有关监管部门提交开展企业年金基金托管业务情况的报告。

投资管理人是受托人委托投资管理企业年金基金财产的专业机构。投资管理人应当履行下列职责：对企业年金基金财产进行投资；及时与托管人核对企业年金基金会计核算和估值结果；建立企业年金基金投资管理风险准备金；定期向受托人提交企业年金基金投资管理报告；定期向有关监管部门提交开展企业年金基金投资管理业务情况的报告。

三、我国企业年金和职业年金的发展

我国企业年金制度的发展先后经历了企业补充养老保险阶段、初步试点阶段和目前的正规发展阶段。2004年5月1日，我国《企业年金试行办法》和《企业年金基金管理试行办法》颁布实施，标志着中国做出了企业年金信托管理的政策选择。2011年5月1日起施行的《企业年金基金管理办法》进一步巩固和完善了企业年金信托管理模式。这是顺应养老金改革的世界潮流，并结合中国的国情，做出的历史性选择。我国信托制企业年金管理模式有利于保障基金资产独立性，有利于专业机构相互监督和合作，最终有利于保护企业年金基金受益人利益。

在中国，企业年金产生于20世纪80年代末90年代初，基本经历了三个发展阶段：企业补充养老保险阶段、企业年金初步试点阶段以及企业年金正规发展阶段。

(一)企业补充养老保险阶段：20世纪80年代末至2000年

1991年，国务院发布了《国务院关于企业职工养老保险制度改革的决定》（国发〔1991〕33号），对企业职工养老保险制度改革的目标确定如下："逐步建立起基本养老保险与企业补充养老保险和职工个人储蓄性养老保险相结合的制度"，并第一次明确提出"国家提倡、鼓励企业实行补充养老保险"。根据这份文件的规定，基本养老保险和补充养老保险基金均由社会保险经办机构管理，已由人民保险公司经办的养老保险业务，可以维持现状不做变动。依据这份文件，一些地方社保经办机构开始经办企业补充养老保险业务。

1995年12月劳动部又发布了《关于建立企业补充养老保险制度的意见》（劳部发〔1995〕464号），明确了企业补充养老保险实施主体和条件、决策程序和管理组织、资金来源、记账方式和计发办法、供款方式和水平、享受条件和待遇支付、经办机构和委托程序、投资运营、基金转移等主要政策，比较完整地提出了建立和发展企业补充养老保险的基本政策框架。

1997年国务院发布《关于建立统一的企业职工基本养老保险制度的决定》，在提出"到本世纪末基本建立起适应社会主义市场经济体制要求，适用城镇各类企业职工和个体劳动者，资金来源多渠道、保障方式多层次、社会统筹与个人账户相结合、权利与义务相对应、管理服务社会化的养老保险体系"的同时，进一步明确和强调了"各地区和有关部门要在国家政策指导下大力发展企业补充养老保险，同时发挥商业保险的补充作用。"在这份文件的指导下部分省市相继制定了一些地方性企业补充养老保险管理办法，对企业补充养老保险发展分别进行了不同程度的探索。经历了这十年左右的发展历程，如何规范和促进企业补充养老保险的发展，成为政府、企业和各经办主体共同面对的问题。

（二）企业年金的初步试点阶段：2000年至2004年5月1日之前

2000年国务院发布了《关于完善城镇社会保障体系的试点方案》（国发〔2000〕42号），首次提出了"企业年金"的概念，即企业年金是有条件的企业为职工建立的补充养老金计划，实行基金完全积累，采取个人账户管理方式，费用由企业和职工个人缴纳；企业年金实行市场化运营和管理。文件规定了四项新的政策：一是将补充养老保险名称规范为企业年金；二是确定采取个人账户的管理方式；三是明确税收优惠政策，规定试点地区企业缴费在工资总额4%以内部分可以纳入成本，允许在税前列支；四是实行市场化运营和管理。

国发〔2000〕42号文件在总结过去十年补充养老保险改革和发展经验的基础上，确定了企业年金发展的基本模式和战略方向，为进一步推动企业年金发展创造了条件。国发〔2000〕42号文确定，选择辽宁省在全省范围内进行完善城镇社会保障体系试点；其他省、自治区、直辖市自行决定是否进行试点，如决定试点，可确定1个具备条件的市进行试点。各地区确定的试点市名单要报国务院试点工作小组备案。同时，2001年《国民经济和社会发展第十个五年计划纲要》也提出，"鼓励有条件的用人单位为职工建立企业年金和补充医疗保险，同时发挥商业保险对社会保障体系的补充作用"。电力行业也被劳动和社会保障部选作进行企业年金改革试点的首批行业之一，在探索企业年金发展过程中具有一定的榜样作用。

（三）企业年金的规范发展阶段：2004年5月1日至今

2004年在各地试点经验的基础上，借鉴发达国家企业年金制度建立和发展的经验，政府有关部门颁布了《企业年金试行办法》和《企业年金基金管理试行办法》（即20号令和23号令），并于2004年5月1日实施，确立企业年金计划信托管理模式的基本框架。

2004年11月，劳动和社会保障部和中国证监会联合发布《关于企业年金基金证券投资有关问题的通知》和《企业年金基金证券投资登记结算业务指南》，首次对企业年金基金证券投资的开户、清算模式、备付金账户管理等有关问题进行了具体规定，为企业年金入市奠定了重要的制度基础。

2004年年底和2005年年初，劳动和社会保障部相继出台了《企业年金基金管理运作流程》《企业年金账户管理信息系统试行标准》《企业年金管理运营机构资格认定暂行办法》《企业年金基金管理机构资格认定专家评审规则》等文件，从而形成以开户流程、运作流程、受托人规定等细则为补充的企业年金整体运作框架。两个试行办法和一系列配套措施奠定了中国当前企业年金制度的政策法规框架和具体实施规则，标志着中国开始全面推行企业年金制度。

根据《企业年金基金管理机构资格认定暂行办法》，劳动和社会保障部于2005年组织了首批企业年金基金管理机构资格评审，对受托人、账户管理人、托管人、投资管理人的资格做了详细规定。2005年8月1日，劳动和社会保障部发布了第5号通告，通告中公布了第一批认定的企业年金基金管理机构，共有29家金融机构获得37个企业年金管理资格。

2006年7月，"上海社保案"爆发以后，34.5亿元社会保险基金被违规挪用的事实曝光，其中绝大部分是企业年金。2006年9月14日劳动保障部正式对外发布了《关于进一步加强社会保险基金管理监督工作的通知》（劳社部发〔2006〕34号），通知明确规定"社会保险经办机构不再接收新的企业年金计划，新建立的企业年金计划要由具备企业年金基金管理资格的机构管理运营；劳社部令20号、23号颁布前建立的企业年金计划，要在2007年年底之前移交给具备资格的机构管理运营。"

为了进一步规范企业年金管理，2007年4月24日劳动和社会保障部颁布了《关于做好原有企业年金移交工作的意见》（劳社部发〔2007〕12号），明确规定"由社会保险经办机构、原行业管理的以及企业自行管理的原有企业年金均应移交给具备资格的机构管理运营"，该意见对企业年金移交做出了具体的工作部署。上述法规的颁布，标志着中国企业年金制度开始进入规范化的市场化管理运营阶段。

2011年2月20日，新修订的《企业年金基金管理办法》（人力资源和社会保障部令第11号）审议通过，自2011年5月1日起施行。劳动和社会保障部第23号令同时废止。该办法主要对于基金投资比例、治理结构、集合计划、监督检查等做了调整。与2004年版的《企业年金基金管理试行办法》相比，新办法未对股票等权益类产品及股票基金、混合基金等的投资比例上限（30%）做调整，但是取消了对股票投资比例上限为20%的限制。这就意味着，未来股票投资比例上限最高可放宽到投资组合的30%。

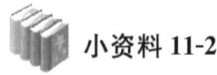
小资料11-2

机关事业单位养老保险改革起航，职业年金将获得快速发展

作为机关事业单位补充养老保险的职业年金，越来越多地受到政府的重视。2008年3月，《关于印发事业单位工作人员养老保险制度改革试点方案的通知》（国发〔2008〕10号文）下发，要求山西、上海、浙江、广东、重庆五省市开展试点。试点的主要内容

包括：养老保险费用由单位和个人共同负担，退休待遇与缴费相联系，基金逐步实行省级统筹，建立职业年金制度，实行社会化管理服务等。这是政府文件里首次正式提及职业年金。

2011年3月22日，中央下发了《中共中央国务院分类推进事业单位改革实施指导意见》（中发〔2011〕5号），对包括机构改革、人事制度改革、收入分配改革、财政和养老保险制度改革提出了明确的改革方向。通过综合配合改革，深化推进机关事业单位养老保险改革。

2011年7月24日，国务院办公厅出台了《关于印发分类推进事业单位改革配套文件的通知》（国办发〔2011〕37号文），印发了上述5号文件的9个配套文件。其中《事业单位职业年金试行办法》作为配套文件之一出台。

党的十八届三中全会明确提出："加快发展企业年金、职业年金、商业保险，构建多层次社会保障体系。"2008年以来，深圳市在聘任制公务员和事业单位工作人员养老保障改革中，就已开始探索职业年金纳入聘任制公务员和事业单位员工的退休保障。

2015年1月14日，国务院发布《关于机关事业单位工作人员养老保险制度改革的决定》，标志着养老金"双轨制"改革正式拉开序幕。决定明确，机关、事业单位建立与企业相同基本养老保险制度，实行单位和个人缴费，改革退休费计发办法。与此同时，机关事业单位在参加基本养老保险的基础上，应当为其工作人员建立职业年金。单位按本单位工资总额的8%缴费，个人按本人缴费工资的4%缴费。工作人员退休后，按月领取职业年金待遇。职业年金的具体办法由人力资源和社会保障部、财政部制定。这意味着我国机关事业单位职业年金将迎来快速发展的历史机遇。

第四节 慈善事业

慈善是一种善良意愿的社会活动。慈善是一种美德、善行和爱心，是人类特有并随着文明程度的提高而发展起来的道德情操。慈善事业则是建立在捐献基础之上的民营社会性救助事业。慈善事业区别于分散的慈善行为，它是以民间公益组织（慈善组织）为实施主体，为救助特定群体或特定标的为目标，按照既定的操作规范、制度或原则实施的长久的社会化行为。

人类慈善行为源远流长。例如，《礼记·檀弓》记载的"嗟来之食"的故事，其中的黔敖所主持的就是一种慈善事业。我国历代统治者都非常重视救灾、救荒工作，总结了很多行之有效的经验措施，形成了一系列完整的制度规范。尽管这些工作都是从维护政权稳定的角度出发，但是在客观上减轻了人民群众所遭受的疾苦。除了政府的这些救灾、救荒行为外，很多乡绅、商人也提供力所能及的救助。在西方，古罗马时期的教会所宣扬的教义不仅包含社会保障思想的萌芽，而且还在身体力行地做着救助贫民、赡养老人、抚养儿童的工作，这也属于慈善行为。

慈善事业是一种有益于社会与人群的社会公益事业，是政府主导下的社会保障体系的一种必要的补充。慈善事业是在政府的倡导或帮助、扶持下，由民间团体和个人自愿组织与开展活动的、对社会中遇到灾难或不幸的人，不求回报地实施救助的一种无私的支持与奉献的事业。慈善事业实质上也是一种社会再分配的实现形式,并且是一种自愿性质的再分配,虽然在形式上不同于国家强制性的再分配,但目的都是相同的,可谓殊途同归。

一、慈善行为的一个经济学解释

从经济学的角度分析,自愿性的慈善行为的基础是每个个人的福利是相互依存的。一个人的效用水平不仅仅取决于自己的收入、财富和健康状况等因素,而且取决于周围其他人的收入、财富和健康状况等因素。这是因为社会中人们的福利状态是相互依赖的。这里使用一个简单的模型来刻画慈善行为。

假设世界上只存在两种人,一种是穷人,另一种是富人,分别用 P 和 R 表示。因为穷人和富人的效用是彼此依赖的,富人 R 不仅考虑自己的效用,而且会考虑穷人 P 的效用,这时就会存在富人 R 向穷人 P 施以援手的情况。我们假设富人 R 和穷人 P 各自存在一个效用函数,并且收入是决定效用水平高低的唯一因素。此时:

$$U^R = f(Y^R)$$
$$U^P = f(Y^P)$$

式中,U^R 和 U^P 分别代表富人和穷人的效用;Y^R 和 Y^P 分别代表富人和穷人的收入。现在假设富人和穷人的效用是彼此依赖的,即富人的效用不仅取决于自己的收入,而且受到穷人收入的影响。此时,富人的效用存在如下形式:

$$U^R = f(Y^R, Y^P), \ f_1 > 0, \ f_2 \geq 0$$

式中,f_1 和 f_2 分别是 U^R 对 Y^R 和 Y^P 的偏导数。这时,再分配或者慈善行为会存在一个正的外部性。这是因为在其他情况不变的条件下,富人 R 的效用会随着穷人 P 的收入增加而增加。如果满足下面的条件,富人就会自愿提供再分配。

$$\frac{\partial U^R}{\partial Y^P} - \frac{\partial U^R}{\partial Y^R} \geq 0$$

第一项意味着穷人 P 收入的增加,会提高富人 R 的效用;第二项表明富人 R 的收入减少会降低其效用。如果第一项大于第二项,则富人就会自愿提供再分配。

当然,这种自愿性质的再分配可能存在不足,特别是当"搭便车"问题比较严重的时候,慈善行为可能存在严重不足。因此,完全依靠慈善事业来实现社会保障目的是不可取的,慈善事业只能是社会保障制度的有益补充。

二、慈善事业和社会保障

虽然在运作方式和管理方式等方面,慈善事业和社会保障制度存在巨大差别,但是二者在保障公民个人和家庭生活需要并提高生活水平、实现公平和社会进步的目的方面是相似的。因此,慈善事业是社会保障制度的有机组成部分,是对基本社会保障制度的有益补充,但是二者在诸多方面存在根本差异。

第一,二者的性质不同。社会保障是指国家立法强制规定的、由国家和社会出面举办,对公民在老年、疾病、伤残、失业、生育、遭遇灾害、面临生活贫困时给予物质帮助,旨在保障公民个人和家庭生活需要并提高其生活水平、实现公平和社会进步的制度。社会保障的本质是国家对自由市场的干涉，主要体现的是国家责任。慈善事业是在政府的倡导或帮助、扶持下，由民间团体和个人自愿组织与开展活动的、对社会中遇到灾难或不幸的人，不求回报地实施救助的一种无私的支持与奉献的事业。慈善事业的本质是个人或社会团体的一种自愿行为。

第二，二者的举办主体和资金来源不同。社会保障的举办主体是国家，国家不仅要求个人和企业必须参加基本社会保险，而且国家亲自提供社会保障服务。对于社会保险而言，资金主要来自雇员、雇主缴费和国家财政补贴，而社会救济的资金来自政府一般税收。慈善事业的举办主体是个人或者社会团体，本质上属于私人部门或者第三方部门。慈善事业的资金来源主要是个人或相关机构的自愿捐赠，政府给予一定形式的税收优惠。

第三，二者的受益范围和内容不同。社会保障是基于社会公平原则通常会覆盖全体国民，某些具体的项目，如社会保险，每个人享受的待遇水平可能存在不同，但以多种形式覆盖全体国民是绝大多数国家所追求的目标。慈善事业援助的对象一般是社会弱者与不幸者，其受益范围相对较小，但是受益内容较为丰富。

总之，慈善事业和社会保障制度既存在替代和互补的关系，也存在相互促进和协调发展的关系。一方面，如果基本的社会保障制度完善、功能健全，慈善事业相对而言就规模较小、影响力不大。相反，如果社会保障制度不完善、功能不健全，对慈善事业的需求就会很大，慈善事业发展空间大，影响力相对应大。另一方面，慈善事业和社会保障制度之间还存在着相互促进和协调发展的关系。在社会保障制度较为完善的国家，社会公平正义实现的程度较高，公民个人基本生活能够获得较为充分的保障，这使得个人心态平和，更倾向于乐善好施，慈善事业的财源就会非常广泛，人们愿意投身到慈善事业中来，因此慈善事业较为发达。反之，如果社会保障制度不发达，大多数人的基本生活无法获得保障，社会充满不公和不平等，人们从事慈善事业的热情也会受到影响，慈善事业也很难获得稳定持续的发展。

第五节　家庭保障

家庭在我国历史中扮演着十分重要的角色，尤其在保障家庭成员的养老、医疗、生育、精神慰藉等方面以及对于社会的稳定和发展，发挥了十分重要的作用。家庭保障是指由家庭提供的对家庭成员的生活保障，它包括经济保障、服务保障和精神慰藉等内容。在家庭保障中，家长或家庭主要成员充当着责任主体，每个家庭成员有较为明确的分工，从而形成了家庭成员之间长期互惠的内生机制。

我国的家庭养老深受传统文化的影响。我国历来重视孝道。由于受几千年来儒家、道家思想文化的影响，中国的孝道思想发达，如"养老敬老""养子防老""百善孝为先"等观念深入人心。孔子曾经提出"父母在不远游，游必有方"的思想，老子则提出"老有所养"的思想，周文王因为"善养老"而闻名天下，"二十四孝"的故事更是在民间广为流传。所以在养老方面，家庭确实为社会分担了相当部分的财力和精力。

"孝文化"是家庭保障的精神支柱。孝是中华民族最为古老的道德规范。作为一种伦理道德观念,孝在中国有着悠久的历史渊源和深厚的社会基础,它首先是原始社会末期父系家长制的产物,同时也是人类家族血缘关系在伦理观念上的反映。"孝文化"对家庭的影响主要体现在养老敬亲上,即家庭内部的养老敬亲是"孝文化"的基本内涵。孝的思想与观念之所以数千年来贯穿于中华文化的始终,既与儒法等文化的大力提倡有关,又与中国传统民族习俗及佛道文化的渗透有关。作为一种思想观念,"孝文化"深入人心,使家庭养老有条不紊地持续下去;作为一种政治手段,它为统治者笼络了大批忠才良将,即所谓的"求忠臣于孝子之门"。换言之,中国传统文化中的养老思想实则是孝的思想,这也是农村家庭保障得以实施的精神支柱。

家庭共有财产是家庭保障的经济基础。家庭保障的实施需要一定的物质基础来满足家庭成员的生老病死以及不可预知的意外事故。在传统社会,同居共财几乎是每个朝代都遵守的法则。尽管秦时法律强制分家,但汉以后又为道德与法律所否定,同居共财又成为主流。同居共财、同灶合食的好处在于,对于一个家庭而言,可以把有限的经济资源集中起来,作为家庭的公共财产,以应对家庭及其成员所面临的风险,这对家庭和个人的延续提供了较为坚实的经济保障。

家法和社会舆论等是家庭保障的外在约束。在传统社会,家庭保障不仅是家庭内部的问题,也是有外在的约束的。这些约束,一方面来自国家对孝养老人的法律规定,另一方面就是社会舆论的约束和家法族规的制约。传统社会的家法族规,作为约束家庭族人的制度约束,也在家庭保障和成员的救助中发挥了重要的作用。传统中国是一个情大于法的社会,在法律作用不到的地方,道德和社会舆论的约束有时会起到比法律更大的作用。自古以来,孝养父母、互助家人是传统美德,否则就会遭到舆论的谴责。在我国传统社会,人们的生活保障来源比较单一,主要有国家救济、邻里互帮互助、宗教慈善以及个人慈善行为,但由于国家救济、个人及宗教慈善行为对象的局限性、时间不确定性以及具体实施上的任意性,其所起到的效果是微乎其微的。而家庭保障(可以延伸为家族保障)以家庭成员之间血缘关系为亲情基础,以家庭共有财产为实施的经济保证,甚至有家法等制度性的约束机制,实施效果相对较好。

用现代社会保障的观点来看,生育和抚养子女的花费,可以被看成是正值劳动年龄的父母为将来养老而缴纳的保障基金。这笔基金随着子女年龄的增长而逐年缴纳和积累,并在子女的逐步成长中得以保值和增值。当父母年老丧失劳动能力时,当子女成年进入劳动年龄时,原先所缴纳的养老保障金就开始给付,直至父母去世。从传统家庭的角度看,这种养老基金的缴纳、积累、增值以及给予,是一个充满伦理亲情的十分自然的过程。

另外,在医疗保障方面,对一般家庭尤其是农村家庭来说,由家庭来负担其成员的医疗费用似乎是古已有之、天经地义的。遇有普通疾病往往由家庭内部负担,大病或者内部无力负担的情况下,则向家族其他成员或亲戚朋友转借。同时家庭还要负担老年人的丧葬费用以及妇女的生育费用。在失业保障方面,失业风险与家庭的关系最为密切。一方面失业意味着家庭收入的减少,另一方面失业者又特别需要家庭这个温馨港湾的精神慰藉。

但是,传统的家庭保障的功能在不断弱化。传统的家庭保障受到人口老龄化、家庭规模缩小、文化观念变更、计划生育效应等多种因素的冲击,其作用越来越有限。

随着中国城市化步伐的加快,农村青壮年人口大量向城市迁徙,计划生育效应的显现、农村的老龄化状况将更为严峻。4:2:1的倒金字塔形的家族结构已经初步形成,养儿防老的观念即将成为历史。

而与农村老龄化加快相对应的是农村家庭规模的缩小,每户平均人数大幅下降。根据2010年第六次人口普查数据,我国平均每个家庭人数从1982年的4.41人下降到2010年的3.10人。核心家庭(1对夫妇1个孩子)已经占到农村家庭的绝大比例。家庭保障功能随着家庭规模的缩小而弱化。无论是老年人生活必需品(包括卫生保健支出)的供给、老年人生活照料所需劳务的供给、老年期所需精神慰藉的提供,还是疾病风险在家庭内部的分散,都远逊于传统的大家庭。

随着疾病谱的变化和医疗费用的攀升,家庭内部分散疾病风险的功能减弱,农民因病致贫、因病返贫不但已经成为农村贫困最主要的因素,而且严重影响到农村人口素质的提高。农村的家庭保障已越来越不足以依赖。农村文化观念的变更使传统的孝道受到冲击,一些地方的敬老传统遭到严重破坏。

此外,创收能力的降低、科技对老人经验的替代、看护幼儿功能的弱化等因素都导致农村老年人在家庭中越来越处于不利的地位,成为农村真正的弱势群体。而农村老年人的生存状态不是通过道德说教或者严肃法纪所能彻底改观的。老年人家庭地位的提高、生活质量的改善迫切需要的是一种家庭之外的社会化的保障制度。

▶思考题

1. 社会保障五支柱模型主要包括哪些内容?
2. 福利混合经济理论和福利社会分工理论对福利是如何分类的?
3. 员工福利计划的内容和项目有哪些?
4. 企业年金的运作和治理结构的具体内容有哪些?
5. 慈善事业和社会保障制度的区别有哪些?
6. 家庭保障的功能和作用以及面临的挑战有哪些?

 案例

强制建立职业年金再吹风　年金是必需品还是奢侈品?

养老金并轨方案中提到机关事业单位在参加基本养老保险的基础上,应当为其工作人员建立职业年金。单位按本单位工资总额的8%缴费,个人按本人缴费工资的4%缴费。

职业年金,一个随着养老保险并轨重新走入人们视野的热词,作为基本养老保险的补充,职业年金在并轨后将何去何从? 在昨日的"经济每月谈"上,人力资源和社会保障部社会保障研究所所长金维刚透露,机关事业单位养老金制度改革后,将会同步建立强制性的职业年金,补充养老保险中产生的巨大反差。但金维刚也坦言,一方面这将倒逼企业年金的发展,但另一方面也会令两者之间产生新的矛盾。

职业年金不是谁都有

根据资料,职业年金是一种补充养老保障制度,是我国正在完善的城镇职工养老保险体系(由基本养老保险、职业年金和个人储蓄性养老保险三部分组成)的"第二支柱"。它既不是社会保险,也不是商业保险,而是一项单位福利制度,是企事业单位人力资源管理、薪酬福利管理的重要组成部分。对于企业来说,职业年金通常被称为企业年金,企业会根据自身经济实力和经济情况自愿建立。据悉,职业年金以货币资产的形式存在,资金的本质属性是保值和增值,从而决定了职业年金资产对投资的内在需求。

约十年前,我国曾颁布过《企业年金试行办法》,其中明确规定,企业年金需要由企业和职工个人共同缴费,基金实行完全积累,采用个人账户的方式进行管理,职工在达到国家规定的退休年龄时,可以从本人企业年金个人账户中一次或定期领取企业年金;未达到国家规定的退休年龄的,不得从个人账户中提前提取资金。

"我国的企业年金覆盖人数不到7%,93%以上的企业职工没有企业年金,而且年增速非常缓慢。"金维刚坦言,我国在企业年金发展方面是比较滞后的,因为按照国际惯例,养老保障体系建设应该是多支柱的,但我国的企业年金发展却一直是短板,为整个保障体系带来较大缺陷,而这也造成我国主要靠基本养老保险来解决绝大多数人的养老待遇,为养老保险基金带来较大压力。

强制建立 机关事业单位内藏隐忧

"目前,经济形势不太景气,特别是现在企业经营面临很多困难的情况下,绝大多数企业没有建立企业年金,这完全是根据企业的经营状况自主决定的,但是机关事业单位改革以后,将强制建立职业年金。"金维刚说。

对于上述提法,中国劳动学会副会长兼薪酬专业委员会会长苏海南认为,养老金并轨后,机关事业单位工作人员的基本养老退休金较并轨前有较大幅度下滑,而统一建立职业年金,则有助于合理缩小其与并轨前退休金的差距,为并轨顺利推行提供支撑。

但值得注意的是,在机关事业单位强制建立职业年金后,也可能出现矛盾。"机关的职业年金是由财政全额拨款,但部分事业单位则采取差额拨款模式,这就要求职业年金的缴纳额度一定要合理,否则可能会增加差额拨款事业单位建立职业年金的压力。"苏海南说。

业内坦言,对于靠财政支撑,甚至完全由财政供养的公务员,单位的缴费将由财政来纳入预算,那么,强制缴纳职业年金后,地方财政压力势必会很大。因此,金维刚透露,如果是财政供养的单位,单位按照工资的8%缴费是属于记账式的,即缴费的权益包括利息都记入职业年金个人账户,并不是直接缴费也不再当期就划到个人账户,只是在将来退休的时候才一次性兑现,这也是考虑到地方财政的压力,所以当期缴费的时候,尽可能减少这方面当期的预算和支出。

倒逼难减负 企业年金有多远

机关事业单位强制性年金制度建立起来之后,对于企业来说,倒逼作用到底如何体现?业内表示,当机关事业单位建立职业年金后,将使其工作人员的退休金水平高于没有建立企业年金的企业员工,这将对企业形成压力,从而促便那些有经济能力的企业相应建立企业年金,以便让职工能够得到更好的养老保障,工作起来也更为安心。

然而,苏海南也提醒,由于我国很多劳动密集型中小企业的资金实力无法支撑设立企业年金,其职工的退休金势必会与机关事业单位以及很多大企业退休人员形成落差,如果差距过大,既不利于体现养老金待遇的公平合理,也会对中小企业的人员招聘和稳定性产生负面影响。"所以,无论是职业年金还是企业年金,建立的过程及其水平安排都要本着公正公平的原则,合理平衡好各方面退休人员的待遇关系。"苏海南说。

中国劳动关系学院教授林燕玲也表现出一定的担忧,她认为,机关事业单位强制性的职业年金对于企业形成倒逼作用后,并不会消除企业原本感觉过重的负担,反而令其有所增加。因此,林燕玲认为，从大方向上，机关事业单位强制性的职业年金是为了保证养老保险并轨后，机关事业单位职工不会因此在退休待遇上出现太大幅度的下滑，但企业年金目前还应作为倡导性的政策提出，让市场上收益比较好、利润比较多的企业，可以通过建立企业年金制度对人才形成更强的吸引力，促进人才流动，也帮助其在劳动力供不应求的情况下留住员工。

资料来源：肖玮、蒋梦惟：《强制建立职业年金再吹风　年金是必需品还是奢侈品?》，http://finance.eastmoney.com/news/1371,20150227480964022.html，2015年2月27日

 **延伸阅读**

两个《通知》是推动中国版401K发展的重要举措

自1991年建立企业补充养老保险制度到2004年发布两个部令，中国的企业年金发展一直比较缓慢，基金积累共计不到700亿元。然后，2005年实行信托制和完全市场化运作以来，中国企业年金呈现出较快发展势头，到2012年年底基金积累规模达4820亿元，2005～2012年的7年间企业年金基金增加了4100亿元。虽然横向上与基本养老保险和全国社会保险基金理事会相比，企业年金是"起个大早赶个晚集"，是小巫见大巫，它只是基本养老保险基金规模的1/6，不到全国社会保险基金（理事会）的2/5，但纵向地与2005年之前相比，成绩斐然，有目共睹。企业年金制度仍面临两个主要挑战。

一是固定收益类品种有待增加。监管部门和管理机构不断呼吁拓宽投资渠道，给企业年金多一些投资选择余地，以使其能够优化资产配置结构、更好地适应市场变化。但是，在人力资源和社会保障部11号令对投资范围的规定下，企业年金投资业绩高度依赖国内股票市场和债券市场的表现，这并不利于资产投资的多元化和分散化。企业年金投资收入不稳定，甚至有年收益为负的情况，如2008年投资收益率为-1.83%，2011年投资收益率为-0.78%。

二是投资效率有待提高。2012年年底投资机构管理的企业年金基金共计4500亿元，这些基金分布在2200个投资组合中，平均每个组合管理资产规模只有2亿元；相比而言，基金公司管理的2.5万亿元公募基金只有1100个组合，平均每个组合管理资产20多亿元。在现在这种"一对一"的投资模式下，企业年金投资组合数量大、规模小，无法形成规模经营，投资管理人为此需要配备大量的基金经理和估值、清算人员；同时，一个基金经理不得不管理多个投资组合，精力难以集中，很容易影响市场判断和投资收益。

针对上述两个主要问题，2013年3月，人力资源和社会保障部发布两份重要文件，即《关于扩大企业年金基金投资范围的通知》(23号文)和《关于企业年金养老金产品有关问题的通知》(24号文)。两个"通知"贯彻尊重制度创新、解决实际问题和促进市场发展的原则，把商业银行理财产品、信托产品、基础设施债权投资计划、特定资产管理计划、股指期货纳入企业年金投资范围，扩大了固定收益类投资品种。

23号文和24号文分别规定扩大投资范围和发行养老金产品，在中国企业年金事业发展中具有里程碑意义。

一是实现制度创新。两个"通知"是对目前企业年金制度的一次重要创新，23号文扩大了固定收益类产品投资范围，推动企业年金市场化深入；24号文通过投管人发行标准化养老金产品，在目前制度框架的后端建立一个集合，极大地降低了制度复杂性，大大提高了制度效率。

二是降低运营成本。企业年金的后端集合使整个制度大大简化，有利于投资组合的整合，允许投资管理人发行标准投资组合，一只养老金产品可以面向多个委托人销售，改"一对一"为"一对多"，扩大投资管理人管理的养老金资产规模，减少基金经理和估值、清算人员人数，有利于投资管理人实现

集约经营，降低成本并提高投资效率。

三是提高投资收益。经过业内和机构的呼吁，23号文扩大了企业年金投资范围，增加了5类投资产品，为日后稳定和提高企业年金投资收益率提供了政策保障。

四是为改革先行试水。基本养老保险的基金规模越来越大，投资压力相应也越来越大，远远超过企业年金。当前这两个"通知"不仅是对企业年金制度的有益推动，还是对基本养老保险基金投资体制改革的重要尝试。

五是促进事业单位养老金改革。完善企业年金投资运营，也是对五省市事业单位养老金制度改革的一次制度推进，为推进事业单位建立职业年金夯实了基础，将有利于下一步全国事业单位乃至公务员养老金制度的改革。

六是推进多层次社保制度建设。从1991年建立补充养老金制度至今已有二十多年，这二十多年中养老金制度的第一支柱取得长足发展，但第二支柱发展相对缓慢。从长远看，此次人力资源和社会保障部两个"通知"的发布将会大力推进多层次社保制度的建设。

解读人力资源和社会保障部23号和24号文，我们可以看到此次对企业年金投资范围的扩展还是很显著的。在与基金市场需求和国外企业年金发展状况相比较后，还应承认未来我国企业年金的发展既有机遇也有挑战。

首先，此次仍是有限度地放开投资范围。23号文增加了固定收益类产品，扩大了企业年金投资范围，但同时为了加强风险控制，在投资比例上做了严格限制，尤其是对信托产品，因其信用评级机制还有待完善，此次23号文对信托产品做出了"投资信托产品的比例，不得高于投资组合委托投资资产净值的10%"，以及"投资信托产品专门投资组合的比例，不得高于企业年金计划基金资产净值的10%"的严格限定。从这点上看，此次扩大企业年金投资范围还是有限度的放开。

其次，对"五类人"管理效率的要求加大。24号文推出了养老金产品，由投资管理人发行标准投资组合。企业年金委托人选择自主投资的可能性加大、积极性提高，这将迫使受托人（包括法人受托和理事会受托）必须更加积极投身企业年金管理并提高管理效率，这将在一定程度上解决受托人"缺位"的问题。受托的理事会将面临更大的竞争压力，对其提高专业化水平有积极促进作用。投资管理人由被动的业绩竞争转变为主动的产品开发，其在共同基金市场的专业优势将在企业年金市场上得到用武之地。此外，投资范围扩大也将大幅增加托管人、账管人的工作量，对其提出技术上的新要求。

总体上看，23号文和24号文两个"通知"大大推进了中国版"401K"计划的向前发展。企业年金市场的发展和不断完善，一定会带动补充性养老保险制度的发展，对中国多层次的养老保险制度必定形成良性互动。

资料来源：《快讯》，2013年第13期（总第13期，4月23日）

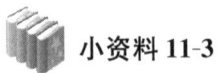小资料11-3

员工福利计划

员工福利计划是一个比较笼统的概念，一般是指企业为员工提供的非工资收入福利的综合计划。而从现代人力资源管理的角度看，员工福利计划是指企业为员工提供的非工资收入福利的一揽子计划。其所包含的项目内容可由各企业根据自身实际情况加以选择和实施。

目前比较流行一种叫弹性福利计划，弹性福利计划就是员工可以从企业所提供的各种福利项目菜单中选择其所需要的一套福利方案的福利管理模式。它有别于传统固定福利，具有一定的灵活性，使员工更有自主权。最著名的是HP（惠普）方案，因为可执行性变数太多，这种制度在中国实施得比较少。

员工福利计划是现代企业人力资源管理的重要组成部分。它涵盖保险保障、退休计划、带薪假期、教育津贴等各种各样的津贴和福利。人寿保险公司在风险管理、人身保障、养老金计划等方面有着不可替代的专业优势，成为大多数知名企业的员工福利管理服务商。

对于企业来说，一个完善的员工福利计划，不仅可以作为企业吸引并留住人才的重要手段，同时还能获得专业的人力资源风险管理和经济的公司财务安排。对于员工来说，则可以得到周到全面的保障和长远的财务规划、投资和管理，免除后顾之忧，全心全意投入工作、享受生活。

员工福利计划一般可以包括以下几类。

(1) 法定计划：是指国家立法强制实施的社会保障制度，包括基本养老保险、医疗保险、失业保险、工伤保险等。

(2) 自主计划：包括员工补充养老保险、人寿保险、健康保险、意外保险等。

(3) 股权、期权计划。

(4) 其他：包括培训、休假、集体活动、运动等。

通常员工福利计划主要由以下部分组成：国家规定实施的各类基本的社会保障，企业年金（补充养老金计划）及其他商业团体保险计划，股权、期权计划，其他福利计划等。

资料来源：http://baike.baidu.com/link? url＝3Q3tUEcebc＿hxQnXRuWBmkLQqMABdBDhv8 F1vK2jOcg HAbByvqETsBBONDOm3C5＿44-1fiUzyh65CbF OfDCYQq

经典阅读与参考文献

艾斯平-安德森 G. 2003. 福利资本主义的三个世界. 郑秉文译. 北京：法律出版社
巴尔 N. 2003. 福利国家经济学. 郑秉文，穆怀中译. 北京：中国劳动社会保障出版社
鲍威尔 M. 2011. 理解福利混合经济. 钟晓慧译. 北京：北京大学出版社
仇雨临. 2009. 员工福利管理. 北京：中国人民大学出版社
霍尔茨曼 R，欣茨 R. 2006. 21世纪的老年收入保障：养老金制度改革国际比较. 郑秉文，等译. 北京：中国劳动社会保障出版社
赵慧萍. 2011. 员工福利. 北京：北京大学出版社
郑功成. 2005. 社会保障学. 北京：中国劳动社会保障出版社
Gruber J. 2005. Public Finance and Public Policy. New York：Worth Publishers
McGarry K M. 2002. Guaranteed income SSI and the well-being of the elderly poor. In：Feldstein M, Liebman J B. The Distributional Aspects of Social Security and Social Security Reform. Chicago：University of Chicago Press.